한일형사법연구

I

이동희 · 김혁 편집

한일형사법연구회

박영사

발 간 사

한일형사법연구회는 한・일의 형사법 분야에 있어서 비교법 연구의 필요성을 공유하는 양국의 학자들이 뜻을 모아 2018년에 창립하였습니다. 창립 이래, 형사법 분야의 심도 있는 학술 교류와 공동 발전을 위한 연구 기반을 다지고자, 한일 양국의 연구자들이 매년 학술세미나를 개최하며 활발한 교류를 이어오고 있습니다. 이러한 학술 교류는 단순한 지식의 전달을 넘어, 상호 법제에 대한 깊은 이해와 공동의 문제의식을 바탕으로 양국 형사법 발전의 방향성을 함께 모색하는 데 중점을 두고 진행되어 왔습니다.

연구회의 정기적인 학술세미나는 한국과 일본을 오가며 매년 11월에 개최하기로 하였고, 이에 따라 뜻깊은 제1회 학술세미나는 2018년 11월 3일 대한민국 서울에서 개최되었습니다. 이후 코로나 팬데믹으로 인한 개최 보류와 재개를 거쳐 지난해 2024년도까지 총 5회가 개최되었습니다. 학술세미나의 방식은 형사실체법 및 형사절차법 분야에서 2개의 공통 주제를 선정하여 양국에서 총 4명이 발표하는 형식을 취하였습니다. 발표원고를 양국 언어로 번역한 자료집을 사전에 완성하여 참가자 전원이 미리 독회하고 연구회에 참가하였고, 세미나에서는 지정토론과 질의응답만을 통역함으로써 매우 심도 깊은 논의를 진행할 수 있도록 했습니다. 이러한 세미나의 운영 방식에 대해서는 좋은 평가가 이어져서 지난해 개최되었던 제5회 학술세미나까지 같은 형식으로 학술세미나가 개최되었습니다.

이번에 발간되는 논문집은 연구회를 통해 한일 양국의 형사법 분야의 학술교류의 성과를 기록으로 남긴다는 취지를 가지고 있습니다. 제1회부터 제4회까지의 연구회 학술세미나에서 발표되었던 논문을 정리하여 수록한 것으로, 그간의 학문적 논의의 결실이자 한일 학술 교류의 성과를 집대성한 결과물입니다. 또한 한국에서의 출간과 더불어 일본에서도 2025년도 일본 정부의 과학연구비 출판 조성에 선정되어 비교법연구의 성과로서 동시에 발간하게 된 점을 더욱 뜻깊게 생각합니다(指宿信・李東熹・安部祥太(編),『日韓刑事法研究Ⅰ』, 新山社).

본서는 제1편 「형사실체법 · 형사정책」과 제2편의 「형사절차법」의 2개의 편(編)으로 구분되어 있습니다. 그리고 각 편은 4개의 부(部)로 구성되어 있으며, 이는 매년 개최되었던 학술행사의 발표주제의 내용에 상응하는 형태입니다. 세부적으로 보면, 제1편에서 성범죄 규정의 개정, 사형제도, 사이버명예훼손죄와 모욕죄의 동향, 형벌 및 형법개정 동향을, 제2편에서 피의자신문 영상녹화제도와 증거법, 국민참여재판과 재판원재판, 공적변호제도, 형사절차의 전자화를 다루고 있습니다. 양국 형사법 분야에서의 화두가 되어 있는 주요한 연구주제를 다루고 있고, 최신의 입법 동향을 반영하고 있는 만큼 양국의 비교법 연구에 유익하게 활용되기를 바라는 마음입니다. 또한 이번 논문집의 발간을 통해 한일 형사법 연구자 간의 지속적이고 심화된 논의의 궤적이 명확히 드러나길 바랍니다. 아울러 본 논문집이 양국 형사법 이론과 실무에 대한 상호 이해를 확장하고, 미래의 공동 연구와 협력을 위한 발판이 되기를 기대합니다.

본서의 발간에 즈음하여 서울대학교 신동운(申東雲) 명예교수님과 일본 고베대학 미츠이 마코토(三井 誠) 명예교수님이 축사를 보내주셨습니다. 오랫동안 한 · 일 양국의 형사법 분야의 학술교류와 비교 연구에 기여하셨던 두 분은 양국에서 개최되었던 한일형사법연구회 학술세미나에 초대되어 뜻깊은 축사를 해주셨던 인연이 있었기에 깊은 감사의 예를 표합니다. 또한 본서의 발간을 흔쾌히 수락해주신 박영사의 안종만 회장님과 안상준 대표님을 비롯한 관계자분들과 꼼꼼한 교정을 맡아주신 우석진 위원님께 감사드립니다.

한일형사법연구회의 성공적인 운영과 지속적인 발전의 이면에는 한 · 일 양국의 회원분들의 열정적인 참여와 노력이 있었습니다. 학술행사와 논문집 발간을 위해 기꺼이 지식과 열정을 나누어주신 양국 연구자 여러분, 그리고 매 행사마다 헌신적으로 지원해 주신 관계자분들께 깊이 감사드립니다. 앞으로도 본 연구회를 중심으로 한 한일 형사법 분야의 학술 교류가 더욱 풍성하고 내실 있게 지속되기를 소망합니다.

한일형사법연구회 대표 이동희

간사 김혁

축 사

신동운(서울대학교 명예교수)

2018년 한일형사법연구회가 창립되었습니다. 2018년과 2019년 한국과 일본을 오가며 학술심포지엄이 열렸습니다만, 코로나 팬데믹 사태로 학술행사가 미루어지던 끝에 마침내 3년 만에 연구회가 재개되었고, 2023년에는 일본 동경에서 제4회 학술심포지엄이, 2024년에는 한국 인천에서 제5회 학술심포지엄이 열렸습니다.

『한일형사법연구 I』이라는 제목의 본서는 한일형사법연구회에서 발표된 그동안의 연구성과들을 모아서 한국어와 일본어로 각각 한국과 일본에서 출간하는 책자입니다. 한일형사법연구회의 연구성과가 단편적인 논문 발표에 그치지 아니하고 한 권의 책자로 묶여서 한일 양국의 언어로 양국의 형사법 학계에 제공된다는 점에서, 그리고 그러한 연구성과의 제공이 일회성에 그치지 아니하고 II, III이라는 제호(題號)로 앞으로도 계속될 것을 의미한다는 점에서 본서의 출간은 그 의미가 매우 크다고 생각합니다. 본서의 출간을 진심으로 축하하는 바입니다.

지정학적으로 동북아시아에 위치한 한국과 일본은 기후 · 풍토, 자유민주주의에 입각한 시장경제체제 등에서 유사한 점이 많이 있습니다. 그렇기 때문에 일본 형사법의 최근동향과 입법상황은 한국 형사법의 발전에 시사하는 바가 매우 큽니다. 역으로 일본 형사법의 입장에서도 한국 형사법의 변모상황에 대한 관심도 적지 않으리라고 생각합니다. 한국의 경우는 상대적으로 입법적 다이내믹이 풍부하기 때문입니다. 저의 개인적인 경험을 말씀드리면, 三井 誠 · 酒巻匡 교수님이 집필하신『入門刑事手續法』을 한국어로 번역하면서 비교법적 관점에서 코멘트를 붙여본 일이 있습니다. 그리고 그 과정에서 양국 법제의 비교법적 분석이 얼마나 중요한 것인지를 재확인할 수 있었습니다.

본서는 실체법과 절차법의 영역으로 나누어 한일 양국의 형사법 분야에서 최근에 논의되는 공통의 관심분야를 폭넓게 다루고 있습니다. 수록된 논문들은 단순한 학문적 호기심의 차원을 넘어서서 한일 양국의 관련 입법과 해석론 전개에 실질적인 영향을 미칠 수 있을 것으로 기대합니다.

본서의 출간을 위하여 귀중한 논문을 준비하신 양국의 발표자분들과 학술심포지엄에서 높은 식견으로 발표문의 완성도를 높여주신 토론자분들께 감사의 인사를 전합니다. 아울러 본서의 출간이 원만히 이루어질 수 있도록 면밀하게 추진해오신 경찰대학 이동희 교수님, 부경대학교 김혁 교수님, 일본 세이조대학의 이부스키 마코토 교수님, 간세이가쿠인대학의 아베 쇼타 교수님께도 축하인사를 드립니다. 한일형사법연구회의 연구성과가 꾸준히 축적되어 『한일형사법연구』가 계속 발간되기를 진심으로 기원합니다.

축 사

미츠이 마코토(三井 誠)

고베대학(神戸大学) 명예교수

한일형사법연구회에 대한 기대

2018년에 한일형사법연구회가 발족한 이래 7년이 지나, 도중에 코로나 사태라는 어려움에도 불구하고 지금까지 다섯 차례 연구회를 이어왔습니다. 그리고 이번에 그 기록집인 『한일형사법연구 I』이 발간되었습니다. 이 책의 발간은 경찰대학의 이동희 교수님, 부경대학교의 김혁 교수님을 비롯한 한국 측 8명의 공동 집필자들의 협력으로 이루어졌다고 들었습니다. 매우 큰 기쁨입니다.

아울러, 거의 동일한 내용의 일본어판에 대해서는 일본 측을 대표하여 연구회를 이끌고 운영해 오신 세이조대학의 이부스키 마코토(指宿 信) 교수님, 간세이가쿠인대학의 아베 쇼타 교수님의 노력으로 『일한형사법연구 I』이 발간되었습니다.

여기서 저 자신이 한국 형사법학과 맺은 인연에 대하여 조금 말씀드리고자 합니다. 주지하다시피, 일본과 한국 양국의 법학계에는 오랜 역사적 연관이 있었습니다. 특히 한국의 형법 · 형사소송법이 제정되는 과정을 살펴보면, 그 결속은 형사법 영역에서 두드러졌습니다. 그 사정은, 형법과 관련해서는 吉川経夫 · 内藤謙 · 中山研一 · 小田中聰樹 · 三井 誠 編著 『刑法理論史の総合的研究』(1994)의 한국어 번역본(허일태 외 역, 『일본형법이론사의 종합적 연구』, 동아대학출판부), 형사소송법과 관련해서는 三井 誠 · 酒巻匡 著 『入門 刑事手続法[第3版]』(2001)의 한국어 번역본(신동운 역, 『일본형사수속법』, 법문사) 각 서문에서 허일태 교수님, 신동운 교수님께서 번역에 착수하게 된 경위에 대한 상세한 설명을 하신 바 있습니다(형법에 관해서는 三井 誠, 「韓国語訳発刊に寄せて」, 『法律時報』 81권 11호 참조).

그러나 이후로 양국의 형사법학은 각각 서구 국가의 법제나 영미법제에 기반을 두며, 비교법 연구의 대상으로 상대국의 법제나 법운용을 강하게 의식하는 일은 많지 않았던 것 같습니다. 그러한 상황 속에서, 지리적으로 가까울 뿐 아니라 사회적 기반 · 문화적 전통 등에서 양국의 공통성을 느끼고 있었던 저는, 주로 서울대학교 신동운 교수 등과의 교류를 통해 1990년대 중반 무렵부터 자주 한국을 방문하여 한국의 연구자 및 실무가들과 의견을 교환하게 되었습니다.

초기에는 「한일 형법의 현황과 과제」(1993년), 「한일의 문화적 전통과 형법」(1994년)과 같은 주제였으나(미쓰이, 「일본에 있어서의 관리 · 감독 과실」, 『한일법학연구』 제8집), 21세기에 들어 일본에서 단행된 여러 사법제도 개혁이 한국에도 많이 참고되었고, 한국으로부터 주로 일본의 로스쿨 제도, 재판원(배심원) 재판 제도에 관한 토론 요청을 받는 기회가 늘어나게 되었습니다(미츠이, 「일본에서의 로스쿨 문제 동향」, 『Law and Globalization－BK21 LAW Program』, 미츠이, 「재판원 제도 시행을 맞이하며」, 사법제도비교연구회 편〔한국 대법원〕, 『사법개혁과 세계의 사법제도 [Ⅶ]』).

2009년 4월, 서울대학교 법학전문대학원이 개설된 첫날, 신 교수님 담당 수업을 참관했을 때 만난 로스쿨 1기생들의 눈빛은 지금도 인상 깊게 남아 있습니다. 또한 재판관들과 재판원 재판의 제도 · 운용을 둘러싼 질의 · 토론에 열중하여 자정을 넘기며까지 이어졌던 기억도 매우 소중한 추억입니다.

일본이 먼저 도입한 제도이긴 하지만, 한국에서는 일본의 법제 · 실무 동향을 참고하면서도 로스쿨 제도나 국민참여재판 제도 모두에서 자국의 실정에 맞는 다양한 방안을 마련하여 독자적인 발전을 이룬 것은 의심할 여지가 없습니다.

한편 한국에서는 일본보다 법 개정 · 법운용에서 더 큰 유연성과 융통성이 보이는 측면이 있어, 그것이 일본의 법률 · 법실무를 다시 성찰하게 만드는 계기를 제공하였습니다. 그 대표적인 예가 피의자 조사의 방식, 특히 조사 과정에서의 변호인 참여 문제입니다. 연구회의 주제로 다루어질 때마다 저 역시 많은 것을 배웠습니다(미츠이, 「일본에 있어서의 피의자 조사와 접견교통」, 『비교형사법연구』 제3권 제2호). 피의자 조사 방식은 이번 기록집의 편집자 중 한 분인 이동희 교수님의 오랜 연구 주제이기도 합니다. 이동희 교수님의 안내로 여러 차례 한국 경찰서에서 조사 상황이나 변호인 참여를 직접 시청 · 관찰할 수 있었던 것은 매우 값진 경험이었습니다.

앞서 말씀드린 바와 같이, 2018년부터는 드디어 양국의 형사법 연구자 유지가 모여 상호 방문을 하며 공통의 주제에 대해 대응하는 형태로 학술 교류를 시작하게 되었습니다. 이번 기록집은 그 성과의 첫 결실입니다(본서 제2편 형사절차 부분에서는 피의자 조사나 국민참여재판제도 모두 제가 경험했던 초기 논의보다 훨씬 심화된 내용을 담고 있습니다). 이는 양국 형사법학의 발전을 위해 매우 뜻깊은 일이며, 양국 간 연구회가 오래도록 지속되기를 진심으로 기원합니다.

목 차

제2편

형사절차

자 료 편

세부목차

제2편

형사절차

제3부 공적 변호제도 259

자 료 편

제1편 •••

형법·형사정책

- **제1부** 성범죄 규정의 개정에 관하여
- **제2부** 사형 제도
- **제3부** 모욕죄의 동향
- **제4부** 형법개정의 최신 동향

제 1 부

성범죄 규정의 개정에 관하여

제1장

한국에서의 성범죄 처벌규정의 변화와 한계

김태명 | 전북대학교 법학전문대학원 교수

I 머리말

한국 형법분야에 가장 급격한 변화를 겪은 범죄유형을 꼽으라면 단연코 성범죄 처벌규정이라고 말할 수 있다. 1990년대 초까지만 해도 성폭력은 주로 여성들이 겪는 범죄 중의 하나로 취급되었을 뿐 특별히 다른 범죄와 달리 취급되어야 할 사회적 문제로 인식되지 못했다. 그러다가 1990년대 초반 몇몇 성범죄의 실상이 언론을 통해 보도되면서 성범죄를 강력하게 처벌하고 성범죄의 피해자를 보호해야 한다는 여론이 형성되어, 1994년 「성폭력범죄의 처벌 및 피해자보호 등에 관한 법률」(이하 '성폭력특별법'이라 한다)이 제정되었다.[1)]

그 이후 한국에서 「형법」상 성범죄 처벌규정은 연속적으로 급격한 변화를 겪게 된다. 1995년에는 「형법」이 개정되기 전까지 그 이전까지 '정조(貞操)에 관한 죄'로 규정되어 있던 형법 각칙 제32장의 제목을 '강간과 추행의 죄'로 변경하였다. 2010년에는 그동안 15년(가중시에는 25년)이었던 자유형의 상한이 30년(가중시에는 50년)으로 상향조정됨에 따라 「형법」상 성범죄의 자유형의 상한이 일률적으로 2배 인상

1) 성폭력특별법은 2010년 「성폭력범죄의 처벌에 관한 특례법」(이하 '성폭력처벌법'이라 한다)과 「성폭력방지 및 피해자보호 등에 관한 법률」로 분리되었다.

되었다. 2012년에는 강간죄 등 그 객체가 '부녀(여성)'으로 되어 있던 성범죄의 객체를 '사람'으로 변경됨으로써 남성을 객체로 하는 여성의 강간죄도 성립할 수 있게 되었다. 그리고 유사강간죄의 신설, 상습성범죄 가중처벌규정의 신설, 친고죄의 폐지 등의 변화가 있었다.

이외에도 한국에는 성폭력처벌법을 비롯하여 「아동·청소년의 성보호에 관한 법률」(이하 '청소년성보호법'이라 한다) 등 각종 특별법이 제정되어 있다. 이들 특별법은 「형법」상 성범죄를 세분화하거나 새로운 유형의 성범죄를 규정하고 있다. 예컨대 강간·강제추행죄는 주거침입 강간·강제추행, 특수강간·강제추행, 친족강간·강제추행, 장애인 강간·강제추행, 13세 미만 미성년자 강간·강제추행, 아동·청소년(13세 이상 19세 미만) 강간·강제추행의 죄로 세분화되었고, 공중밀집장소추행, 성적목적공공장소침입, 통신매체이용음란행위, 카메라이용촬영, 아동·청소년성매매, 아동·청소년이용음란물 제작·반포 등의 죄가 신설되었다. 이외에도 직계존속에 대한 고소제한의 폐지, 심신장애를 이유로 한 형의 감면의 폐지, 공소시효의 폐지·연장·정지 등 성범죄의 처벌상 각종 특례가 도입되었다.

이 뿐만 아니라 한국에는 성범죄자의 재범방지를 위한 각종 보안처분이 실시되고 있다. 성폭력특별법과 청소년성보호법에 의해 성범죄자의 신상정보등록, 신상정보공개·고지, 성폭력치료프로그램이수명령, 아동·청소년관련기관 취업제한, 형집행종료 후 보호관찰 등이 도입되었다. 그리고 「특정 범죄자에 대한 보호관찰 및 전자장치 부착 등에 관한 법률」(이하 '위치추적전자장치부착법'이라 한다), 「성폭력범죄자의 성충동 약물치료에 관한 법률」(이하 '성충동약물치료법'이라 한다), 「치료감호 등에 관한 법률」(이하 '치료감호법'이라 한다) 등이 제정되어 위치추적전자장치부착, 성충동약물치료, 치료감호 등 각종 보안처분이 실시되고 있다.

이처럼 1990년대 중반 이후 한국은 성범죄에 대한 강력한 처벌규정을 마련하여 시행하고 있다. 그 결과 강간, 강도강간, 강간등 상해·치상, 강간등 살인·치사와 같은 중한 성범죄의 발생건수는 현저하게 줄어들었다. 그러나 강제추행, 카메라등이용촬영, 성적목적공공장소침입, 공중밀집장소추행 등과 같은 비교적 경미한 성범죄의 발생건수는 증가하였다. 이들 유형의 성범죄가 증가한 것은 실제 발생건수가 증가했기 때문이라고 보다는 성범죄에 대한 인식의 전환으로 인해 피해자들의 신고가 늘어났기 때문으로 평가된다.

그리고 최근에는 권력형성범죄가 사회적 문제로 등장하였다. 권력형성범죄는 폭행·협박을 수단으로 한 성폭력범죄와는 달리 가해자가 자신이 가진 우월한 지위와 권력을 이용하여 피해자의 성적 자기결정의 자유를 침해하는 범죄를 말하는데, 주로 위계·위력에 의한 간음·추행죄에 해당한다. 권력형성범죄가 사회적 문제로 등장하게 된 계기는 바로 미투운동이다. 지난 1월 용기 있는 한 여성 검사가 텔레비전 뉴스에 출연하여 전(前) 검찰국장의 성추행을 폭로하였는데, 이를 시발점으로 한국에서는 봇물 터지듯 미투운동이 확산되어 공공기관과 기업, 문화예술계, 법조계, 종교계, 의료계, 언론계 등 사회전반에 만연한 성범죄에 대한 폭로가 줄을 이었다.

또한 한국에서는 미투운동을 계기로 위계·위력에 의한 간음·추행죄의 가중처벌과 비동의간음·추행죄의 도입이 추진되고 있다. 비동의간음·추행죄의 도입이 추진되고 있는 이유는 권력형성범죄에서와 같이 피해자의 동의 여부가 논란이 된 경우 현실적으로 가해자를 처벌하기 힘들기 때문인데, 최근 한국 국회에는 피해자의 '명시적인 동의'가 없는 간음·추행을 처벌하는 것은 내용으로 하는 수개의 법률안이 발의되어 있다.

이처럼 한국에서는 성범죄에 대한 처벌이 강화되고 새로운 유형의 성범죄가 신설되었으며 성범죄의 재범을 방지하기 위한 각종 보안처분이 도입·시행되고 있다. 그리고 최근에는 미투운동을 계기로 사회적 문제로 등장한 권력형성범죄의 처벌을 강화하기 위한 법개정 작업이 진행 중이다. 이하에서는 한국에서의 성범죄 처벌규정의 변화와 그 한계에 대해서 살펴본다.

Ⅱ 한국에서의 성범죄 처벌규정의 변화

1 「형법」상 성범죄 처벌규정의 변화

앞에서 잠깐 지적한 바와 같이 한국은 「형법」상 성범죄 처벌규정을 대폭적으로 손질하였는데, 그 내용을 살펴보면 다음과 같다.

1995년 한국은 「형법」을 개정하여 사회의 발전과 윤리의식의 변화로 발생한 법규범과 현실과의 괴리를 해소하고 산업화·정보화의 추세에 발맞추기 위하여 컴퓨터범죄, 인질범죄, 폭발성물건파열, 가스·전기방류, 가스·전기공급방해 등의 신종범죄를 규정하고 선고유예 또는 집행유예를 선고받은 자에 대한 보호관찰, 사회봉사명령, 수강명령을 도입하였다.

이와 더불어 각칙 제32장의 명칭을 '정조에 관한 죄'에서 '강간과 추행의 죄'로 변경하였다. 이는 단순히 장(章)의 명칭을 변경한 데 그치는 것이 아니라 더 이상 성범죄를 윤리적·도덕적 시각에서 바라보지 아니하고 성적 자기결정의 자유를 침해하는 범죄로 파악하겠다는 입법적 결단으로 이해된다. 그러나 실질적으로 성범죄 처벌규정이 변화는 2010년과 2012년에 와서야 이루어진다.

2010년 한국은 자유형의 상한을 가중하고 성범죄의 상습범에 대한 가중처벌규정의 신설하였다. 이전까지 징역과 금고의 상한은 15년이었으나 2010년 형법개정으로 상한선이 30년으로 높아졌고, 가중할 때의 상한도 25년에서 50년으로 높아졌다. 또한 무기징역의 가석방요건도 10년에서 20년으로 높아졌다. 이러한 변화는 총칙규정의 개정에 의해 이루어졌으므로, 각칙상 성범죄 처벌규정에는 외형상 아무런 변화가 없었으나 실질적으로는 엄청난 변화가 있었다. 예를 들어 '3년 이상의 유기징역'으로 처벌되는 강간죄의 법정형은 '3년 이상 15년 이하'의 유기징역에서 '3년 이상 30년 이하'의 유기징역이 되었다. 그리고 성범죄로 무기형을 받은 자가 가석방을 받기는 더욱 어려워졌다.

성범죄처벌규정은 2012년에 다시 한번 큰 변화를 겪게 된다. 한국은 변화된 시대 상황을 반영하여 다양화된 성범죄에 효과적으로 대처하기 위하여 유사강간죄를 신설하고, 성범죄의 객체를 '부녀'에서 '사람'으로 확대하며, 친고죄 및 혼인빙

자간음죄를 폐지하였다. 그동안 간음을 행위태양으로 하는 성범죄의 객체는 '부녀', 즉 여성으로 되어 있었으나 2012년 형법개정으로 여성이 남성을 간음하는 행위도 성범죄로 처벌할 수 있게 되었다.[2] 그리고 그동안 강제추행죄로 처벌되던 '폭행 또는 협박으로 사람에 대하여 구강, 항문 등 신체의 내부에 성기를 넣거나 성기, 항문에 신체의 일부 또는 도구를 넣는 행위'가 분리되어 유사강간죄로 처벌될 수 있게 되었다. 나아가 이전까지 상해 또는 사망의 결과가 발생하지 않는 한 친고죄이던 각종 성범죄가 모두 비친고죄로 전환되었다. 그동안 성범죄는 흉악범죄 중의 하나로 인식되었음에도 불구하고 가해자와 피해자가 합의하여 고소를 하지 아니하거나 고소를 취소하는 때에는 처벌을 할 수 없는 문제점이 있었는데, 2012년 이후에는 피해자의 처벌불원의 의사표시가 있더라도 처벌이 가능하게 된 것이다.[3]

2 특별법상 성범죄 처벌규정의 변화과정

(1) 성범죄에 대한 처벌강화

앞에서 지적한 바와 같이 한국에는 「형법」뿐만 아니라 각종 특별법에 성범죄 처벌규정이 산재해 있다. 특별법상은 주로 「형법」상 성범죄를 세분화하여 처벌을 강화하거나 새로운 유형의 성범죄를 신설하는 것을 내용으로 한다.

대표적인 특별법인 성폭력특별법은 1994년에 제정된 이래 수차례 개정을 겪은 후 2010년 성폭력처벌법으로 전면개정되었다. 성폭력처벌법은 주거침입·절도 강간등, 특수강도강간등, 친족 강간등, 장애인 강간등, 13세 미만 미성년자 강간등, 강간등 상해·치상, 강간등 살인·치사와 같이 형법상 성범죄를 가중처벌하는 것을 주된 내용으로 한다. 2010년 이전까지 「형법」상 유기형의 상한은 15년(가중하는 경우 25년)으로 제한되어 있었는데, 성폭력처벌법은 성범죄의 유기형의 하한을 높이

2) 이전까지 여성이 남성을 폭행·협박하여 간음한 경우에는 강제추행죄로 처벌할 수밖에 없었으나 2012년 개정형법에 의하면 강간죄로 처벌된다.

3) 그동안 성범죄의 가해자가 합의를 빙자하여 피해자나 그 가족을 괴롭히고 이로 인해 성범죄의 피해자가 2차 피해를 입는 사례가 종종 발생하였는데, 2012년 형법개정으로 피해자의 합의 여부와 상관없이 처벌이 가능하게 되었다.

는 방법으로 처벌을 강화하였다. 예를 들어 친족이나 장애인을 강간한 경우 「형법」에 의하면 '3년 이상의 유기징역'으로 처벌되나, 성폭력처벌법에 의하면 각각 '7년 이상의 징역' 또는 '무기 또는 7년 이상의 징역'으로 처벌된다. 그리고 강간 등의 죄를 범하여 사람을 상해한 경우 「형법」에 의하면 '무기 또는 5년 이상의 유기징역'으로 처벌되나, 성폭력처벌법에 의하면 '무기 또는 10년 이상의 유기징역'으로 처벌된다. 법정형의 하한이 6년을 초과할 경우에는 감경을 하는 경우에도 처단형이 3년을 초과하기 때문에 집행유예의 선고가 불가능하게 된다. 따라서 법정형의 하한을 6년을 초과하도록 규정하는 것은 사실상 집행유예의 선고를 배제하는 것으로 볼 수 있다.

이 밖에도 성폭력처벌법은 「형법」에 규정되어 있지 않았던 새로운 성범죄를 규정하였는데 위계·위력에 의한 추행, 피감호자추행, 공중밀집장소추행, 성적목적 공공장소침입, 통신매체이용음란, 카메라이용촬영이 이에 해당한다. 위계·위력에 의한 추행죄는 이른바 직장 내 성희롱을 처벌하기 위한 것이고, 나머지는 최근에 사회적으로 문제가 된 성범죄를 처벌하기 위한 것이다.

청소년성보호법은 원래 2000년 청소년성매매의 처벌을 위해 제정되었는데 그 후 몇 차례 개정과정을 거치면서 아동 및 청소년(13세 이상 19세 미만의 미성년자)에 대한 성범죄를 가중처벌하는 규정을 두게 되었다. 이로써 13세 미만의 미성년자에 대한 성범죄는 성폭력처벌법에 의해 그리고 19세 이상 성인에 대한 성범죄는 형법에 의해 처벌되게 되었다.

한편 성폭력처벌법과 청소년성보호법은 성범죄자의 처벌을 확실성을 강화하기 위해 음주 또는 약물로 인한 심신장애 상태에서 성범죄자에 대한 책임조각·감경면 배제, 성년이 될 때까지 미성년자에 대한 성범죄 공소시효의 정지, DNA 등 과학적 증거가 있을 경우 10년간 공소시효 연장, 13세 미만자 또는 장애인에 대한 성범죄의 공소시효 배제, 성범죄 피의자의 얼굴 등 공개 등 형사절차상 각종 특례를 규정하였다.

(2) 성범죄자에 대한 각종 보안처분의 도입 · 실시

성범죄에 대한 처벌강화는 비단 형벌에 그치지 않았다. 한국은 성폭력처벌법과 청소년보호법 이외에도 위치추적전자장치부착법, 성충동약물치료법, 치료감호법 등의 특별법을 제정하여 신상정보등록(2000년부터 실시), 신상정보공개·고지(2000년부터 실시), 성폭력치료프로그램이수명령(2000년부터 실시), 아동·청소년관련기관 취업제한(2000년부터 실시), 위치추적전자장치부착(2007년부터 실시), 형집행 종료 후 보호관찰(2007년부터 실시), 성충동약물치료(2010년부터 실시), 치료감호(2013년부터 실시) 등 각종 보안처분을 도입·실시하였다.

신상정보등록은 성적목적공공장소침입, 통신매체이용음란행위, 아동·청소년이용음란물소지 등을 제외한 성범죄로 유죄판결이나 약식명령을 받는 자(등록대상자)의 신상정보를 등록·관리하는 제도이다. 등록대상자가 자신의 성명, 주민등록번호, 주소 및 실제거주지, 연락처, 신체정보, 소유차량등록번호의 신상정보를 관할경찰서에 제출하면, 관할경찰서장이 등록대상자가 제출한 신상정보 및 등록대상자의 사진 및 범죄경력자료를 법무부에 송달하고, 법무부는 신상정보, 성범죄경력정보, 성범죄 전과사실 및 전자장치부착 여부를 10년 내지 30년 동안 등록·관리한다.

신상정보공개·고지는 2000년 청소년성보호법에 의해 처음 도입되어 아동·청소년을 대상으로 한 성범죄자에 대해 적용되었는데, 2010년에는 성인을 대상으로 한 성범죄자까지 그 대상이 확대되고 신상정보의 공개·고지의 방법도 개선되었다. 법원은 성범죄에 대하여 유죄판결을 선고할 경우 범죄자가 아동·청소년이거나 신상정보를 공개하여서는 아니 될 특별한 사정이 있는 때를 제외하고는 범죄자의 성명, 나이, 주소 및 실제거주지, 신체정보(키와 몸무게, 사진, 등록대상 성범죄 요지(판결일자, 죄명, 선고형량 포함)) 및 성폭력범죄 전과사실(죄명 및 횟수) 등 신상정보의 공개 또는 고지를 명할 수 있다. 신상정보 공개명령은 여성가족부 장관이 정보통신망을 통해 신상정보의 등록기간 동안 성범죄자의 신상정보를 공개한다. 성범죄자의 신상정보는 누구든지 열람할 수 있으나, 실명인증 절차를 거쳐야 한다. 신상정보 고지명령은 신상정보등록일로부터 1개월 이내에 여성가족부 장관이 신상정보 고지대상자와 같은 지역에 거주하는 아동·청소년의 친권자 또는 법정대리인, 어린이집 원장, 유치원 원장, 초등·중등학교 교장, 주민자치센터의 장, 학교교과교습학원 원장, 지역아동센터 및 청소년수련시설의 장에게 고지한다.

위치추적전자장치(이하 '전자발찌'라고 한다) 부착제도가 도입될 당시에는 성범죄자에 대해서만 적용되었으나 그 후 미성년자유괴범죄, 살인범죄 및 강도범에게 확대되었다. 검사는 이들 범죄를 범하고 재범의 위험성이 있다고 인정되는 피고인에 대하여 전자발찌 부착을 청구할 수 있으며, 법원은 성범죄의 경중에 따라 1년~30년 이하의 기간 동안 전자발찌 부착을 명할 수 있다. 전자발찌 부착명령을 받은 자는 부착기간 동안 보호관찰을 받는다. 법원은 필요하다고 인정하는 경우 야간 등 특정 시간대의 외출제한, 특정장소에의 출입금지, 주거지역의 제한, 피해자 등 특정인에의 접근금지, 심리치료프로그램의 이수 그 밖에 재범방지와 성행교정을 위하여 필요한 준수사항을 부과할 수 있다. 전자발찌 부착명령, 보호관찰 및 준수사항의 집행은 검사의 지휘로 보호관찰관이 수행한다.

성충동약물치료는 폭력범죄를 저지른 성도착증 환자로서 성폭력범죄를 다시 범할 위험성이 있다고 인정되는 사람에 대하여 성충동 약물치료를 실시하는 것을 내용으로 한다. 검사는 성도착증 환자로서 성범죄를 다시 범할 위험성이 있다고 인정되는 19세 이상의 사람에 대하여 약물치료명령을 법원에 청구할 수 있다. 그리고 성범죄를 범하고 징역형 이상의 형을 선고받아 확정된 수형자로서 성도착증 환자로서 성폭력범죄를 다시 범할 위험성이 있다고 인정되고 약물치료를 받는 것을 동의하는 경우에도 법원에 치료명령을 청구할 수 있다. 수형자로서 약물치료명령을 받은 자에 대해 가석방 적격심사를 할 때에는 약물치료명령을 받은 사실을 고려하여야 한다.

법원은 검사의 청구가 이유 있다고 인정하는 때에는 15년의 범위에서 치료기간을 정하여 판결로 약물치료명령을 선고한다. 약물치료명령은 검사의 지휘로 보호관찰관이 집행하는데, 약물치료명령을 받은 사람은 치료기간 동안 보호관찰관의 지시에 따라 성실히 약물치료에 응하고, 정기적으로 호르몬 수치 검사를 받으며, 인지행동 치료 등 심리치료프로그램을 성실히 이수하여야 한다. 약물치료비용은 약물치료명령을 받은 사람이 부담하는 것이 원칙이나, 치료비용을 부담할 경제력이 없는 경우에는 국가가 비용을 부담한다.

끝으로 한국은 심신장애 상태, 마약류·알코올이나 그 밖의 약물중독 상태에서 범죄행위를 한 사람의 재범방지를 위해 시행하고 있는 치료감호를 정신성적(精神

性的) 장애상태 등에서 성범죄를 범한 사람에까지 확대·실시하고 있다. 검사는 법원에 소아성기호증(小兒性嗜好症), 성적가학증(性的加虐症) 등 정신성적 장애상태에서 금고 이상의 형에 해당하는 성범죄를 범한 사람(이하 '치료감호대상자'라고 한다)으로서 심신장애를 이유로 처벌할 수 없거나 형이 감경되는 사람에 대해 치료감호를 청구할 수 있다. 법원에 의해 치료감호를 선고받은 성범죄자는 15년의 기간 동안 치료감호시설에 수용하여 치료를 위한 조치를 받는다. 한편 법원은 치료감호대상자에 대하여 형의 선고 또는 집행을 유예하는 경우에도 선고유예 또는 집행유예의 기간 동안 치료를 받을 것을 명할 수 있다.

치료명령은 검사의 지휘로 보호관찰관이 집행하며, 치료기간 동안 전문의의 진단, 약물투여, 상담 등 인지행동 치료와 같은 심리치료프로그램을 실시한다. 치료비용은 원칙적으로 치료명령을 받은 사람이 부담하나 치료비용을 부담할 경제력이 없는 경우에는 국가가 비용을 부담할 수 있다.

3 한국의 성범죄 처벌규정의 변화 요인

이상에서 살펴본 바와 같이 한국은 1990년대 중반부터 성범죄의 형량을 높이고, 새로운 유형의 성범죄를 신설하고, 성범죄자 처벌의 확실성을 담보하기 위한 각종 형사절차상의 특례를 마련하고, 성범죄자의 재범방지를 위해 각종 보안처분을 도입·실시하였다. 이처럼 세계적으로 유래를 찾아보기 힘들 정도로 광범위하고도 강력한 성범죄 처벌규정을 갖추게 된 데에는 성범죄자의 강력한 처벌을 요구하는 여론의 역할이 컸다.

한국의 언론은 아동·청소년, 장애인 등 사회적으로 취약한 사람을 대상으로 하는 성범죄가 발생할 때마다 그 실상을 적나라하게 보도하였고, 이에 따라 성범죄자의 처벌을 강화해야 한다는 목소리가 커졌다. 언론보도가 흔히 그러하듯이 성범죄에 대한 언론보도는 과장되기 마련인데, 성범죄의 적나라한 보도는 국민들로 하여금 당장 특단의 대책을 마련하지 않으면 안 된다는 불안감을 갖게 만들었다. 성범죄자의 강력한 처벌을 요구하는 여론이 거세게 일자 한국의 정치권은 민감하게 반응하였다.

그동안 형사법의 개정은 대개 정부가 주도해 왔으나 성범죄에 대해서 만큼은 정부가 아니라 국회가 발 벗고 나섰다. 정부 주도의 입법은 학계, 법조계, 실무가 등 전문가로 구성된 특별위원회에 의해 차근차근 진행되는데 반하여, 국회가 주도하는 입법은 대개 급속하게 이루어진다. 그리고 국회가 주도하는 입법은 「형법」이 아니라 쉽게 국민의 주목을 받을 수 있고 다루기도 편리한 특별법의 제정 또는 개정을 통해 이루어진다. 한국에서 수시로 그리고 특별법을 통해 성범죄의 처벌이 강화된 이유는 바로 여기에 있다.

Ⅲ 한국의 성범죄 처벌규정의 한계

1 한국의 성범죄 발생실태

지난 2016년 한국에서 발생한 성범죄는 29,357건으로 인구 10만 명당 발생건수(이하 '발생률'이라 한다)는 56.8건이다. 10년 전인 2007년에 발생한 성범죄는 14,344건으로 발생률은 29.1건인 것과 비교하면, 지난 10년 동안 성범죄의 발생건수와 발생률은 2배 가까이 증가한 셈이다.

다음 〈표 1〉에서 볼 수 있듯이 지난 10년간 한국에서 성범죄의 발생건수와 발생률은 모두 2배 가까이 증가하였다. 강간등상해·치상, 강간등살인·치사, 강도강간과 같은 중한 성범죄의 발생건수와 발생률은 감소하였으나, 강간의 발생건수는 각각 2배 가까이 증가하였다. 강제추행의 발생건수는 3배 가까이 증가하였고, 전체 성범죄에서 차지하는 비율도 증가하였다. 이는 성범죄에 대한 사회적 인식의 변화와 더불어 피해신고의 증가에 기인한 것으로 보인다. 그리고 비교적 최근에 신설된 카메라등이용촬영범죄, 성적목적공공장소침입죄, 통신매체이용음란행위죄, 공중밀집장소추행죄의 발생건수도 증가하였는데, 그 중 카메라등이용촬영범죄가 큰 폭으로 증가하였다. 이는 스마트폰 등 전자기기 사용의 보편화에 기인하는 것으로 보인다.

표 1 ▶ 유형별 성범죄 발생건수 및 추이(2007~2016년)

연도	강간	강제 추행	강간 등*	강간등 살인·치사	강간등 상해·치상	강도 강간	카메라등 이용 촬영	성적목적 공공장소 침입	통신매체 이용음란 행위	공중 밀집 장소 추행	계
2007	2,659 (18.5)	5,348 (37.3)	2,600 (18.1)	12 (0.1)	1,625 (11.3)	357 (2.5)	564 (3.9)	-	240 (1.7)	939 (6.5)	14,344
2008	3,621 (22.5)	6,080 (37.7)	2,601 (16.1)	17 (0.1)	1,625 (10.1)	368 (2.3)	585 (3.6)	-	378 (2.3)	854 (5.3)	16,129
2009	3,932 (22.6)	6,178 (35.6)	2,706 (15.6)	18 (0.1)	1,544 (8.9)	479 (2.8)	834 (4.8)	-	761 (4.4)	934 (5.4)	17,377
2010	4,386 (21.3)	7,314 (35.5)	3,234 (15.7)	9 (0.0)	1,573 (7.6)	293 (1.4)	1,153 (5.6)	-	1,031 (5.0)	1,593 (7.7)	20,584
2011	4,425 (22.0)	8,535 (38.5)	3,206 (14.5)	8 (0.0)	1,483 (6.7)	285 (1.3)	1,565 (7.1)	-	911 (4.1)	1,750 (7.9)	22,168
2012	4,349 (18.6)	10,949 (49.9)	1,937 (8.2)	13 (0.1)	1,208 (5.2)	209 (0.9)	2,462 (10.5)	-	917 (4.0)	1,332 (5.7)	23,365
2013	5,359 (18.4)	13,236 (45.5)	1,186 (4.0)	22 (0.1)	1,094 (3.8)	150 (0.5)	4,903 (16.9)	214 (0.7)	1,416 (4.9)	1,517 (5.2)	29,090
2014	5,092 (16.7)	12,849 (42.2)	624 (2.0)	8 (0.0)	872 (2.9)	123 (0.4)	6,735 (24.1)	470 (1.5)	1,254 (4.1)	1,838 (6.1)	29,863
2015	5,274 (17.0)	13,266 (42.7)	283 (0.9)	6 (0.0)	849 (2.7)	72 (0.2)	7,730 (24.9)	543 (1.7)	1,139 (3.7)	1,901 (6.1)	31,063
2016	5,412 (18.4)	14,339 (48.8)	192 (0.7)	8 (0.0)	736 (2.5)	56 (0.2)	5,249 (17.9)	477 (1.6)	1,773 (3.8)	1,773 (6.0)	29,357

* '강간 등'은 범죄통계 원표상 죄명코드가 강간과 강제추행으로 구분되어 있지 않은 경우를 말한다.

한국에서는 특히 아동·청소년과 장애인에 대한 성범죄가 연속해서 언론에 보도됨으로써 보다 더 강력한 처벌을 요구하는 여론이 형성되었고, 그 때마다 정치권에서는 즉각적인 법개정으로 여론에 화답하였다. 한국에서 특별히 아동(13세 미만 미성년자), 청소년(13세 이상 19세 미만 미성년자) 및 장애인을 대상으로 하는 성범죄의 처벌규정이 많은 것은 이 때문이다. 한국의 성범죄의 처벌규정이 얼마나 실효성을 갖는지를 평가하기 위해서는 아동·청소년과 장애인을 대상으로 하는 성범죄의 발생추이를 살펴볼 필요가 있다.

표 2 ▶ 유형별 성범죄 발생건수 및 추이(2007~2016년)

연도	강간	강제추행	성매매강요	성매매알선	합계
2011	664(39.9)	945(56.7)	32(1.9)	25(1.5)	1,666(100.0)
2012	650(39.9)	936(57.4)	15(0.9)	30(1.8)	1,631(100.0)
2013	841(36.0)	1,379(59.0)	75(3.2)	41(1.8)	2,336(100.0)
2014	866(30.6)	1,874(66.3)	47(1.7)	39(1.4)	2,826(100.0)
2015	733(24.1)	2,129(70.0)	59(1.9)	120(3.9)	3,041(100.0)
2016	647(19.7)	1,761(53.6)	72(2.2)	153(4.7)	3,283(100.0)

출처: 한국여성정책연구원, 아동·청소년대상 성범죄의 발생추세와 동향분석(2011-2016)

위 〈표 2〉에서 볼 수 있듯이 아동·청소년을 대상으로 한 성범죄의 발생건수는 2011년에서 2016년 사이 약 2배 증가하였다. 범죄유형별로 보면 강간의 발생건수는 크게 변하지 않았으나 강제추행과 성매매강요가 약 2배 증가하였고, 성매매알선은 약 6배 증가하였다.

장애인을 대상으로 하는 성범죄의 발생건수도 급격히 증가하였다. 올해 국정감사에서 법무부가 제출한 자료에 따르면 검찰이 접수한 장애인대상 성범죄 발생건수는 2008년 246건에서 2014년 1,236건으로 5배 넘게 증가하였고, 지난 2016년에도 1,125건이 발생하였다.

2 형벌의 문제점

한국에서는 지난 20여 년간 성범죄 처벌규정이 갈수록 강력해졌지만 그럼에도 불구하고 성범죄 발생건수는 오히려 증가하는 추세에 있고, 더구나 강력한 성범죄 처벌규정을 마련하는데 원동력이 되었던 아동·청소년 및 장애인대상 성범죄의 발생건수는 크게 증가하였다. 이렇듯 한국에서의 성범죄에 대한 강력한 제재는 그 실효성을 제대로 거두고 있지 못하고 있는데, 그 원인은 결국 성범죄에 대한 형사제재, 즉 형벌과 보안처분에서 찾아야 할 것이다.

앞에서 설명한 바와 같이 한국에서는 2010년 「형법」 개정을 통해 유기형의 상한을 30년(가중 시에는 50년)으로 인상함으로써 대부분 범죄의 법정형의 상한이 일률적으로 인상되었을 뿐만 아니라 성폭력처벌법, 청소년성보호법 등의 특별법에 의해 성범죄의 법정형의 하한도 대폭적으로 높아졌다. 성범죄에 대한 형벌을 가중할 당시에는 중한 형벌이 가지는 위하력(危嚇力)으로 인해 성범죄 발생건수가 감소할 것으로 기대되었으나, 형벌가중의 주된 대상이 되었던 아동·청소년 또는 장애인대상 성범죄는 오히려 증가하였다.

성범죄 법정형의 가중은 성범죄자에 대한 선고형의 가중, 집행유예선고의 감소와 실형선고의 증가 그리고 가석방의 축소 등으로 이어졌고, 이는 결국 교도소의 과밀수용이라는 문제점을 초래하였다. 올해 8월을 기준으로 한국의 교정시설의 정원은 4만 7천명인데 반하여 수용인원은 5만 4천명으로 수용률이 115%에 이르고 있고, 수용자 1인당 면적은 0.75평에도 미치지 못하고 있다. 과밀수용은 여러 가지 문제를 야기하는데 폭행·자해·자살 등 교정사고 발생건수의 증가와 교정실무의 중점이 교정교화에서 감시로 옮겨지는 것이 그 대표적인 사례이다. 지난 2016년 헌법재판소는 법무부에 1인당 수용면적을 2.58㎡로 확보할 것을 권고하였으나 그 이후에도 상황은 그다지 개선되지 못하였다. 이런 수준이라면 수용자가 등을 바닥에 붙이고 발을 뻗고 잠을 잘 수가 없는데, 최근에는 수용자들이 과밀수용으로 인해 인권이 침해되었다고 주장하며 국가를 상대로 손해배상청구소송을 제기하여 승소하는 사례가 잇따라 발생하고 있다.

3 보안처분의 문제점

한국에는 신상정보등록, 신상정보공개·고지, 성폭력치료프로그램이수명령, 아동·청소년관련기관 취업제한, 형집행종료 후 보호관찰, 위치추적전자장치부착, 성충동약물치료, 치료감호 등 일일이 다 열거하기 힘들 정도로 많은 종류의 보안처분이 도입·실시되고 있다. 이렇듯 다양한 보안처분이 마련되어 있다면, 국가는 성범죄자의 특성에 맞게 적절한 보안처분을 선택하여 집행함으로써 성범죄의 재범을 방지하고 성범죄자의 사회복귀를 촉진할 수 있을 것으로 기대되지만, 한국에서는 기대만큼 그 실효성을 거두지 못하고 있다. 그 이유를 간단히 살펴보면 다음과 같다.

한국에서는 원칙적으로 보안처분을 성범죄에 대한 형선고와 동시에 부과하고 그 집행은 형집행의 종료·면제 또는 가석방 시부터 하도록 되어 있다. 보안처분이 형선고와 동시에 부과되므로 형집행기간 동안의 성범죄자의 성향 또는 환경에 큰 변화가 있더라도 이미 부과된 보안처분의 집행을 면제하거나 집행기간을 단축할 수가 없다. 따라서 형집행이 종료되거나 면제된 이후에도 보안처분을 받게 되는 수형자로서는 형집행기간 동안 교정교육을 성실히 이수해야 할 동기를 상실한다.

한편 성범죄자에서는 형벌 못지않게 그에 부가하여 부과되는 보안처분도 적지 않은 고통이 된다. 오래 전부터 신상정보공개·고지는 그로 인해 야기되는 인격권의 침해와 사회적 소외는 큰 문제점으로 지적되어 왔다. 위치추적전자장치 또한 성범죄자의 사회활동을 어렵게 하는 것으로 정평이 나 있다. 비교적 가벼운 것으로 알려진 신상정보등록마저도 성범죄자에게는 상당한 심리적 부담이 된다. 기존의 전과기록과는 달리 성범죄자에게 신상정보등록이나 변경신고 등의 의무를 부과하고 있기 때문이다. 보안처분은 성범죄의 재범을 방지하고 성범죄자의 사회복귀를 촉진하기 위한 것이라고 하지만, 현실에서 보안처분은 성범죄자의 사회복귀를 저해하고 성범죄자를 재범으로 내모는 역효과를 내는 사례가 적지 않다.

그리고 국가적 차원에서 보안처분의 집행비용 또한 만만치 않은 부담이 된다. 성범죄자에 대한 보안처분의 대부분은 보호관찰소 소속의 보호관찰관에 의해 집행되는데, 보호관찰소의 조직과 인력으로 갈수록 늘어나는 성범죄자에 대한 보안처분을 집행하기는 역부족이다. 위치추적전자장치부착은 보호관찰관에게 특히 부담이 되는 보안처분인데, 2012년 1,032명에서 2017년 2,772명으로 168% 증가하였다. 한국 정부는 위치추적전자장치부착자의 성범죄 재범률이 일반 범죄자의 재범률의 1/8 수준에 그치고 있어, 위치추적전자장치부착이 성범죄의 재범률을 낮추는데 적지 않은 기여를 하고 있다고 주장하고 있다. 그러나 위치추적전자장치는 비교적 재사회화의 가능성이 큰 성범죄자에게 부착되는 경향이 있어 성범죄의 재범률을 낮추는 데에 실질적인 기여를 하지 못한다는 비판이 제기되고 있는가 하면, 위치추적전자장치를 부착한 채로 다시 성범죄를 범하는 건수가 2014년 48건, 2015년 53건, 2016년 58건, 2017년 66건 등으로 매년 그 수가 늘고 있다.

4 권력형성범죄에 대한 미흡한 대처

한국은 이른바 권력형성범죄로 몸살을 앓았다고 해도 과언이 아니다. 이전까지 성범죄라고 하면 아동·청소년, 장애인 등과 같이 취약한 사람에게 폭력(폭행·협박)을 행사하여 성적 자기결정의 자유를 침해하는 '성폭력범죄'를 떠올렸다. 이와는 달리 사회적으로 상하관계에 있는 사람 사이에서 위계 또는 위력을 수단으로 하여 은밀하고도 지속적으로 행해지는 권력형성범죄는 거의 주목을 받지 못했다. 그러는 사이 권력형성범죄의 피해자는 가해자에게 저항하지도 못하고 외부(가족, 사회단체, 수사기관)의 도움을 호소하지도 못한 채 오랜 기간 동안 감내할 수밖에 없었다.

지난 1월 한 여성검사가 텔레비전 뉴스에 출연하여 전(前) 검찰국장으로부터 성추행을 당했다는 사실을 폭로한 것을 계기로 공공기관, 기업, 문화예술계, 법조계, 종교계, 의료계, 언론계 등 사회전반에 만연한 성폭력에 대한 미투(#MeToo)가 줄을 이었다. 그리고 언론을 통해 위계질서를 강조하는 한국의 사회구조와 가부장적 사회풍토, 남성중심의 왜곡된 성의식, 권력형성범죄의 피해자가 겪은 정신적 고통, 미투 이후 피해자가 또다시 겪게 되는 2차 피해 등이 드러남에 따라, 권력형성범죄자의 처벌을 요구하는 여론이 거세게 일었다.

일본과 마찬가지로 한국은 폭행·협박을 수단으로 하는 강간·강제추행을 성범죄의 기본적인 형태로 하면서 업무상 위계·위력에 의한 간음·추행죄를 처벌하고 있다. 권력형성범죄는 업무상 위계·위력에 의한 간음·추행죄로 처벌할 수 있으나, 가해자를 처벌함에 있어서는 현실적인 장벽이 지나치게 높다. 일반적으로 성폭력범죄가 발생하거나 피해자로부터의 신고가 있으면 수사기관이 적극적으로 나서 가해자를 검거하고 수사를 개시하나, 권력형성범죄는 미투를 통해 피해사실이 외부에 드러나더라도 가해자에 대한 수사나 재판이 쉽게 이루어지지 않는다.

권력형성범죄의 가해자가 피해자를 무고나 명예훼손으로 맞고소를 하거나 자신의 사회적 지위와 부(富)를 이용하여 형사처벌을 면하기 위해 각종 수단을 동원하기 때문이다. 어떤 때에는 피해자가 가해자로부터 보상을 받기를 바라고 한 행동이라거나, 처음에는 화간(和姦)이었으나 변심하여 가해자에게 보복을 하려고 한 행동이라는 등의 비난이 쏟아질 때도 있다. 말 그대로 권력형성범죄의 피해자들은 가해자를 처벌하기 위해 자신의 모든 것을 내놓아야 하는 상황으로 내몰리는 경우가 허다하다.

현재 한국에서는 권력형성범죄의 가해자 처벌과 피해자 보호를 위해 업무상 위계·위력에 의한 간음·추행죄의 법정형을 높이고, 가해자가 피해자를 명예훼손 또는 무고로 고소할 경우 권력형성범죄에 대한 수사 또는 재판이 끝날 때까지 명예훼손 또는 무고에 대한 수사를 보류하는 것 등을 내용으로 하는 법개정이 추진 중에 있다.

Ⅳ 맺음말

이상에서 한국에서의 성범죄 처벌규정의 변화과정과 그 한계에 대해서 살펴보았다. 한국은 어떤 다른 국가보다 역동적이라고 평가되고 있는데, 성범죄 처벌규정의 변화과정에서도 한국의 역동성을 엿볼 수 있다.

성범죄 피해자들이 겪는 고통을 생각하면 국가가 신속하고도 단호하게 성범죄에 대처하여야 한다는 것은 부인하기 어렵지만, 한국과 같이 확실성과 신중성보다는 엄벌성과 신속성이 강조됨으로써 급작스럽게 이루어지는 법개정은 결코 바람직하지 못하다. 인도성과 실효성이 보장하지 못하는 제재는 오히려 시행하지 않는 것이 더 나을지 모른다.

한국의 법률전문가들은 이제 성범죄에 관한 법령의 정비가 필요하다고 주장한다. 성범죄 처벌규정을 엄벌성보다는 확실성을 중시하고, 사후적 대처보다는 사전적 대처를 우선하며, 산발적으로 도입된 제재수단을 유기적으로 재편해야 한다는 것이다. '미투 운동'에서 드러났듯이 폭력을 수단으로 하는 성범죄에 국한하지 않고, 위계·위력을 수단으로 하는 성범죄 그리고 기습추행과 같이 피해자의 의사에 반하는 성범죄까지 처벌할 수 있도록 성범죄 처벌규정의 체계를 재정비해야 한다는 주장도 제기되고 있다. 목표를 향해 힘껏 달려오다가 숨이 차면 숨고르기를 해야 하듯이, 한국은 이제 숨고르기를 해야 할 때가 아닌가 생각된다.

제2장

성범죄규정 개정의 의미

고토 히로코(後藤弘子) | 지바대학 대학원 사회과학연구원 교수
번역: 김혁 | 국립부경대학교 법학과 부교수

I 역사적인 성 형법개정

2017년, 100년만에 성 형법이 대폭 개정되었다[1]. 성범죄에서 가장 무거운 범죄 유형인 강간죄가 여성만을 피해자로 하지 않는 강제성교 등 죄로, 감호자의 지위를 이용한 18세 미만자에 대한 성교 등에 관하여는 폭행 협박이 없어도 처벌하는 범죄 유형이 새롭게 창설되는 등 1907년(메이지 40년) 형법 시행 이후 가장 큰 개정이었다.[2]

이번 개정은 메이지의 가치관을 반영한 성 형법을 조금이나마 변경하였다는 점에서 일정한 평가를 할 수 있으나, 성적 자유의 보호라는 관점에서 보면 아직

1) 형법의 성범죄 규정은 2017년 개정 이전까지 전후 3회 개정되었다. 첫 번째는 1958년 개정으로 2인 이상에 의한 강간의 비친고죄화(형법 180조 2항), 두 번째는 1995년 개정으로 형법의 구어체화, 세 번째는 법정형의 재조정으로 강제추행죄의 상한이 7년에서 10년으로, 강간죄의 하한이 2년에서 3년으로, 집단 강간죄(178조의2)의 창설이 이루어졌다. 두 번째 개정은 형법 전반에 걸친 것이었는데, 다른 조문과 비교하여 성범죄 규정은 비교적 개정이 활발히 이루어져 왔다고 할 수 있다. 또한 친고죄에 관해서는 2000년에 6개월이라는 고소기간이 철폐되었다(형사소송법).

2) 새로운 성범죄의 개정의 개요에 관해서는 後藤弘子「性刑法改正とジェンダ_平等」ジェンダ_法研究4号(信山社,2017)163頁이하, 加藤俊治「性犯罪に対処するための『刑法の一部を改正する法律』の概要」刑事法ジャ_ナル53号(2017)73頁 이하 등 참조.

도 구태연한 것에 그치고 있다. 많은 경제 선진국에서 적어도 피해자의 동의가 있었는지 여부를 범죄 성립요건으로 하고 있는 것과 달리, 여전히 폭행 협박을 요건으로 하고 있다는 점에서 몇 세대나 이전의 성 형법 규정이라는 점에는 변화가 없다. 올해 개정을 경험한 스웨덴에서는 동의가 명시되어 있지 않으면 성범죄가 성립한다고 하여, 성적 자유의 보호를 새로운 단계로 내딛었다는 점을 생각하면 그 후진성은 더욱 도드라진다.[3)]

Ⅱ 제한적인 성 형법개정

이번 개정은 지금까지의 성 형법개정 중 가장 큰 것이지만, 내각부 남녀 공동참가국「여성 폭력에 대한 전문 조사회 보고서」(2012)와 법무성「성범죄의 벌칙에 관한 검토회」(2014, 이하 검토회)에서 지적된 10가지 논점이 모두 개정된 것은 아니고, 어디까지나「엄선」된 개정에 그치고 있다.

검토회에서는 성범죄의 구성요건 및 법정형과 관련하여 1) 성범죄의 법정형 재검토, 2) 강간죄의 주체 등의 확대, 3) 성교 유사행위에 관한 구성요건의 창설, 4) 강간죄 등에서의 폭행·협박 요건의 완화, 5) 지위·관계성을 이용한 성적 행위에 관한 규정의 창설, 6) 소위 성교 동의연령의 인상, 7) 배우자 사이의 강간죄의 성립, 8) 성범죄의 비친고죄화, 9) 성범죄에 대한 공소시효 철폐 또는 정지, 10) 형법에서 성범죄에 관한 조문의 위치 조정 등, 10개 항목의 개정을 검토하여야 한다는 의견을 제시하였다.

그러나 실제로 법제심의회에 자문, 답신되어 최종적으로 개정이 이루어진 것은, 1), 2), 3), 5), 8)의 5개 항목에 불과하다.

---

3) 스웨덴 형법의 개정 내용은 이하 정부 발표 기사 참조. 2018년 7월 1일부터 개정법이 시행되었다. 또한 합의가 있었다고 오신한 것에 과실이 있는 경우에도 처벌하는「과실 강간죄」도 도입되었다. https://www.government.se/press-releases/2018/04/consent--the-basic-requirement-of-new-sexual-offence-legislation/

Ⅲ 강간죄에서 강제성교 등 죄로

가장 크게 바뀐 것은 강간죄(형법 177조)의 규정이다. 기존 강간죄는, 행위자가 남성, 피해자가 여성으로 한정되어 있던 관계로 남성 성기의 여성 성기에의 삽입인 「간음」만이 범죄 구성요건의 내용이었다. 이번에 가해자·피해자의 성별을 묻지 않는 것으로 함으로써 성교의 경우에도 남성 성기를 여성 성기에 삽입하는 행위뿐만 아니라, 남성 성기를 여성 성기에 삽입시키는 행위도 강제성교 등 죄로 평가되게 되었다. 또한 남성 성기를 삽입하거나 삽입시키는 위치도 여성 성기 외에, 항문이나 구강으로 확대되었다. 간음이 구성요건이 아니게 되었기 때문에 기존의 강간죄라는 명칭이 변경되어 「강제성교 등 죄」가 되었다. 또한 지금까지의 강간죄의 법정형의 하한이 3년에서 5년으로 인상되었다.

금번 개정은 가장 무거운 성범죄 규정이 젠더 중립적으로 되었다는 의미에서 획기적이기는 하지만, 삽입하거나 삽입되는 것이 「남성 성기」에 한정되어 있어 여성끼리의 경우에는 강제성교 등 죄에 해당하지 않는다.

또한 강제성교 등 죄, 강제추행죄 모두 성 동의연령을 13세라고 하는 지극히 낮은 연령으로 그대로 두었다는 점, 그리고 폭행 협박 요건이 계속하여 부과되어 있다는 점은, 매우 중요한 문제라고 할 수 있다.

Ⅳ 성교 동의연령은 여전히 낮은 상태

동의연령이 13세라는 것은 13세 이상이면 대등한 관계에서 성교 등에 대하여 동의할 수 있음을 의미한다. 동의가 유효하게 성립하려면 대등한 관계성이라는 점이 반드시 인정되어야 한다.

이 사회에서 아동은 어른과의 관계에서 지배-피지배의 관계에 있다. 본래라면, 어른과 아동의 관계가 대등해지는 성인연령을 기준으로 성교 동의연령으로 정하여야 하지만, 아동의 성적 자기결정권의 보장의 요청을 고려한 합리적인 연령의 설정이 요구된다.[4] 성교 등의 상대방이 아동인 경우에는 대등성의 문제는 해결되기 때문에 일정 연령 이상이고 연령 차이가 작은 경우에는 강제성교 등 죄나 강제추행죄로 하지 않는 선택은 충분히 있을 수 있다.[5]

성교 동의연령과 관련하여 법제 심의회에서는, 예를 들어 성교 동의연령을 16세로 한 경우 중학생끼리의 성교 등이 범죄가 될 것을 우려하는 발언이 있었다.[6] 최근 보도에서, 중학생을 대상으로 한 성교육과 관련하여 도쿄도 교육위원회가 성교와 피임을 가르치는 것은 「중학생의 발달 단계를 고려할 때 적절하지 않다」고 발언한 것[7]을 감안하면, 이 사회에서는 중학생끼리는 성교 등의 합의를 할 수 없다고 하면서도, 성교 동의연령은 13세 그대로 유지한다고 하는 매우 모순된 상황에 있음을 알 수 있다.[8]

이번 법 개정에서는, 어른과 아동의 권력성에 주목하여 감호자 등 강제성교 등 죄·감호 자 등 강제추행죄가 새롭게 도입되어, 「감호자 등」과 아동과의 권력 관계는 적절히 취급하고 있다. 그럼에도 불구하고 성교 동의연령을 13세로 그대로 둔 것은 아동의 성적 착취와의 관계에서 적절하지 않다. 아동 매춘·포르노 처벌법이나 청소년 보호 육성 조례를 통하여 아동의 성적 착취가 적절히 보호되기 때문에 형법을 바꿀 필요는 없다는 논리[9]는, 형법이 사회 규범의 핵심에 있다는 사실을 무시하는 것일 뿐만

4) 외국의 입법례로는 성인연령과 성교 동의연령을 동일하게 규정하고 있는 곳도 있다. 예를 들면, 캘리포니아주에서는 18세 미만의 경우 법정강간죄가 되는 것으로 규정하고 있다. http://www.moj.go.jp/content/001132261.pdf

5) 예를 들면, 미국 몇 개 주에서는 연령차가 3세에서 5세인 경우에는 법정 강간죄가 되지 않는다(각주 3 문헌 참조).

6) 법제심의회 형사법(성범죄 관계)부회 제2회 회의 의사록 24면(橋爪 간사의 발언) http://www.moj.go.jp/content/001172417.pdf

7) 아사히신문 디지털판 2018년 4월 21일자.

8) 小川たまか「의무교육으로 성교를 가르치지 않는 것은『성교 동의연령 13세』와 모순되지 않나요」 2018년 3월 28일. https://news.yahoo.co.jp/byline/ogawatamaka/20180328-00083247/

9) 전게주 6(佐伯 위원의 발언).

아니라 형법보다 상위에 있는 아동권리조약 상의 아동의 성장발달권의 보장을 형해화 하는 것이라고 할 수 있다.[10] 적어도 의무교육 수료연령인 16세로 하여야 할 것이다.

V 폭행·협박 요건의 유지

이번 성 형법개정에서도, 폭행·협박 요건은 유지된 상태이다. 강제성교 등 죄나 강제추행 죄의 폭행·협박은, 판례에 따르면 "상대방의 반항을 현저히 곤란하게 할 정도의 것"으로 족하다고 되어 있는데,[11] 폭행·협박 요건의 존재는 강제성교 등 죄가 보호하려고 하는「성적 자유」나「성적 자기결정권」이 피해자의 동의에 의해 판단되는 것이 아니라, 가해자의 행위와 그 반응에 의해 부적절하게 판단된다는 것을 나타내고 있다.

본래 성적 자유를 보호법익으로 한다는 해석은 1907년 당시에는 존재하지 않았다. 당시에는 가부장제를 전제로, 아내는 미성년자와 마찬가지로 무능력자로 취급되어 상속권도 인정되지 않았다. 여성에게는 참정권도 없었고, 치안유지법에 의해 여성의 집회 결사의 자유도 제한되어 있었다. 당연히 입법부에 여성은 없었으며, 그러한 가운데 여성만을 피해자로 하는 강간죄가 성립되었다. 당시의 보호법익은 정조로 되어 있어서, 같은 조문으로 성적 자유를 보호한다고 이해하는 데에는 상당한 무리가 있다.

이번에 폭행·협박 요건이 남은 것은「객관적으로 동의를 판단할 필요성」때문이라고 여겨지고 있지만,[12] 폭행·협박을 요건으로 하지 않더라도 많은 국가들에서는 부동의를 적절하게 인정하고 있기 때문에, 사실 동의가 있는지 여부를 보다 객관적으로 인정하는 기술을 수사기관이 획득하면 충분할 것이다.

10) 유엔 여성차별 철폐위원회는 반복하여 13세라는 성교 동의연령의 인하를 요구하고 있다. 예를 들어,「일본의 제7회 및 제8회 합동 정기보고에 관한 최종견해」(가역)7면.

11) 最判昭和24·5·10刑集3巻6号711頁.

12) 전게주 6, 21면(小木曽 위원의 발언).

게다가 주지하는 바와 같이, 성범죄의 피해자는 피해를 당할 때에 경직된 나머지, 저항하지 못하거나 도움을 요청할 수 없는 경우가 적지 않다.[13] 그럼에도 불구하고 폭행·협박이 요건으로 되어 있고, 그러한 가운데 저항의 정도를 토대로 동의 여부를 판단하고 있기 때문에, 최고재판소는 성범죄 사건과 관련하여 저항을 했는지, 도움을 요청하였는지, 도망쳤는지 여부에 따라 부동의를 판단하는 잘못된「경험칙」을 계속해서 활용하고 있다.[14]

이번 개정법과 관련하여 중의원과 참의원 모두 부대결의를 붙였는데, 그 부대결의는 행정부뿐만 아니라 사법부도 겨냥하고 있었다.[15] 최고재판소가 입법부에 대하여 이의를 제기하는 경우는 있어도 그 반대의 경우는 그리 많지 않다. 거기에는 법률이 극히 한정적인 형태로 밖에 실현되지 않았다는 점, 그리고 법률이 바뀌더라도 재판 실무가 바뀌지 않으면 피해자 구제도 가해자에 대한 개입도 제대로 이루어질 수 없다는 초조함이 반영되어 있다.

일반적으로 믿고 있는 것과 달리, 형사사법은 결코 중립적이지 않다. 젠더 편견으로 가득 찬 형사사법은 법 개정이 이루어진 정도로는 꿈쩍도 하지 않는다.[16] 캐서린 맥키논(Catharine MacKinnon)은 "대부분의 여성은, 법이라는 것이 자신들에게 생소한 것이며 자신들이 갖고 있지 못한 강력한 힘에 복종하고 있어서 자신들이 살고 있는 현실을 무시하고 있다고 생각한다"고 언급하고 있다.[17] 법은, 특히 1907년에 만들어진 형법은 결코 여성의 편이 아니다.

---

13) 宮地尚子「性暴力とPTSD」ジュリスト1237号(2002)166, 167頁.

14) 最判平成23.7.25刑集304号139頁.

15) 중의원·참의원의 부대결의에 관해서는, http://www.sangiin.go.jp/japanese/joho1/kousei/gian/193/pdf/k031930471930.pdf 참조.

16) 後藤弘子「女性化された」刑事司法をめざして」ジェンダー法9号(2012)1頁 이하,「女性犯罪とジェンダー」こころの科学(2017)2頁 이하 참조.

17) キャサリン·マッキノン『女の生､男の法上』(2011, 岩波書店)90頁.

Ⅵ 비친고죄화에 의한 피해자 지원

금번 법 개정으로 지금까지 친고죄였던 성범죄가 친고죄가 아니게 되었다. 성범죄가 친고죄였던 이유로는 명예·프라이버시의 보호를 드는 경우가 많았다.[18] 물론 그것도 중요한 이유이기는 하지만, 일반적으로는「경미」하여, 피해자의 의사에 맡겨 두더라도 법질서의 유지에 별다른 영향을 미치지 않는다고 판단되는 경우를 친고죄로 하고 있다.[19]

성범죄, 특히 강제성교 등 죄는 살인, 강도, 방화와 함께 경찰 통계에서「흉악범죄」로 되어 있어 중대한 법익 침해를 수반하고 있음에도 불구하고, 지금까지는 명예·프라이버시의 보호의 관점에서 피해자의 의사가 존중되어 왔다. 본래라면 명예·프라이버시 보호는 형사절차에서의 배려라는 형태로 수행되어야 하며, 그것을 이유로 기소·불기소를 해서는 안 된다. 피해자의 보호를 이유로 친고죄로 하고 고소 취하를 위한 교섭을 당사자 간에 할 수 있도록 허용함으로써, 당사자의 교섭이라고 하는 형사재판과는 이질적인 요소가 침투하게 된다. 고소 취하를 목적으로 한「합의 교섭」은 사회에서 남녀의 구조적 비대등성을 무시하고 이루어져, 그 대부분이 남성인 가해자의 권력성을 더욱 강화시키는 계기가 된다.

피해자와의 관계 속에서 더욱 권력자가 되고 기소되지 않음으로써 국가에 의한 면책을 얻은 가해자는, 자신의 범죄를 왜소화하여 가해자라는 사실과 마주함이 없이 일상으로 돌아간다. 국가에 의한 피해자로서의 승인의 기회를 스스로의 손으로 끝내버린 피해자는, 가해자가 처벌받지 않은 데에 따른 회복에의 부정적인 영향을 온몸으로 받게 된다.

---

18) 예를 들어, 井田良『講義刑法学·各論』(2016､有斐閣)28頁.

19) 성범죄가 친고죄인 이유가 피해자의 명예 보호 때문이 아니라, “공적 재판의 객체가 되는 것 자체에 대한 부담으로부터의 해방”(西田典之·山口厚·佐伯仁志編『注釈刑法第2巻各論(1) §§77~198』(2016､有斐閣)641､642頁)에 있다고 본다면, 금번의 비친고죄화에 따라 발생하는 부담의 증가를 경감하는 방책을 당연히 마련할 필요가 있다.

금번에 실현된 비친고죄화는 적어도 피해자 지원을 위한 첫 걸음이 될 수 있다. 다만, 비친고죄화에 의한 2차 피해를 방지하기 위한 제도적 보장은 앞으로의 과제로 남아있다.

Ⅶ 감호자에 의한 강제성교 등 죄

이미 살펴본 바와 같이 아동과 어른 사이에는 압도적인 사회 경제적 권력 관계가 존재한다. 특히 친권자에 의한 경우에는 민법이 아이에 대한 폭력적인 징계권의 행사를 허용하고 있는 면도 있어서(민법 881조), 친권자의 권력성은 제도적으로 보장되어 있다.

이러한 압도적인 권력성이 겨우 승인된 것이 바로 이번 개정이다.「18세 미만의 자에 대하여 그 자를 실제로 감호하는 자임에 의한 영향력이 있음에 편승하여 성교 등을 한」 경우에는 폭행 협박이 없더라도 강제성교 등 죄나 강제추행죄가 성립하게 되었다. 다만, 법정형은 가중되지 않는다.[20]

친권자 등 감호권자에 의한 아동 성폭력 피해는, 아동학대의 통보 건수가 해마다 증가하고 있음에도 그 발각건수가 압도적으로 소수에 그치고 있다.[21] 특히 연소 아동의 경우, 그것이 성폭력 피해라는 것을 이해하지 못하는 경우도 적지 않다. 아동 시기의 성폭력 피해가 피해자의 이후의 삶에 큰 영향을 미친다는 사실은 잘 알려져 있다.[22]

이번 법 개정의 경우 친권자 등에 의한 성폭력 피해에 대해서는 일정한 진전이

20) 입법례를 보면, 보다 악질적이라는 이유로 법정형을 가중하는 나라도 있지만, 특히 강제성교 등 죄의 경우, 5년에서 20년(유기징역의 상한)으로 폭이 넓어 가중하지 않고 있다.

21) 아동학대 건수에 관해서는,「平成 28 年度福祉行政報告例の概況」8頁 참조. http://www.mhlw.go.jp/toukei/saikin/hw/gyousei/16/dl/gaikyo.pdf

22) 예를 들어, 山本潤『13歳、「私」をなくした私 性暴力と生きることのリアル』(朝日新聞出版、2017), 東小雪『なかったことにしたくない 実父から性虐待を受けた私の告白』(講談社、2014) 등을 통해 실부에 의한 성학대 영향의 심각성 정도를 실감할 수 있다.

있었지만, 학교 교사나 스포츠 코치 등 아동이 일상적으로 접하는「어른」에 의한 성폭력 피해에 관해서는 종래의 대응에 맡겨져 있다. 또한 사법 면접 등 아동에 대한 2차 피해 방지에 관한 제도적 보장도 큰 과제로 남아있다.

학교 내에서의 어른에 의한 성폭력 피해는, 아동학대방지법에서도 아동학대로 대응이 이루어지지 않고, 어린이 학대로는 취급되지만 학교로부터의 은폐 압력과 함께 거주 공간의 안전이 보다 중시되고 만다. 통학로에서의 아동의 안전 확보가 강조되고 있는 반면, 학교 내에서의 안전은 여전히 경시되고 있는 것이다.

또한 검토회의 단계에서는 아동의 성폭력 피해에 대하여 아동이 성인에 이르기까지 공소시효를 중단하거나 성인에 이른 이후부터 기산할 필요성이 검토되었지만, 금번 개정에서는 실현되지 않았다. 민법에서의 제척 기간의 기산점(민법 724조)을 포함하여 아동의 성폭력 피해의 사법적 구제 방법에 대한 종합적인 검토가 필요하다.

Ⅷ 해야 할 일은 많이 남아있다

금번 성범죄 규정의 개정은 세계 표준에서 보면 몇 주나 늦은 불충분한 것에 지나지 않는다.

피해자의 부동의가 정면으로 보호될 수 없는 가운데, 겨우 목소리를 낸 피해자를「신뢰」하지 않고, 규탄하거나 폄하하는 현상이 #Me Too와 관련하여 일어나고 있다. 법률이나 사법제도가 피해자의 현실을 무시하고 존재하고 있다는 사실이, 범죄 피해자나 아동의 성장발달권을「신뢰」한다고 하는 가장 기본적인 지원을 성범죄 피해자에 대해서는 할 수 없도록 하고 있는 것이다.

가해자의 폭행·협박이라는 행위가 아니라 피해자의 동의에 초점을 맞춘 성 형법의 전면 개정 없이는 성범죄의 대부분을 차지하는「리얼 강간」(지인이나 친밀한 관계에서의 성범죄)은 성범죄로 취급되지 않는 운용이 계속될 것이다.[23] 금번 개정이

23) スーザン·エストリッチ(中岡典子訳)『リアルレイプ』(1990, JICC出版).

여성들의 성적 자기 결정권을 충분히 보장하고, 직장이나 학교라는 공적인 영역은 물론 가정이나 친밀한 관계에서도 안심하고 안전한 공간을 유지하기 위하여 일보 진전된 것이 될지 여부는, 앞으로의 대응에 맡겨져 있다. 그런 의미에서 성 형법의 개정은 이제 겨우 시작되었을 뿐이다.

부기 : 본고는 現代思想の特集『性暴力=セクハラ—フェミニズムとMeToo』(46巻11号, 2018)에 게재된 원고에 약간의 가필을 한 것이다.

추록

1 재차 형법 성범죄 규정 개정까지의 경과

2017년 형법개정법 부칙 제11조에 따라, 2018년 당시 법무대신은 「성범죄에 관한 시책 검토를 위한 실태조사 워킹그룹」을 설치하고, 피해 당사자·피해자 지원 관계자 등에 대한 청취뿐 아니라 불기소 사건을 포함한 각종 조사·연구를 실시하였다. 2020년 3월에는 그 결과를 담은 보고서가 정리되었다. 이 보고서를 바탕으로, 법 개정에 관한 폭넓은 의견 수렴과 쟁점의 추출·정리를 거쳐 논의를 진행하기 위해 2020년 6월 「성범죄에 관한 형사법 검토회」(이하 '검토회')가 설치되었고, 2021년 5월 보고서가 작성되어 법제심의회로 이관되었다. 검토회에는 성범죄 피해 당사자가 참여했을 뿐 아니라, 검토회의 결론 중 거의 100%가 법제심의회 심의 사항이 된 점도 2014년과 달랐다.

2021년 10월부터 2023년 2월까지 약 1년 반 동안 진행된 「형법(성범죄 관계) 부회」가 법무대신에게 제출한 답신은 기존 성범죄 규정을 대폭 재편하는 내용이었다.

2 부동의성교 등 죄의 성립

이번 개정은 2017년과 달리, 그동안 가장 문제시되었던 폭행 · 협박 요건과 항거불능 요건이 마침내 재검토되었다. 새로운 규정에서는, 「강제성교 등 죄」가 「부동의성교 등 죄」(제177조)로, 「강제추행죄」가 「부동의추행죄」(제176조)로 변경되어, 조문 제목(각 조문에 붙는 짧은 표제)과 내용이 모두 대폭 개정되었다. 제8개 항목의 「행위 또는 사유 기타 이들에 유사한 행위 또는 사유」에 의해, '동의하지 않는 의사를 형성 · 표명 · 완수하는 것이 곤란한 상태에 두거나, 그러한 상태에 편승하여' 추행 또는 성교 등을 한 자는, '혼인 여부와 관계없이' 처벌된다고 규정하였다.

예시로 든 제8개 항목에는 종래의 폭행 · 협박 이외에, 심신장애, 알코올 · 약물 섭취, 수면 등 의식이 명료하지 않은 상태, '동의하지 않는 의사를 형성 · 표명 또는 완수할 겨를이 없는 경우', 예상치 못한 사태에 대한 공포 · 경악, 학대에 기인한 심리적 반응, '경제적 또는 사회적 관계상의 지위에 기초한 영향력'에 의한 불이익의 우려 등이 포함되었다.

또한 아동 보호를 강화하기 위해, 성교 동의 연령이 일정한 제한 아래에서 13세에서 16세로 상향(제176조 제3항 · 제177조 제3항)되었고, 성적 그루밍을 전제로 한 16세 미만에 대한 추행 목적의 면회 강요죄(제182조)가 신설되었다. 공소시효에 관해서는, 미성년자의 경우 미성년이었던 기간이 연장된 공소시효에 가산되도록 하였다(형사소송법 제250조 제4항). 예를 들어, 12세 때 부동의성교 등 죄 피해의 경우, 기본 15년에 18세까지의 6년이 추가되어 총 21년이 된다.

더불어 2023년 12월 15일부터는, 이른바 '사법면접'에서 얻어진 기록매체에 증거능력을 부여하는 규정(형사소송법 제321조의3 제1항)이 시행되었다. 다만 재판에서는 변호인 등의 요구가 있으면 증인신문의 기회를 부여해야 한다고 규정하고 있다.

형법은 아니지만, 아동 피해가 많은 '도촬'에 대해서는 새로 「성적자태촬영 등 처벌법」이 제정되어, 은밀히 성적 자태를 촬영한 경우 등이 처벌 대상이 되었고(제2조 제1항), 검사관이 압수한 영상에 한정되지만 전자기록을 삭제할 수 있도록 하였다(제10조 등).

3 법 개정의 영향

법률이 대폭 개정된 결과, 일부 경찰 등의 인식이 변했다는 변호사의 보고가 있는 반면, 검찰의 대응은 변하지 않았다는 지적도 있다. 통계적으로는 인지 건수가 증가한 것은 사실이며, 이는 적어도 경찰 단계에서 배제되는 피해자가 줄었음을 시사한다. 다만, 인지 건수 증가가 종래 경찰이 접수해 온 행위 유형의 수가 법 개정과 그 홍보로 인해 늘어난 것인지, 아니면 이전에는 피해로 인식되지 않던 행위 유형이 새로 추가된 것인지는 불분명하다. 경찰은 8개 유형별 인지 건수는 공개하지 않고 있다.

사회의 인식 변화는 아직 충분하지 않다. '경제적 또는 사회적 관계상의 지위에 기초한 영향력'(제8호)에 예시된 교사의 아동 · 학생 대상 성범죄의 경우, 형법 개정을 전혀 모르는 교원이 많다는 점이 지적되고 있으며, 행위규범으로서의 역할이 충분히 작동하지 못하고 있다. 앞으로 5년 후 재검토를 위해, 개정 후 피해 실태와 사회의 성적 동의 인식 변화에 대한 실태조사를 실시하도록 부칙 제20조에 규정되어 있어, 무엇이 어떻게 미흡한지가 밝혀질 것으로 보인다.

늦었지만 'No means No'형에 한 걸음 내디딘 것은 환영할 만하다. 그러나 법 개정이 곧 피해 방지나 피해자 구제로 이어지지 않는 사회를 변화시키는 것이 앞으로의 과제이다.

제2부

사형 제도

- **제3장** 사형의 대체형 (조기영)
- **제4장** 석방 가능성이 없는 종신형과 비인도적 형벌 (나카무라 유토)

제3장

사형의 대체형

조기영 | 전북대학교 법학전문대학원 교수

I 서설

'사형의 대체형'이란 사형을 대신할 만한 대용물 내지 대체적 형벌을 말한다. 한국에서 사형의 대체형으로는 평생 구금되며 가석방 등이 허용되지 않는 '절대적 종신형'과 가석방 등을 통한 석방 가능성을 인정하는 '상대적 종신형'이 거론되고 있다. 종신형에 관한 논의는 주로 사형제도를 폐지하는 것을 전제로 하여 이루어지지만, 사형의 존치를 전제로, 정확하게는 사형제도의 잠정적 존치라는 과도기 상태에서 사형과 무기형 사이의 중간형벌로서의 그 도입이 주장되기도 한다.

한국은 1997년 12월 30일 사형을 집행한 이후 지금까지 사형을 집행하고 있지 않은 '사실상 사형폐지국'이다. 한국에서 사형의 대체형에 관한 논의는 1999년 사형과 무기징역 사이의 중간형벌로 종신형의 도입이 논의된 것이 처음이다. 2000년대 초반 사형폐지를 전제로 한 절대적 종신형 도입이 주장된 후, 2007년 사실상 사형폐지국의 지위를 얻게 될 즈음에는 상대적 종신형의 도입을 지지하는 견해가 다수의 지위를 점해가고 있는 상황이다. 한국에서의 사형의 대체형에 관한 논의의 흐름은 사형폐지론의 입장을 견지하면서 국민의 응보감정과 피해자의 감정을 고려한 절대적 종신형 도입론이 그 시초이지만, 현재는 절대적 종신형 또한 사형과 다를 바 없는 인간의 존엄성을 침해하는 형벌이라고 비판하며 가석방 등 수형자의 석방 가능성을 인정하는 상대적 종신형 도입론이 유력하게 주장되고 있는 상황이라고 진단할 수 있다.

이 글은 대한민국 정부수립 이후 사형제도의 운영 현황 및 사형존폐론의 전개 과정을 개괄적으로 살펴보고, 특히 최근 논쟁의 핵심이 되고 있는 절대적 종신형 또는 상대적 종신형 도입론을 고찰하고자 한다.

Ⅱ 한국의 사형제도 현황과 사형존폐론의 전개

1 사형제도 현황

지금까지 제시된 사형집행인원에 관한 통계나 자료는 서로 상이한 집계나 추산 결과를 보여주고 있다. 법무부가 2009년 10월 국정감사에 제출한 자료에는 대한민국 정부수립 이후 사형집행인원은 923명이라고 집계되어 있었고 이 인원이 공식적인 통계로 원용되고 있다. 하지만 각종 정부의 자료와 언론의 보도 및 개인 연구자들의 연구물 사이에는 900명으로 추산하는 경우도 있고 1,600명으로 추산하는 경우도 있는 등 최대 600명의 편차를 보이고 있다.[1] 이는 대한민국 정부수립 과정과 한국전쟁기간에 이루어진 사형집행에 관한 통계가 불분명한데에서 기인하는 것이다.

1980년에서 마지막으로 사형이 집행된 1997년까지 제1심법원에 의하여 사형이 선고된 인원은 모두 425명으로 연평균 23.6명에게 사형이 선고되었다.[2] 죄명별로는 살인죄가 247명, 강도살인죄가 115명 등 생명을 침해한 범죄의 비중이 85.2%로 압도적이다. 이 시기에는 강도범 5명, 강도강간범 3명 등 타인의 생명을 침해하지 않은 경우에도 사형이 선고되었고, 제5공화국 시기(1980년-1987년)에는

1) 한영수·이진국·이덕인·김도우(이하 '한영수 등'이라고 함), 사형제도 폐지 및 대체형벌 실태조사, 국가인권위원회 인권상황실태조사 연구용역보고서, 2018. 10, 60-2면.

2) 한영수 등, 위의 보고서, 54면.

외환죄 3명, 국가보안법 위반 15명, 반공법 위반 3명 등 이른바 공안사건에서 다수의 사형이 선고되었다.[3)]

1997년 12월 30일 한 때 사형수였던 김대중 대통령의 취임을 얼마 남겨놓지 않은 시점에서 김영삼 정부는 당시 사형수 59명 가운데 23명에 대해 사형을 집행하였다. 이것이 한국에서의 마지막 사형집행이다. 그 이후 법원에서 사형이 선고되고는 있지만 실제 사형이 집행되지 않아 대한민국은 2018년말 현재 「사실상의 사형폐지국」(abolitionist in practice)으로서 법적으로 또는 사실상 사형을 폐지한 142개국의 하나에 속한다.[4)]

사형을 실제 집행하지 않은 1988년부터 2017년까지 제1심법원에서 사형이 선고된 인원은 116명이다.[5)] 1999년과 2000년에는 각각 20명에 대한 사형이 선고되었지만, 2000년 이후 사형선고 인원은 10명 이내이며, 2009년 6명으로 최고치를 기록한 이후 대체로 감소추세 있으며, 2015년, 2016년, 2017년에는 사형이 선고된 인원이 없었다.[6)] 2017년 말 현재 사형확정자는 57명이다.[7)]

2018년 9월 기준 형법을 비롯한 20개 법률안에 사형이 절대적 또는 선택적 법정형으로 규정되어 있는 범죄는 155개의 죄가 있다.[8)]

2 사형존폐론의 전개

가. 학계의 논의

1990년대 말까지 학계에서의 사형폐지론은 헌법학, 형법학 또는 형사정책의 교과서에서 주장되었다. 1960년대 중반부터 형법교과서에는 '조건부 사형폐지론'

---

3) 한영수 등, 위의 보고서, 55면. 한편, 제6공화국(1988년-1992년) 시기 공안사건에서 사형이 선고된 인원은 2명이며, 문민정부(1993년-1997년) 시기는 1명이다.

4) 앰내스티 한국지부(https://amnesty.or.kr/campaign/2018-death-sentences-executions).

5) 법무연수원, 범죄백서 참조.

6) 2010년 5명, 2011년 1명, 2012년 2명, 2013년 2명, 2014년 1명, 2015년에서 2017년 0명이다.

7) 법무연수원, 2018년 범죄백서, 365면.

8) 한영수 등, 앞의 보고서, 42면.

이 소개·주장되었으나, 이는 사형폐지론이라기 보다는 우회적인 사형존치론이라는 평가가 있다.[9)]

사형이 실제 집행되지 않게 된 1990년대 말부터 2000년대 중반까지는 학계에서 활발한 사형존폐론의 의견표명이 이루어지게 된다. 이 시기의 논의는 폐지론 또는 존치론 중 어느 입장이 우위에 있다고 말하기는 어려우며, 사형제도의 축소와 개선은 견해가 대체로 일치하지만, 폐치론, 존치론, 개선론 및 신중론이 상호 대등하게 주장되었다고 평가할 수 있다.[10)]

사형폐지론은 사형은 헌법 제10조가 규정한 인간의 존엄과 가치를 침해하는 형벌이며, 모든 인권의 전제가 되는 생명권의 본질적인 내용을 침해하는 것이고, 오판의 위험성이 있고 그 결과를 회복할 수 없게 되며, 사형은 생명의 박탈로 수형자의 개선가능성이라는 형벌의 특별예방 기능을 부정하는 것이며, 권위주의적 정부의 권력 강화나 지속적 권력 장악의 방법으로 악용되었다는 점을 고려해야 하고, 사형집행과 관련된 교도관, 검사 및 판사의 양심의 자유와 행복추구권을 침해하며, 사형은 장기적으로 규범안정성을 약속해주지 못하고 오히려 사회심리적·무의식적 공격성을 부추겨 규범위반성을 유발하고, 사형의 위하적 효과라는 것은 통계의 신뢰도에 따라 좌우되는 것으로 사형존치의 납득할만한 증거나 합당한 논거가 될 수 없고, 범죄의 억지는 철저한 검거율과 공정한 사법에 의존하는 것이며, 국민의 사형존치라는 법감정은 유동적인 것이고, 피해자의 보상에도 효과적이지 않고 사형수의 가족에도 지나친 고통을 부과하는 것이며, 사형폐지라는 전세계적 추세에 보조를 맞추어야 한다는 점 등을 논거로 제시하고 있다. 반면, 사형존치론은 국가형벌권을 포기하지 않는 이상 응보 개념을 부인할 수 없다는 점, 흉악범으로부터 선량한 시민의 생명과 인권을 보호해야 하고, 대다수의 국민 법감정에 따른 사형존치의 필요성을 부정할 수 없고, 사형폐지로 인하여 구금비용 등이 증가하게 된다는 논거들을 제시한 바 있다.

2000년대 이후에도 사형존치론과 사형폐지론의 주장은 계속적으로 이루어지

9) 한영수 등, 앞의 보고서, 25면.

10) 강석구·김한균, 사형제도의 합리적 축소정비방안, 한국형사정책연구원, 2005, 100, 102면.

고 있다. 다만, 2000년대 초반부터 사형폐지와 함께 고려해야 할 대체형에 대한 논의가 본격화되기 시작되었다는 점이 주목할 만하다. 사형폐지의 대안으로서 절대적 종신형을 주장하는 견해도 제출되었고, 또한 절대적 종신형의 위헌성을 지적하며 상대적 종신형을 주장하는 입장[11)]들도 나타나게 된다.

나. 법원의 입장

(1) 대법원

대법원은 1960년대 이후 사형제도가 헌법위반은 아니라는 입장이다. 1963년 대법원은 헌법이 처벌에 관한 규정을 법률에 위임하였고, 모든 국민의 자유와 권리는 질서유지나 공공복리를 이유로 법으로서 제한할 수 있도록 헌법이 허용하였는데, 현재 우리나라의 실정과 국민의 도덕적 감정 등을 고려하여 국민의 형사상 또는 형사정책으로서 질서유지와 공공복리를 위하여 형법, 군형법 등에 사형이라는 처벌의 종류를 규정하였더라고 하더라도 헌법위반은 아니라고 판시하였다.[12)] 1980년대 이후에는 대법원은 사형제도의 불가피성을 인정하면서도 사형은 냉엄한 극형이기 때문에 부득이한 경우에 죄책이 심히 중대하고 죄형의 균형이나 범죄의 일반적 예방의 견지에서도 극형이 불가피하다고 인정되는 경우에 한하여 사형이 선택되어야 한다는 점을 강조하였다.[13)]

---

11) 신양균, 절대적 종신형을 통한 사형폐지?, 비교형사법연구 제9권 제2호(2007), 637면 이하; 이승준, 사형폐지와 새로운 상대적 종신형의 채택, 법학연구 제17권 제3호, 연세대학교 법학연구원, 2007, 123면 이하; 주호노, 사형제도의 폐지와 그 대안에 관한 소고, 경희법학 제47권 제4호(2012), 609면 이하; 황병돈, 사형제도 폐지 논의에 대한 고찰, 홍익법학 제8권 제3호, 홍익대학교 법학연구소, 2007, 185면 이하 등.

12) 대법원 1963. 2. 28. 선고 62도241 판결.

13) 대법원 1985. 6. 11. 선고 85도926 판결.「사형은 인간존재의 근원이 되는 생명자체를 영원히 박탈해버리는 냉엄한 극형으로서 그 생명을 존치시킬 수 없는 부득이한 경우에 한하여 적용돼야 할 궁극의 형벌이므로 사형을 선택함에 있어서는 범행의 동기, 태양, 죄질, 살해의 수단, 방법의 집요성, 잔악성, 결과의 중대성, 피해자의 수, 피해감정, 범인의 연령, 전과, 범행 후의 정황, 범인의 환경, 교육정도 등 제반사정을 참작하여 죄책이 심히 중대하고 죄형의 균형이나 범죄의 일반적 예방의 견지에서도 극형이 불가피하다고 인정되는 경우에 사형의 선택도 허용된다고 보아야 할 것(이다).」같은 취지의 판시로는, 대법원 1987. 10.

최근에는 대법원은 사형의 선고는 범행에 대한 책임의 정도와 형벌의 목적에 비추어 그것이 정당화될 수 있는 특별한 사정이 있다고 누구라도 인정할 만한 객관적인 사정이 분명히 있는 경우에만 허용되어야 하면서, 형법 제51조가 규정한 양형의 조건이 되는 모든 사항을 중심으로 철저히 심리하여 사형의 선택 여부를 결정하여야 한다[14]고 하여 사형선고에 최고도의 신중을 기할 것을 요구하고 있다.

(2) 헌법재판소

1996년 헌법재판소는 생명권에 대한 제한은 곧 생명권의 완전한 박탈을 의미하므로, 사형이 비례의 원칙에 따라서 최소한 동등한 가치가 있는 다른 생명 또는 그에 못지아니한 공공의 이익을 보호하기 위한 불가피성이 충족되는 예외적인 경우에만 적용되는 한 위헌은 아니라고 판단하였다. 인간의 생명을 부정하는 등의 범죄행위에 대한 불법적 효과로서 지극히 한정적인 경우에만 부과되는 사형은 죽음에 대한 인간의 본능적 공포심과 범죄에 대한 응보욕구가 서로 맞물려 고안된 "필요악"으로서 불가피하게 선택된 것이며 지금도 여전히 제 기능을 하고 있다는 점에서 정당화될 수 있다는 것이다.[15]

2010년 헌법재판소는 여전히 사형제도는 헌법에 위반되지 않는다고 판단하면서, 사형제도를 법률상 존치시킬 것인지 또는 폐지할 것인지의 문제는 사형제도의 존치가 필요하거나 유용한지 또는 바람직한지에 관한 평가를 통하여 민주적 정당

---

13. 선고 87도1240 판결 ; 대법원 1995. 1. 13. 선고 94도2662 판결 등.

14) 대법원 2006. 3. 24. 선고 2006도354 판결.「사형은 인간의 생명 자체를 영원히 박탈하는 냉엄한 궁극의 형벌로서 문명국가의 이성적인 사법제도가 상정할 수 있는 극히 예외적인 형벌이라는 점을 감안할 때, 사형의 선고는 범행에 대한 책임의 정도와 형벌의 목적에 비추어 그것이 정당화될 수 있는 특별한 사정이 있다고 누구라도 인정할 만한 객관적인 사정이 분명히 있는 경우에만 허용되어야 하고, 따라서 사형을 선고함에 있어서는 형법 제51조가 규정한 사항을 중심으로 한 범인의 연령, 직업과 경력, 성행, 지능, 교육정도, 성장과정, 가족관계, 전과의 유무, 피해자와의 관계, 범행의 동기, 사전계획의 유무, 준비의 정도, 수단과 방법, 잔인하고 포악한 정도, 결과의 중대성, 피해자의 수와 피해감정, 범행 후의 심정과 태도, 반성과 가책의 유무, 피해회복의 정도, 재범의 우려 등 양형의 조건이 되는 모든 사항을 철저히 심리하여 위와 같은 특별한 사정이 있음을 명확하게 밝힌 후 비로소 사형의 선택 여부를 결정하여야 한다.」

15) 헌법재판소 1996. 11. 28. 95헌바1 결정.

성을 가진 입법부가 결정할 입법정책적 문제라는 점을 강조한 바 있다.[16)]

다. 정부

형벌을 집행하는 책임기관인 법무부는 사형제도의 폐지는 어렵다는 입장을 취하고 있다. 이러한 입장의 주된 근거는 1996년의 헌법재판소의 결정과 함께 여론 조사에서 나타나는 국민의 법감정이 사형폐지에 반대한다는 점이다.[17)] 한편, 국가인권위원회는 2005년 4월 생명권의 본질적 내용을 침해하는 사형은 폐지되어야 한다는 입장을 공식적으로 밝히고, 사형폐지 이후의 후속조치로서 감형이나 가석방이 허용되지 않는 종신형제도, 일정기간 감형이나 가석방 없는 무기형제도 및 전생시 사형제도 등의 예외적 유지 등의 방안이 검토될 수 있다는 의견을 국회에 제시한바 있다.

라. 시민사회운동 및 국민의 법감정

한국에서 사형폐지를 위한 본격적인 사회운동이 전개된 것은 1989년 5월 30일 서울구치소에서 사형수를 대상으로 교정활동을 하던 변호사 및 종교인들이 '한국사형폐지운동협의회'(사폐협)를 결성한 이후로 평가되고 있다. 1970년대부터 사형수에 대한 교정교화를 해오던 인사들은 사형수들이 겪고 있는 차별적·비인간적 대우에 대한 근본적 해결책으로 사형폐지의 필요성을 절감하고, 1987년 민주화운동에 맞추어 본격적인 사회운동을 전개하게 된다. 이후 동협회는 사형수들을 청구인으로 하여 헌법재판소에 위헌심판을 청구하기도 하였다.[18)] 1992년에는 천주교에서 김수환 추기경을 비롯한 신자 86,509명이 사형제도 폐지를 탄원하는 결의문을 헌법재판소에 제출하기도 하였다.

2001년 대한변호사협회는 '사형제 폐지를 위한 사회적 여건이 성숙되지 않아 사형폐지법안 통과는 시기상조'라는 요지의 의견서를 국회에 보낸 바 있다. 그러나 진보적 시민단체나 종교단체는 꾸준히 사형폐지를 주장하여 여론을 확산시키고 있고 그 결과 사형폐지와 이를 실현하기 위한 구체적인 대안을 마련하는 단계

---

16) 헌법재판소 2010. 2. 25. 2008헌가23 결정.

17) 한영수 등, 앞의 보고서, 30-31면.

18) 이상혁, 사형제도와 교도행정, 박선영 의원 정책세미나 자료집(2009. 12) 토론문, 38면.

에 이르고 있다.[19]

2018년 일반국민 1,000명을 대상으로 사형제도에 대한 국민인식을 조사한 결과에 따르면, 사형제도를 유지하되 사형선고나 그 집행에 신중을 기해야 한다는 의견이 59.8%로 가장 높게 나타났으며, 폐지의견은 20.3%(당장 폐지: 4.4%, 향후 폐지: 15.9%)로 나타났다. 오히려 사형제도를 더 강화해야 한다는 의견도 19.9%에 해당하였다. 주목할 만한 결과는, '적절한 대체형벌을 도입한다면 사형을 폐지할 수 있다는 의견'에 대한 동의 여부를 묻자 일반국민의 66.9%가 동의한다고 답했다는 점이다.[20] 사형의 대체형벌로서 ① 절대적 종신형, ② 절대적 종신형 + 손해배상, ③ 상대적 종신형, ④ 무기징역 등을 제시하였을 때 국민들은 절대적 종신형에 대해서 압도적인 찬성(절대적 종신형만 제시한 경우 78.9%, 손해배상도 추가한 경우 85.2%가 동의함)을 나타낸 반면, 상대적 종신형과 무기징역의 경우는 동의하지 않는 의견(상대적 종신형에 대해서는 60.9%, 무기징역에 대해서는 55.5%가 동의하지 않음)이 더 많았다. 이는 사형을 대체하는 형벌은 현행 무기징역에 비하여 훨씬 강화된 형벌을 요구하고 있는 것으로 볼 수 있다.

3 국회의 사형폐지특별법안의 발의

그동안 한국사회에서는 마치 하나의 불문율처럼 국가가 사형제도의 존폐를 직접 거론하는 것을 자제하는 분위기였다. 그러나 생명권을 바라보는 시민정신의 변화와 사형폐지를 위한 시민운동의 전개에 일부 입법자들이 공감대를 형성하게 되면서,[21] 1999년 12월 7일 사형폐지특별법안이 처음으로 발의된 이후 2001년, 2004년, 2008년, 2009년, 2012년(2개의 법안), 2015년에 관련 법안이 총 7차례 발의된 바 있다.[22] 7건의 법안 모두 국회의 임기만료로 폐기되었지만 국회 차원에서 사형제도의 폐지를 위한 법안발의가 지속적으로 시도되고 있으며, 특히 2015년

19) 신양균, 앞의 논문, 619면.

20) 한영수 등, 앞의 보고서, 138면 이하.

21) 한영수 등, 앞의 보고서, 38면.

22) 국회의안정보시스템(http://likms.assembly.go.kr/bill/BillSearchResult.do).

법안은 국회의원 299인 의 57.5%에 해당하는 172인이 제안하였다는 점에서 사형제도 폐지를 위한 한국사회의 추진 동력이 강화되었음을 보여주고 있다. 또한 이들 법안들은 사형제도의 폐지와 함께 절대적 종신형, 상대적 종신형 또는 무기징역형을 대체형으로 제안하고 있어 사형의 대체형에 관한 논의가 매우 현실적인 논제로 부각되도록 하는 계기를 제공하였다고 평가할 수 있다.

Ⅲ 사형의 대체형

1 서설

사형을 대체할 수 있는 형벌로 절대적 종신형 또는 상대적 종신형의 도입이 주장되고 있다. 종신형이란 수형자가 자연사할 때까지 구금시설에서 자유를 박탈하는 형벌이다. 종신형에는 절대적 종신형과 상대적 종신형이 있다. 상대적 종신형은 종신형이 선고되지만 가석방이나 사면 등에 의한 석방 가능성을 인정하는 종신형이다. 반면, 절대적 종신형은 상대적 종신형과 달리 석방가능성이 인정되지 않는 형벌로 이해되고 있지만, 그 개념의 이해하는 방식에는 논자에 따라 두 가지의 입장이 존재한다. 일부 논자는 절대적 종신형은 가석방은 물론 사면에 의한 석방 가능성도 인정되지 않는 경우로 이해함에 반하여,[23] 일부 논자는 가석방은 허용되지 않지만 사면은 가능한 형벌을 절대적 종신형으로 이해한다. 절대적 종신형을 후자의 의미로 이해하는 입장은 1977년 독일연방헌법재판소의 결정이 이전의 독일형법상의 절대적 종신형, 즉 가석방은 허용되지 않으나 특별사면은 가능한 종신형과 같은 의미로 이해하는 견해에 해당한다.

23) 윤영철, 사형제도에 대한 헌법재판소 결정(2010. 2. 25. 2008헌가23)의 문제점과 사형제도 폐지에 관한 소고, 중앙법학 제12집 제3호, 중앙법학회, 2010, 276면.

2 절대적 종신형 도입론

사형을 대체할 만한 형벌에 관한 논의는 1999년대 말에 시작되었지만 당시의 주장은 사형폐지를 전제로 한 것은 아니었다. 사형을 그대로 존치시키되 집행유예제도를 두어 사형선고 뒤 정황을 참작하여 신설되는 종신형으로 '감형'을 하는 일종의 사형제도개선방안의 하나로 소개되었다.[24] 사형제도의 폐지를 전제로 하여 그 대체형으로서 절대적 종신형을 도입해야 한다는 본격적인 주장은 사형폐지론자인 허일태 교수에 의해 이루어지게 된다.

허일태 교수는 사형제도의 폐지에 큰 걸림돌이 되는 것 중의 하나는 사형과 무기형의 간극이 지나치게 크다는 점이고, 국민의 과반수 이상이 사형폐지를 반대하고 있는 상황에서 종래의 논리로만 사형제도의 폐지 문제를 접근하다가는 많은 세월이 필요하다면서 절대적 종신형의 도입이 사형제도 폐지의 지름길로 가는 것이 될 수 있다고 주장한다.[25] "반인륜적 범죄자들에 대한 피해자들이나 그 가족들의 감정 등 온갖 피해를 고려하고, 인간생명 박탈의 필요없이 수형자의 재사회화가 불가능할 정도의 악질적인 범인을 사회로부터 영원히 격리하면서도, 오판의 경우에 그 시정을 할 수 있는 형벌로서, 사형보다는 더욱 인도적인 것으로 자연사할 때까지 교도소에서 일생을 보내도록 하는 절대적 무기형 또는 종신형을 생각해 볼만하다."[26]는 것이다. 허일태 교수는 삶과 죽음의 차이로 인하여 "누가 무어라 해도 사형보다는 절대적 종신형이 근본적으로 더 인간적인 형벌"이라고 강조한다.[27]

이후 절대적 종신형의 도입을 주장하는 학자들은 주로 다음과 같은 논거들을 제시하고 있다. 첫째, 사형을 무기징역형으로 대체하는 것은 국민의 응보감정을

---

24) 오선주·이병희, 사형존폐론에 관한 비판적 고찰, 청주법학 제15권, 청주대학교 법학연구소, 1999, 51-52면.

25) 허일태, 사형의 대체형벌로서 절대적 종신형의 검토, 형사정책 제12권 제2호(2000), 226면.

26) 허일태, 위의 논문, 226면.

27) 허일태, 위의 논문, 235면.

충족시킬 수 없으므로 사형을 대체할 중한 형벌로서 절대적 종신형이 필요하다.[28] 둘째, 흉악범들에게 절대적 종신형을 선고하지 않는다면 사회방위 기능을 달성하기 어렵다. 셋째, 피해자 측의 피해감정을 회복시키고 정신적·경제적 보상을 이행시키기 위해서도 절대적 종신형이 바람직하다.[29] 넷째, 궁극적으로 상대적 종신형으로 나아가는 것이 바람직하지만 현재 상황이 사형폐지를 위한 과도기적 단계인 점을 감안하여야 한다는 것이다. 즉, 인간의 존엄성에 반하는 사형제도는 폐지되어야 하나 아직도 국민의 법감정은 사형제도의 필요성을 인정하며 사형을 존치시켜야 한다는 입장이므로 사형폐지로 가기 위한 과도적 단계로서 의미가 있고, 절대적 종신형의 위헌성 문제는 사면제도를 통하여 수형자의 기본권에 대한 본질적 침해를 해소할 수 있다고 한다.[30]

절대적 종신형론에 대하여는 자유 회복 가능성을 부정함으로써 헌법 제10조의 인간의 존엄과 가치와 헌법 제12조의 신체의 자유의 본질적 내용을 침해하는 것이라는 비판이 있다. 또한 재사회화나 사회복귀라는 특별예방의 목적을 완전히 포기한다는 비판으로부터도 자유롭지 못한다. 나아가 수형자에 대한 수용의 관점에서 볼 때도 아무리 행형성적이 우수해지고 재범 가능성이 없더라도 사회복귀가 불가능하기에 갱생의 의욕을 상실하게 된다는 난제에 봉착하게 된다는 비판이 있다.

3 상대적 종신형 도입론

상대적 종신형은 사면은 물론 가석방이 허용될 수 있는 종신형을 말한다. 상대적 종신형 도입론은 종신형 선고를 받은 자에게도 일정한 경우 가석방, 사면, 감형 또는 복권 등이 허용되는 종신형이 사형의 대체형이어야 한다고 주장한다. 상

28) 김인선, 한국의 사형집행 현황과 사형제도 개선방향에 대한 재고, 비교형사법연구 제6권 제1호, 한국비교형사법학회, 2004, 199면; 박상식, 교정과 피해자관점에서 본 사형제도에 관한 고찰, 한양법학 제25호, 한양법학회, 2007, 367면; 송문호, 한국형사재제의 발전경향, 법학연구 제38호, 전북대학교 법학연구소, 2013, 63면.

29) 김인선, 위의 논문, 199면; 박상식, 위의 논문, 367면.

30) 윤종행, 사형제도와 인간의 존엄성, 법학연구 제13권 제2호, 연세대학교 법학연구원, 2003, 92면.

대적 종신형론은 절대적 종신형은 '끝없는 공포의 연속'이라는 점에서 '공포로 끝'을 마감하는 사형보다 더 잔인하고 가혹하며 고통스러운 형벌일 수 있으며,[31] 보복적·위하적 형벌로서 범죄인의 영구격리만을 추구하여 재사회화라는 형벌목적을 포기하는 형벌이고,[32] 수형자가 다시 자유를 향유할 수 있는 권리를 영구적으로 박탈함으로써 인간의 존엄과 가치 및 신체의 자유의 본질적 내용을 침해하는 형벌이기 때문에 사형의 대체형이 될 수 없다고 주장한다.

상대적 종신형은 가석방이 허용될 수 있는 최저구금기간을 요구하는데, 지금까지 15년, 20년, 25년,[33] 30년(가중사유가 있는 경우 50년)[34] 등의 최저구금기간이 제안된 바 있다. 상대적 종신형론을 지지하는 입장에서는 피해자의 응보감정을 완화하고 경제적 보상방안으로 범죄인에게 재산이 있는 경우 검사가 그 재산에 대한 긴급보전을 할 수 있는 제도적 장치를 마련하고, 국가가 수형자에게 일정 기금(일명 '재사회화기금')에서 대출을 해주고 그 자금으로 유족에게 배상을 한 후 작업상여금으로 이를 상환하게 하는 제도의 도입이 주장되고도 있다.[35]

상대적 종신형에 대하여는 일반 국민의 법감정과 피해자의 감정을 고려하지 못하고 있으며, 무기징역과의 차이가 분명하게 드러나지 않아 독자적인 사형의 대체형으로서의 의미를 지니지 못한다는 등의 비판이 있다.

---

31) 손동권, 사형폐지론에 대한 비판적 검토, 「한국형법학의 새로운 지평: 심온 김일수교수화갑기념논문집」, 박영사, 2006, 258면; 윤영철, 앞의 논문, 277면; 이승준, 앞의 논문, 142면.

32) 김선택, 사형제도의 헌법적 문제점: 사형의 위헌성과 대체형벌, 고려법학 제44권, 2005, 166면.

33) 주호노, 앞의 논문, 615면.

34) 한영수 등, 앞의 보고서, 116면.

35) 한영수 등, 앞의 보고서, 117면 이하.

Ⅳ 결론적 고찰

사형은 형벌권을 위임받은 국가가 인위적으로 존엄하며 무한한 가치를 지니는 인간의 생명을 박탈하는 것으로서 인도주의에 반하고, 헌법 제10조가 규정한 인간의 존엄과 가치를 침해하는 형벌이다. 세계 각국에서 보고되고 있는 바와 같이 중대범죄에 있어서의 오판 가능성을 염두에 두지 않을 수 없고, 사형제도를 정치적으로 남용하는 폭력적인 권력으로부터 국민의 생명권을 보호하지 않으면 안된다. 또한 사형제도가 일반적인 흉악범죄에 대한 위하 효과가 있는지에 관한 통계적·실증적 연구도 확실하게 제시된 바도 없다. 인류 역사의 지속적인 발전 과정에 비추어 보아도 제도적 살인에 해당하는 사형제도는 폐지되어야 한다.

헌법실무상 사형제도의 위헌성 확인이 거부되고 있으므로 국회가 직접 위헌상태를 개선하는 현실적 방안이 필요하다.[36] 헌법상 보장된 인간의 존엄과 가치 및 신체의 자유의 본질적 내용을 침해하지 않기 위해서는 석방 가능성을 유보한 상대적 종신형이 채택 가능하다고 생각된다. 무기징역과의 균형 및 그 차이를 밝히기 위해 최저구금기간은 25년으로 설정하는 것도 하나의 방법이라고 생각한다. 다만, 종래 상대적 종신형의 최저구금기간을 설정하고자 할 때 수형자가 고령화되어 범죄에너지가 소멸되었는지 여부를 고려하는 경향이 있다. 그러나 범죄에너지의 감소 및 소멸은 반드시 연령에 좌우되지 않는 것이므로 가석방의 실질적 요건을 갖추었는지 여부가 중요하다.

절대적 종신형론 중에는 가석방이 허용되지 않을 뿐 사면은 가능한 경우도 절대적 종신형으로 보는 견해가 있음은 이미 기술한 바와 같다. 그러나 이러한 주장은 사형의 대체형으로서 종신형 도입을 주장하는 취지 및 '절대적'이라는 문언에 비추어 상대적 종신형의 일종으로 분류되는 것이 타당하다.

상대적 종신형에 대하여는 일반 국민의 법감정과 피해자의 감정을 고려하지 못하고 있다는 비판이 있고 무기징역과의 차이가 분명하게 드러나지 않는다는 등의 비판이 있다. 그러나 최근 국민법인식 조사결과 적절한 대체형을 도입하는 경

36) 김선택, 앞의 논문, 167-8면.

우 사형제도의 폐지에 찬성할 수 있다는 입장이 66.9%라는 점은 국민의 법감정도 제도적 보완과 합리적 논거 제시를 통해 변화될 수 있음을 보여주고 있다. 종국적으로는 석방의 기회를 인정하는 상대적 종신형이 바람직하지만, 국민의 정서를 반영하여 과도기적으로 절대적 종신형을 도입해야 한다는 절대적 종신형론의 논리는 본래의 입장을 뒤로하고 절충된 입장을 내세우는 '학설 사기'라고 비판을 받을 여지가 있다.

상대적 종신형과 무기징역의 질적 차이를 구분하기는 어려운 측면이 있다는 지적은 상당히 일리가 있다. 2010년 형법개정으로 종래 유기형의 상한이 15년에서 30년(가중시 25년에서 50년)으로 확대되고(제42조), 가석방도 무기형의 경우 20년을 경과한 후 가능하게 되었으며(제72조 제1항), 10년의 형기가 경과한 후에 가석방을 고려할 수 있었던 형법개정 전에도 실무상 무기수에게 가석방이 허용되는 경우는 매우 드물었기 때문이다. 하지만 상대적 종신형은 원칙적으로 종신구금이 예정되어 있고 극히 예외적으로 가석방 등이 예정된 형벌로, 후자는 원칙적으로 수형기간 및 행형성적에 따라 가석방이 예정되어 있는 형벌로 이해하여 양자의 개념을 구분하고 실무상 운영기준을 마련할 수 있을 것이다.

제4장
석방 가능성 없는 종신형과 비인도적 형벌

나카무라 유토(中村悠人) | 간세이가쿠인대학(関西学院大学) 사법연구과 교수
번역: 김혁 | 국립부경대학교 법학과 부교수

I 들어가며(일본의 상황)

본 보고는 사형의 대체형 또는 (사형 존치 위에서 점차적 폐지를 위한) 중간형으로서의 종신형을 다룬다. 비교법을 할 때는 보안처분도 염두에 둔 후, 종신구금으로서 널리 파악하고 검토를 실시하는 것이 좋지만,[1] 본 보고에서는 그 대상을 종신형으로 좁혀 검토하고 이때 종신형은 가석방 없는 무기형(Life imprisonment without parole)을 의미하는 것으로 사용하고자 한다.

2018년 7월에 옴 진리교 전 간부 13명에 대해서, 그 해 12월에는 2명에 대해서 사형이 집행되었다. 이에 따라, 일본 정부는 사형제도를 지지하고, 집행을 계속하는 태도를 명확히 하였다. 2018년 시점에서 법률상 · 사실상의 사형 폐지 국가는 142개국이며, 사형 존치 국가는 56개국이다.[2] 사형을 존치하고 있지만 사실상 폐지 국가로 알려진 한국은 1997년 12월 30일 사형 집행을 마지막으로 21년 이상

1) 이 점에서 Dirk van Zyl Smit/Caherine Appleton, *Life Imprisonment; A Global Human Rights Analysis,* 2019를 참조.

2) アムネスティ・インターナショナル『2018年の死刑判決と死刑執行』https://www.amnesty.or.jp/library/report/pdf/statistics_DP_2019.pdf 를 참조(또한, 이하 인용하는 URL은 모두 2019년 10월 1일에 열람 확인).

사형 정지 상황이 이어지고 있다.[3] 미국의 사형 집행수도 감소 경향에 있어, 사형 폐지주나 사형 집행 모라토리엄을 선언하는 주가 증가하고 있다.[4] 중국도 여전히 사형 집행 수는 많은 것으로 알려져 있지만,[5] 사형대상 범죄를 줄여오고 있다.

일본에서는 내각부가 2014년 11월 13일부터 11월 23일까지 실시한 "기본적 법제도에 관한 여론 조사"에서 사형제도에 관하여 "사형을 폐지하여야 한다", "사형도 어쩔 수 없다"는 선택지 중 어느 쪽을 찬성하는지 조사하였는데(Q1), "사형을 폐지하여야 한다"는 응답 비율은 9.7%, "사형도 어쩔 수 없다"는 응답 비율은 80.3%였다. 가치 중립적인 선택사항이 아니었던 것이 영향을 미친 부분도 있겠지만, 사형을 용인하는 견해가 많았다.[6]

이 여론 조사에서는, "자료 1 현재, 사형 다음으로 중한 형은, 평생 형무소에 있어야 하는 "무기징역"이지만 가석방되는 경우가 있습니다. 이에 대하여, 가석방되는 경우가 없는, 이른바 "종신형"은 현재 일본에 존재하지 않습니다."라는 문장을 읽도록 한 뒤 가석방 없는 "종신형"이 새로이 도입되면 사형을 폐지하여도 좋다고 생각하는지, 아니면, 종신형이 도입되더라도 사형을 폐지하지 않는 게 낫다고 생각하는지를 질문하였다(Q4). 이에 대하여, "사형을 폐지하는 것이 좋다"고 응답한 비율은 37.7%, "사형을 폐지하지 않는 게 낫다"라고 응답한 비율은 51.5%이었다. 또한 "모르겠다·일률적으로는 말할 수 없다"고 응답한 비율은 10.8%였다. 여기에서는 종신형 도입에 의한 사형 폐지 의견이 증가하였다.

---

3) 대한민국 형법 41조는 사형을 규정하고 있지만, 김대중 이후 정권은 사형을 집행하지 않고 있다. 앰네스티 인터내셔널은 2007년 12월 30일에 한국을 "사실상 사형폐지국"으로 보고 있다.

4) 2017년에는 19개 주가 사형을 폐지한 상태이며, 4개 주가 사형 집행 모라토리엄을 선언하고 있다. 또한 실제 집행하는 주도 줄고 있어서, 2018년에는 8개 주에서 사형을 집행하였다 미국 상황에 관해서는, Richard C. Dieter, The Future of the Death Penalty in the United States, 49 *University of Richmond Law Review* 921 (2015); 笹倉香奈「アメリカ合衆国における死刑制度の現状」自由と正義66巻8号(2015年)23-26頁를 참조.

5) 중국은 사형에 관한 수치를 공표하지 않는다.

6) 이러한 선택지의 문제에 관하여는 釜井景介「死刑制度存廃論の状況」判時2264号(2015年)3頁 이하도 참조.

2015년 2월부터 3월에 실시된 동일한 조사[7]에서는 "전체 존치파의 71%는 정부가 사형 폐지를 결정한다면, 그것을 받아들이겠다"라고 하고 있지만, 가석방 없는 종신형에 대하여 사형 존치파 중 종신형이 도입되면 사형을 폐지하여도 좋다고 한 비율은 12%, 도입되어도 존치시켜야 한다고 응답한 비율은 71%, 모르겠다고 응답한 비율은 17%였다. 또 사형 폐지파가 사형 폐지를 원하는 이유로 가장 많이 든 것이 "살려서 속죄하도록 해야 한다"는 것으로서(44%), 가석방 없는 종신형이 징벌성과 엄벌성의 측면에서 사형에 비해 우위에 있다는 인식을 토대로 종신형 도입을 주장하고 있다는 지적도 제기되고 있다.

2014년에 초당파의 "사형 폐지를 추진하는 의원 연맹"이, "사형에는 신중하고도 신중한 대응이 필요"하다는 입장에서, 종신형에 해당하는 "중(重)무기형"을 창설하는 법안의 제출을 고려하는 움직임이 있었으며,[8] 사형을 조금이라도 줄일 수 있다면 종신형을 도입할 수도 있다는 주장도 제기되고 있다.[9] 일본 변호사 연합회도 2016년 10월 7일 "사형제도 폐지를 포함한 형벌제도 전체의 개혁을 요구하는 선언"으로서 사형 폐지를 목표로 "가석방 가능성이 없는 종신형 제도", 혹은 현행의 무기형에서 가석방의 개시 시기를 10년으로 하고 있는 요건을 가중하여 가석방의 개시 기간을 20년, 25년 등으로 늦추는 "중(重)무기형 제도"의 도입을 검토하여야 한다고 주장하고 있다.[10]

---

7) 佐藤舞／ポール·ベーコン『世論という神話 日本はなぜ、死刑を存置するのか』2015年(https://www.deathpenaltyproject.org/wp-content/uploads/2015/10/Public-Opinion-Myth-Japanese.pdf)、Mai Sato / Paul Bacon, *The Public Opinion Myth: Why Japan retains the death penalty*, 2015 (https://www.deathpenaltyproject.org/wp-content/uploads/2017/12/The-Public-Opinion-Myth.pdf)를 참조.

8) 2003년의 "중무기형의 창설 및 사형제도 조사회의 설치 등에 관한 법안", 2008년의 "중무기형의 창설 및 제1심에서의 사형에 처하는 재판의 평결의 특례에 관한 형법 등 일부를 개정하는 법률안"이다. 또한 2008년의 "종신형 창설을 위한 형법 등 일부를 개정하는 법률안"도 참조. 2018년 12월에는 초당파 국회의원의 "일본 사형제도의 향후를 생각하는 의원회"도 결성하였다.

9) 大阪弁護士会死刑廃止検討プロジェクトチーム『終身刑を考える』(2014年、日本評論社)를 참조.

10) 다만, 종신형을 도입하는 경우에도 시간의 경과에 따라 본인의 갱생이 개선된 때에는 재판소 등의 새로운 판단에 의해 "무기형에의 감형"이나 사면 등의 적용에 따른 "형의 변경"을

다만, 일본에서는, 지금의 무기형(무기징역 · 무기금고)은 실질적으로 종신형화하였다고 볼 수 있다. 법률상(형법 28조) 무기형의 가석방은 10년을 경과한 후에 행정관청의 처분으로 실시할 수 있다. 그리고 지방갱생보호위원회가 가석방의 판단을 하지만, 사회내처우규칙 28조는 "회오의 정 및 개선 갱생의 의욕이 있고, 다시 범죄를 저지를 우려가 없으며 보호 관찰에 붙이는 것이 개선 갱생을 위하여 상당하다고 인정되어야 한다. 다만, 사회의 감정이 이를 용인한다고 인정되지 않을 때는 그러하지 아니하다」고 규정하고 있다. 무기형이 될 정도로 무거운 범죄[11]의 경우, 이러한 요건 때문에 가석방 신청을 시설측이 하더라도 지방갱생보호위원회에서 인정받지 못하는 경우가 많다. 형사 시설측도 무기형 수형자의 가석방 신청을 30년 이상 경과한 다음에서야 신청하는 경우가 많으며,[12] 형사 시설에 대한 청취 조사에 따르면, 신규 가석방 신청보다 두 번째 가석방 신청(한번 가석방이 인정되었으나 준수 사항 위반 등으로 가석방이 취소된 무기수형자의 재차 신청)이 눈에 띄게 많다고 한다. 그러한 결과 2017년도의 경우 무기형 가석방자 수는 11명이었다. 무기형 신규 수형자 수는 18명으로 가석방자보다 신규 인원이 더 많고, 사망으로 형무소를 나오게 된 수는 30명이었다.[13]

이러한 상황에서, (대체형 또는 중간형으로서) 종신형을 도입하면, 현재의 상황을 추인하는 결과를 초래하는 것은 아닌지 의문이 생긴다. 오히려 종신형에는 "사회 복귀를 지향하지 않는 처우"라는 문제가 발생하게 된다. 게다가, 본래 사회 복귀의 가능성이 없는 형벌이 정당화될 수 있는가 라는 문제도 있다. 이는 사형에도 공통된 문제이지만, 사형 폐지를 위하여 종신형을 도입하는 것은, 사형에 존재하는 문제를 확대하는 결과를 초래하게 된다는 의문도 생긴다.

가능하도록 하는 제도설계가 검토될 필요가 있다고도 하고 있다.

11) 무기형이 선택 가능한 범죄에도, ① 사형과 무기형 밖에 없는 경우(강도치사 등), ② 사형, 무기형, 유기형으로 선택 가능한 경우(살인, 현주건조물 등 방화죄 등), ③ 무기형과 유기형의 경우(강제성교 등 치사상죄 등)가 있기 때문에 무기형 상당의 범죄도 상세히 검토할 필요가 있다.

12) 法務省「無期刑の執行状況及び無期刑受刑者に係る仮釈放の運用状況について」(http://www.moj.go.jp/content/001274998.pdf)에 따르면 2017년 평균 재소기간이 33년 2월이다.

13) 상동 자료를 참조. 또한 연말 재소 무기형자 수는 1,795명이다.

다만, 종신형에 있어서, 가석방이 아니더라도, 사면에 의한 감형 등이 이루어진다면, 사회 복귀의 가능성이 전무하다고는 말할 수 없다는 지적이 있을지도 모른다. 앞에서 서술한 초당파 국회의원에 의한 법률안[14]의 10조에서는 "중무기형"의 수형자는 형의 선고로부터 15년이 경과하면 사면을 신청할 수 있도록 하고 있다. 이른바 (사회복귀의) 마지막 희망을 남기고 있는 경우에는 전술한 의문을 회피할 수 있다고 할 여지가 있다.

이에, 본고에서는 이미 사형을 폐지하고 종신형을 도입하고 있는 유럽의 상황을, 유럽인권재판소를 참고로 확인함으로써 종신형 도입의 문제를 분명히 하고자 한다.

Ⅱ 유럽의 상황

사형을 폐지한 유럽에서는 종신형에 대해서도 비판적 분석이 이루어지고 있다. 유럽인권조약(기본적 자유의 보호를 위한 조약) 3조는 "누구든지 고문 또는 비인도적이거나 품위를 훼손하는 취급 또는 형벌을 받지 않는다."라고 규정하고 있다.[15] 이는 자유권규약(시민적 및 정치적 권리에 관한 국제 규약) 7조와 거의 동일한 문구인데,[16] 1990년대 이후 사형 폐지 국가에서 종신형을 도입하는 경우(옛 동유럽 국

14) 2003년 법안(전게주 8)을 참조.

15) European Convention on Human Rights (Convention for the Protection of Human Rights and Fundamental Freedoms), Article 3: "No one shall be subjected to torture or to inhuman or degrading treatment or punishment." (https://www.echr.coe.int/Documents/Convention_ENG.pdf).

16) International Covenant on Civil and Political Rights, Article 7: " No one shall be subjected to torture or to cruel, inhuman or degrading treatment or punishment. In particular, no one shall be subjected without his free consent to medical or scientific experimentation." (「누구라도 고문, 잔혹, 비인도적 또는 품위를 손상시키는 취급이나 형벌을 받지 않는다」). 유럽인권조약에는 「cruel(잔혹한)」이 없지만, 「inhuman(비인도적인)」이 같은 의미로서 별다른 차이는 없다고 한다. Dirk van Zyl Smit, *Taking Life Imprisonment Seriousuly in National and International Law*, 2002, p. 9를 참조.

가에서)가 증가하여, 종신형이 비인도적인 형벌로써 유럽인권조약 3조에 위반하는 것이 아닌지가 논의되게 되었다. 그에 따라, 유럽인권재판소에서도 다투어지게 되었다.[17)]

예를 들면, 2008년 2월 12일 Kafkaris v. Cyprus판결[18)]는 키프로스 형법의 종신형이 유럽인권조약 3조에 위반하지 않는다고 판단하였다(17명 중 10명의 다수).[19)] 다수 의견은 다음과 같다. 우선, 종신형의 조약 적합성 판단 기준에 대해서 성인 범죄자에게 종신형을 부과하는 것은, 그 자체가 3조 기타 조문에 의하여 금지되지는 않지만, 감축 불가능(irreducible)인 종신형은 3조 하에서 문제가 된다. 그리고 그것은 수형자가 석방될 전망(prospect of release)이 있는지에 따라 판단된다. 국내법상, 종신형의 감형, 면제, 중단, 조건부 석방을 목적으로 하는 심사가 가능한 경우에는 3조의 요청을 충족시킨다. 법률상 사실상 감축 가능(reducible)하면, 3조의 목적을 충족시킨다고 하였다.

다음으로, 키프로스에 있어서의 종신형의 조약 적합성에 대하여, 키프로스 형법에서의 종신형은 인생의 남은 기간을 구금하는 것을 의미하며, 최저구금기간의 규정은 없고, 양호한 행장이나 근면에 의한 형의 면제 가능성도 없다. 그러나 키프로스 헌법 53조 4항의 규정에 의하여 대통령은 사법장관의 권고에 기초하여 구금 기간에 관계 없이 어느 시점에서도 종신형의 집행 정지, 면제, 감형을 실시하는 사면의 권한을 가지고 있으며, 감옥법(Prison Law)은 수형자의 조건부 석방을 규

---

17) 이들에 관해서는, 田鎖麻衣子「欧州人権条約3条と終身刑」酒井安行ほか編『新倉修先生古稀祝賀論文集 国境を超える市民社会と刑事人権』(現代人文社、2019年)382-401頁에 상세히 기술되어 있다.

18) *Kafkaris v. Cyprus* [GC], no. 21906/04, ECHR 2008. 청구인인 Kafkaris는, 피해자 3명에 대한 모살죄(premeditated murder)로 유죄가 인정되어 종신형(imprisonment for life)을 선고받았다. 키프로스 형법에서는 모살죄에 대한 형벌은 필요적 종신형으로 되어 있었는데(§ 33), 헌법상 대통령은 종신형을 포함한 모든 형벌에 관하여 사법장관의 권고에 따라 형 집행 정지, 형면제, 감형할 수 있는 권한을 가지고 있었다(§ 37).

19) 다만, 유럽인권조약 7조 위반을 인정하여 청구인에 대한 배상을 명하였다(*Ibidem*, §§ 150, 179を参照).

정하고 있다. 실제로 헌법 53조 4항에 따라 종신형 수형자가 석방된 적이 있다.[20] 그 때문에, 청구인에게 석방의 전망이 없다고는 말할 수 없다. 또한 가석방 위원회 제도가 키프로스에 존재하지 않음을 청구인은 강조하지만, 석방 실시 방법을 포함한 정책에 관한 문제는, 형사사법 · 형사정책 영역에 있어 회원국이 가지는 권한에 속한다. 현시점에서는 종신형, 특히 그 심사나 형의 수정 방법에 대해, 유럽평의회 회원국 간에 명확하고 공통적으로 수용된 기준은 존재하지 않으며, 석방에 관한 제도나 절차에 대한 분명한 경향도 인정되지 않는다. 그러므로 유럽인권조약 3조 위반은 인정되지 않는다.[21]

이에 대해서 소수 의견은 다음과 같이 반대 의견을 부치고 있다(7명 반대, 5명 반대 의견). 우선 석방 가능성이 한정적이라는 사실만으로는 유럽인권조약 3조 위반이 되지 않는다. 그러나 한정적이더라도 석방 전망이 사실상 존재할 필요가 있으며, 이는 실제로 석방 가능성이 있음을 의미한다. 본건은 이 경우와 분명히 구별된다고 하였다.

그리고 사면의 작용이 모든 종류의 선고형의 재검토나 석방까지 미친다고 할 때 자의성에 대한 적절한 조치(safeguard)가 없으면 3조 위반의 문제가 생긴다. 본건은 유럽인권재판소가 종신형이 3조에 적합하다고 판단해 온 조건부 석방에 관하여 많은 적절한 조치들이 있었던 다른 사안들과 구별된다고 하였다.

또 조건부 석방(가석방)에 관한 각료 위원회 권고 2003(22)가 조건부 석방을 "재범을 방지하고 통합을 촉진하는 가장 효과적이고 건설적인 수단의 하나"로 인정하고 있는 점,[22] 유럽형사시설규칙 107.2에서 "특히 장기 수형자의 경우 자유로운 사회에 점차적인 복귀를 확보하기 위하여 수단을 취하여야 한다"고 규정하고 있

---

20) 종신형 수형자가 1993년에 9명, 1997년에 2명, 2005년에 2명 석방되어, 이들 수형자 중 12명이 필요적 종신형으로 복역 중에 있다(*Ibidem*, § 154 참조).

21) 당시 키프로스에서는 가석방을 위한 최저구금기간이나 가석방 위원회의 설립 등 감옥법 개정 법안이 제출되어 있었던(*Ibidem*, § 92 참조) 것도 다수의견은 고려하였다.

22) Recommendation Rec(2003)22 of the Committee of Ministers to member states on conditional release (parole) 참조(https://rm.coe.int/16800ccb5d).

는 점,[23] 유럽 평의회 인권 커미셔너가 2007년 11월 12일 종신형의 사용을 재검토할 때라는 성명에서 종신형 사용에 의문이 제기되어야 한다고 한 점,[24] EU차원에서도 유럽 체포영장에 관한 프레임워크 결정의 5조 2항에서 종신형의 경우 체포영장의 집행에 있어서 20년 경과 후의 형의 재검토 등의 조건을 붙일 수 있는 점,[25] 국제형사재판소의 차원에서도 로마 규정이 77조 1항(b)에서 "범죄의 극도의 중대성 및 해당 유죄 판결을 받은 자의 개별 사정에 의하여 정당화될 때는 종신의 구금형"에 처할 수 있도록 하고 있지만, 110조에서 "법원은 … 형기의 3분의 2의 기간 또는 종신의 구금형의 경우에는 25년형을 받은 때에, 감형을 해야 할지 여부를 결정하기 위하여 이들의 형을 재심사한다"고 하고 있는 점[26]을 들어, 다수 의견이 종신형에 관해서 유럽 평의회 회원국 사이에 명확하고 공통으로 받아들여지는 기준이 존재하지 않는다고 한 점을 논박하였다.

이러한 점에서 당시의 키프로스의 절차 하에서는, 청구인에게 현실적으로 구체적인 석방 가능성이 있다고 인정할 수 없다고 하여 유럽인권조약 3조를 위반하였다고 하였다.

이런 소수 의견은 2013년 7월 9일 Vinter and Others v. the United Kingdom

---

23) European Prison Rules 참조(https://rm.coe.int/european-prison-rules-978-92-871-5982-3/16806ab9ae).

24) The Council of Europe Commissioner for Human Rights에 의한 Time to re-examine the use of life sentences 참조(URL이 너무 길어 생략).

25) Framework Decision 2002/584/JHA on the European arrest warrant and the surrender procedures between member States 참조(https://eur-lex.europa.eu/legal-content/EN/TXT/HTML/?uri=CELEX:32002F0584&from=EN). 5조 2항은 "유럽 체포영장의 발생 근거가 되는 범죄가 종신에 걸친 자유형 또는 보안처분에 처해질 수 있는 경우에는 당해 체포영장의 집행은 본인의 청구가 있거나 20년이 경과한 때에는 과해진 형벌이나 보안처분의 재검토를 가능하도록 하는 규정이 발급국의 법체계 내에 존재하거나, 또는 발급국의 법 내지 관행에 근거하여 형벌 또는 보안처분의 집행정지를 위하여 본인이 사면을 청구할 수 있는 권리를 부여하고 있을 것을 조건으로 할 수 있다"고 규정하고 있다.

26) Rome Statute of the International Criminal Court 참조(https://www.icc-cpi.int/resource-library/Documents/RS-Eng.pdf).

판결[27]에서는 다수 의견으로 전개되게 되었다. 영국(잉글랜드 및 웨일즈)에서는 사형 폐지 이후에는 모살죄에 종신형이 부과되고 있는데, 판결시에 법관이 정할 수 있는 최저구금기간에 대해 종신구금명령(a whole life order)을 선고할 수도 있었다.[28] 이러한 종신구금명령을 받으면, 소관 국무장관의 재량에 의한 경우 외에는 가석방이 허용되지 않으며, 1997년 범죄(양형)법 30조에 따라 "동정할 이유"에 근거한 석방을 허용하는 "예외적인 사정"이 있는 경우에 한하여 가석방이 허용될 수 있었다.[29] 그리고 그러한 기준은 불치병으로 사망을 앞두고 있는 경우 등으로 한정되어 있어서,[30] 2000년 이후 그 요건을 충족하여 종신구금명령의 수형자가 석방된 경우는 없었다. 이런 사정 아래 유럽인권재판소는 종신형의 감축 가능성에는 석방 가능성과 종신형의 심사 가능성 모두가 필요하다고 하여, 영국의 종신구금명령이 부해진 종신형은 유럽인권조약 3조에 위반된다고 하였다(16대 1).

다수의견은, 이하의 사항을 언급하면서, 유럽 등에 있어서의 종신형 수형자의 사회 복귀에의 가능성이나 석방 심사의 가능성에 대하여 강조하였다. 즉, 과형 당시에는 적절한 형벌도, 시일의 경과와 함께 정당성이나 균형의 면에서 문제를 일으킬 가능성이 있다는 점, 유럽인권재판소의 선례에서 사회 복귀 목적이 강조되고

---

27) *Vinter and Others v. the United Kingdom* [GC], nos. 66069/09, 130/10 and 3896/10, ECHR 2013-III.

28) *Ibidem*, § 34 이하 참조. 또한 모살죄의 종신형에 관해서는, section 1(1) of the Murder (Abolition of the Death Penalty) Act 1965를, 최저구금기간에 관해서는, 2003년 형사사법법(Criminal Justice Act 2003)의 Schedule 21 ("Determination of minimum term in relation to mandatory life sentence") 참조. 최저구금기간을 내무장관이 터리프(tariff)로 정한 점이 문제되어*Regina (Anderson) v. Secretary of State for the Home Department* [2002] UKHL 46 참조), 법관이 정하는 제도로 변경되었다. 그 때 제도 변경 전에는 25년 경과 후에 내무장관이 재검토의 판단을 하고 있었는데, 변경 후에는 25년이 경과하더라도 종신구금명령의 재검토는 제도화 되지 않았다.

29) Crime (Sentences) Act 1997 참조(http://www.legislation.gov.uk/ukpga/1997/43/contents).

30) Prison Service Order 4700 chap. 12 참조. 불치병으로 사망이 예상되는 경우나 와병 상태 또는 이와 유사한 상태에 있고, 재범의 위험이 극도로 낮으며, 구금 계속에 의해 사망시기가 앞당겨진다고 생각되어 형사시설 이외에서 적절한 치료를 할 필요가 있고, 가석방에 의하여 수형자 내지 그 가족이 중대한 은혜를 입을 것이라는 요건이 충족될 필요가 있다.

있는 점,[31] 유럽형사시설규칙에서도 자유 사회에의 재통합의 촉진을 언급하고 있는 점,[32] 장기형 수형자의 처우에 관한 각료 위원회 결의(76)2가 종신 수형자를 포함한 모든 수형자는 가석방의 판단을 위하여 가능한 한 조기에 심사를 받도록 하고 있으며, 종신 수형자의 심사는 구금 개시부터 8년 내지 14년 후에는 이뤄지고 그 후에도 정기적으로 이루어져야 할 것을 권고하고 있는 점,[33] 교도소 당국의 종신형 및 기타 장기형 수형자 관리에 관한 각료 위원회 권고 2003(23)이 종신형 수형자가 건설적인 석방 준비의 이익을 향수해야 함을 강조하고 가석방의 가능성이 인정되어야 한다고 언급하고 있는 점,[34] 유럽고문방지위원회도 석방의 현실적 가능성이 없는 종신형은 비인도적이라고 하고 있는 점,[35] 많은 유럽 평의회 회원국에 있어서 종신형이 존재하지 않거나, 존재하더라도 최저구금기간의 경과 후에 형을 재검토하기 위한 메커니즘이 존재하고 있는 점, 유엔의 피구금자 처우 최저 기준 규칙에서 행형 제도의 기본적 목적으로 피구금자의 교정과 사회 복귀를 들고 있는 점[36] 그리고, 전술한 바와 같이 로마 규정에 있어서의 재심사의 가능성을 언급하였다.

이상을 바탕으로 유럽인권재판소는 종신형이 유럽인권조약 3조에 적합하려면 수형자의 변화가 현저하고, 그러한 사회 복귀를 위한 진보가 수형의 과정으로 진

---

31) *Vinter*, opere citato, § 115 では*Dickson v. the United Kingdom* [GC], no. 44362/04, § 75, ECHR 2007V, *Boulois v. Luxembourg* [GC], no. 37575/04, § 83, ECHR 20102.

32) 유럽형사시설규칙 6조 참조. 또한 동 규칙 103조에서는 수형자에게는 개인별로 수형계획이 책정되고, 그 안에는 석방을 위한 준비가 포함되어야 한다고 규정하고 있는데, 이러한 수형계획은 종신수형자나 장기 수형자에게도 제공되어야 한다고 규정되어 있다(103.8).

33) Resolution (76) 2 on the treatment of long-term prisoners(https://rm.coe.int/16804f2385).

34) Recommendation Rec(2003)23 of the Committee of Ministers to member states on the management by prison administrations of life sentence and other long-term prisoners (https://www.ochrance.cz/fileadmin/user_upload/ochrana_osob/Umluvy/vezenstvi/R_2003_23_management_of_life_sentence_and_long-term_prisoners.pdf).

35) CPT/Inf (2012) 26 (http://rm.coe.int/doc/0900001680697fb5)는 스위스에 대하여 석방의 현실적 가능성이 없는 종신형은 비인도적이므로, 종신구금의 개념을 개선하도록 권고하고 있다. 또한 CPT / Inf(2016)18 (http://rm.coe.int/doc/0900001680697fb9)에서도 유보하고 있다.

36) 또한 동 규칙은 2015년에 개정되었다. The United Nations Standard Minimum Rules for the Treatment of Prisoners (the Nelson Mandela Rules)(https://www.unodc.org/documents/justice-and-prison-reform/GA-RESOLUTION/E_ebook.pdf).

행되며, 적법한 형벌이라는 근거에 의하여 구금의 지속이 더 이상 정당화되지 않는지 여부를 국내 기관에서 고려할 수 있는 심사가 존재한다는 의미에서 감축 가능성을 요구한다고 한다.[37] 그리고 국내법이 종신형의 심사시스템이나 가능성을 전혀 갖추지 못한 경우에는 종신형의 과형 시점에서 이미 유럽인권조약 3조 위반의 문제가 발생하게 된다.[38]

이런 판단 기준에 따라 영국의 범죄(양형)법 30조의 문언과 행형청령의 엄격한 조건의 차이, 종신구금명령의 재검토에 특화된 메커니즘이 존재하지 않음에 비추어 볼 때, 현 시점에서는 청구인들의 종신형이 감축 가능하다고 간주할 수 없다고 하여 3조 위반을 인정하였다. 또한 그 뒤 Hutchinson v. the United Kingdom판결에서 유럽인권조약 3조 위반은 부정되었지만,[39] Vinter판결의 기준을 Hutchinson 판결도 변경하지는 않았다.

이러한 Vinter판결 이후에도 대통령의 사면 이외에 석방 가능성이 없는 종신형에 있어서, 사면의 신청에 관한 결정에 이유를 붙일 의무가 없고, 종신형 수형자에게 사면이 인정된 사례가 없는 경우에 유럽인권조약 3조 위반을 인정한 판결(László Magyar v. Hungary판결[40])이 선고된바 있다. 그리고 국가는 종신형 수형자가 회생하기 위한 현실적 기회를 제공해야 한다는 지적이 나오거나(Harakchiev and

---

37) *Vinter*, opere citato, § 120. 그리고 비교법, 국제법에 의하면 과형에서 25년 이내의 심사와 그후의 정기적 심사를 보장하는 전문 구조를 갖추도록 하고 있다.

38) *Vinter*, opere citato, § 122.

39) *Vinter* 판결 이후, 종신구금명령이 선고된 수형자가 석방되지 않고, 행형청령의 개정도 없는 상태에서 2015년 2월 3일 *Hutchinson v. the United Kingdom*, no. 57592/08, ECHR 2015는 3조 위반의 주장을 배척하였고, 2017년 1월 17일 대법정 판결(*Hutchinson v. the United Kingdom* [GC], no. 57592/08, ECHR 2017)도, Vinter 판결 후의 영국 내 항소원 판결(*Regina v. McLoughlin, Regina v. Newell*, [2014] EWCA Crim 188)에 의해, 예외적인 "동정할 이유"에 근거한 내무장관의 석방권한의 행사는 유럽인권조약 3조에 적합하게 사회복귀를 위한 수형자의 현저한 진보를 고려하여 이루어질 것이 확인되고, Vinter판결이 지적한 법적인 불명확성은 해소되었다고 하여 3조 위반은 없다고 하였다. 이에 대한 비판은 Hutchinson판결의 반대의견을 참조(특히, Dissenting opinion of Judge Pinto de Albuquerque는 항소원 판결에 3조 적합성의 근거를 발견할 수 없어서, 다수의견은 유럽에서의 인권보장 시스템을 흔들고 있다고 지적하였다).

40) *László Magyar v. Hungary*, no. 73593/10, ECHR 2014.

Tolumov v. Bulgaria 판결[41]) 석방 심사의 구조가 법적으로 존재하고, 법률상의 감축 가능성이 긍정된다고 하더라도, 사실상의 감축 가능성이 부정될 여지가 있음을 인정하였다(Murray v. the Netherlands 판결[42]).

더욱이 2014년 9월 4일 Trabelsi v. Belgium판결[43]에서는 종신형의 적용 가능성이 있는 나라(미국)에 대한 범죄인 인도가 유럽인권조약 3조에 위반되는지가 다투어졌다.[44] 이러한 Trabelsi판결은, 종신형이 부과되는 시점에서 수형자가 정확하게 인식할 수 있는 객관적이고 사전에 확립된 기준에 따라 구금의 지속이 더 이상 적법한 형벌이라는 이유에 의해서는 정당화되지 않을 정도로 수형자가 변화하고 진보하였는지를 확인할 수 있는 심사의 메커니즘이 존재할 필요가 있다고 한 Vinter판결의 요청을 충족하지 않는다고 하여 유럽인권조약 3조의 위반이 있다고 하였다.

Ⅲ 일본의 사면제도는 종신형 감축 가능성을 열 것인가?

종신형의 감축 가능성(석방 가능성과 심사 가능성)이 존재하지 않는 종신형 제도는 유럽인권조약 3조에 위반하여 “비인도적인” 형벌로 볼 수 있다는 유럽인권재판

41) *Harakchiev and Tolumov v. Bulgaria*, nos. 15018/11 and 61199/12, ECHR 2014.

42) *Murray v. the Netherlands* [GC], no. 10511/10, ECHR 2016 은, 정신장애가 있는 종신수형자가 재범의 위험을 이유로 사면의 신청 내지 종신형의 정기적 심사에서 이를 계속 거부당하였으나, 정신장애에 대한 평가나 치료도 제공되지 않았던 사안에서, 갱생 가능성을 제공하는 것은 정부의 의무이며, 신청인에게 치료는 교정을 위하여 진보하고 재범의 가능성을 감소시키기 위한 전제조건이므로, 신청인의 종신형은 사실상 감축 불가능하였다고 하여 유럽인권조약 3조 위반을 인정하였다.

43) Trabelsi v. Belgium, no. 140/10, ECHR 2014. 이 사건은 튀니지 국적의 청구인이 육군기지 폭파미수, 테러의 공모, 무기의 불법 소지 등의 죄로 벨기에 교도소에 수형 중이었는데, 미국이 벨기에에 청구인의 인도를 요청하여 2013년 미국에 인도한 사안이었다. 미국 연방법에서는 종신형을 과하는 경우에는 가석방의 가능성이 없고, 대통령 사면, 수형자 스스로 사건의 심사 및 제3조에 대한 소추에 중요한 공헌을 한 경우, 설득력 있는 인도상의 이유가 있는 경우에 감형이 가능한 것이 확인되었다.

44) 사형적용 가능성이 있는 국가에의 범죄인 인도와 유럽인권조약 3조와의 관계에 관해서는, *Soering v United Kingdom*, no. 14038/88, ECHR 1989 참조(특히, § 88).

소의 조류는 일본에 어느 정도까지 부연 가능할 것인가. 물론 일본은 유럽인권조약을 비준하고 있지는 않지만, 자유권 규약은 비준하고 있어서 형사 사법제도상의 지침이나 제약으로 작용할 수 있다. 물론, 자유권 규약에는 종신형을 직접 언급하는 조문은 없다. 그러한 의미에서 18세 이상의 사람[45]에 대하여 직접 종신형을 금지하는 규정은 없다. 다만, 전술한 바와 같이[46] 동 조약 7조에서 유럽인권조약 3조와 비슷한 내용의 문언을 규정하고 있다. 그리고 7조는 10조 1항[47]에 의하여 보완된다.[48] 이러한 점에서, 유럽인권재판소의 유럽인권조약 3조의 해석도 일본에서의 종신형 논의에 있어서의 지침이 될 수 있을 것이다.

그런데 유럽인권재판소는, 법률상 그리고 사실상 종신형의 감축 가능성이 인정되고 있어야 할 필요가 있으며, 이는 사면이라도 상관없지만, 종신형이 부과되는 시점에서, 수형자가 정확하게 인식할 수 있는 객관적이고 사전에 확립된 기준에 의하여, 구금의 계속이 더이상 적법한 형벌이라는 이유에 의해서는 정당화되지 않는 정도까지 수형자가 변화하여 진보하였는지를 확인할 수 있는 심사 메커니즘이 존재할 필요가 있다고 하였다.

이 점에서 살펴보면, 일본의 종신형 도입안은, 전술한 초당파 국회의원에 의한 제안의 경우 사면만을 인정하고 있었다. 일본에서의 사면[49]은 사면법 12조[50]에 의

---

45) 아동권리조약 37조는, "체결국은 다음의 사항을 확보하여야 한다 (a) 어떠한 아동도 고문 또는 다른 잔혹하거나 비인도적 혹은 품위를 손상시키는 취급이나 형벌을 받지 않을 것. 사형 또는 석방 가능성이 없는 종신형은 18세 미만의 자가 행한 범죄에 관하여 과해지지 않을 것" (Convention on the Rights of the Child, Article 37: "States Parties shall ensure that: (a) No child shall be subjected to torture or other cruel, inhuman or degrading treatment or punishment. Neither capital punishment nor life imprisonment without possibility of release shall be imposed for offences committed by persons below eighteen years of age")이라고 되어 있다.

46) 전게주 16 참조.

47) 자유권을 박탈당한 모든 사람은 인도적이며, 인간 고유의 존엄을 존중하여 취급되어야 한다(All persons deprived of their liberty shall be treated with humanity and with respect for the inherent dignity of the human person).

48) 1992년의 자유권규약위원회 일반의견 20(44)의§ 2 참조.

49) 사면법 1조 "대사, 특사, 감형, 형 집행면제 및 복권에 관하여는 이 법률이 정하는 바에 따른다."

50) 사면법 12조 "특사, 특정한 사람에 대한 감형, 형 집행 면제 및 특정한 사람에 대한 복권은

한 중앙갱생보호위원회의 신청이 있는 자에 대하여 내각이 결정하는 것이다(헌법 73조 7호). 다만, 사면의 기준은 사면법상 제시되어 있지 않고, 사면법 시행규칙에 따라 운용되고 있다. 동 규칙은 1조의2에서 형사시설의 장이 사면, 특사, 감형, 형 집행 면제를 중앙갱생보호위원회에 직권으로 상신하는 경우와 형사시설에 수용된 자로부터 특사, 감형, 형집행 면제의 신청이 있는 때의 의무적 상신을 규정하고 있으며,[51] 동 규칙 2조에서는 상신서에 첨부하여야 하는 서류(판결 등본 또는 초본(2조 1항 1호)), 형기 계산서(동 2호), 범죄의 정상, 본인의 성행, 수형 중의 행적, 장래의 생계 기타 참고가 되어야 할 사항에 관한 조사 서류(동 3호), 본인 신청의 경우 신청서(동조 2항)를 규정하고 있다.[52] 그리고 동 규칙 10조는, 중앙갱생보호위원회는 상신에 이유가 없을 때는 상신한 자에게 그 사실을 통지하여야 한다고 규정하고 있다(통지를 받은 자는 신청인에게 그 사실을 통지하여야 한다).[53]

다만, 동 규칙 2조 소정의 자료에 따라 어떠한 기준으로 어떻게 판단되는지에 관해서는 규정되어 있지 않고, 또한 상신의 이유가 없다는 통지 역시 신청인 본인에게 그 이유를 통지하도록 의무화하고 있지도 않다. 이러한 법제도에서는, 유럽 인권재판소가 요청하고 있는 심사의 메커니즘을 충족시키고 있다고 할 수는 없을 것이다.[54] 게다가 지난 20년간 무기 수형자에 대한 사면을 찾아볼 수 없다는 점을 감안할 때,[55] 사실상 종신형의 감축 가능성도 인정되기 어려울 것이다.

중앙갱생보호심사회의 신청이 있는 자에 대하여 이를 실시한다."

51) 사면규칙 1조의2 제1항 1호 "다음의 사람은 직권으로 중앙갱생보호심사회에 특사, 특정한 사람에 대한 감형 또는 형 집행면제의 상신을 할 수 있다. 형사시설에 수용되거나 노역장 또는 감치장에 유치되어 있는 사람에 관하여는, 그 형사실의 장", 동조 2항 "전항 각호의 형사시설이나 보호관찰소의 장 또는 검찰관은 본인으로부터 특사, 감형 또는 형 집행면제의 신청이 있는 때에는 의견을 붙여 중앙갱생보호심사회에 그 상신을 하여야 한다."

52) 특사, 감형, 형 집행면제 또는 복권의 신청에 필요한 기재사항은 사면법 시행규칙 9조 참조.

53) 사면법 시행규칙 10조 1항 "중앙갱생보호심사회는 특사, 감형, 형 집행면제 또는 복권의 상신의 이유가 없는 때는 상신을 한 사람에게 그 취지를 통지하여야 한다." 동조 2항 "전항의 통지를 받은 사람은 신청인에게 그 취지를 통지하여야 한다."

54) 동지, 田鎖(전게주17)·399頁.

55) 보호통계 「상신청별 상시 사면의 수리 및 인원」에 따른다. 또한 양형제도를 생각하는 초당파회 "종신형의 설계를 위한 형법 등 일부를 개정하는 법률안"의 자료 "무기형수형자·가석

Ⅳ 결론

본 보고서에서는 시간 관계상 자세한 검토는 할 수 없었지만, (가석방 없는) 종신형이 도입되면 일본 상황 하에서는 사회 복귀 가능성이 거의 없어지게 되어, 자유권 규약 7조에서 금지하고 있는 "비인도적인" 형벌이 될 가능성이 높다고 할 것이다. 이에 유럽인권재판소의 기준을 부연하여 석방의 전망과 심사의 가능성을 명확하게 설계해 나갈 필요가 있다. 그리고, 이는 사실상 종신형화되어 있다고 할 수 있는 일본의 무기형에도 마찬가지로 타당하다. 종신형 도입 전에 무기형에서의 가석방을 재검토하는 것이 매우 시급한 과제라고 할 수 있을 것이다.

일본의 무기형에 있어서는 가석방이 인정되더라도 형벌은 종료되지 않고,[56] 보호관찰 상태가 계속된다(필요적 보호 관찰: 갱생보호법 40조, 48조 3호[57]).[58] 그러한 의미에서 일본의 무기형은 종신구금될 가능성을 남긴 형벌이며 가석방의 경우에도 형의 집행은 평생 종료되지 않는 형벌이다.[59] 이 문제를 회피하기 위해서는 입법론이지만, 특히 무기형 가석방에 있어서의 형의 면제를 규정하는 방법도 고려할 수 있을 것이다.[60]

방자 현황(1998년~2007년)에 따르면, 1998년부터 2007년까지 무기형 수형자에 대하여 중앙갱생보호심사회가 사면이 상당하다고 한 사례는 없다고 한다.

56) 가석방은(형의 하나의 형태가 아닌) 자유형의 집행 형태의 하나라고 한다(大塚仁ほか編『大コンメンタール刑法〔第三版〕第1巻』(青林書院、2015年)713頁以下〔林眞琴〕).

57) 갱생보호법 40조 "가석방이 허가된 사람은 가석방의 기간 중 보호관찰에 부한다."

58) 특별준수사항의 취소는 가능(갱생보호법 53조 2항). 그외에는 사면법에 의한 대사, 특사, 감형, 형 집행 면제(복권)에 의할 수밖에 없다.

59) 평균수명이 늘어난 가운데, 무기형과 유기형의 차가 확대되고 있다고 할 수 있다.

60) 예를 들어, 독일에서의 무기형은 모살죄(독일 형법 211조 1항)에서의 절대적 법정형으로 「lebenslange Freiheitsstrafe」가 법정되어 있다. 그리고 동법 57조 a 제1항에서 무기자유형에서의 잔형의 집행유예를 인정하고 있는데, 동조 3항은 집행유예 기간을 5년으로 하고 있다. 그리고 동항은 동조 56조 g를 인용하고 있고, 거기서는 잔형의 집행유예가 인정되는 경우에는 "법원이 형의 집행유예를 취소하지 않는 때에는 법원이 집행유예기간 만료 후에 형을 면제한다"고 되어 있다. 그렇게 되면, 무기자유형이라고 하더라도 잔형의 집행유예가 인정된 경우는 5년 경과에 따라 형의 면제가 인정될 수 있게 되는듯 보인다.

감사 말씀

비교법은, 여러 나라의 동향을 통하여 자국의 법 상황을 성찰하고, 보다 좋은 점을 배우며, 문제점을 피하거나 문제점의 해결책을 배울 수 있다는 점에서 큰 의의가 있습니다. 본 보고가 한일 비교법에 일조할 수 있기를 바랍니다. 본 보고의 번역이나 당일 통역을 담당해 주신 분들께 이 자리를 빌어 감사의 말씀을 드립니다.

제3부

모욕죄의 동향

- **제5장** 사이버모욕죄·사이버명예훼손죄의 처벌규범 및 입법논의 (황태정)
- **제6장** 모욕죄의 법정형 개정에 대해 (가나자와 마리)

제5장

사이버모욕죄·사이버명예훼손죄의 처벌규범 및 입법 논의

황태정 | 경기대학교 경찰행정학과 교수

I 들어가며

개인의 명예 또는 명예권은 헌법 제10조가 규정하는 인간의 존엄과 자유 및 행복추구권, 그리고 이에 근거한 일반적 인격권으로부터 파생하는 헌법상 열거되지 않은 기본권에 해당한다. 헌법은 이러한 인격권 또는 명예권을 명문의 기본권목록으로 규정하고 있지는 않으나, 제21조 제1항에서 “모든 국민은 언론·출판의 자유와 집회·결사의 자유를 가진다.”고 규정하여 표현의 자유를 헌법상 기본권으로 보장하면서, 동조 제4항에서는 “언론·출판은 타인의 명예나 권리 또는 공중도덕이나 사회윤리를 침해하여서는 아니된다.”는 내용의 개별적 헌법유보를 두어 개인의 명예 또는 명예권을 표현의 자유의 한계를 설정하는 헌법상의 법익으로 명시하고 있다.

민주주의가 제대로 기능하기 위해서는 한편으로는 자유로운 의사형성과정과 이를 가능하게 하는 표현의 자유의 보장을, 다른 한편으로는 개인의 명예가 침해당한 경우 국가에 의한 효과적인 명예보호를 필요로 한다. 표현의 자유와 인격권 또는 명예권은 이와 같이 상호 긴장관계에 있기 때문에 양자가 충돌하는 경우에는 한 기본권에 대한 일방적 지지 또는 배제가 아니라 법익형량을 통하여 양 법익이 가능한 한 최대한 그 효력을 유지하도록 하는 방향으로 입법과 해석이 이루어질 필요가 있다. 형법은 이러한 취지에서 일정한 표현행위로 사람의 명예를 훼손한 경우 이에 대한 처벌규정을 두어 개인의 명예를 보호함과 동시에, 그러한 표현행위가 공익을 위해 허용되어야 할 경우에는 예외적으로 처벌을 배제하는 형태로 입법하고 있다.

이러한 표현의 자유 및 명예의 보호는 최근 과학기술 및 정보통신기술의 발달과 함께 도래한 인터넷 시대에도 역시 중요한 화두가 되고 있다. 사이버공간에서의 다양한 형태의 표현행위와 이로 인한 명예의 침해를 어떻게 조율할 것인지의 문제가 최근 주요한 관심의 대상이 되고 있으며, 여기에는 사이버공간에서 이루어지는 명예훼손행위가 현실세계에서의 명예훼손행위와 본질적으로 달리 취급하여야 할 대상인지, 사이버공간에서의 명예훼손행위에 대하여 기존의 법리를 적용할 수 있는 것인지, 기존 법리의 적용이 불가능하다면 새로운 규정의 필요성과 범위는 어디까지인지, 새로운 규정과 기존 규정은 어떠한 관계에 있는 것인지 등 여러 가지 의문점들이 포함된다.

이 글에서는 먼저 헌법상 기본권인 인격권 또는 명예권을 보호하기 위한 기존의 형벌규정과 사이버공간을 위한 특별법상의 규정들을 살펴보고 해당 규정의 입법취지와 함의를 되짚어봄으로써, 표현의 자유와 명예의 조화로운 보호를 통한 민주주의적 가치의 실현이라는 관점에서 이들 형벌규정의 해석이 어떠한 방향으로 이루어져야 할 것인지를 모색해 본다(II). 다음으로는 명예훼손죄와 관련하여 명예훼손 관련규정의 통일적 구성, 최근 법률안에서 제안된 사실적시 명예훼손죄의 폐지와 위법성조각사유 성립요건의 다양화 등 관련 논점을 검토하고(III), 마지막으로 모욕죄와 관련하여 소위 사이버모욕죄의 신설 및 형법상 모욕죄의 폐지 등 관련 논점을 검토한다(IV). 그리고 이러한 논의에 입각할 때 새로운 입법에 있어서의 고려사항이 무엇인지를 모색하는 것으로 논지를 마무리하기로 한다.

Ⅱ 현행법의 체계적 해석과 지향점

1 형법과 정보통신망법 규정 간의 관계설정[1]

형법의 명예훼손 관련규정은 1953년 제정 이후 약간의 법정형 조정[2]과 표현의 변경을 제외하고는 변화 없이 오늘에 이르고 있다. 그러나 형법의 제정 당시에는 예상하지 못했던 정보기술의 발달과 함께 컴퓨터의 네트워크를 통한 가상공간의 개념이 생겨나고, 인터넷을 필두로 하는 이러한 가상공간에서의 활동이 현실세계와 비견될 정도의 중요성을 갖게 되면서 명예훼손법제에도 변화가 필요하게 되었다. 인터넷 등 가상공간에서 이루어지는 명예훼손행위를 어떠한 형식으로 규율할 것인지 결정함에 있어서는 양방향적 소통을 본질로 하는 인터넷의 성격 및 피해의 확산 방지와 피해의 효율적 구제방안을 포함한 다양한 형태의 법적 고려가 필요하다. 입법자는 이에 대한 해결방안으로 행정적 구제방안과 형벌을 함께 선택하였고, 이를 담는 그릇으로는 특별법인 정보통신망법을 택하였다. 정보통신망법상 이용자 보호 관련규정[3](제5장)과 이른바 사이버명예훼손죄[4](제70조)가 이에 해당한다.[5]

---

1) 형법과 정보통신망법 이외에도 공직선거법에서 후보자비방죄(제251조) 및 허위사실공표죄(제250조)를 규정하고 있고, 전기통신기본법에서 이른바 허위통신죄(제47조) 등을 규정하고 있다. 후보자비방죄는 공직선거후보자의 외적 명예의 저하와 직접적인 연관성을 가지며, 허위사실공표죄나 허위통신죄 또한 간접적으로 명예훼손의 위험성을 야기할 수 있다는 점에서 넓은 의미의 명예훼손 관련법제로서의 성격을 가진다. 다만 이들 구성요건은 보호법익이나 행위태양 등의 면에서 기존의 명예훼손 관련규정과 차이가 있으므로, 이들에 대한 검토는 추후의 과제로 남겨두기로 한다.

2) 1995년 개정(법률 제5057호)에서 징역형과 자격정지형만 있던 제309조 제2항에 1천 500만원 이하의 벌금형을 추가하였다.

3) 제5장은 1999년 2월 개정(법률 제5835호)에서 '정보통신망의 보호'라는 제호로 신설되었다. 2001년 1월 개정(법률 제6360호)시 '정보통신망에서의 청소년보호 등'으로의 개정을 거쳐, 2007년 1월 개정(법률 제8289호)시 현재와 같은 모습으로 바뀌었다. 현재 제5장의 제호는 '정보통신망에서의 이용자 보호 등'이다.

4) 이른바 사이버명예훼손죄는 2001년 1월 개정(법률 제6360호)시 제61조로 신설되었으나 2007년 12월 개정(법률 제8778호)시 제10장(벌칙)의 신설과 함께 제70조로 변경되어 현재까지 유지되고 있다.

5) 정보통신망법은 1986년 「전산망보급확장과이용촉진에관한법률」([시행 1987. 1. 1] [법률

명예훼손행위를 함에 있어 인터넷 등 정보통신망을 이용한다는 것은 행위수단으로서의 의미를 가지며, 그 행위수단이 고도의 전파성, 장기간의 보존성을 지닌다는 점에서 법익침해의 위험성이 매우 크다. 따라서 행위수단의 위험성과 그로 인한 불법의 가중이라는 측면에서 인터넷 등 정보통신망을 통하여 이루어지는 명예훼손행위는 출판물 등을 이용한 명예훼손행위와 본질적인 면에서 차이가 없다고 할 수 있다. 입법자는 이러한 행위를 형법으로 포섭하여 문제를 해결할 수도 있었겠지만[6] 전술한 바와 같이 특별법에 새로운 규정을 신설하였고, 이러한 이유에서 정보통신망법상 사이버명예훼손죄는 형법상 출판물명예훼손죄와 유사한 규정형식을 취하고 있다. 즉 "사람을 비방할 목적으로[비방목적] 정보통신망[7]을 통하여[행위수단] 공공연하게[공연성][8] 사실 또는 거짓의 사실을 드러내어[사실적

제3848호, 1986. 5.12, 제정])로 제정된 법률이다. 이후 1999년 전산망보급확장사업이 정보화촉진기본법에 의한 정보화사업으로 전환되어 추진되고, 개인정보의 보호에 관한 제도가 신설됨에 따라 전부개정을 통하여 법률의 명칭을 「정보통신망이용촉진등에관한법률」([시행 1999. 7. 1] [법률 제5835호, 1999. 2. 8, 전부개정])로 변경하였고, 동법은 2001년 개인정보보호 강화 등의 내용을 담은 전면개정을 통하여 「정보통신망이용촉진및정보보호등에관한법률」([시행 2001. 7. 1] [법률 제6360호, 2001. 1.16, 전부개정])로 확대개편되었다. 이른바 사이버명예훼손죄는 이 개정에서 신설되었다.

6) 형법에 의한 해결을 위해서는 "신문, 잡지 또는 라디오 기타 출판물"이라고 규정된 제309조의 포섭범위에 대한 해석이 선결되어야 한다. 이에 대해서는 예시규정이라는 견해(김성천·김형준, 270면; 김일수·서보학, 201면; 박상기, 185면 등)와 한정적 열거라는 견해(오영근, §12/62; 임웅, 209면; 정영일, 184면 등)가 대립하고 있으나 죄형법정주의의 원칙상 한정적 열거라고 봄이 타당하다. 참고로 1992년 형법개정법률안은 기존의 제309조의 행위수단에 '텔레비전 기타 방송'을 추가하고 있다. 조정과정에서 비디오나 녹음테이프 등에 의한 명예훼손도 포함하여야 한다는 견해가 있었으나, 이러한 매체는 그 전파성에서 크게 뒤떨어지므로 일반 명예훼손으로 처벌하면 족하다는 판단에 따라 포함시키지 않았다고 하고 있다(형법개정법률안 제안이유서(형사법개정자료 XIV), 법무부, 1992, 169면). 행위수단의 종류를 한정적 열거로 보는 한 이 문제는 현재진행형의 문제라고 할 수 있다.

7) "정보통신망"이란 「전기통신사업법」 제2조 제2호에 따른 전기통신설비를 이용하거나 전기통신설비와 컴퓨터 및 컴퓨터의 이용기술을 활용하여 정보를 수집·가공·저장·검색·송신 또는 수신하는 정보통신체제를 말한다(정보통신망법 제2조 제1항 제1호). 인터넷을 포함한 대부분의 가상공간이 이에 포함될 것이다.

8) 형법 제309조는 문언상 공연성을 요건으로 하고 있지 않다. 학설 중에는 이를 공연성을 요구하지 않는 것으로 해석하는 견해도 있으나(강동범, "사이버 명예훼손행위에 대한 형법

시] 다른 사람의 명예를 훼손한[명예훼손] 자"를 처벌의 대상으로 하고 있으며(제70조 제1항·제2항), 소추조건[반의사불벌죄]도 같다(동조 제3항). 동법은 정보통신망을 이용한 모욕행위에 관하여는 특별규정을 두고 있지 않다.

이처럼 정보통신망법은 명예훼손과 관련하여 구조적으로 형법 제309조에 대응하는 제70조 하나만을 규정하고 있기 때문에 제70조의 적용범위를 벗어나는 영역에 대한 규율이 어떠해야 하는지에 대해서는 논란이 있을 수 있다. 이러한 논란은 인터넷으로 대표되는 사이버공간에서 명예훼손에 관한 기존 실정법상의 법리가 그대로 적용될 수 있는지, 또 인터넷상에서 개인의 인격권(명예권)과 표현의 자유가 충돌할 경우 어느 쪽에 무게중심을 두어야 할 것인지의 문제로 요약된다.[9] 논란의 해소는 입법적으로 또는 입법이유서에 나타난 입법자의 의사에 따라 이루어지는 것이 가장 바람직할 것으로 생각되지만, 아쉽게도 사이버명예훼손죄가 신설된 2001년 1월 개정법(법률 제6360호)의 입법자료[10]에는 이러한 내용이 거의 남아있지 않다. 다만 사이버명예훼손죄가 처음 제안된 법률안의 소위원회 검토보고

적 대책", 형사정책 제19권 제1호(2007/06), 한국형사정책학회, 51면), 다수의 학설은 이는 신문·잡지·라디오 등이 당연히 공연성을 전제로 하기 때문이라고 한다(김일수·서보학, 200면; 배종대, §52/5; 오영근, §12/62; 이재상, §12/37 등). 공연성을 요건으로 하는 것은 구성요건의 성립범위를 축소시키는 역할을 하며 피고인에게 유리한 사유이므로, 다수설의 입장과 같이 (전제된) 공연성이 요구된다고 하는 것이 타당하다. 한편 인터넷의 높은 전파성에도 불구하고 정보통신망법이 특히 공연성을 요구하는 이유와 관련하여서는 이를 의미없는 주의적 규정으로 보는 견해도 있으나, 사람의 인격적 가치에 대한 사회적 평가를 직접적으로 저하시킬 위험이 있는 사회적으로 유해한 행위만을 처벌하고 공연성이 없는 개인적인 정보전달을 제외함으로써 표현의 자유에 대한 지나친 제한을 억제하려는데 그 취지가 있다는 견해가 있다(박광민, "인터넷상 명예훼손에 대한 형사법적 규제", 형사법연구 제24호(2005·겨울), 한국형사법학회, 104면).

9) 박광민, 앞의 논문, 100-101면.

10) 2001년 1월 개정은 조웅규 의원 대표발의안 3건, 남궁석 의원 대표발의안 1건, 정부안 1건을 통합한 위원회 대안이 통과되어 이루어진 것으로 사이버명예훼손죄는 정부안에서 처음 제안되었다. 그러나 대안의 본회의 통과시 회의록(제216회 국회(임시회) 국회본회의회의록 제1호, 국회사무처, 13-14면)은 물론 정부안의 제안이유서에서도 이에 대한 내용은 찾아볼 수 없다.

서[11]에 "형법상의 출판물에 의한 명예훼손죄에 준하여 처벌할 수 있는 근거를 마련하였으며…"라는 정도의 간략한 언급이 남아있을 뿐이다. 결국 이 문제는 사이버명예훼손죄의 조문구조의 면에서나 입법연혁의 면에서나 정보통신망법 규정의 모태가 된 형법 제309조의 입법취지와 명예훼손법제 체계 내에서 제309조의 함의를 더듬어 해결방안을 모색할 수밖에 없다.

2 형법 제309조의 입법취지와 함의(含意)

형법 제309조의 입법취지를 파악하기 위해서는 먼저 명예훼손죄의 기본적 구성요건인 제307조와의 조문구조상 비교가 필요하다. 제309조는 객관적 구성요건요소의 측면에서 제307조에 없는 '특별한 행위수단'을 적시하고 있고, 주관적 구성요건요소의 측면에서도 역시 제307조에는 규정되어 있지 않은 이른바 '초과주관적 구성요건요소'를 요구하고 있다. 제309조의 입법취지 또한 이 두 가지 차이로부터 유추해 낼 수 있을 것으로 본다.

먼저 행위수단의 위험성 증가와 관련하여, 제309조는 '신문, 잡지 또는 라디오 기타 출판물'을 이용하여 사실 또는 허위사실을 적시한다는 점에서 제307조와 다르다. 적시된 매체는 활자매체 또는 방송매체로서, 매체의 특성상 구두성·대면성을 갖는 일반적인 명예훼손과 법익침해의 위험성이라는 관점에서 큰 차이가 있다. 이러한 점에서 제309조의 입법취지는 1차적으로 행위수단의 위험성 증대로 인한 불법의 가중과 이에 대한 형벌가중에 있다고 보는 것이 일반적 견해[12]이다. 판

11) 정보통신망법의 소관 위원회인 과학기술정보통신위원회 수석전문위원이 2000년 12월 법률안의 위원회 심사에 앞서 작성한 검토보고서(24-25면)이다. "안 제9장은 벌칙에 관하여 규정하고 있는데, 사이버공간상의 명예훼손에 대하여 사람을 비방할 목적으로 정보통신망을 통하여 공연히 명예를 훼손한 경우에 그 파급효과가 매우 크므로 형법상의 출판물에 의한 명예훼손죄에 준하여 처벌할 수 있는 근거를 마련하였으며(안 제61조) … 이러한 벌칙규정은 대체로 최근에 정보통신망이용과 관련하여 제기되고 있는 불건전한 형태의 이용유형을 법적으로 규정하고 이에 대응하여 필요한 벌칙규정을 설정함으로써 불건전한 정보통신망 이용 사례로부터 개인의 피해를 방지하고 나아가 정보의 건전한 이용풍토를 조성하기 위한 보장장치로 이해되어야 할 것임."

12) 김성돈, 200면; 김성천·김형준, 270면; 김일수·서보학, 200면; 박상기, 184-185면; 배종

례[13])도 "형법이 출판물 등에 의한 명예훼손죄를 일반 명예훼손죄보다 중벌하는 이유는 사실적시의 방법으로서의 출판물 등의 이용이 그 성질상 다수인이 견문할 수 있는 높은 전파성과 신뢰성 및 장기간의 보존 가능성 등 피해자에 대한 법익침해의 정도가 더욱 크다는 데 있[다]."고 함으로써 이와 같은 입장을 취하고 있다.

그렇다면 제309조가 제307조와 달리 고의 이외에 초과주관적 구성요건요소로서 '비방할 목적'을 요구하고 있는 점은 어떤 뜻으로 새겨야 할까? 학설은 대체로 이를 전술한 행위수단의 위험성과 더불어 행위불법 증가에 의한 형벌가중요소로 파악하는 것이 일반적이다.[14]) 이는 위험한 행위수단과 함께 비방목적까지 있는 경우 불법이 가중된다는, 사태의 적극적인 측면을 포착한 견해라고 할 수 있다. 그러나 목적범에서의 목적은 고의라는 주관적 요소 외에 추가적으로 요구되는 것이므로, 구성요건상 목적의 존재는 한편으로 행위불법을 가중하는 요소가 됨과 동시에 다른 한편으로는 행위자의 범죄성립을 제한하는 요소로서의 역할을 하게 된다.[15]) 이러한 소극적 측면에서 접근한다면, 제309조는 출판물이라는 위험한 행위수단을 이용하였더라도 행위자에게 비방목적이 없는 경우 동조가 요구하는 가중된 불법을 충족하지 못하도록 하려는 취지의 규정이라는 해석이 가능할 수 있다. 이러한 해석은 제309조가 열거하고 있는 신문·잡지 등의 매체가 여론형성기능을 가진 언론매체의 주된 보도수단이라는 점, 많은 언론매체가 갖는 사실공개적 성격 및 공익성 등을 고려할 때 더욱 설득력을 갖는다고 할 것이다.

형법은 제310조에서 명예훼손죄의 특유한 위법성조각사유를 규정하면서 그 대상을 진실하고 공익적인 행위로서 객관적으로는 특별히 위험한 행위수단을 사용하지 않고 주관적으로는 악의적 가해의 의도가 없는 경우로 제한하였다. 출판물

대, §52/2; 오영근, §12/61; 이재상, §12/37; 임웅, 208면; 정영일, 183면 등.

13) 대법원 2000. 2. 11. 선고 99도3048 판결; 대법원 1998. 10. 9. 선고 97도158 판결; 대법원 1997. 8. 26. 선고 97도133 판결 등 참조.

14) 김성돈, 200면; 김일수·서보학, 200면; 박상기, 184-185면; 배종대, §52/2; 이재상, §12/37; 임웅, 208면 등.

15) 김성돈, 형법총론, 233면. 초과주관적 구성요건요소로서 비방목적을 요구하고 있는 이유가 고의만으로 주관적 구성요건이 충족되게 되면 헌법상 언론·출판의 자유에 대한 심대한 위협이 될 수 있기 때문이라는 견해(정영일, 183면)도 같은 취지라고 생각된다.

과 같은 행위수단은 일반적으로 명예훼손행위의 행위불법을 가중하지만, 이러한 행위수단을 이용하는 주체가 표현의 자유의 최일선에 서있는 언론매체인 경우가 많다는 점은 충분한 고려의 대상이 될 필요가 있다. 이러한 취지를 고려한다면 제310조와의 관계에서 제309조는 출판물이라는 위험한 행위수단을 이용하는 경우에도 비방목적이라는 주관적 요건을 추가적으로 요구함으로써 이러한 행위의 정당화로의 퇴로를 완전히 차단하지 않고,[16] 이를 통하여 표현의 자유를 두텁게 보호한다는 실천적 의미를 갖는다고 할 것이다. 결국 제309조는 '비방할 목적'을 통하여 한편으로는 행위수단의 위험성 및 주관적 목적에 기초한 형벌가중의 측면을 고려하면서도 다른 한편으로는 표현의 자유 보장을 위한 보호막으로서 명예훼손죄 성립 제한의 측면을 함께 고려하는 중의적 함의를 가지며, 개인의 명예보호와 표현의 자유 사이에 경계선을 긋는 기능을 한다고 할 것이다.[17]

3 정보통신망법 제70조의 해석방향

위에서 살펴본 바와 같이 형법 제309조는 행위수단의 위험성과 주관적 목적으로 인한 형벌가중과 표현의 자유를 보호하기 위한 구성요건의 성립제한이라는 중의적 의미를 가지고 있다. 이러한 관점에서 본다면 형법 제309조와 동일한 구조로 입법된 정보통신망법 제70조의 기본적인 해석방향 또한 이미 일정 부분 제시되었다고 보여진다. 즉 일정한 표현행위에 있어 인터넷 등 정보통신망이 높은 법익침해의 위험성을 가진 행위수단이라는 점, 그럼에도 인터넷은 가장 참여적이고 표현촉진적인 매체로서 양방향적 소통을 통한 여론형성 등 공익적 기능을 가진다는 점, 따라서 행위수단의 특성으로 인한 높은 법익침해의 위험성에도 불구하고 악의적 가해의 목적에 의한 것이 아닌 한 인터넷상에서 이루어지는 표현행위에 대해

16) 비방목적이 없는 명예훼손행위에 대해서는 제309조가 아닌 제307조의 적용이 문제될 뿐이므로(김성천·김형준, 272면; 김일수·서보학, 202면; 배종대, §52/3; 오영근, §12/65; 임웅, 210면 등 참조) 해당 행위가 진실성과 공익성이라는 제310조의 요건을 구비한 경우에는 제310조의 적용 여부가 다시 문제되게 된다(대법원 1998. 10. 9. 선고 97도158 판결 참조).

17) 박상기, 188면.

서는 충분한 법적 보호가 주어져야 한다는 점 등이 그러한 방향이라고 할 것이다. 그렇다면 이러한 기본적인 문제의식 아래 정보통신망을 이용한 명예훼손행위에 관하여 명예훼손에 관한 기존 실정법상의 법리가 그대로 적용될 수 있는지, 제309조에서도 문제되었던 것처럼 정보통신망을 이용하는 명예훼손행위를 모두 일률적으로 취급하여야 할 것인지, 인터넷상에서 개인의 인격권(명예권)과 표현의 자유가 충돌할 경우 어느 쪽에 무게중심을 두어야 할 것인지의 문제 등에 대한 검토가 필요하다고 생각된다.[18]

먼저 정보통신망을 이용한 명예훼손행위에 관하여 명예훼손에 관한 기존 실정법상의 법리가 그대로 적용될 수 있는지 여부와 관련하여 다수의 학설은 이를 긍정하는 입장에 서있는 것으로 보인다. 형법 제309조와 정보통신망법 제70조가 구조상 본질적인 상위성을 가지고 있지 않으며, 정보통신망에서의 명예저감행위 중 정보통신망법 제70조가 규율하지 못하는 영역에 대해서는 형법의 규정이 적용될 수밖에 없다는 것이다. 이에 따르면 형법 제309조를 제외한 나머지 형법 조항들은 모두 정보통신망에서의 행위에도 적용되게 된다.[19] 이러한 사실 또한 정보통신망법 제70조는 정보통신망의 위험성과 공익성을 함께 고려하여 규정한 형법 제309조의 특별규정으로서, 그 해석 역시 제309조의 입법취지에 따라 이루어져야 한다는 주장의 논거가 된다고 할 수 있을 것이다.

Ⅲ 명예훼손죄와 관련 쟁점

명예훼손행위를 형벌로 처벌할 것인지 말 것인지, 형벌로 처벌한다면 허위사실적시의 경우만을 처벌할 것인지 '진실'을 적시한 경우에도 처벌할 것인지, 적시사실만 확인되면 처벌할 것인지 피해자의 의사를 고려할 것인지 등의 여부는 결국

18) 박광민, 앞의 논문, 102면.

19) 이 경우 나타나는 형법과 정보통신망법 적용시의 형량 불균형을 고려하여 형법에 이들을 통합적으로 규정하되 법정형을 차등화하는 것이 필요하며, 정보통신망법상 위법성조각사유를 규정할 필요가 있다고 한다(박상기, 193면).

그 나라의 입법정책의 문제라고 할 수 있다. 독일과 일본 정도를 제외한 많은 국가들이 명예훼손행위에 대하여 기본적으로 형벌에 의한 대응을 자제하고 있는 현실에서, 상대적으로 불법의 정도가 경한 사실적시에 의한 명예훼손행위를 형벌의 대상에서 제외하는 입법적 시도 또한 충분히 가능한 일일 것이다. 다만 이 경우에도 인격권 또는 명예권도 헌법이 보장하는 중요한 기본권 중의 하나라는 점에서 가해자에 대한 제재와 피해자에 대한 권리구제가 균형을 이루어야 하며, 형벌규정과 위법성의 판단기준이 정합성을 가져야 함은 물론이다.

1 사실적시 명예훼손죄의 폐지 문제

명예훼손행위에 대한 법적 규율 문제와 관련하여서는 적시사실의 진실 여부를 묻지 않고 형사처벌의 대상으로 하는 현행법의 입장으로부터 시작하여 극단적인 전면적 불가벌 및 민사책임으로의 대체 논의, 절충적인 관점에서의 사실적시 명예훼손죄의 폐지 또는 명예훼손죄의 친고죄화 논의 등 다양한 스펙트럼이 존재한다. 실제로 독일의 경우처럼 진실임을 증명할 수 있는 경우 형사처벌이 배제되는 입법례도 있고,[20] 미국의 많은 주들처럼 명예훼손에 대하여 형사처벌을 배제하고 있는 경우도 존재한다.[21] 결국 사실적시 명예훼손죄의 폐지 문제는 형벌에 의한 인격권 보호의 필요성 및 인격권과 표현의 자유에 대한 가치형량의 문제라고 할 수 있다.

---

20) 독일 형법은 타인에 대한 관계에서 타인을 경멸하거나 또는 세평을 저하시키기에 적합한 사실을 주장하거나 또는 유포한 경우 이를 비방(Üble Nachrede)으로 처벌하면서, 그 행위가 공연히 또는 문서의 반포를 통해 이루어진 경우에는 이를 가중처벌하고 있다(제186조). 그러나 이러한 처벌은 주장·유포한 사실이 진실임을 증명할 수 없는 경우에 한한다.

21) 미국의 경우 17개 주(Colorado, Florida, Idaho, Kansas, Louisiana, Michigan, Minnesota, Montana, New Hampshire, New Mexico, North Carolina, North Dakota, Oklahoma, Utah, Virginia, Washington과 Wisconsin)에서만 문서에 의한 명예훼손 규정을 두고 있을 뿐 나머지 주들에서는 명예훼손죄를 폐지 또는 사문화하였다고 한다. 미국만이 아니라 뉴질랜드는 1992년에, 아프리카의 가나는 2001년도에, 스리랑카는 2002년에, 멕시코 연방상원은 2007년도에 명예훼손죄를 폐지하였고, 2004년 이후에는 보스니아-헤르체고비나, 키프로스, 에스토니아, 그루지야, 몰도바, 우크라이나가 명예훼손죄를 폐지하였다. 불가리아, 크로아티아, 마케도니아, 몬테네그로, 루마니아, 세르비아는 명예훼손죄의 형벌에서 자유형을 폐지하였다(표현의 자유를 위한 정책제안, 표현의 자유를 위한 연대, 2012, 68면 참조).

사실적시 명예훼손죄의 폐지를 주장하는 견해는 대체로 인격권의 보호에 비해 표현의 자유의 확보에 상대적인 우위를 두는 헌법적 관점의 견해라고 할 수 있다. 진실이 밝혀짐으로써 명예가 훼손된다면 그러한 명예는 '허명(虛名)'에 불과하고, 이러한 허명을 보호하기 위하여 국가형벌권을 동원한다는 것은 진실한 사실에 대한 표현의 자유를 심각하게 제한하는 것으로서 헌법적으로 정당화되지 않는다는 것이다. 세계인권선언 제19조, 시민적·정치적 권리에 관한 국제규약 제19조 및 동조와 관련하여 유엔 인권위원회(Human Rights Committee)가 채택한 논평 등 국제인권기준을 근거로 사실적시 명예훼손죄의 폐지를 주장하는 견해[22]도 있다.

생각건대 명예훼손죄에서의 명예란 사람의 인격적 가치와 그의 도덕적·사회적 행위에 대한 사회적 평가인 '외적 명예'를 의미하는 것으로서, 명예주체의 악행, 추업 등 적시되는 사실이 진실한 것이라고 하여도 그것이 공연히 적시되면 명예주체의 외적 명예는 훼손되는 것이므로 원칙적으로 이를 보호할 필요가 있다고 할 것이다. 사람의 내적 명예와 외적 명예는 서로 일치하는 것이 가장 바람직하겠지만 실제로 양자가 정확히 일치하는 것은 현실적으로 기대하기 어렵다는 점에서, 양자의 불균형으로 인하여 현실적으로 향유하게 된 명예를 '허명'이라는 이유로 헌법적 보호의 대상으로부터 배제하는 것은 바람직한 해석방향이라고 보기 어렵다고 생각된다. 특히 사람이라면 누구나 가질 수밖에 없는 약점과 허물을 단지 그것이 진실이라는 이유만으로 아무런 공익관련성 없이 들추어내고 공개하는 행위는 헌법이 보장하는 표현의 자유를 남용한 것으로서 기본권 보호의 필요성이 현저히 약화된다고 해야 할 것이다.

사실적시 명예훼손죄의 폐지가 비리 정치인, 악덕 기업주 등에 대한 공론화를 통해 사회적인 순기능을 가져오는 면도 있겠지만, 반대로 개인적인 감정에 의한 타인의 치부 폭로 등 만만치 않은 역기능을 초래할 수도 있다는 점이 예상되며, 극단적으로는 진실의 적시가 허위사실의 적시보다 피해자에게 돌이킬 수 없는 타격을 줄 수도 있다는 점 또한 고려의 대상이 되어야 한다고 생각된다. 이러한 점들을 종합적으로 고려한다면 향후 사회의 변화와 함께 표현의 자유에 대한 가치형

---

22) 표현의 자유를 위한 정책제안, 표현의 자유를 위한 연대, 2012 참조.

량이 변화할 가능성은 별론으로, 우리 명예훼손법제 내에서 사실적시에 의한 명예훼손죄는 아직까지 그 입법적 의미를 가진다고 할 것이다.[23]

한편 명예훼손과 관련하여 검찰이 자의적으로 수사를 착수하는 등 정치적으로 악용되지 않도록 명예훼손죄를 친고죄로 개정하여 고소가 있어야 공소를 제기할 수 있도록 하자는 논의도 있다. 친고죄와 반의사불벌죄는 모두 국가형벌권의 행사에 있어 피해자의 의사를 충분히 고려하기 위한 제도적 장치이지만, 이 가운데서도 친고죄는 개인의 내밀한 사생활 영역에 해당하는 법익으로서, 형벌권의 행사보다 개인의 의사가 우선시될 필요가 있는 특수한 경우로 한정되어야 한다. 개인의 주관적 가치평가에 불과한 모욕죄와는 달리 일정한 사실의 적시가 수반되고, 해당 사실의 적시가 가져올 수 있는 개인적·사회적 영향을 고려할 때 명예훼손죄를 친고죄로 규정하는 것은 바람직하지 못하고, 현행대로 반의사불벌죄로 규정함이 타당하다고 생각된다.

2 위법성조각사유의 다양화 문제

전술한 바와 같이 명예훼손죄는 헌법상 기본권에 해당하는 인격권과 표현의 자유가 충돌하는 장이며, 일정한 경우에는 또 다른 헌법상 기본권인 알권리가 경합하는 장이기도 하다. 타인의 명예나 권리를 침해해서는 안된다는 것은 표현의 자유의 헌법적 한계에 해당하지만(헌법 제21조 제4항), 타인의 명예를 훼손하는 행위라 하더라도 그러한 표현행위가 공적인 인물 또는 공동의 관심사에 대한 것으로서 공익적인 목적을 위해 이루어진 것인 경우에는 일정한 기준에 따라 사회적으로 허용되는 것으로 보아야 할 경우가 있다. 이처럼 개인의 명예보호와의 관계에서 언론·출판 등 표현의 자유가 충분하게 보장될 수 있도록 하는 제도적 장치로서 고안된 것이 명예훼손죄에 특유한 위법성조각사유이다. 형법은 제310조에서 "제307조 제1항의 행위가 진실한 사실로서 오로지 공공의 이익에 관한 때에는 처벌하지 아니한다."라고 규정하여 위법성조각의 요건으로서 적시사실의 '진실성'과 '공공성'을 요구하고 있다.

---

23) 같은 취지 서보학, "명예에 관한 죄 규정의 개정방안", 형사법개정연구(IV): 형법각칙 개정안, 한국형사정책연구원, 2009, 236-238면.

가. 진실성

제310조는 진실성의 요건과 관련하여 "제307조 제1항의 행위가 진실한 사실로서"라고 하고 있다. 따라서 사실적시가 아닌 모든 경우, 즉 제307조 제2항[24)]은 물론 제308조, 제309조 제2항[25)] 등은 제310조의 적용범위에서 제외된다.[26)] 그렇다면 행위자가 행위당시 진실이라고 믿었지만 사실은 진실이 아니었던 경우를 어떻게 처리해야 할 것인가? 특히 행위자가 진실이라고 믿을 만한 상당한 이유가 있었던 경우나 진실임을 확인하기 위한 상당한 노력을 기울였던 경우에는 이들을 명예훼손죄로 처벌하는 것이 타당하지 않은 경우도 있다. 여기서 이러한 경우의 수를 고려하여 제310조의 진실성의 요건을 법문상 완화할 필요성이 있는지가 문제된다.

대법원 판례[27)]는 "형법 제310조의 규정은 인격권으로서의 개인의 명예의 보호와 헌법 제21조에 의한 정당한 표현의 자유의 보장이라는 상충되는 두 법익의 조화를 꾀한 것이라고 보아야 할 것이므로, 두 법익 간의 조화와 균형을 고려한다면 적시된 사실이 진실한 것이라는 증명이 없더라도 행위자가 진실한 것으로 믿었고 또 그렇게 믿을 만한 상당한 이유가 있는 경우에는 위법성이 없다고 보아야 할 것이다."라고 판시하여 진실성의 요건을 완화하고 있다.

외국의 입법례를 보면, 오스트리아 형법이나 스위스 형법은 진실성에 대한 증명이 있거나 그렇게 믿을 만한 상당한 이유가 있는 때에는 벌하지 아니한다는 명문의 규정을 두고 있다(오스트리아 형법 제111조 제3항, 스위스 형법 제173조 제2항). 독일 형법은 진실성의 입증이 가능한 경우 이를 벌하지 않는다는 규정을 두고 있고(제186조), 명문의 규정은 아니지만 학문적·예술적 비판, 권리의 행사·방어, 정당한 이익의 주장 등의 경우에 인정되는 특별한 위법성조각사유(제193조)의 해석론

24) 대법원 1970. 7. 21. 선고 70도1266 판결; 대법원 1993. 4. 13. 선고 92도234 판결 등.

25) 대법원 1999. 4. 23. 선고 99도636 판결 등.

26) 다만 제309조 제1항의 경우는 진실성의 요건은 충족되나 공공성의 요건과의 관계가 문제되며, 대법원 판례(대법원 1998. 10. 9. 선고 97도158 판결 등)는 비방목적과 공익목적의 관계를 상반관계로 보아 제310조의 적용가능성을 긍정하고 있다는 점은 주지하는 바와 같다.

27) 대법원 2007. 12. 14. 선고 2006도2074 판결. 같은 취지 대법원 1993. 6. 22. 92도3160 판결; 대법원 1988. 10. 11. 선고 85다카29 판결 등.

과 관련하여 위와 같은 주장이 일반적으로 받아들여지고 있다.[28] 우리나라에서도 2005년 박영선안이 "제307조 제1항의 행위가 진실한 사실이거나 진실한 사실이라고 믿을 만한 상당한 이유가 있…는 때"라고 규정하여 제310조의 진실성 요건을 완화하는 내용의 입법안을 제시하고 있다.

인격권으로서의 개인의 명예와 표현의 자유를 조화롭게 보호하고자 하는 제310조의 입법취지를 고려할 때 공익과 관련된 표현행위에 대해서는 더 두터운 보호가 필요하다. 따라서 표현행위가 객관적으로도 진실이라고 믿을 만한 상당한 이유가 있었던 경우나 행위자가 진실임을 확인하기 위한 상당한 노력을 기울인 결과 진실이라는 신뢰에 이르게 된 경우에는 이에 대한 처벌을 배제하는 것이 바람직할 것으로 생각된다. 2009년 형법개정연구회안은 현행 규정으로도 동일한 해석이 가능하다는 이유로 현행 규정을 유지하고 있다. 그러나 현행 제310조가 규정하는 "제30조 제1항의 행위"가 해석 여하에 따라서는 진실성의 증명이 있는 경우에 한하는 것으로 새겨질 수도 있다는 점을 고려한다면 이를 입법적으로 해결하는 것도 의미가 있을 것으로 본다.[29] 참고로 헌법재판소는 명예훼손적 표현이 진실한 사실이라는 입증이 없어도, 행위자가 이를 진실한 것으로 오인하였고 그 오인에 정당한 이유가

---

28) 제193조가 적용되기 위해서는 행위자가 그 표현내용의 진실성 여부에 관하여 의무합치적 심사와 조회의무(Prüfungs- und Informationspflicht)를 다하여야 하고(Sch/Sch/Lenckner, StGB, §193 Rn.8), 따라서 이러한 의무를 다한 경우 주장한 사실이 설령 진실이 아니더라도 위법성이 조각될 수 있는 것으로 해석된다(서보학, 앞의 책, 233-234면).

29) 참고로 2012년 박영선안은 사실적시 명예훼손죄를 폐지하고 제307조에 허위사실적시 명예훼손죄만을 남겨두면서 제310조에는 "제307조의 행위가 진실한 사실이라고 믿을 만한 상당한 이유가 있…는 때"라고 규정하고 있다. 동 법률안에서 "제307조의 행위"는 "공연히 허위의 사실임을 알고 허위의 사실을 적시하여 사람의 명예를 훼손한" 행위인데, 이를 정당화하는 사유는 "진실한 사실이라고 믿을 만한 상당한 이유가 있…는 때"이다. 허위사실임을 알고 적시하는 것은 행위자가 기준이고 상당한 이유는 객관적으로 판단하여야 할 것이므로, 동 법률안은 문언만으로 본다면 행위자가 허위성을 인식하고 행위하였더라도 객관적으로 진실성을 신뢰할만한 상당한 이유가 인정되는 경우 위법성조각이 가능하다는 극단적 해석도 가능할 수 있다. 동 법률안에 대한 대한변협의 의견서(2012.03.05.자)는 이유는 분명하지 않지만 "허위사실을 적시한 경우에 위법성을 조각한다는 것은 타당하지 아니"하다고 하면서 현행 규정을 유지할 것을 제안하고 있다.

있는 때에는 명예훼손죄는 성립되지 않는 것으로 해석하여야 한다고 하고 있다.[30)]

나. 공익성

제310조는 공익성 요건과 관련하여 "오로지 공공의 이익에 관한 때"라고 규정하고 있다. 명예훼손적 표현행위라 하더라도 그것이 공공의 이익과 관련되거나 공적 관심사안에 관한 것인 경우에는 위법성을 배제하고자 하는 취지이다. 이와 관련하여서는 "공공의 이익"이 어느 '범위'까지인지, "오로지"가 어느 '정도'의 공익 관련성을 요구하는 것인지가 불분명하다는 점이 지적되어 왔다.

대법원 판결[31)]은 이러한 취지에서 "형법 제310조에서 '오로지 공공의 이익에 관한 때'라 함은 적시된 사실이 객관적으로 볼 때 공공의 이익에 관한 것으로서 행위자도 주관적으로 공공의 이익을 위하여 그 사실을 적시한 것이어야 하는 것인데, 여기의 공공의 이익에 관한 것에는 널리 국가·사회 기타 일반 다수인의 이익에 관한 것뿐만 아니라 특정한 사회집단이나 그 구성원 전체의 관심과 이익에 관

---

30) 헌법재판소 1999. 6. 24. 선고 97헌마265 결정. "[2] 첫째, 명예훼손적 표현이 진실한 사실이라는 입증이 없어도 행위자가 진실한 것으로 오인하고 행위를 한 경우, 그 오인에 정당한 이유가 있는 때에는 명예훼손죄는 성립되지 않는 것으로 해석하여야 한다. 둘째, 형법 제310조 소정의 "오로지 공공의 이익에 관한 때에"라는 요건은 언론의 자유를 보장한다는 관점에서 그 적용범위를 넓혀야 한다. 셋째, 형법 제309조 소정의 "비방할 목적"은 그 폭을 좁히는 제한된 해석이 필요하다. 법관은 엄격한 증거로써 입증이 되는 경우에 한하여 행위자의 비방 목적을 인정하여야 한다."

31) 대법원 1998. 10. 9. 선고 97도158 판결. "[4] 형법 제310조에서 '오로지 공공의 이익에 관한 때'라 함은 적시된 사실이 객관적으로 볼 때 공공의 이익에 관한 것으로서 행위자도 주관적으로 공공의 이익을 위하여 그 사실을 적시한 것이어야 하는 것인데, 여기의 공공의 이익에 관한 것에는 널리 국가·사회 기타 일반 다수인의 이익에 관한 것뿐만 아니라 특정한 사회집단이나 그 구성원 전체의 관심과 이익에 관한 것도 포함하는 것이고, 적시된 사실이 공공의 이익에 관한 것인지 여부는 당해 적시 사실의 내용과 성질, 당해 사실의 공표가 이루어진 상대방의 범위, 그 표현의 방법 등 그 표현 자체에 관한 제반 사정을 감안함과 동시에 그 표현에 의하여 훼손되거나 훼손될 수 있는 명예의 침해 정도 등을 비교·고려하여 결정하여야 하며, 행위자의 주요한 동기 내지 목적이 공공의 이익을 위한 것이라면 부수적으로 다른 사익적 목적이나 동기가 내포되어 있더라도 형법 제310조의 적용을 배제할 수 없다." 같은 취지 대법원 2007. 12. 14. 선고 2006도2074 판결; 대법원 2001. 10. 9. 선고 2001도3594 판결; 대법원 1997. 4. 11. 선고 97도88 판결 등.

한 것도 포함하는 것이고, 적시된 사실이 공공의 이익에 관한 것인지 여부는 당해 적시 사실의 내용과 성질, 당해 사실의 공표가 이루어진 상대방의 범위, 그 표현의 방법 등 그 표현 자체에 관한 제반 사정을 감안함과 동시에 그 표현에 의하여 훼손되거나 훼손될 수 있는 명예의 침해 정도 등을 비교·고려하여 결정하여야 하며, 행위자의 주요한 동기 내지 목적이 공공의 이익을 위한 것이라면 부수적으로 다른 사익적 목적이나 동기가 내포되어 있더라도 형법 제310조의 적용을 배제할 수 없다."라고 판시하여 공익성의 '범위'와 '정도'를 완화하여 해석하고 있다.

외국의 입법례를 보면, 독일 형법은 공익성의 범위와 관련하여 "학문적, 예술적 또는 영업적 업적에 대한 비판, 권리의 행사나 방어 또는 정당한 이익의 주장 등을 목적으로 하는 비판적인 의사표명, 상관의 부하에 대한 징계 및 견책, 공무원의 직무상 지적 또는 평가 및 기타 이에 준하는 경우"라는 상세한 규정을 두고 있고(제193조), 일본 형법도 "공무원 또는 공직선거(公選)에 의한 공무원 후보자에 관한 사실에 관계되는 경우" 진실성의 입증만으로 위법성이 조각되는 것으로 봄으로써(제230조의2 제3항) 공익성의 범위를 확장하는 규정을 두고 있다.

생각건대 다양한 형식과 내용의 표현행위 중 특히 '공인' 및 '공적 관심사안'에 대한 표현행위는 단순한 '명예' 대 '표현의 자유'라는 2분법적 구도로 파악되어서는 안 된다. 이러한 공공관심사에 대해서는 명예와 표현의 자유 외에 '알권리'가 보호되어야 할 제3의 헌법상 기본권으로 등장하기 때문이다. 따라서 공인을 포함한 공적 관심영역에 대해서는 그러한 표현행위가 사회의 여론형성 내지 공개토론에 기여하는 경우에는 이를 처벌하지 않도록 공익성의 범위와 정도를 완화할 필요가 인정된다.

먼저 공익관련성의 정도와 관련하여 현행법은 "오로지"라는 표현을 쓰고 있지만 대법원 판례[32]는 사실상 이를 '주된'이라는 뜻으로 파악하여 행위자의 주요한 동기 내지 목적이 공공의 이익을 위한 것이라면 부수적으로 다른 사익적 목적이나 동기가 내포되어 있더라도 형법 제310조의 적용을 배제할 수 없다고 하고 있다. 실제로 이러한 취지에서 2007년 형사정책연구원안은 이를 "주로"라는 표현으로

32) 앞의 대법원 1998. 10. 9. 선고 97도158 판결 등 참조.

바꾸고 있다.[33] 그러나 판례에 의하여 위와 같은 판례이론이 확고하게 뿌리내리고 있는 마당에 이러한 문구로의 개정이 큰 의미가 있을 것인지는 의문이다. 공익관련성의 정도 문제는 결국 공익목적과 사익목적의 비율의 문제로 귀착된다는 점을 생각한다면, 요구되는 공익성의 정도를 더 낮춤으로써 공적 관심영역에 대한 표현의 자유를 더 높게 보호하는 방안도 생각해볼 수 있을 것이다. 참고로 구 「공직선거 및 선거부정방지법」은 선거운동의 자유와 유권자의 알권리를 보다 충분히 보장한다는 취지에서 후보자비방죄(제250조)의 위법성조각사유에서 '오로지'라는 표현을 삭제함으로써 공익관련성이 있기만 하면 공적 이익이 사적 이익보다 우월하지 않은 경우에도 위법성이 조각될 수 있도록 하고 있다.[34] 입법론적으로 참고가 될 수 있을 것으로 본다.

다음으로 공익관련성의 범위와 관련하여 현행법은 "공공의 이익에 관한 때"라고만 하고 있을 뿐 어떤 경우가 공공의 이익에 해당하는 것인지에 대해서는 전혀 언급하고 있지 않다. 전술한 바와 같이 독일 형법과 일본 형법은 공익관련성이 인정되는 경우를 구체적으로 예시하고 있다. 이와 관련하여 대법원판례는 이미 위법성조각 여부를 판단함에 있어서는 해당 행위가 공인이나 공적 관심사안에 대한 것인지 여부를 적극적으로 고려하여야 하고, 이러한 공인이나 공적 관심사안에 대한 표현행위는 그것이 악의적이거나 현저히 상당성을 잃은 공격에 해당하지 않는 한 원칙적으로 공공의 이익에 관한 것이라는 증명이 있는 것으로 보아야 한다고 판시

33) 2005년 박영선안에 대한 대한변협 의견서(2005. 11. 10.자)도 같은 의견이다.

34) 대법원 1996. 6. 28. 선고 96도977 판결. "[2] 형법 제310조나 구 대통령선거법, 구 국회의원선거법, 구 지방의회의원선거법하의 규정에 의하여서는 공공의 이익이 적어도 주된 동기가 되어야 하고 부수적으로 사적 이익이 포함되는 경우까지만을 위법성이 조각되는 것으로 해석하였으므로 적어도 공공의 이익이 사적 이익보다 우월한 경우에만 위법성이 조각되었다고 할 것이다. 그러나 이러한 해석으로는 선거운동의 자유를 충분히 보장할 수 없고 유권자에게 후보자에 대한 충분한 정보를 제공함으로써 유능하고 적합한 인물이 공직의 담당자로 선출되도록 기여하는데 부족하다는 반성적 고려에서 공직선거및선거부정방지법 제251조 단서는 "오로지"라는 단어를 삭제한 것이라고 할 것이므로, 이제는 진실한 사실의 적시에 관한 한 그것이 반드시 공공의 이익이 사적 이익보다 우월한 동기가 된 것이 아니더라도 양자가 동시에 존재하고 거기에 상당성이 인정된다면 위 단서 조항에 의하여 위법성이 조각된다고 보아야 한다."

하고 있다.[35] 나아가 헌법재판소는 공인 또는 공적 관심사안의 경우 명예훼손 및 위법성조각 성립 여부를 판단함에 있어 헌법적 심사기준에 차이가 있어야 한다고까지 하고 있다.[36] 이를 종합해 보면 "공공의 이익에 관한 것인 때"의 해석에 대해서는 공적 인물 및 공적 관심사안을 고려하는 판례이론이 굳게 자리잡고 있는 것으로 보이며, 이러한 상황에서 "공공의 이익"이 어떤 것인지를 명문의 규정으로 예시하는 것은 입법기술상 망라적 열거가 불가능하다는 점에서나 새로 규정된 개념의 내연·외포를 둘러싼 또 다른 해석상의 논란을 야기할 수 있다는 점에서[37] 적절치 않은 선택이라고 생각된다.

---

35) 대법원 2007. 1. 26. 선고 2004도1632 판결. "공인이나 공적 기관의 공적 활동 혹은 정책에 대하여는 국민의 알 권리와 다양한 사상, 의견의 교환을 보장하는 언론의 자유의 측면에서 그에 대한 감시와 비판기능이 보장되어야 하므로 명예를 훼손당한 자가 공인인지, 그 표현이 객관적으로 국민이 알아야 할 공공성, 사회성을 갖춘 공적 관심사안에 관한 것으로 사회의 여론형성 내지 공개토론에 기여하는 것인지, 피해자가 그와 같은 명예훼손적 표현의 위험을 자초한 것인지 여부 등의 사정도 적극 고려되어야 한다. 따라서 이러한 공적 관심사안에 관하여 진실하거나 진실이라고 봄에 상당한 사실을 공표한 경우에는 그것이 악의적이거나 현저히 상당성을 잃은 공격에 해당하지 않는 한 원칙적으로 공공의 이익에 관한 것이라는 증명이 있는 것으로 보아야 한다."

36) 헌법재판소 1999. 6. 24. 선고 97헌마265 결정. "[1] 신문보도의 명예훼손적 표현의 피해자가 공적 인물인지 아니면 사인인지, 그 표현이 공적인 관심 사안에 관한 것인지 순수한 사적인 영역에 속하는 사안인지의 여부에 따라 헌법적 심사기준에는 차이가 있어야 한다. 객관적으로 국민이 알아야 할 공공성·사회성을 갖춘 사실은 민주제의 토대인 여론형성이나 공개토론에 기여하므로 형사제재로 인하여 이러한 사안의 게재를 주저하게 만들어서는 안된다. 신속한 보도를 생명으로 하는 신문의 속성상 허위를 진실한 것으로 믿고서 한 명예훼손적 표현에 정당성을 인정할 수 있거나, 중요한 내용이 아닌 사소한 부분에 대한 허위보도는 모두 형사제재의 위협으로부터 자유로워야 한다. 시간과 싸우는 신문보도에 오류를 수반하는 표현은, 사상과 의견에 대한 아무런 제한없는 자유로운 표현을 보장하는 데 따른 불가피한 결과이고 이러한 표현도 자유토론과 진실확인에 필요한 것이므로 함께 보호되어야 하기 때문이다. 그러나 허위라는 것을 알거나 진실이라고 믿을 수 있는 정당한 이유가 없는데도 진위를 알아보지 않고 게재한 허위보도에 대하여는 면책을 주장할 수 없다."

37) 서보학, 앞의 책, 236면.

Ⅳ 모욕죄와 관련 쟁점

1 소위 사이버모욕죄의 신설 문제

가. 찬반논란과 법률안 발의 경과

정보통신망법은 제70조에서 명예훼손죄만을 규정하고 있을 뿐 모욕죄는 규정하고 있지 않다. 이로 인하여 현재로서는 인터넷상의 모욕행위에 대해서는 형법의 적용만이 문제될 뿐인 상황이다. 그러나 높은 전파성과 피해의 광범위성 및 피해전달의 신속성, 그리고 익명성과 참여성 및 이로 인한 높은 소통성 등 인터넷이 갖는 상반된 성격은 인터넷에 대한 법적 규율에 대해서도 두 가지 방향의 견해대립으로 이어졌다. 인터넷상의 모욕행위를 강력하게 처벌함으로써 욕설과 거짓이 난무하는 인터넷 세상을 정화하여야 한다는 견해와, 인터넷의 자정작용을 신뢰하면서 인터넷의 장점인 양방향 소통을 위하여 표현의 자유를 최대한 보장하여야 한다는 견해가 일찍부터 대립되어 왔는데, 인터넷상 모욕에 대한 강경대응파의 해법은 형법상 모욕죄에 대한 가중처벌규정으로서의 소위 사이버모욕죄의 신설이었다.

찬반논란만 무성하던 입법논의에 기폭제가 된 것은 2008년 10월 초 모 유명 연예인의 자살사건이었다. 그 죽음의 원인이 인터넷상에 유포된 자신을 둘러싼 (허위)사실과 그에 대한 악성 댓글로 추정되면서 인터넷에서의 표현행위의 한계와 이에 대한 강력한 법적 제재의 요구가 활발히 논의되게 되었다. 실제로 사건 후 불과 한 달만에 형법[38]과 정보통신망법[39] 개정안 각 1건이 국회에 제출되었고, 양자는 모두 이른바 사이버모욕죄 규정의 신설과 소추조건의 변경을 그 내용으로 하고 있다. 법률안이 국회에 제출된 후 입법은 거센 논란에 부딪쳤다. 형법상 모욕죄의 규정과 별도로 사이버모욕죄를 신설할 필요가 있는지 여부와, 사이버모욕죄를 신설한다면 그 소추조건을 반의사불벌죄로 변경하는 것이 타당한지 여부가 논란의 핵심이었다. 두 법률안은 그 찬반을 둘러싼 여·야의 공방 및 누리꾼 사이에서의

38) 형법 일부개정법률안(장윤석안)(발의 2008. 10. 30, 의안 제1801637호).

39) 정보통신망법 일부개정법률안(나경원안)(발의 2008. 11. 3, 의안 제1801683호).

거센 논란 속에 표류하다가 18대 국회의 임기만료로 모두 폐기되었고, 이후 현재까지 사이버모욕죄의 신설을 주장하는 입법안은 등장하지 않고 있다.

나. 사이버모욕죄 신설의 타당성

사이버모욕죄의 신설과 관련하여 가장 근본적인 선결과제는 구성요건 신설의 필요성 및 중복입법의 타당성 논란의 해결이다. 인터넷에서의 모욕행위에도 이론적으로 기존의 형법상 모욕죄를 적용하지 못할 이유가 없고, 실제로 대법원 판례[40]도 수차례에 걸쳐 인터넷상에서의 모욕행위에 대하여 형법의 적용을 긍정하는 취지로 판시한 바 있다. 그럼에도 불구하고 사이버모욕죄가 필요하다면 이는 형법으로 해결되지 못하는 무엇, 아마도 행위수단의 위험성 가중과 이를 근거로 하는 형벌가중의 필요 때문이라고 할 것이다. 그렇다면 이러한 형벌가중과 이를 위한 사이버모욕죄 규정의 신설이 과연 필요한 것인지, 필요하다면 이를 정보통신망에 규정할 것인지 형법에 규정할 것인지, 적정한 법정형은 어느 정도가 되어야 할 것인지에 대한 논의가 필요하다고 생각된다.

사이버모욕죄의 도입에 대한 누리꾼들의 견해가 찬성 쪽으로 약간 기울어져 있는 데 반해, 이에 대한 학자들의 견해는 대체로 부정적이다. 형법에 의한 규율이 충분히 가능함에도 불구하고 새로운 규정을 신설하는 것은 형법으로도 대응 가능한 사안에 대해 사이버명예훼손죄를 신설한 것에 대해서와 마찬가지의 비판이 가능하다는 것이다. 특히 구성요건 신설에 의한 법정형 가중과 관련하여서는 현실세계에서의 모욕행위보다 사이버공간에서의 모욕행위가 불법성이 더 크다고 할 만한 뚜렷한 근거가 없다는 점에서 반대견해를 제시하고 있다.[41]

전술한 바와 같이 형법상 출판물 등에 의한 명예훼손죄는 행위태양의 위험성

---

40) 대법원 2004. 6. 25. 선고 2003도4934 판결. 이외에 형법상 모욕죄의 성립 가능성을 전제로, 모욕적 언사에 해당하지만 형법 제20조의 사회상규에 위배되지 않는 행위라고 본 사례로는 대법원 2008. 7. 10. 선고 2008도1433 판결("한심하고 불쌍한 인간" 사례); 대법원 2003. 11. 28. 선고 2003도3972 판결("자식을 범법행위 변명의 방패로 쓰시다니 대단하십니다" 사례) 등 참조.

41) 오히려 모욕죄는 사실적시가 없다는 점에서 불법의 정도가 약하다는 점을 고려하여 이를 경범죄화 또는 비범죄화하여야 한다는 견해도 있다(서보학, 앞의 책, 239-240면).

과 주관적 목적으로 인하여 일반 명예훼손죄에 대하여 형이 가중되는 가중적 구성요건이다. (허위)사실적시행위뿐 아니라 모욕행위도 출판물이라는 위험한 행위수단을 이용하여 이루어질 수 있다는 것을 알면서도 입법자는 출판물 등에 의한 모욕죄를 두지 않았다. 그 이유는 무엇일까? 이 해답 역시 제309조의 입법취지에서 찾을 수 있을 것으로 생각된다. 제309조, 특히 제1항은 전술한 바와 같이 형벌 가중적 측면 외에 '비방목적'을 매개로 명예훼손죄의 성립을 제한함으로써 표현의 자유를 충분히 보장하고자 하는 함의를 가지고 있다. 사실적시행위는 '표현의 자유'라는 기본권뿐 아니라 그 표현된 내용에 대한 국민의 '알권리'라는 기본권이 관계되어 있어서 이에 대한 충분한 헌법적 보호를 하여야 할 필요가 있다. 그러나 가치판단의 표현, 특히 행위객체의 외적 명예를 저하시키는 경멸적 가치판단의 표현에 불과한 모욕에 있어서는 헌법 제21조 제4항에 의해 제한되는 '표현의 자유' 만이 관계될 뿐이어서 그 헌법적 보호의 범위가 사실적시의 경우와는 비교의 대상이 될 수 없을 만큼 현저히 줄어든다. 입법자는 이러한 형벌가중의 필요성과 구성요건의 성립제한 측면에 대한 비교형량을 거쳐 출판물에 의한 모욕죄의 입법 여부를 결정하였을 것으로 생각된다. 이는 제310조 뒤에 모욕죄를 규정하고, 내용상으로도 모욕죄에 대해서는 제310조의 적용이 없도록 하는 형법의 입법구조를 보아도 미루어 짐작할 수 있다.[42] 정보통신망법에 정보통신망을 이용한 모욕죄를 두지 않은 것도 마찬가지로 이러한 취지에서 이해하여야 할 것이며,[43] 이러한 관점에서 볼 때 사이버모욕죄의 신설, 특히 형벌을 가중하여 특별법에 규정을 두는 형태의 신설은 타당하다고 보기 어렵다. 참고로 2007년 형사정책연구원안은 특별법상 사이버모욕죄의 신설은 반대하면서도, 사이버모욕행위가 처벌의 대상이 된다는 점을 분명하게 한다는 취지에서 형법 제311조에 "정보통신망을 통하여"라는 문구를

---

42) 대법원 판례도 같은 취지이다. 대법원 1959. 12. 23. 선고 4291형상539 판결. "형법 제310조에 의하여 위법성이 조각되는 것은 그 주문이 명백히 규정하고 있는 바와 같이 명예훼손죄에 한하고 모욕죄에 있어서는 사실이 진실이라 하더라도 위법성을 조각하지 아니한다고 해석하여야 함은 형법 제310조의 위치로 보아 명백한 것이다."

43) 같은 취지 김혜경, 사이버공간에서의 표현행위와 형사책임, 한국형사정책연구원, 2005, 96면.

추가하고 있다.[44] 이미 현행법의 해석으로 사이버모욕행위가 포섭되고 있다는 점, 제309조와 달리 행위수단이 형벌가중의 역할을 하고 있지 않다는 점에서 실익이 의문시된다고 할 것이다.

다. 소추조건의 변경

사이버모욕죄를 신설하고 있는 두 법률안은 모욕죄를 친고죄로 규정하고 있는 형법과 달리 사이버모욕죄를 반의사불벌죄로 규정하고 있는데, 이에 대해서도 의견이 대립되고 있다. 이를 찬성하는 견해는 사이버공간의 특성상 정보가 짧은 시간에 광범위하게 확산되므로 피해자의 고소가 있어야만 수사가 가능해진다면 사이버공간에서 발생하는 모욕에 의한 피해를 신속히 구제하는데 어려움이 있고, 나아가 미숙한 사이버문화와 이로 인한 언어폭력 등이 위험수위를 넘고 있는바 이에 대한 강력한 대응을 위해서는 피해자의 의사와 관계없는 법집행 가능성이 필요하다는 주장을 하고 있다.[45] 그러나 이에 반대하는 견해는 모욕죄에 대하여 소추조건을 반의사불벌죄로 변경할 경우 사이버공간에서의 표현행위 중 어떤 것을 수사해서 처벌할 것인지가 수사기관에 의해 자의에 맡겨지게 되어 사이버공간에서의 표현의 자유를 크게 위축시킬 수 있다는 점을 우려한다.[46]

친고죄는 피해자의 고소가 있어야 비로소 공소제기 여부를 논할 수 있지만, 반의사불벌죄는 피해자의 의사와는 무관하게 공소제기가 가능하지만 피해자의 처벌불원의사에 의해서 공소제기가 해제되는 구조를 가지고 있다. 따라서 피해자 의사의 존중이라는 면에서 친고죄가 반의사불벌죄보다 한발 더 나가 있으며, 이러한 취지에서 형법은 개인적 사생활의 영역이지만 더욱 내밀한 영역에 대해서는 친고죄로, 공적 연관성이 더 있는 경우는 반의사불벌죄로 규정하고 있는 것이다. 생각

---

44) 같은 취지 도중진, "명예에 관한 죄의 정비방안", 형사법연구 제22호 특집호(2004·겨울), 한국형사법학회, 744면. 다만 이 논문에서는 현행 제311조의 법정형 중 자유형(1년 이하의 징역)을 삭제하고 벌금형(200만원 이하의 벌금)만을 두고 있다는 점이 다르다.

45) 정완, 사이버공간상 인권침해범죄에 대한 법제도적 통제방안연구, 한국형사정책연구원, 2006, 76면.

46) 서보학, 앞의 책, 239면.

건대 경멸적 가치판단은 일상생활에서 흔히 발생할 수 있는 일이고, 어떤 경우가 이러한 모욕행위에 해당하는지가 매우 불분명할 뿐 아니라, 모욕행위에 대한 감수성도 개인에 따라 큰 차이를 보인다. 따라서 모욕행위에 대한 형사처벌을 규정함에 있어서는 객관적으로 어떤 경우가 모욕에 해당하는지가 좀 더 명확히 구성될 필요가 있고, 주관적으로는 피해자의 의사를 최대한 존중하는 방향으로 입법될 필요가 있다. 이러한 점을 고려할 때 법률안이 제시하고 있는 반의사불벌죄로의 소추조건 전환은 객관적으로는 '모욕'의 내용이 불분명하여 수사기관 또는 재판기관의 자의가 개입할 여지가 충분하다는 점에서, 주관적으로는 사생활 영역의 문제임에도 불구하고 피해자의 의사보다 수사기관의 의사를 전단계에 놓는다는 점에서 타당하지 못하다고 생각된다.

2 형법상 모욕죄의 폐지 문제

모욕죄는 역사적으로도 귀족 계층 내지 신분이 높은 계층이 하위계층의 경멸적인 언사로 발생하는 명예감정의 손상으로부터 자신을 보호하기 위해 제정된 이래 사회적 약자의 표현의 자유를 통제하는 수단으로 이용되어 왔고, 심대한 명예감정 손상의 경우에 적용되기보다는 무엇이 경멸적인 언사이고 언제 명예감정을 손상시키는지에 대한 기준도 모호하여 형사처벌로 제재하는 것 자체가 공권력 남용이라는 비판이 있어 왔다. 이와 더불어 현행 형법상 모욕죄 역시 사적 다툼에서 상대방을 공격하기 위한 수단으로 남용되는 사례가 많았던 것도 사실이다.[47] 이러한 취지에서 2012년 이후 현재까지 모욕죄를 아예 폐지하는 내용의 다수의 법률안[48]이 제출된 바 있다.

모욕은 명예훼손과 달리 구체적인 사실이 아닌 단순한 추상적 판단이나 경멸적 감정을 표현해 행위객체의 사회적 평가를 저하시키는 것이다. 판례의 경향을

47) 2012년 7월 박영선안(모욕죄 폐지안) 입법의견서 3-4면.

48) 2012년 박영선안(의안번호 제1900286호), 2016년 이찬열안(의안번호 제2001090호), 2016년 유승희안(의안번호 제2001558호), 2016년 금태섭안(의안번호 제2002343호), 2021년 최강욱안(의안번호 제2109360호 등.

보면 일상생활에서 순간적인 격한 감정으로 주고받을 수 있는 많은 욕설들이 모욕행위로 인정되고 있음을 알 수 있다. 이러한 모욕행위는 받아들이는 주체에 따라 그에 대한 감수성이 다르고, 피해자로서도 법적 조치의 필요성을 느끼지 못하는 경우가 대부분이기 때문에 피해자가 고소해야만 형사책임을 논할 수 있도록 친고죄로 규정되어 있다. 생각건대 이러한 경미한 수준의 불법을 가진 범죄유형은 형벌의 겸억성이나 최후수단성을 고려할 때 장기적으로는 이를 형벌의 영역에서 배제하거나(비범죄화) 가벼운 제재로 전환(경범죄화)하고자 하는 노력이 필요하다고 할 것이다.[49] 만약 전격적인 비범죄화가 일반인의 법감정 등의 문제로 어렵다고 판단된다면, 우선은 모욕죄에 규정된 자유형을 배제하고 재산형으로 형벌을 규정하는 방안도 고려해볼 수 있을 것으로 생각한다. 참고로 일본 형법은 모욕죄에 대해 구류 또는 과료의 형벌만을 규정하고 있고(제231조), 프랑스 형법 또한 공연성 없는 모욕행위에 대해서는 위경죄의 벌금만을 규정하고 있다(제R. 621-2조, 제R. 624-4조). 오스트리아 형법은 벌금형 외에 자유형을 규정하고 있으나 그 기간은 3개월 이하이다(제115조 제1항).

V 마치며

인격권으로서의 명예와 표현의 자유는 그 보호를 통하여 자유로운 의사형성과 인간의 존엄과 자유를 담보함으로써 민주주의적 질서의 기초를 형성한다. 양자는 한 쪽이 다른 한 쪽을 배척하는 것이 아니라 동전의 앞뒷면과 같이 양자가 견제와 균형의 관계로 나아가는 것이며, 따라서 양자가 충돌하는 경우 두 기본권을 최대한 조화시키는 방향으로 입법 및 해석이 이루어져야 한다.

정보통신망법은 명예훼손과 관련하여 구조적으로 형법 제309조에 대응하는 제70조 하나만을 규정하고 있기 때문에 제70조의 적용범위를 벗어나는 영역에 대한 규율이 어떠해야 하는지에 대해서는 논란이 있을 수 있다. 이러한 논란은 인터넷

49) 같은 취지 도중진, 앞의 논문, 743면.

으로 대표되는 사이버공간에서 명예훼손에 관한 기존 실정법상의 법리가 그대로 적용될 수 있는지, 또 인터넷상에서 개인의 인격권(명예권)과 표현의 자유가 충돌할 경우 어느 쪽에 무게중심을 두어야 할 것인지의 문제로 요약된다.

제309조는 출판물이라는 위험한 행위수단을 이용하였더라도 행위자에게 비방목적이 없는 경우 동조가 요구하는 가중된 불법을 충족하지 못하도록 하려는 취지의 규정이라고 해석된다. 그렇다면 제310조와의 관계에서 제309조는 출판물이라는 위험한 행위수단을 이용하는 경우에도 비방목적이라는 주관적 요건을 추가적으로 요구함으로써 이러한 행위의 정당화로의 퇴로를 완전히 차단하지 않고, 이를 통하여 표현의 자유를 두텁게 보호한다는 실천적 의미를 갖게 되며, 결국 제309조는 '비방할 목적'을 통하여 한편으로는 행위수단의 위험성 및 주관적 목적에 기초한 형벌가중의 측면을 고려하면서도 다른 한편으로는 표현의 자유 보장을 위한 보호막으로서 명예훼손죄 성립 제한의 측면을 함께 고려하는 중의적 함의를 가지며, 개인의 명예보호와 표현의 자유 사이에 경계선을 긋는 기능을 한다고 할 것이다.

형법 제309조와 동일한 구조로 입법된 정보통신망법 제70조의 기본적인 해석방향 또한 이미 일정 부분 제시되었다고 보여진다. 즉 일정한 표현행위에 있어 인터넷 등 정보통신망이 높은 법익침해의 위험성을 가진 행위수단이라는 점, 그럼에도 인터넷은 가장 참여적이고 표현촉진적인 매체로서 양방향적 소통을 통한 여론형성 등 공익적 기능을 가진다는 점, 따라서 행위수단의 특성으로 인한 높은 법익침해의 위험성에도 불구하고 악의적 가해의 목적에 의한 것이 아닌 한 인터넷상에서 이루어지는 표현행위에 대해서는 충분한 법적 보호가 주어져야 한다는 점 등이다.

사실적시 명예훼손죄의 폐지 문제와 관련하여 명예주체의 악행, 추업 등 적시되는 사실이 진실한 것이라고 하여도 그것이 공연히 적시되면 명예주체의 외적 명예는 훼손되는 것이므로 원칙적으로 이를 보호할 필요가 있다고 판단된다. 개인의 주관적 가치평가에 불과한 모욕죄와는 달리 일정한 사실의 적시가 수반되고, 해당 사실의 적시가 가져올 수 있는 개인적·사회적 영향을 고려할 때 사실적시 명예훼손죄를 폐지하는 것은 바람직하지 않고, 그 소추조건 또한 현행대로 반의사불벌죄로 규정함이 타당하다.

제310조의 진실성의 요건을 완화할 필요성이 있는지와 관련하여서는 대법원판례와 같이 표현행위가 객관적으로도 진실이라고 믿을 만한 상당한 이유가 있었던 경우나 행위자가 진실임을 확인하기 위한 상당한 노력을 기울인 결과 진실이라는 신뢰에 이르게 된 경우에는 이에 대한 처벌을 배제하는 것이 바람직하다. 또한 제310조의 공익성 요건과 관련하여서는 공익관련성의 '정도'와 '범위'가 문제되는데, 공익관련성의 '정도'와 관련하여서는 요구되는 공익성의 정도를 더 낮춤으로써 공적 관심영역에 대한 표현의 자유를 더 높게 보호하는 방안을 생각해볼 수 있을 것이며, 공익관련성의 '범위'와 관련하여서는 공공의 이익이 어떤 것인지를 전부 예시하는 방식이 제안되고 있는바, 이는 물리적으로도 불가능하고 새로 규정된 개념의 내연·외포를 둘러싼 또 다른 해석상의 논란을 야기할 수 있다는 점에서 적절치 않은 선택이라고 생각된다.

사이버모욕죄 신설 논의와 관련하여, 사실적시행위는 '표현의 자유'라는 기본권뿐 아니라 그 표현된 내용에 대한 국민의 '알권리'라는 기본권이 관계되어 있어서 이에 대한 충분한 헌법적 보호를 하여야 할 필요가 있지만 경멸적 가치판단의 표현에 불과한 모욕에 있어서는 헌법 제21조 제4항에 의해 제한되는 '표현의 자유'만이 관계될 뿐이어서 그 헌법적 보호의 범위가 사실적시의 경우와는 비교의 대상이 될 수 없을 만큼 현저히 줄어든다. 정보통신망법에 정보통신망에 의한 모욕죄를 두지 않은 것도 이러한 취지에서 이해하여야 할 것이다. 사이버모욕죄를 신설하고자 하는 법률안들은 형법과 달리 사이버모욕죄를 반의사불벌죄로 규정하고 있는데, 이는 객관적으로는 '모욕'의 내용이 불분명하여 수사기관 또는 재판기관의 자의가 개입할 여지가 충분하다는 점에서, 주관적으로는 사생활 영역의 문제임에도 불구하고 피해자의 의사보다 수사기관의 의사를 전단계에 놓는다는 점에서 타당하지 못하다고 생각된다.

마지막으로 모욕죄는 역사적으로 사회적 약자의 표현의 자유를 통제하는 수단으로 이용되어 왔고, 그 기준도 모호하여 형사처벌로 제재하는 것 자체가 공권력 남용이라는 비판이 있어 왔다. 모욕은 명예훼손과 달리 경미한 수준의 불법을 가진 범죄유형이라는 점에서 형벌의 겸억성이나 최후수단성을 고려하여 장기적으로는 이를 비범죄화 또는 경범죄화하는 노력이 필요하다. 전격적인 비범죄화가 어렵다면, 일본 또는 프랑스 형법과 같이 우선은 모욕죄에 규정된 자유형을 배제하고 재산형으로 형벌을 규정하는 현실적인 방안도 고려해볼 수 있을 것으로 생각한다.

추록

2022년 6월 13일, 모욕죄의 법정형에 징역과 벌금 등 무거운 선택형을 추가하는 형법 일부개정법률안이 일본 제208대 국회 참의원 본회의를 통과하였다. 기존에 '(30일 미만의)구류 또는 (1만엔 미만의)과료'였던 모욕죄(제231조)의 법정형을 '1년 이하의 징역이나 금고나 30만엔 이하의 벌금 또는 구류나 과료'로 높인 것이다. 이 개정법률은 같은 해 7월 7일부터 시행되었다. 법정형의 상향에 따라 모욕죄에 대한 교사·방조의 처벌이 가능해지게 되었고(형법 제64조의 적용배제), 모욕죄의 공소시효 또한 기존의 1년에서 3년으로 늘어나게 되었다.

제6장

모욕죄의 법정형 개정에 대하여

가나자와 마리(金澤真理) | 오사카공립대학(大阪公立大学) 대학원 법학연구과 교수
번역: 이동희 | 국립경찰대학 법학과 교수
김혁 | 국립부경대학교 법학과 부교수

I 들어가며

일본의 형법전은 명예에 관한 죄로서 제34장에 명예훼손죄와 함께 모욕죄를 규정하고 있다. 모욕죄는 공연히 다른 사람을 모욕하면, 사실을 적시하지 않아도 심지어 말로 하지 않더라도 성립한다. 다수의 견해에 의하면, 명예훼손죄와 모욕죄의 법익은 동일한데, 외부적 명예,[1] 즉 사람에 대한 사회적 평가가 그것이다.[2] 두 죄는 공연성을 요한다는 점에서도 공통된다. 따라서 사실 적시의 필요 여부만이 명예훼손죄와 모욕죄를 구별하는 차이점이라고 해석하는 것이 통설의 입장이다. 또한 판례도 마찬가지다.[3] 이 때문에 오로지 사실의 적시의 유무가 두 죄의

1) 오노 세이이치로(小野清一郎)는 명예를 그 본질과 현상 형식에 비추어 사람의 진정한 가치인 내부적 명예, 사회적 평가인 외부적 명예 및 명예감정인 주관적 명예의 세 가지로 구분하였다(小野清一郎, 『刑法における名誉の保護<増補版>』(有斐閣, 1970年), 179頁 이하). 이후의 학설도 이 분류에 따라 형법의 보호대상을 논하고 있다.

2) 이에 대하여 모욕죄의 보호법익은 주관적 명예라는 반대설(小野, 앞의 글, 203頁 등)도 있다.

3) 大判(역자주, 大審院 判決) 大正15(1926년)·7·5刑集(역자주, 大審院刑事判例集) 5巻303頁.

법정형의 큰 차이를 설명하는 근거라고 일반적으로 설명된다.[4)] 구체적 사실의 존부가 논점이 되는 명예훼손죄를 둘러싸고는 어떠한 경우에 사실의 적시에 의해 사회적 평가가 훼손되었다고 할 수 있는지, 또한 언론의 자유와의 조화의 요청을 어떻게 충족시켜야 하는지 등의 해석 문제가 실무상으로도 제기되어 판례도 축적되고 있는 한편, 모욕죄에 대해서는 법정형에 관한 이번 개정 이전에는 거의 논의가 없었다고 할 수 있다.[5)] 그러나 SNS 등의 커뮤니케이션 도구의 발달로 인해 순식간에 광범위하게 정보가 널리 확산되는 상황이 발생하여, 사실의 적시에 의하지 않는 명예 침해의 영향의 질이나 정도는 법 제정 당초에 비하여 현격하게 변화되었는바, 현대(現代)에 있어서의 모욕행위의 의미를 새롭게 검토하는 것은 의미가 있다고 생각한다. 이에 본고에서는 명예에 대한 죄로서의 모욕죄의 의의에 대하여 명예훼손죄와의 관계를 먼저 정리한 후 이번 형법개정이 그 관계에 영향을 미쳤는지, 또 현대에 있어서의 모욕죄의 과제는 무엇인가를 중심으로 고찰하고자 한다.

Ⅱ 모욕죄의 자리매김 : 명예훼손죄와의 대비

형법 230조는 제1항에서 "공연히 사실을 적시하여, 사람의 명예를 훼손한 자는 그 사실 유무에 관계없이 3년 이하의 징역이나 금고 또는 50만엔 이하의 벌금에 처한다"고 규정하고 있다. 규정의 문언상 명예의 훼손이 요구되지만, 명예침해의 결과가 발생했다는 것의 입증이 실제로는 곤란하므로, 기수(既遂)가 되기 위해서는 그

4) 종래에는 명예훼손죄에 대해서는 3년 이하의 징역이나 금고 또는 50만엔 이하의 벌금, 이에 비하여 모욕죄에 대해서는 구류(拘留) 또는 과료(科料)만 부과한다고 규정되어 있었다. 2022년 제208회 국회에서 성립한 형법의 일부를 개정하는 법률에 의해 모욕죄의 법정형이 1년 이하의 징역이나 금고 또는 30만엔 이하의 벌금, 또는 구류나 과료로 상한선이 상향되어 같은 해 7월 7일 시행되었다. 또한 같은 개정에서 자유형을 구금형(拘禁刑)으로 일원화하도록 되었다(시행은 공포 후 3년 이내).

5) 이러한 와중에 특기할 논점은 법인에 모욕죄가 성립할 수 있는지 여부이다. 법인도 또한 '사람'이고, 명예의 주체가 될 수 있다는 이해로부터 법인에 대한 모욕죄가 인정된 예가 있다(最決昭和58·11·1刑集37巻9号1341頁).

위험의 발생으로 족하다고 해석하는 견해가 다수이다. 한편, “사실을 적시하지 않더라도, 공연히 남을 모욕한 자”에 대해서는 명예침해의 결과가 문언상 필요하지 않다. 개정 전의 형법 231조는 이 모욕죄의 법정형을 “구류 또는 과료에 처한다”고 규정하고 있었다.[6] 두 죄 모두 (추상적) 위험범으로 일반적으로 해석되고 있다.

올해 개정 전 법정형을 기준으로 비교하면 명예훼손죄보다 훨씬 가벼운 형이 부과되던 모욕죄는 사람의 명예를 해치는 행위 중 욕설 표시, 표출 등 상당히 경미한 부류의 행위를 포착해 처벌하는 것으로 해석돼 왔다. 단순한 경멸의 표현 등 사실의 적시를 수반하지 않는 모욕행위에 비해 사실을 적시하는 명예훼손죄의 행위는 그 사회에서 사람의 행위에 관한 평가의 척도를 부여하며, 예를 들어 악행을 지적받은 자의 사회적 평가를 폄하한다. 이에 대해 모욕 또한 사회적 평가를 해칠 위험이 있는 행위임을 요하는데, 명예훼손죄와 모욕죄의 보호법익을 모두 외부적 명예 즉 사람의 사회적 평가로 해석하는 다수의 견해에 입각하면, 모욕은 명예훼손에 비해 사회적 평가를 저하시킬 위험의 정도가 유형적으로 낮다고 할 것이다.

그렇다면 어떤 사실이 사회적 평가를 저하시킬까? 명예는 처음부터 사회적으로 평가가 높은 사람만의 것이 아니다. 악인의 명예도 보호되는 데다 허명 즉 실질이 따르지 않고 그 사람에게 어울리지 않는 명성이라도 보호의 대상이다. 그런 의미에서 법적인 보호의 대상으로서의 명예는 반드시 사람에 상응하는 (규범적인) 것에 국한되지 않고, 현재 존재하는 평가를 기준으로 하여, 행위로 인해 저하되었는지 여부가 판단된다.

사람에 대한 평가는 그 사람을 둘러싼 사회, 타인과의 상호 관계 속에서 구축된다. 인격권으로서의 명예는 서로 공생하며 사는 것을 숙명으로 하는 인간의 존재 방식에 규정된다. 따라서 사람의 커뮤니케이션 기반으로서의 의의에 비추어 사회적 평가가 저하될 위험이 높은 명예훼손에 대해서는 상대적으로 두텁게, 반면

---

6) 1974년(소화49년)의 개정형법초안에서는 모욕죄의 법정형을 “1년 이하의 징역이나 금고, 10만 엔 이하의 벌금, 구류 또는 과료에 처한다”(제312조)라고 하는 개정안이 나와 있었다. 법정형에 대하여는 죄질로 보아 징역 및 금고까지 규정할 필요는 없다는 의견(총회수정안 105)도 있었으나, 명예훼손죄와의 한계적인 사례가 적지 않다는 것을 감안하여, 위 제안이 이루어졌다는 취지의 설명이 있었다(法務省刑事局, 『法制審議会改正刑法草案の解説』 (1974年), 312頁).

경미한 위험에 대해서는 모욕죄로 상대적으로 가볍게 보호된다.

이러한 사람의 사회적인 존재 방식에 입각하여 명예와 그 보호에 대해 사견[7]을 더 부연하면 다음과 같다. 사람에 관한 사실의 적시가 불특정 다수의 자에게 전달, 유포됨으로써 그 사람의 사회적 평가를 저하시키는 것이 명예훼손죄의 가벌성의 근거가 된다. 그 모습은 마치 수면에 돌을 던져 파문이 일파만파로 번지는 정경에 비유될 수 있다. 행위자의 사실적시행위에 의해 (비록 허위라도 진실인 양상으로 전달되고) 적시된 사람에 대한 평가가 부정적인 방향으로 변화함으로써 사회의 지위, 평판이 손상되고 그것이 인격권으로서의 명예를 침해한다. 그 피해를 입은 사람을 둘러싼 소통의 기반을 흔들고 사회에서 보장되어야 할 상호 승인을 일방적으로 무너뜨릴 위험을 띠므로 진위를 불문하고 사실적시가 명예훼손죄를 구성한다. '허명'이라도 그 사람의 현실 사회관계를 뒷받침하는 한 보호의 대상이 되는 것은 명예에 대한 이러한 이해에 의한다. 명예훼손죄 및 모욕죄의 공통 보호법익인 사회적 명예를, 사람을 둘러싼 사회적 정보 상태로 표현하는 견해도[8] 상호 평가하고 평가되는 타자와의 커뮤니케이션 속에서 사는 사람의 존재 방식을 출발점으로 한다는 점에서 위의 이해와 공통되는 것으로 해석된다. 이러한 사회적 정보 상태를 악화시켜 깊이 손상시키고 파괴할 위험을 띠고 있는 것이,[9] 명예훼손죄로 처벌되는 사실의 적시다. 사실적시를 요하는 명예훼손과 달리, 사회적 평가를 일시적으로 위험에 빠뜨리는 것에 불과한 것이 모욕죄라고 할 수 있다.

---

7) 金澤真理「刑法上の名誉に関する覚書」広渡清吾ほか編『小田中聰樹先生古稀祝賀論集下巻』(日本評論社、2005年)199頁 이하 참조.

8) 平川宗信『刑法各論』(有斐閣、1995年)222頁 전게 주(5). 다만, 본 견해는 명예훼손죄와 모욕죄의 구분은 행위 태양의 차이에 귀결되는 것이 아니라, 모욕죄의 경우 보편적 명예(존엄)이 침해되는 것으로 파악함으로써 양 죄의 법익상의 차이를 설명하고 있다(동·224頁). 모욕죄의 보호법익을 단순한 주관적 명예가 아니라, 보다 보편적인 인격의 존엄이라고 위치지움으로써 명예 감정의 침해를 호소할 수 없는 유아나 정신장애자도 명예의 주체가 된다는 해석은 독일 형법에서의 명예에 대한 죄에 관한 통설적 견해라고 한다. 독일 형법상의 명예침해모욕죄와의 차이를 일본의 체재와의 상이성을 고려하면서 고찰한, 丸山雅夫「名誉侵害罪としての侮辱罪」南山法学41巻2号(2018年)53頁 이하 참조.

9) 또는 "그 사람이 사회의 일원이라는 지위를 위험에 빠트린다"(大コンメンタール刑法第12巻(第2版)〔中森喜彦〕)라고 하는 표현에 해당한다.

Ⅲ 사실적시의 유무가 문제가 되는 예

프라이버시 침해가 명예훼손죄에 해당하는지는 또 하나의 논점이다. 애당초 사람의 출신, 혈통, 질병, 장애 등 그 사람의 속성과 체질, 상황에 관한 사실은 본인이 아무리 바꾸고 싶어도 어쩔 수 없으며, 그 자체로서 사람의 평가를 폄하하지는 않는다. 따라서 이들을 적시하는 것은 알려지고 싶지 않은 것을, 사회에 드러내는 프라이버시 침해로서 민법상 불법행위를 구성할 수 있지만 명예훼손죄의 처벌범위에서는 제외해야 한다는 견해[10)]에도 이유가 있다. 하지만 그렇다고 하더라도 폭로됨으로써 실제로 사회에서 불이익하게 취급된다고 볼 수 있다면, 사실상 사회적 평가에 부정적인 영향을 미친다는 점을 중시하여 명예훼손죄를 인정하는 주장에도 실천적 의미가 있다. 개인에게는 어쩔 수 없는 사람의 속성에 초점을 맞추어, 그 속성을 가진 자를 일률적으로 공격하는 헤이트 스피치도 '사람'에 대한 명예 침해에 해당하는지는 명예 침해를 둘러싸고 새롭게 생겨난 논점이며,[11)] 이들 논쟁은 아직 매듭지어지지 않았다.

타인의 나체 등을 몰래 촬영한 사진이나 음란화상·동영상 등의 얼굴을 붙여 합성해 불특정 다수의 열람에 제공하는 행위도 (사회적 풍속에 대한 죄의 성부는 별론으로 하고) 명예훼손죄로 문제될 수 있다.[12)] 그러나 도촬된 사실이 당사자의 명예를

---

10) 그 때문에 이러한 사실의 적시를 명예훼손죄로부터 제외해야 한다는 주장으로는, 佐伯仁志「名誉とプライヴァシーに対する罪」芝原邦爾ほか編『刑法理論の現代的展開各論』(日本評論社、1996年)77頁.

11) 특정인에 관한 사실적시가 범죄의 성립요건인 명예훼손인 것에 비해, 모욕적 표현의 대상이 부다 넓게 퍼질 수 있다는 점을 감안하여 양 죄를 대비시키고, 독일의 입법을 참조하면서 헤이트 스피치의 사회적 침해성을 설명하는 견해로는, 金尚均「名誉毀損罪と侮辱罪の間隙―人の出自、民族、属性に対する誹謗·中傷について―」立命館法学345·346号(2012年)309頁 이하.

12) 東京地判平成14·3·14(LEX/DB28075486)는, 입욕 중의 여성 등을 도촬한 화상을 포함한 비디오 테이프를 가게 앞에 진열한 피고인의 행위에 대하여, "전라의 자태가 녹화되었다는 사실을 적시한" 것으로서, 촬영된 자가 호기심의 대상이 되거나 경우에 따라 혐오감을 가지게 되는 등의 부정적 평가를 발생시킬 위험이 있다고 하여, 명예훼손죄를 인정하였다. 또한 東京地判令和3·9·2(LEX/DB25591214)는 성인 비디오에 출연한 여배우의 얼굴을 예능인의 얼굴에 합성한 동영상을 제작하여 인터넷을 통해 불특정 다수의 자로 하여금 그 동

훼손하는 사실이라고 보기 어렵고, 페이크 화상이 불특정 다수의 열람에 제공되면 화상을 사용당한 사람이 기이한 눈으로 보여질 우려가 분명히 있다고 해도 그것을 사회적 평가의 저하라고 해야 할지는 의문이다. 본 논점은 특히 성적 프라이버시의 보호를 어떻게 도모할 것인가라는 점에서 앞서 언급한 문제와 겹치는데, 명예훼손죄에서 상처받는 명예로운 사회적 평가란 피해자의 행위나 태도 등 그 사람의 인격에서 유래한 것임을 요한다고 생각하면 소극적으로 해석될 것이다.

이와 같이 위 행위를 사실의 적시가 아니므로 명예훼손에는 해당하지 않는다고 해석하였다 하더라도, 여전히 모욕죄로 볼 수 있을지에 대하여 명예훼손죄와 모욕죄의 경계를 둘러싼 또 다른 해석 문제가 생긴다. 특히 이번 형법개정으로 모욕죄의 법정형이 상향됨에 따라 사실의 적시가 없더라도 모욕으로서 상응하는 형을 부과해야 할 행위가 있는지를 재음미하는 계기가 마련되었다.

Ⅳ 모욕죄의 법정형의 상향

사실을 적시하지 않더라도 타인에 대해 공연히 모멸의 표시를 하는 모욕죄는, 상대방의 사회적 평가가 저하될 위험을 포함한 모욕행위를 하면 성립하며 표현의 자유에 의한 보장도 없다. 기존에 모욕죄는 사람의 명예를 침해할 위험이나 그 정도가 명예훼손죄에 미치지 못하는 극히 가벼운 유형의 명예침해를 처벌하는 것으로 여겨져 왔다. 이러한 상황이 바뀐 하나의 요인은 SNS 등의 인터넷을 이용한 통신수단의 보급에 의해 순식간에 광범위하게 통신이 가능해졌다고 하는 점이다. 유용한 정보교환뿐만 아니라 무분별하고 유해한 발신이 일시에 증대되었다. 직접 얼굴을 맞대고 한 모욕도 분명 일단 말을 해버리면 돌이킬 수 없다고 할 수 있지만, 인터넷상에 확산된 비방중상은 오래도록 흔적을 남기고 그 파장을 씻어내기는 매우 어렵다. 그런 의미에서 정보통신기술의 진전에 의해 종래와는 명예침해의 피해수준이 완전히 달라지게 되었다. 따라서 억제를 위하여 그에 상응하는 법정형으로

영상을 열람할 수 있는 상태에 둔 피고인의 행위를 명예훼손죄에 해당한다고 보았다.

인상할 필요성이 제기된 것이다.

2022년 9월 SNS 등의 비방중상이 계기가 된 사건이 다발하는 상황에서 법제심의회 형사법(모욕죄의 법정형 관계)부회[13](이하, '법제심의회'라 한다)에서 논의가 시작되었다. 법제심의회에서는 최근 인터넷을 이용하는 비방중상 등에 대한 모욕죄의 적용 사례나 양형 경향을 근거로 종전의 법정형으로는 억지력이 불충분한 것이 아니냐는 문제 제기가 있었고, 피해가 심한 예가 있더라도,[14] 일반적으로 경미한 범죄로 자리매김하고 있어 경찰의 움직임이 둔한 등의 법정형 인상을 요구하는 의견이 적극적으로 나와, 종전의 법정형에 1년 이하의 징역, 금고와 30만엔 이하의 벌금을 선택형으로 가하는 방법으로 형의 상한을 인상하도록 하는 답신이 있었다.

법제심의회 논의에서 강조된 것은, 모욕죄의 구성요건을 변경하여 해당 행위의 전반을 일률적으로 무겁게 처벌하는 취지는 아니라는 것이다. 당벌성이 높은 행위에 대해 법정형의 인상으로 엄정하게 대처하는 한편, 종전의 가벼운 형에 해당하는 당벌성이 낮은 행위에 대한 대처 및 당벌성이 현저히 낮아 처벌할 필요가 없는 행위에 대해서는 개정 이전과 동일하게 취급하는 취지이다. 종전에는 명예훼손죄과의 사이에 행위태양과 그에 따른 법정형의 점에서 큰 차이가 있었던 모욕죄에 관하여 그 차이를 메워 연속적인 것으로 한다고 설명되었다. 그러나 이 같은 법제심의회 논의를 전제로 할 때, 사실 적시 여부에 따라 구분되어 온 명예훼손죄와 모욕죄의 차이가 과연 명확히 드러날 수 있을지는 의문이다. 법정형의 폭을 넓힌 모욕행위의 가벌성의 의미를 다시 한번 확인하고, 기존에 명예훼손죄로 처벌받

---

13) https://www.moj.go.jp/shingi1/housei02_003010

14) TV 프로그램에 출연하여 한 언동을 둘러싸고, SNS에서 반복적으로 비방중상을 받았던 탤런트가 2020년 자살한 사건이 보도된 것을 계기로, 인터넷을 이용하여 악질적인 게시글을 올리는 행위가 크게 주목받게 되었다. 사건을 중하게 여긴 당시의 법무부대신은 프로바이더책임제한법상의 투고자 정보공개절차를 원활하게 할 수 있도록 하는 방향으로 검토를 시작하여, 제도 개정을 포함한 신속한 대응을 하겠다고 언급하였다(https://www.soumu.go.jp/menu_news/kaiken/01koho01_02000917.html). 이를 받아 소셜미디어 이용환경정비기구도 타인에 대한 괴롭힘이나 개인에 대한 명예훼손을 의도한 게시를 금지하는 등의 조항을 포함한 소셜미디어의 건전한 이용에 관한 긴급 성명을 발표하였다(https://www.jilis.org/seishonen/pressrelease_20200526.pdf).

아온 행위와 어떠한 성질의 차이가 있는지를 명확히 밝혔어야 했을 것이다.

그러나 법제심의회에서는 종래의 과형 상황을 참조한 후 법정형 인상의 필요성, 상당성에 우선 논의의 주안점을 두고, 이어서 의견 내지 논평을 표명할 자유의 보장, 위축효과에 대한 배려를 바탕으로 한 불처벌 근거, 특히 공무원에 대한 언론의 정당화 사유 논의에 시간을 들인 결과, 법정형 인상의 근거로 예시된 인터넷 등을 통해 파상적으로 이루어지고, 경우에 따라서는 사람을 자살로 몰아넣는 가혹한 공격을 (법정형이 인상되었다고는 하지만) 본래의 경미한 명예침해의 유형이었던 모욕죄의 한 유형으로 파악하는 것이 타당한지, 또한 그것을 본래 사람의 사회적 평가인 외부적 명예에 대한 침해라고 할 수 있을 것인지에 관해서는 물론이고, 프라이버시의 형법적 보호 등의 기존의 논점 및 최근의 사회적 과제에 관한 논점에 관해서도 충분히 논의되지 못하였다.

이에 이하에서는 개정 후 모욕행위의 처벌성에 대해 문제가 되는 사례를 상정하여 검토하고자 한다.

V 모욕죄의 새로운 지평

구체적인 사람을 가리키는 표현은 무엇인가 그 사람에게 상처를 주는 요소를 포함한다. 모욕죄는 그러한 표현을 모두 포함하여 명예에 형법적 보호를 해주는 것은 아니다. 구류, 과료와 같이 비교적 가벼운 형벌이 부과되어야 할 사례에서도, 사람이 공생하는 사회에서 보호되어야 할 커뮤니케이션의 기반을 흔드는 정도의 위험이, 모욕죄의 성립에는 필요할 것이다. 명예훼손의 성부를 둘러싸고 논란이 되어 왔던 프라이버시 침해는, 이번 개정으로 사실적시가 필요 없는 모욕행위로 취급할 수 있게 되었다. 속성, 체질 등 본래 그 사람의 평가를 폄훼하는 성질이 아니라고 하더라도, 그것을 지적하는 악질적인 행위가 있어야 할 상호승인관계의 일방적인 파괴로 이어질 위험이 있다면, 명예훼손으로서가 아니라 모욕으로 죄책을 물을 수 있는 길이 열렸다고 할 수 있다. 물론 숨겨진 개인적 사실의 적시가 사회적 평가를 저하시킨다면 명예훼손죄에 해당할 수 있다. 본래 사회적 평가의 저하로 이어진다고 볼 수 없는 프라이버시의 폭로가 불이익으로 취급되는 경우 모욕죄가 성립한다고 생각한다(그러한 점에서 사회적 평가의 척도는 규범적으로 파악된다).

마지막으로, 특히 검토를 필요로 하는 논점으로서 국내외에서 사회문제화되고 있는 헤이트 스피치를 들 수 있다. 헤이트 스피치에 대하여 일본의 형사사법에서 어떻게 대응할 수 있는지를 둘러싸고, 종전의 소극적인 시각은 명예훼손을 구성한다는 형사판례[15]가 등장하면서 그 양상이 변화하려고 하고 있다.[16] 최근 특정단체(학교) 교장이 확성기를 이용하여 불특정 다수를 향해 일본인을 납치하고 있다는 등의 발언을 한 사안에서, 원심에 이어 명예훼손을 인정한 판례[17]가 주목을 받았다. 본건의 경우 특정 (법)인에 관한 사실적시가 명예훼손을 구성한다고 판단한 것이지, 외국인 등을 대상으로 특정 민족, 국적을 가진 집단을 비방중상하는 행위 자체가 죄가 된다고 한 것은 아니었다. 인종이나 민족을 한꺼번에 차별의 대상으로 배척하고 위해를 고지하는 헤이트 스피치는 위 판례와 같이 개인의 인격권을 침해하는 한, 명예에 대한 죄가 성립할 여지가 있다. 하지만 그 법익을 누구든지 누려야 할 존엄으로 파악하지 않는 한, 현재로서는 명예에 대한 죄를 구성하는 유형으로 파악할 수는 없을 것이다. 설사 존엄을 법익으로 지정하더라도, 폭력적 언사로 위협하고 타인을 선동하여 배타적 행위로 몰아가는 행위를 명예훼손죄보다 당벌성이 낮은 모욕죄로 평가하는 것은 오히려 균형이 맞지 않는다고 할 수 있을 것이므로 별도로 입법을 구상하는 것이 타당하다고 할 수 있다.[18]

---

15) 최초의 판례가 京都地判平成23・4・21(LEX/DB25471643), 항소심은 大阪高判平成23・10・28(LEX/DB25480570).

16) 특정 개인에 대한 공격이 아니라, 특히 외국인을 대상으로 한 부당한 차별적 언동을 규제하는 법률(예를 들어, 일본 외 출신자에 대한 부당한 차별적 언동의 해소를 위한 대책 추진에 관한 법률(「헤이트 스피치 해소법」)이나, 자치단체의 조례 등의 제정을 통해 정비된 것도 영향을 미치고 있다.

17) 大阪高判令和2・9・14裁判所ウェブサイト。評釈として、金澤「判批」新判例解説Watch」29号187頁.

18) 金尚均『差別表現の法的規制』(法律文化社、2017年)、前田朗『ヘイトスピ—チ法研究原論』(三一書房、2019年) 등 참조.

Ⅵ 나오며

법제심의회에서의 모욕죄의 법정형 인상 논의에서도 표현의 자유, 공정하고 자유로운 논평 보장의 중요성이 설파되었다. 인터넷 등의 보급으로 짧은 생각으로 한 행위가 심각한 영향을 야기하는 현대적 문제에 대처하기 위해서는, 우선 제대로 된 인터넷 이용방법을 익히고, 또한 견딜 수 없을 정도의 화염으로부터 거리를 두는 등의 피해로부터 자신을 보호하는 방법도 함께 배우는 것이 중요하다. 모욕죄가 비록 여전히 경미한 유형을 포함한다고 하더라도, 형벌이라는 제재를 발동할 때에는 겸억적이라는 점도 감안할 필요가 있다.

추록

2022년의 모욕죄 법정형을 인상하는 형법 일부 개정은, 같은 해 7월 7일에 시행되었다. 사회문제가 되고 있는 인터넷상에서의 비방 · 중상 등을 억제하는 것을 목적의 하나로 내세웠으나, 개정법 시행의 영향을 단적으로 나타내는 자료는 아직 제시되지 않았다. 법무성 인권옹호국이 정기적으로 발표하는 인권침해 사건의 상황에 따르면, 최근 공표된 데이터에서도 인터넷상의 인권침해 사건은 여전히 높은 수준에 있는 것으로 나타난다.[19)]

인터넷상 비방 · 중상 등의 인권침해에 대하여, 가해자 개인을 상대로 한 책임 추궁은 곤란하며, 하물며 형사사건으로까지 발전하는 경우는 드물다. 한편, 민사 구제를 얻기 위한 보다 신속하고 효과적인 대책으로서, 프로바이더 등에 대한 삭제 등의 대응요청이 이루어져 왔다. 그러나 그 절차는 피해자 등에게 이해하기 쉽고 사용하기 좋은 것으로 받아들여지지 않았기 때문에, 종래 적용되던 「프로바이더책임제한법」이 개정 · 개칭되어, 2024년 5월 「특정전기통신에 의한 정보의 유통으로 인하여 발생하는 권리침해 등에 대한 대처에 관한 법률」(통칭: 정보유통플랫폼 대처법)이 공포되어, 2025년 4월에 시행되었다. 동 법률은 SNS 등의 특정전기통신 역무를 제공하는 자 중 대규모 플랫폼 사업자를 「대규모특정전기통신역무제공자」로 지정하고, 침해정보 송신방지조치의 실시 절차의 신속화, 송신방지조치의 실시상황의 투명화를 도모하기 위한 구체적 조치를 의무화하여, 종래 과제로 지적되어 온 삭제 대응의 신속화, 운영의 합리화 · 명확화를 목표로 한다.

먼저 전자에 대한 대책으로, 자기의 권리를 침해당하였다고 하는 자(피해자)로부터의 삭제신청을 접수하는 방법의 정비와 공표를 의무화하고(제22조 제1항), 이 경우 삭제신청 접수 방법으로서 ① 전자정보처리조직(온라인 시스템)을 사용하여 신청할 수 있을 것, ② 신청자에게 과중한 부담을 부과하지 않을 것, ③ 신청의 접수 일시가 신청자에게 명확하게 될 수 있도록 할 것을 요건으로 하였다(동조 제2항).

---

19) 2024년, 새롭게 구제 절차를 개시한 인터넷상의 인권 침해 정보와 관련된 인권 침해 사건은 1,707건으로, 전년과 비교하면 다소 감소하였다(https://www.moj.go.jp/content/001436205.pdf).

다음으로, 피해자로부터 삭제신청이 있었을 때에는 지체 없이 필요한 조사를 행하고(제23조), 그 조사 중 전문적인 지식 · 경험을 필요로 하는 것을 적정하게 행하게 하기 위하여, 침해정보조사전문원의 선임을 의무화하였다(제24조 제1항). 침해정보조사전문원에게는 권리침해 대처에 관하여 충분한 지식 · 경험을 요구하였다.

또한, 일정기간 이내의 신속한 대응이 필수이며, 삭제신청에 대한 판단 결과 및 이유의 통지가 없는 경우가 있다는 과제에 대응하기 위하여, 원칙적으로 일정기간 내(삭제신청을 받은 날부터 14일 이내의 총무성령으로 정하는 기간 내)에 삭제를 행한 경우에는 그 취지를, 삭제를 행하지 않기로 한 경우에는 그 취지 및 그 이유를 신청자에게 통지할 것을 의무화하였다(제25조 제1항).

그리고 후자에 대한 조치로서, 먼저 송신방지조치의 실시 기준(삭제기준)의 책정과 공표를 의무화하고(제26조 제1항), 삭제기준을 정할 때에는 대상이 되는 정보의 종류를 그 정보를 알게 된 원인별로 가능한 한 구체적으로 정할 것(동조 제2항 제1호), 발신자 등의 관계자가 쉽게 이해할 수 있는 표현을 사용할 것(동항 제3호) 등을 요건으로 하였다. 송신방지조치의 실시상황에 관하여는 매년 1회, ① 삭제신청(제23조)의 접수 상황, ② 신청자에 대한 통지(제25조)의 실시 상황, ③ 발신자에 대한 통지 등의 조치(제27조)의 실시 상황, ④ 송신방지조치의 실시 상황(위 ①부터 ③까지의 사항을 제외한다), ⑤ 앞의 ①부터 ④까지에 열거한 사항에 대해 자체적으로 실시한 평가, ⑥ 앞의 ①부터 ⑤까지 외에, 사업자가 강구해야 할 조치의 실시 상황을 명확히 하기 위해 필요한 사항으로서 총무성령에서 정하는 사항의 공표를 의무화하고 있다(제28조). 아울러, 삭제 등의 송신방지조치를 취한 경우에는 지체 없이 발신자에 대하여, 송신방지조치를 행하였다는 취지 및 그 이유의 통지 등의 조치를 의무화하고 있다(제27조 전단).

이상과 같이, 인터넷상의 비방 · 중상 등에 대한 대처로서는 민사 · 형사의 사법 절차 외에도, 신속한 구제 절차를 정비하는 것도 중요하다는 인식이 깊어지고 있으며, 다른 영역에서의 연구 진척에도 유의하는 것이 요구된다.

제 4 부

형법개정의 최신 동향

제7장

형법개정의 필요성-형사제재를 중심으로

최준혁 | 인하대학교 법학전문대학원 교수

I 들어가며

도쿄에서 반가운 분들을 다시 뵐 수 있어서 정말 기쁩니다. 그동안 우리의 만남을 가로막던 주된 원인인 코로나도 2023년 8월 31일부로 한국에서 4급 감염병으로 전환되었습니다. 비록, 감염에 취약한 고위험 집단·시설 보호와 범부처 차원의 유기적·안정적인 대응을 위해 코로나19 위기 경보 수준은 경계 단계로 유지되며 실내 마스크 착용 의무, 중환자 입원 치료를 위한 병상 운영 등 일부 고위험군 보호 조치도 유지되나 코로나19의 위협은 예전보다 감소하였다고 보입니다.

오늘의 주제도 매우 뜻깊다고 생각합니다. 법률 제293호로 1953년 9월 18일에 제정되어 10월 3일부터 시행된 한국형법이 제정된 지 올해(2023년)로 70년이 되었습니다. 한국형법을 제정할 때 정부안의 기초가 된 형법초안(1949년)은 "세계 각국의 현행법 형법개정초안, 특히 독일형법 및 독일 1930년 형법초안을 많이 참고로 하였고, 제정역사가 새롭고 국정이 우리나라와 유사한 중국형법을 참작하였다"고 밝혔으나, 형법전의 형벌 분야는 새로운 시대적 요청을 반영하지 못하였고 그 내용에서도 사실상 의용형법, 즉 현행 일본형법과 별 차이가 없으며[1] 의용형법과 달

1) 전지연, "한국형사법학 60년: 형벌론의 회고와 전망", 형사법연구 제29권 제3호(2017), 32면.

라진 부분은 주로 일본형법가안을 참고하였습니다.

1907년에 제정된 일본형법은 중죄, 경죄, 위경죄의 구별을 폐지하였고 형벌의 종류도 간소화하였는데, 이는 19세기 말에 유행하였던 자유주의를 수정하려는 사상적 동향에 근거하여 당시의 형법이론과 형사정책을 도입한 결과라고 합니다.[2)] 그런데 일본도 최근 형법을 개정하여 징역형과 금고형을 통합하기로 하였습니다.[3)] 2023년 9월 23일 한국의 법무부와 한국형사법학회가 공동으로 주최한 형법 제정 70주년 기념 학술대회에서 감사하게도 제가 발표할 기회가 있었는데, 그때 저는 최근 일본의 형법개정을 언급하면서 '과거의 연구를 다시 꺼내서, 형사정책적 필요성과 실무의 요청, 그리고 이론을 조화시켜 앞으로의 100년을 위한 형법의 준비를 해야 할 때'라고 주장하였습니다.[4)] 당시 제가 발표한 주된 내용이 독립몰수의 도입이었는데 몰수의 성질 및 형법전에서의 위치, 독립몰수의 도입 등에 관하여는 한국의 형법개정안 중 정부가 개정작업을 주도한 1992년의 형법개정법률안 및 2011년 형법(총칙)일부개정안에서 모두 상당한 정도의 검토를 마쳐서 그 내용을 다시 활용하면 된다고 보인다는 점이 이렇게 주장한 주된 이유였습니다.

오늘은 시간과 분량의 한계로 인하여 한국형법 총칙 제3장 형 중 제1절 형의 종류와 경중에 관하여 1992년의 형법개정법률안과 2011년 형법(총칙)일부개정법률안이 어떠한 입장을 취하고 있었는지 소개하면서 의견을 덧붙이겠습니다.

미리 관련쟁점 두 가지, 즉 보안처분과 특별법을 간단히 언급하겠습니다. 보안처분의 도입 여부는 형법 제정 당시부터 중요한 쟁점이었으며, 한국형법의 제정에 중요한 역할을 한 엄상섭이 밝히듯이 시기가 성숙하면 형법의 일부개정 또는 단행법으로 제도화시켜야 한다는 것이 당시에도 거의 일치된 견해였습니다.[5)]

---

2) 大塚仁, 刑法概說(總論 第3版), 有斐閣, 2005(법무부, 일본형법, 2007. 10.에서 재인용).

3) 高津戸 映·高橋 陽子, 刑法等の一部改正案 －罪を犯した者の処遇の充実と侮辱罪の法定刑の引上げ－, 立法と調査 449号(2022. 9. 9.), 14–25頁. 유용한 정보를 제공해 준 Kanazawa Mari 교수에게 감사드린다.

4) 최준혁, "형벌제도를 재검토할 필요성: 독립몰수를 중심으로", 형사법연구 제35권 제4호(2023), 116면.

5) 신동운·허일태 편저, 효당 엄상섭 형법논집, 서울대학교출판부, 2003, 53면.

보안처분은 형법에 처음 도입된 것이 아니라 1972년 헌법을 개정하면서 보안처분을 명문화하였고, 1980년 사회보호법이 제정되어 형사제재는 형법과 보안처분이라는 이원적 구조가 되었습니다. 그러나 보안처분이라는 중요한 형사제재를 도입한 법률이 특별법이라는 점이 보여주듯이 특별법의 제정은 그때그때의 형사정책적 문제와 관련된 일반의 법의식을 일시적으로 안정시키는 효과는 있지만, 특별법의 과다와 중형화추세는 일반형법의 규범력약화를 초래하게 되었으며,[6] 사회보호법은 지나치게 사회방위의 측면에 치우쳤으며 과잉입법금지의 원칙에 위배되어 위헌의 소지가 있다는 이유로 2005년 8월 폐지되었습니다.[7] 벌금형과 관련해서도, 일수벌금제, 분할납부나 납부연기 등 납부제도의 개선, 사회봉사명령으로의 전환, 과태료 등 행정벌 전환 등이 과거부터 개선방향으로 논의되고 있었습니다.[8] 그런데 실현된 개선 중 벌금형의 집행유예(형법 제62조 제1항)을 제외한 나머지는 특별법(벌금미납자의 사회봉사 집행에 관한 특례법)이나 시행령(재산형 등에 관한 검찰 집행사무규칙[시행 2023. 8. 21.] [법무부령 제1057호, 2023. 8. 21. 일부개정])을 근거로 하고 있어서 이 또한 형법의 규범력을 약화시키는 원인이 되고 있습니다. 몰수는 물건에 대한 형법의 몰수와 범죄수익에 대한 특별법의 몰수로 이원화되어 있는데 형법의 몰수는 그 몰수대상에서부터 현대적 의미의 형사정책적 수단으로 기능하기에 한계가 있고, 각종 특별법에 난립[9]한 몰수제도와의 관계도 파악하기 어려워 해석상으로도 난맥상을 보이고 있습니다.[10]

6) 김일수, 한국형법 I(개정판), 박영사, 1996, 33면.

7) 신동운, 형법총론(15판), 법문사, 2023, 10면.

8) 최호진, 형법총론, 박영사, 2022, 820면.

9) 김혜경, "형법개정안상 공소제기 없는 몰수의 해석과 집행절차에 관한 연구 –법적 성격과 적용범위를 중심으로–", 형사정책연구 제26권 제2호(2015), 61면.

10) 법무부, 형법(총칙)개정법률안 제안이유서, 2011.4. 79면.

Ⅱ 쟁점별 논의

1 형의 종류(제41조)

(1) 1992년 형법개정법률안(제36조)

제41조가 규정하고 있는 형의 종류 중 자격상실과 몰수가 제외되었습니다. 자격상실은 형의 부수효과에 불과하며, 몰수는 반드시 형벌의 성질만을 가지고 있는 것은 아니라는 이유로 별개의 절에서 규정하였기 때문입니다.

심의과정에서는 특히 사형의 존폐, 징역과 금고의 단일화, 구류와 과료의 비형벌화가 논의되었습니다.[11] 사형에 관해서는, 우리의 실정으로는 사형을 존치하면서 사형범죄를 가능한 한 줄이는 것이 타당하다는 의견이 심의위원회의 다수였습니다. 자유형의 통합도 논의되었으나, 금고형은 과실범이나 정치범에 대하여 징역형보다 유리한 형벌이며 형벌의 다양화의 취지에도 일치한다는 이유로 형법의 내용을 유지하였습니다. 구류와 과료에 대해서는, 경범죄처벌법이 형벌을 과하는 형사절차로 마련되어 있고, 범칙금을 과하기 위한 통합적인 질서위반법이나 이에 대한 권리구제절차가 정비되지 않은 상황에서 구류와 과료를 형벌의 종류에서 제외할 수 없다는 것이 다수의견이었습니다.

(2) 2011년 형법(총칙)일부개정법률안(제40조)

형법의 9가지의 형벌 중 금고, 자격상실, 자격정지, 과료, 그리고 몰수를 삭제하여 4가지 형벌종류만 존치시켰는데, 금고형 폐지는 자유형의 단일화경향에 따른 것이고, 자격상실과 자격정지의 삭제는 명예형의 폐지에 따른 결과이며, 과료는 형벌효과에 대한 의문성과 실효성을 고려하여 폐지하였습니다. 현행 형법에 규정된 몰수는 그 법적 성격상 순수한 형벌이 아니라 형벌적 성격을 가진 몰수와 보안처분적 성격을 가진 몰수를 모두 포함하고 있기 때문에 이를 형의 종류에 두는 것은 부적절하다는 판단 아래 몰수에 관한 별개의 절을 만들어 이를 독립시켰습니다.[12]

---

11) 법무부, 형법개정법률안 제안이유서, 1992. 10. 48면.

12) 법무부, 형법(총칙)개정법률안 제안이유서, 47면.

개정안에서 사형을 존치시킨 이유는, 사형제도가 국민감정에 미치고 있는 영향력을 감안했을 때 사형제도를 폐지할 경우 미치게 될 사회적 파장의 크기 때문에 폐지론을 관철시키는데 현실적 한계가 있고 사실상 폐지국이라고 하는 점 때문에 법률적으로 폐지해야 할 시급한 이유가 없다는 점 등을 고려한 것이라고 합니다. 징역과 금고의 단일화는, 실무상 금고형을 선고받은 경우에도 수형자 대부분이 신청에 의하여 정역에 복무하고 있어서 금고를 둘 실익이 없으며, 교도소 내의 노동이 징벌이 아니라 교정수단이라는 인식의 전환이 이루어지고 있다는 점과 세계적으로도 징역형으로 단일화되고 있는 추세라는 점을 고려하였습니다. 단기자유형의 폐해를 시정하기 위해 구류를 폐지하되 독일과 같이 1월 이상의 자유형으로 단일화하기로 하는 의견이 우세하였으나, 전체회의에서 재론한 결과 구류가 짧지만 날카롭고 위협적이라는 3S(short, sharp and shock)의 형사정책적 효과를 거두면서도 전과기록에 남지 않고 집행유예결격사유에도 해당하지 않으며 공무원 자격상실 등의 부수효과도 없어 피고인에게 여전히 유리하다는 점을 고려하여 결국 존치시켰습니다. 자격상실의 삭제에는 의견이 일치하였고 자격정지의 삭제에 대해서는 선고정지는 형의 종류로서 존치시킬 필요가 있다는 의견과 공직선거법이나 국가공무원법 등 개별 법률에서 관련 자격제한규정을 두는 것으로 충분하다는 이유로 총칙상의 선고정지 규정뿐만 아니라 각칙상의 자격정지 규정도 모두 삭제하는 것이 합리적이라는 의견이 대립하였습니다. 전체회의에 상정하여 재론한 결과 실무상 선고에 의한 자격정지가 활용되지 않고 있으므로 형의 종류에서 삭제하는 것이 타당하다는 의견이 채택되어 자격정지도 형의 종류에서 삭제하게 되었습니다. 과료는 벌금형과 금액의 다과에서만 차이가 날 뿐 재산의 박탈이라는 실체면에서는 물론 납입기간, 집행, 미납시의 환형유치, 가납 등 절차면에서도 아무런 차이가 없으므로 범죄를 중죄, 경죄로 구분하지 않는 현행법 체제하에서는 존치할 이유가 없고, 그 대상 범죄의 경중에 따라 벌금형이나 과태료(비범죄화)로 변경하면 충분하다는 이유로 폐지하였습니다.

2 자유형의 기간(제42조)

(1) 1992년 형법개정법률안(제37조)

1992년 형법개정안 당시, 시안에 대한 의견조회과정에서 대법원으로부터 유기자유형의 상한을 25년으로 하고 가중하는 경우의 상한을 35년으로 연장하자는 의견이 제시되어 그 채택 여부를 검토하였습니다. 그러나 유기형의 상한을 올리는 것은 법정형으로 장기형만을 규정한 각칙의 모든 범죄에 대한 법정형을 가중하는 결과를 초래하지 않을 수 없고, 이로 인하여 법관의 양형이 용이하게 되기보다는 중형주의로의 회귀라는 비판을 받지 않을 수 없으며 당시 무기수형자의 평균 수형기간이 16년 정도에 이르고 있음을 고려하여 형법의 태도를 유지하기로 결정하였습니다.[13)]

(2) 2011년 형법(총칙)일부개정법률안(제41조)

현행 형법의 유기징역 상한 30년(가중할 경우 50년)은 2010.3.31. 국회가 일련의 연쇄살인범죄 및 아동성폭력범죄에 대한 강력한 처벌을 요구하는 시민들의 격앙된 법감정에 대한 대응으로 개정한 것입니다. 반면에 형사법개정특위는 여러 차례의 논의를 거쳐 유기징역의 상한을 상향조정하는 대신 – 누범 및 상습범 가중규정을 폐지하는 것을 전제로 – 위험한 강력범죄의 재범방지책으로써 보호감호 제도를 도입하는 것을 내용으로 하는 개정작업을 마무리하는 단계였습니다.[14)]

전체회의에서는 이미 방향성을 정해놓은 형사법개정특위의 개정방향을 유지하면서 국회를 통과한 유기징역형 상한의 상향조정안 자체를 다시 현행 형법의 다른 규정들과 마찬가지로 형법개정의 대상으로 삼아야 한다는 의견도 있었다고 합니다. 유기징역의 상한이 최장 50년까지 확대된 개정법률 아래에서 형법에 보호감호제도를 도입하게 되면 행위자에게 과도한 책임을 부과하는 것이라는 비난을 받을 가능성이 높고, 50년 상향조정안에 의하면 누범가중을 하지 않는 이상 50년 형을 선고할 경우는 없어 누범조항이 필연적으로 존치되어야 하는 바, 이는 결국 누범 및 상습범 조항 폐지를 전제로 하여 보호감호제도를 도입하려는 개정의 방향성

---

13) 법무부, 형법개정법률안 제안이유서, 52면.

14) 법무부, 형법(총칙)개정법률안 제안이유서, 52면.

과도 상충된다는 이유에서였습니다. 하지만 막 국회를 통과한 개정안을 시행하기도 전에 다시 무위로 돌리는 일이 입법부인 국회와의 관계상 부담스러운 일이라는 점, 차후 개정이 필요한 사정이 발생할 경우 각칙의 법정형에서 개별적으로 그 상한을 제한하는 등으로 합리적인 조정을 거치는 것이 바람직할 것이라는 점 등을 고려하여야 한다는 다수의견에 따라 국회의 형법일부개정안을 그대로 수용하였습니다.

3 자격상실과 자격정지(제43조, 제44조)

(1) 1992년 형법개정법률안(제38조, 제39조)

제38조는 형법 제43조와 동일한 내용으로, 제목을 형의 선고에 따른 자격의 상실과 정지로 고쳐 형의 부수효과로서의 성격을 명백히 한 점에 차이가 있습니다. 자격상실을 형의 종류에서는 제외하였으나, 형의 부수효과로서 자격이 상실되거나 정지된다는 사실과 그 범위를 명확히 할 필요가 있다는 이유로 이에 관한 규정을 두자는 것이 다수의견이었습니다.[15] 제39조는 형법 제44조에 해당하는 내용입니다.

(2) 2011년 형법(총칙)일부개정안(제42조)

개정안에서 명예형은 형의 종류에서는 삭제되었으나 형의 부수효과로서의 자격상실과 자격정지에 관한 규정은 필요하다는 이유에서 현행대로 유지되었습니다. 일정한 형의 선고와 함께 자격이 상실되거나 정지된다는 점과 그 범위를 총칙 규정에 분명히 해 둘 필요가 있다는 점을 고려한 결과라고 합니다.[16]

4 벌금(제45조)

(1) 1992년 형법개정법률안(제40조)

일수벌금형제도와 벌금분납제도를 도입할지 여부가 논의되었습니다. 일수벌금형제도에 여러 이론적 장점이 있음에도 불구하고 일수정액을 결정하기 위하여

---

15) 법무부, 형법개정법률안 제안이유서, 54면.

16) 법무부, 형법(총칙)개정법률안 제안이유서, 53면.

피고인의 재산상태를 정확히 조사하는 것이 사실상 불가능하고 조사를 담당할 조사관제도도 마련되어 있지 않은 현실이며, 총액벌금형제도에서도 벌금액의 산정에서는 피고인의 경제적 능력을 고려하고 있어서 총액벌금형제도를 유지하기로 하였습니다.[17] 벌금분납제도의 도입은 다수의견으로 채택되었으나, 조정단계에서 분납여부의 조사가 불가능하고 형의 집행을 검사의 지휘에 의하도록 하면서 벌금형 집행에 관해서만 법원이 분납을 선고하면 모순이며 집행업무가 지나치게 복잡해질 위험이 있고 현재도 사실상 분납제도를 택하고 있다는 반대의견이 힘을 얻었습니다.[18]

(2) 2011년 형법(총칙)일부개정법률안(제43조)

벌금등임시조치법 제3조 제3항과 경제현실을 반영하여 벌금형 액수를 "5만원"에서 "10만원"으로 증액하였습니다. 일수벌금제에 대한 논의에서는, 재산상태에 관한 충분한 기초조사가 이루어지기 곤란한 현실에 비추어 보면 일수벌금형제도를 도입할 경우 오히려 사법부에 대한 불신을 가중시키고 형평성 시비를 불러일으킬 우려가 있어서 도입하지 않기로 하였습니다. 다만, 재산상태에 따라 벌금형의 형벌효과가 달라지는 폐해를 줄이기 위해 양형의 고려사항으로서 범인의 재산상태를 의무적으로 고려하도록 하는 규정을 신설하였습니다(개정안 제46조 제3항).[19]

5 구류(제46조)와 과료(제47조)

(1) 1992년 형법개정법률안(제41조, 제42조)

구류의 장기는 징역이나 금고의 단기와 일치시켰으며 과료의 하한은 벌금등임시조치법 제3조 제2항의 규정과 일치하며, 상한은 벌금의 하한에 맞추었습니다.[20]

---

17) 법무부, 형법개정법률안 제안이유서, 55면.

18) 법무부, 형법개정법률안 제안이유서, 56면.

19) 법무부, 형법(총칙)개정법률안 제안이유서, 53면.

20) 법무부, 형법개정법률안 제안이유서, 56면.

(2) 2011년 형법(총칙)일부개정법률안(제44조)

구류는 유지하였으나 과료는 폐지하였습니다.

6 형의 경중(제50조)

(1) 1992년 형법개정법률안(제43조)

형법 제50조와 같은 내용입니다. 제3항에서 범정이란 범죄의 성질과 범행의 방법 및 피해의 정도 등 일체의 정상을 포함하는 개념[21]이므로 단순히 '범정에 의한다'라고 고치는 것이 타당하다는 의견이 제시되었으나, 죄질과 범정을 구별함으로써 범죄의 성질과 범행의 정상을 종합하여 판단한다는 취지를 명확히 할 수 있다고 인정되어 현행규정을 따른 것입니다.[22]

(2) 2011년 형법(총칙)일부개정법률안(제45조)

금고형의 폐지에 따라 현행형법 제50조 단서가 불필요하게 되어 삭제한 것 이외에는 현행형법과 큰 차이가 없습니다.[23]

7 몰수(제48조, 제49조)

① 형법은 몰수를 부가형으로 정하고 있으나 모든 개정안에서는 몰수를 형의 종류에 관한 규정에서 삭제하였고, 보안처분에 대한 규정을 신설하면서 몰수에 관한 규정의 위치를 보안처분 앞으로 옮겼다는 점도 공통적입니다.[24]

② 몰수의 대상을 현행법처럼 물건으로 한정할 것인지에 대하여 1992년 법무부안은 현행법과 같은 입장이었으나 2011년 법무부안은 '물건, 금전 그 밖의 재산'으로 하였습니다. 몰수대상과 범죄관련성의 형태에 대하여도 1992

21) 범정에 관한 설명은 일본과 같습니다. 西田典之·山口 厚·佐伯仁志[編], 注釋刑法 第1巻 總論, 有斐閣, 2010, 62頁.

22) 법무부, 형법개정법률안 제안이유서, 57면.

23) 법무부, 형법(총칙)개정법률안 제안이유서, 54면.

24) 이하 설명은 최준혁, "형벌제도를 재검토할 필요성: 독립몰수를 중심으로", 102면.

년 법무부안은 현행법과 같은 입장이나 2011년 법무부안은 범죄행위의 보수로 취득한 것을 추가하였습니다.

③ 제3자 소유재산의 몰수가능성에 대하여 1992년 법무부안은 현행법 규정인 제3자가 범죄 후 그 정을 알면서 취득한 물건 이외에도 공공에 해가 되거나 범죄행위에 제공될 염려가 있는 경우에는 몰수할 수 있다고 하였으며, 2011년 법무부안은 제3자가 범죄 후 그 정황을 알면서 취득한 대상을 몰수할 수 있게 하여 현행법과 같습니다.

④ 몰수의 효과로 1992년 법무부안과 2009년 학회안은 국고귀속을 명시하였으나, 2011년 법무부안은 그 내용을 명시하지 않았습니다.

⑤ 몰수 및 추징의 시효를 명시하였는데 몰수 또는 추징을 선고한 재판이 확정된 후 집행을 받지 아니하고 3년(1992년 법무부안) 또는 5년(2011년 법무부안)이며 시효는 강제처분이 개시됨으로써 중단됩니다.

⑥ 모든 개정안은 공소를 제기하지 아니하는 경우에도 몰수의 요건이 있는 때에는 몰수를 선고할 수 있다고 하여 독립몰수를 인정하였습니다.

Ⅲ 검토

1 개별쟁점에 관한 의견

① 사형의 폐지에 찬성함은, 이미 2019년에 열린 2회 한일형사법연구회에서 조기영 교수님의 발표 '사형의 대체형'에 대한 토론에서 밝혔습니다.[25] 책의 발간에 맞추어 그 토론문의 핵심내용을 여기에 다시 수록합니다.

25) 같은 의견으로 이형국·김혜경, 형법총론(7판), 법문사, 2023, 599면.

1. 사형제도 및 사형집행의 반대

조교수님이 말씀하신 대로 한국은 오랫동안 사형집행을 하지 않아 실질적 사형폐지국으로 알려져 있습니다만, 2008년 이명박 대통령이 집권한 이후 발생한 강력범죄를 명목으로 사형을 다시 집행할지도 모른다는 소문이 있었습니다. 위기의식을 느낀 전국의 형법학자들이 서명운동을 하였고 저도 - 아직까지는 처음이자 마지막으로 - 서명에 함께 하였습니다. 사실 서명자 중에는 형법 이외의 다른 전공 교수님도 한두 분 들어있습니다만 나머지는 형법교수이고, 정확히 세 보지는 않았습니다만 당시 전국 대학의 형법교수는 최대 200여 명 정도였을 것입니다.

사형제도 및 사형집행에 대한 반대논거가 총망라되어 있는 당시 성명서의 내용은 다음과 같습니다.[26)]

우리는 사형집행의 재개를 강력하게 반대합니다

—전국 형사법교수 132명 일동—

최근 몇몇 연쇄살인사건을 계기로 사형집행을 재개하려는 주장들이 나오고 있습니다. 특히 정치인들의 잇따른 사형재개 발언과 법무부에서 사형의 재집행 여부를 검토하겠다는 보도를 대하면서, 작금의 사태전개에 심각한 우려를 표합니다. 사형의 문제는 우리사회의 인권과 정의실현 정도의 척도이기 때문입니다.

현재 59명의 사형수를 두고 있는 우리나라에서 지난 11년간 사형을 미집행함으로써, 한국은 이미 '사실상의 사형폐지'(abolitionist in practice) 국가가 되었습니다. 그럼에도 이러한 소중한 성과를 한순간에 뒤집을 수 있는 사형집행 움직임은 전세계적인 사형폐지 추세에 역행하는 것이고, 인권후진국으로의 전락을 의미합니다.

이에 전국의 형사법학자들은, 지속적이고 깊이 있는 연구를 바탕으로, 사형의 재집행은 결코 허용될 수 없다는 확신에서 이를 강력히 반대합니다. 우리의 조국에서는 어떠한 사형도 없어져야 할 것입니다.

1. 사형은 야만적이고 비정상적인 형벌로, 헌법상 보장된 인간의 존엄과 가치를 근본적으로 부인하는 형벌입니다.

---

26) 한겨레신문 2009. 3. 13. "형사법교수 132명, '사형집행재개 반대'" (http://www.hani.co.kr/arti/society/society_general/344045.html#csidxfc50b9fd487250fb586dfc55ee66a29: 2019. 10. 15. 최종검색).

2. 사형폐지는 오늘날 범세계적 추세입니다. 해마다 2~3개 국가에서 사형제를 폐지하고 있으며, 사형을 폐지하거나 10년 이상 처형하지 않는 국가도 전세계 197개국 중 138개국이나 됩니다. 이에 반해 최근(2007년) 한 해 동안 사형을 집행한 국가는 24개국에 불과합니다.
3. 사형이 살인범을 억제하는 효과적인 방법이라는 주장은 과학적인 근거가 없습니다. 사형제도의 존치 여부가 살인율의 변화에 실질적 영향을 미치지 못함은 세계적으로 증명되고 있기 때문입니다. 사형의 위협이 두려워 살인을 억제하려는 연쇄살인범은 없습니다.
4. 생명의 존엄성을 보호해야 할 국가가 사형이라는 제도적 살인의 주체가 되어선 안 됩니다.
5. 모든 판결에는 오판 가능성이 없지 않습니다. 살인범죄의 경우에도 오판의 사례가 적지 않습니다. 살인죄에 대한 유죄확정자 중에서도 사법부의 재심을 통해 무죄판결이 확정된 사례도 이미 수십 건 이상이 쌓여 있습니다. 불완전한 인간의 재판으로 돌이킬 수 없는 생명박탈은 용납될 수 없습니다.
6. 세계의 역사는 사형의 정치적 남용의 사례로 가득 차 있습니다. 종교적 동기에 의한 사형, 정치권력의 유지를 위한 사형, 정치적 효과를 겨냥한 처형, 특정 집단에 대한 편견의 산물인 사형이 이어졌습니다. 민주화된 국가라 할지라도 사형집행의 대상 중에는 소수자, 약자의 집단 중에 선택되는 경우가 적지 않습니다.
7. 사형수는 "인간이기를 포기한 죄"를 저질렀다고 하나, 아무리 흉악범이라고 해도 개선 가능성을 부인할 수 없습니다. 그들도 인간입니다. 사형은 인간의 개선 가능성을 원천적으로 부인하는 것입니다.
8. 장기자유형은 실제로 사형에 대한 대체효과를 가져옴이 모든 나라의 역사입니다. 오늘날 국가는 사형을 이용하지 않고서도 교도소에서의 장기간 격리를 통해 흉악범의 재범위험성을 제어할 수 있는 능력을 갖고 있습니다.
9. 피해자의 법감정에 비추어 사형이 필요하다는 주장을 합니다. 그러나 피해자보호를 위해서는 피해자와 그 가족을 위한 정신적, 물질적 지원과 그들에 대한 공동체의 따뜻한 위로와 관심이 더욱 중요합니다. 사형제가 인간의 응보욕구를 일부 채워주는 점은 없지 않겠지만, 사형을 통해 피해자가 얻을 수 있는 실제 이익은 없습니다.
10. 사형은 직무상 사형집행에 관여할 수밖에 없는 교도관들의 인권을 침해합니다.
11. 사형의 실행 여부는 북한과 대한민국을 가르는 의심할 나위 없는 인권지표입니다. 북한의 공개처형과 같은 인권문제를 확실히 비판할 수 있기 위해서는 대한민국은

적어도 사형미집행을 통해 선도적 우위성을 계속 유지해야 합니다.

12. 사형폐지를 시기상조로 보는 여론이 더 우세하다고 합니다. 그렇지만 사형의 대안으로서 가석방 없는 절대적 종신형을 도입하면 또 여론조사 결과가 달라질 수 있습니다. 국회 및 행정부는 단순 여론조사를 통해 나타나는 의견에 추종하거나 편승해서는 안 됩니다. 다행히 우리나라에서도 16대, 17대, 18대 국회에서 〈사형폐지를 위한 특별법안〉이 계속 발의되었습니다. 행정부에서는 1997년말 이래 사형집행을 유예하고 있습니다. 이러한 11년 이상 지속되어온 흐름을 토대로, 이제 사형의 폐지를 위한 실질적 논의를 해가야 할 때입니다.
13. 사형집행의 재개를 말할 때, 그것이 일시적 사건이나 감정에 의해 좌우되어서는 안 됩니다. 대신 우리는 사형과 그 대체형에 대한 진지한 논의를 할 준비가 되어 있습니다. 사형을 폐지하지 않더라도, 사형에 대한 제도적 유예조치(moratorium)를 최소전제로 하고, 그 바탕 위에서 우리 국가와 사회가 진일보한 대안을 만들어 낼 수 있는 준비를 해가야 할 것입니다.
14. 하나의 인간의 생명은 전지구보다 무겁습니다. 살인범이 인간의 생명을 경시했다고, 그에 대처하는 국가가 생명을 경시하는 것은 잘못입니다. 국가는 제도의 운용을 통해 인간의 생명가치를 고양시켜가는 방향으로 행동해야 합니다.

서명교수 명단(총 132명) (생략)

최근의 상황[27]으로 2019년 2월 말 한국정부는 사형 집행 중지와 폐지 절차 마련 등의 내용을 담고 있는 자유권 규약 제2선택의정서(사형제 폐지 국제규약) 가입에 대한 국가인권위원회의 권고를 '불수용'하고, 국가인권위원회는 이를 비공개하기로 결정하였습니다. 또 다른 하나는 2019년 7월 11일에 사형확정자 중 1인이 지병으로 사망하였고, 이로서 사형이 집행되지 않은 채 남아있는 사형확정자는 총 60명(민간인 56명, 군인 4명)이 되었습니다.

2. 상대적 종신형과 가석방의 문제

가석방이 불가능한 종신형은 비인도적이고 가혹한 형벌이라는 점에서는 사형과 차이가 없습니다. 그러므로 상대적 종신형에 찬성하고 있습니다만, 한국형법에는 '종신형'이라는 형벌이 존재하지 않습니다. 이 쟁점은 결국 무기징역과 유기징역의 관계설정이라는 측면에서 생각할 필요가 있습니다.

---

27) 김대근, "'묵혀둔 숙제' 사형은 필요한 형벌인가", 프레시안 2019. 8. 5 (http://www.pressian.com/news/article?no=251853?: 2019. 10. 30. 최종검색)

조교수님께서 발표문에 지적하셨습니다만 한국형법의 유기징역의 상한은 15년(가중하면 25년)에서 30년(가중하면 50년)으로 2010년에 개정되었습니다(제42조). 이는 상당히 큰 변화임에도 불구하고 진지한 논의 없이 개정되어서 당시에도 비판이 많았습니다. 무기징역형을 선고받은 재소자의 가석방에 대해서 1990년대 후반에 관련주제의 연구에 대학원생으로 참여했을 때의 기억을 더듬어보면, 당시에는 14년~15년의 형기를 보낸 후에도 가석방이 가능했다고 들었습니다. 그러나 그 후 가석방이 가능한 시점은 계속 뒤로 늦춰지고 있고, 가석방위원회의 위원으로 참여하고 있는 교수님들의 말씀을 들어보면 최근의 가석방심사는 그다지 관대하지 않습니다. 또한 법률상 감경에 관한 제55조도 제42조의 개정에 발맞추어 2010년에 다음과 같이 변경되었습니다.

제55조(법률상의 감경) ① 법률상의 감경은 다음과 같다.

1. 사형을 감경할 때에는 무기 또는 10년 이상의 징역 또는 금고로 한다.
2. 무기징역 또는 무기금고를 감경할 때에는 7년 이상의 징역 또는 금고로 한다.

제55조(법률상의 감경) ① 법률상의 감경은 다음과 같다. 〈개정 2010.4.15〉

1. 사형을 감경할 때에는 무기 또는 20년 이상 50년 이하의 징역 또는 금고로 한다.
2. 무기징역 또는 무기금고를 감경할 때에는 10년 이상 50년 이하의 징역 또는 금고로 한다.

이러한 개별적인 문제점을 다루는 것은 나중으로 하더라도, 현행법 제55조 제1항 제1호에 따르면 상대적 종신형의 가석방의 기준으로 일응 20년을 생각할 수 있겠습니다.

② 최근 한국의 법무부는 가석방 없는 종신형을 다시 꺼내고 있는데, 이는 사형폐지를 전제로 합니다. 사실 과거에는 법무부도 같은 입장을 밝힌 바 있는데, "절대적 종신형 제도를 도입할 것인지의 여부에 대해서도 논의한 결과, 절대적 종신형제도는 사형폐지를 전제로 한 대안으로서 의미가 있는 것이므로 사형제도를 존치시키는 이상 절대적 종신형제도를 도입하지 않았다."[28]고 했습니다.

28) 법무부, 형법(총칙)개정법률안 제안이유서, 47면.

상세한 논의 없이 유기징역형의 상한을 30년으로 올려놓은 형법개정[29]의 결과인 조문을 다시 가석방 없는 종신형이 도입되어야 하는 근거라고 제시하는 최근 법무부의 입장은 말도 안 됩니다. "실체법과 관련하여 입법자가 법정형의 상향을 추구하는 것만이 '규범적'이라고 이해할 수는 없다. 형법이 새로운 처벌조문의 도입 및 법정형의 상향 등을 통해 스스로 과도한 부담을 지고 그로 인해서 형사사법에게도 과도한 부담이 지워지는 상황은 피해야 한다."[30]는 생각은 형벌의 종류에도 동일하게 적용할 수 있습니다. 유기자유형의 상한은 과거 형법규정의 내용으로 돌아갈 필요가 있다고 생각하며, 1992년 형법개정법률안 당시의 논의가 그 근거가 되겠습니다.

가석방 없는 종신형의 도입에도 반대합니다. 무기자유형을 선고받아 50년 동안 수감된 후 법원에 가석방을 신청하였으나 불허되어 헌법소원을 신청한 재소자에 대한 독일연방헌법재판소의 최근 결정[31]은 자유 박탈의 지속에 대한 법원의 판단이 자유 박탈 기간이 증가함에 따라 높아지는 비례성 원칙의 요구를 충족시키지 못한다고 판단하였는데, 이 결정은 가석방 없는 종신형에 대한 반대논거로도 작용할 수 있습니다. 이 문제에 대해서는 2022년 11월 일본변호사연합회가 제안한 '사형폐지에 대한 대체형의 제도설계'가 시사점을 줄 수 있다고 생각합니다.

③ 징역형과 금고형을 합쳐서 자유형으로 단일화할 필요가 있다고 생각합니다. 자유형의 집행에 관한 경향성은 독일어권 국가인 독일, 오스트리아, 스위스가 각각 다른데,[32] 단기자유형의 폐해가 많다는 점은 단기자유형을 주

---

29) 오영근, "형사법학 60년의 회고와 향후과제 –형법총칙분야를 중심으로 –", 형사법연구 제29권 제3호(2017), 4면. '입법쿠데타'라는 지적으로 오영근, "2010년 형법총칙개정법률안의 주요내용과 문제점", 한양대학교 법학논총 제28권 제2호(2010), 6면.

30) 최준혁, "독일 법무부의 형사정책 –최근의 형법 및 형사소송법의 개정을 중심으로–", 형사정책 제35권 제3호(2023), 109면.

31) BVerfG, 24.02.2023 – 2 BvR 117/20, 2 BvR 962/21. 이 결정에 대하여 김봉철, "법원의 가석방 불허에 대한 헌법소원", 법률신문 2023. 9. 18.

32) 오스트리아가 5년 이상의 자유형 선고비율이 다른 나라보다 높고, 벌금형보다 자유형을 선고하는 경향이 늘어나고 있다는 지적으로 Singelnstein/Kunz, Kriminologie: Ein Grundlegung, 8.Aufl., 2021, 19/61.

로 활용했던 스위스의 경험에서도 알 수 있습니다.[33] 구류는 폐지해야 할 것이며, 자유형은 6개월 이상을 원칙으로 한다고 선언할 필요가 있습니다(이러한 입법례로 스위스형법 제40조).

④ 한국형법의 벌금형은 형벌의 경중, 각칙에서의 벌금형의 액수, 징역형과의 병과 등 여러 관점에서 질서를 찾기 어렵습니다. 소위 '황제노역'의 문제를 해결하기 위해 2014년에 개정된 형법 제70조 제2항은 이 문제를 심화시켰을 뿐입니다.[34] 한국의 양형기준은 원래 징역형을 선고하는 경우를 전제로 하나 최근 벌금형에 대한 양형기준이 도입되고 있는데, 그에 대한 논의 당시에도 저는 이러한 이유로 도입 자체를 반대한 바 있습니다. 일수벌금제의 도입에 찬성하며,[35] 질서위반행위규제법이 있으니 과료도 형의 종류에서 삭제하면 된다고 생각합니다.

⑤ 몰수에 대한 형법규정은 개정안의 내용에 따라 개정할 필요가 있다고 생각합니다.

2 맺으며

70년이라는 오랜 기간 동안 한국형법은 몇 번의 부분적인 수정만 거쳤을 뿐 기본적인 골격과 내용은 변함없이 그대로입니다. 시대의 변화를 반영하는 각론 부분에서의 개정은 많았지만, 총칙 부분의 개정은 적었고, 범죄론 부분의 개정은 거의 없었습니다.[36] 사회에서는 인류역사상 전무후무한 빠르고 광범위한 변화가 있

33) 그에 대하여 최준혁, "스위스 신형법의 형사제재", 형사정책 제21권 제3호(2009), 104면. 최근의 경향에 대해서는 Singelnstein/Kunz, aaO, 19/64.

34) 최준혁, "벌금형의 합리적 산정가능성", 형사정책 제26권 제3호(2013), 22면 이하.

35) 최근 독일형법 제43조가 벌금형 2일수를 자유형 1일로 대체하는 것으로 개정되어 2024년 2월 1일부터 시행됩니다. 최준혁, "독일 법무부의 형사정책 –최근의 형법 및 형사소송법의 개정을 중심으로–", 90면.

36) 2018년의 형법 제10조 제2항 개정에 대하여는 최준혁, "형법 제10조 제2항의 해석론", 형사정책 제30권 제3호(2018), 107–144면. 2020년 개정의 '용어순화'로 인한 형법 제33조의 문언의 변화와 해석론에 대하여 김성돈, 형법총론(8판), SKKUP, 2022, 737면.

었음에도 형법 분야에서는 형사특별법의 양산에 의한 과잉범죄화와 과잉형벌화가 팽배하였고 급기야는 유기자유형의 상한을 30년, 50년으로 높이는 형법개정까지 이르는 등 퇴보하는 모습이 보였습니다.

우리는 '보다 나은 형법'을 지향하여야 하며, 그를 위한 방향인 보충성과 인도주의의 강화, 책임원칙의 철저화, 보안(예방)적 형사정책의 강화[37] 중 어느 하나도 포기할 수는 없다고 생각합니다. 형법개정을 위하여 한국과 일본의 학자들은 상대의 논의를 참고할 필요가 있는데, 얼마 전 형사정책학회에서는 성범죄 개정을 위한 일본의 준비과정[38]에 관하여 이정민 교수님이 소개해 주신 내용에 많은 참석자들이 공감하였음을 그 좋은 예로 말씀드리고 싶습니다.

경청해 주셔서 대단히 감사합니다.

---

37) 김성돈, "형법총칙 개정안의 형벌제도와 형사정책적 방향", 성균관법학 제23권 제3호(2011), 264면. 유럽 10개국의 형법학자 14명이 모인 European Criminal Policy Initiative는 2009년 말 "유럽형사정책을 위한 선언"을 발표하였는데, 이 선언은 비례원칙, 책임주의, 죄형법정주의, 보충성원칙, 정합성원칙을 강조한바 있습니다. Saliger, Das "Manifest zur Europäischen Kriminalpolitik" – Eine Antwort auf die (selten gestellte) Frage nach einer vernünftigen Kriminalpolitik der Europäischen Union, ZRP 2010, 138.

38) 이정민, "일본 법무성의 형사입법 정책 –일본 「법제심의회 형사법(성범죄)부회(部会)」 검토를 중심으로–", 형사정책 제35권 제3호(2023), 117–146면.

추록

독립몰수에 관한 최근 대법원 판결[39)]

대법원은 "형법 제49조 단서는 '행위자에게 유죄의 재판을 아니할 때에도 몰수의 요건이 있는 때에는 몰수만을 선고할 수 있다.'라고 규정하고 있으나, 우리 법제상 공소의 제기 없이 별도로 몰수만을 선고할 수 있는 제도가 마련되어 있지 않으므로, 위 규정에 근거하여 몰수를 선고하기 위해서는 몰수의 요건이 공소가 제기된 공소사실과 관련되어 있어야 하고, 공소가 제기되지 않은 별개의 범죄사실을 법원이 인정하여 그에 관하여 몰수나 추징을 선고하는 것은 불고불리의 원칙에 위반되어 허용되지 않는다."고 판결하여 형법 제49조의 명문에도 불구하고 독립몰수를 인정하지 않는다. 이러한 법리는 대법원에 의하면 범죄수익규제법의 몰수·추징에도 적용된다.

이러한 입장이 보이스피싱범죄와 관련하여 어떠한 의미를 갖는지는 대법원 2022. 11. 17. 선고 2022도8662 판결이 잘 보여준다.[40)] 이 사건의 피고인 갑은 보이스피싱 조직의 중간 현금전달책이며, 보이스피싱 조직원 A는 금융감독원 직원임을 사칭하면서 피해자 K를 기망하여 2억원을 B 명의 계좌로 송금하게 하였다. B는 2억원을 인출한 후 4백만원을 수고비조로 제외한 후 1억 9,600만원을 갑에게 전달하였다. 갑은 가지고 있던 현금 가운데 4백만원을 보태어 2억원을 만든 후 이를 수금책 C에게 전달하였다. 이후 갑은 수사기관에 체포되었고, 소지하고 있던 현금이 압수되었는데, 압수된 현금은 보이스피싱 범죄의 다른 불상(不詳)의 피해자 L, M, N 등으로부터 편취한 돈 1억 3,630만원이다.

검사는 갑을 피해자 K에 대한 단순사기죄로 기소하였다. 제1심법원과 항소법원은 압수된 현금이 부패재산몰수법상의 범죄피해재산에 해당한다고 판단하고,

---

39) 이 내용은 최준혁, "범죄수익, 기소 안 되면 범죄자 돈? 몰수제 불합리 개선해야: 범죄수익 독립몰수제 도입의 필요성과 그 법적 쟁점", 월간 법무사 제693호(2025. 3.), 30면 이하의 요약임.

40) 이 판결에 대한 상세한 설명으로 신동운, "형법 제49조 단서의 독립몰수에 대하여", 학술원논문집(인문·사회과학편) 제62집 2호(2023), 209-249면.

압수된 현금을 몰수하였다. 그에 대한 논리는, 갑은 K에 대한 사기범행 공소사실로 기소되어 있고 L, M, N 등에 대해서는 공소가 제기되어 있지 아니하여 이 부분에 대해서는 갑에게 유죄의 재판을 할 수 없으나 피고인에게 '유죄의 재판을 하지 아니하는 때'에도 몰수할 수 있다는 형법 제49조 단서에 따라 압수된 피해금품은 몰수할 수 있고, 몰수된 피해금품은 부패재산몰수법에 따라 피해자들에게 환부되어야 한다는 것이다.

그러나 대상판결에서 대법원은 독립몰수에 관한 기존의 판례를 반복하였다. 대법원의 취지는 불고불리(不告不理)의 원칙은 형사소송법의 대원칙이고 L, M, N 등에 대한 사기범행에 대해 검사의 공소제기가 없어 L, M, N 등에 대한 사기범행에 대해서 '유죄의 재판' 여부를 논할 수 없으므로, 이 부분은 형법 제49조 단서의 독립몰수 적용대상에 해당하지 않으니 수사기관이 압수해 둔 현금 1억 3,630만원은 피해자들이 아니라 보이스피싱 사기범 갑에게 환부되어야 한다는 것이다. 이러한 결론은 일반 상식에 부합하지 않는 것으로 매우 불합리하다고 보이나 현행법의 해석론으로는 부득이하다. 그렇다면 입법으로 해결해야 한다.

제8장

구금형의 신설[1)]

나카무라 유토(中村悠人) | 간세이가쿠인대학(関西学院大学) 사법연구과 교수
번역: 김혁 | 국립부경대학교 법학과 부교수

I 구금형의 창설과 형벌 내용

일본에서는 2021년 법률 제67호(2022년 6월 17일)에 의한 「형법 등의 일부 개정」에 의해 징역형과 금고형이 폐지되고 구금형이 창설되었다. 개정된 형법 제12조에 따르면 제1항은 “구금형은 무기 및 유기로 하고 유기구금형은 1개월 이상 20년 이하로 한다.”고 되어 있고, 제2항은 “구금형은 형사시설에 구치한다.”고 규정하고 있으며, 3항은 “구금형에 처해진 자에게는 개선갱생을 도모하기 위하여 필요한 작업을 하게 하거나 필요한 지도를 할 수 있다.”고 되어 있다. 개정 전 징역형과 금고형에서는 구 제12조 제2항이 “징역은 형사시설에 구치하여 소정의 작업을 하게 한다.”고 규정하고 있었고, 구 제13조 제2항이 “금고는 형사시설에 구치한다.”고 규정하고 있었다. 개정 후 형법 제12조는 전술한 규정이 되었고, 동법 제13조는 삭제되었다.

---

1) 본고는 2023년 11월 3일에 개최된 제4회 한 · 일형사법연구회 합동학술세미나에서 보고한 내용에 「보충」을 더한 것이다. 본고는 한 · 일 형사법상의 논의의 소재로서 보고한 것이며, 그것 이전에(2022년 법률 제67호 성립 이전에) 필자가 발간한 논문과 중복되는 부분이 많다. 또한, 이 보고 이후에도 이미 논문을 집필 · 발간하고 있다(中村悠人「拘禁刑」法学セミナー831号(2024年)111頁 이하, 中村悠人「拘禁刑について一刑罰と処遇の関係を考える」甘利航司編『刑事政策へのいざない』(日本評論社, 2025年7月 발간 예정). 그래서 논문으로 다

형사시설 구치가 구금형의 형벌 내용을 구성하는 데에는 다툼이 없다. 징역형의 경우 형사시설 구치뿐 아니라 그곳에서 소정의 작업을 하도록 하는 것도 형벌의 내용으로 여겨져 왔다. 그러나 다른 한편으로 작업은 처우로서의 성격도 부여되어 있다. 개정 전「형사수용시설 및 피수용자 등의 처우에 관한 법률」(이하 형사수용시설처우법) 제84조 제1항[1]에서는 작업도 교정처우로 규정되어 있어, 징역형에 있어서 작업은 형벌 내용이면서 교정처우라는 복잡한 규정으로 되어 있었다.[2] 또한 금고형의 경우에도 수형자는 자원하여 작업을 실시할 수 있었다(청원 작업).[3]

2021년 법률 제67호에 따라 형사수용시설처우법도 개정되었다. 이에 따라 동법 제92조는 삭제되고 동법 제93조는 개정되었다.[4] 개정 후 동법 제93조는 "형사시설의 장은 수형자에 대하여 그 개선갱생 및 원활한 사회복귀를 도모하기 위하여 필요하다고 인정되는 경우에는 작업을 하게 한다. 다만, 작업을 실시하게 하는 것이 상당하지 아니하다고 인정하는 때에는 그러하지 아니하다."라고 규정하고 있다. 한편, 동법 제103조, 제104조(개선지도 교과지도에 관한 규정)는 개정되지 않았다. 또 지도 실시의 주체도 형사시설의 장 그대로이며 변경되지 않았다.

이러한 규정 때문에 개정 후 형법 제12조 제3항이 특히 문제가 된다. 거기서 필요한 작업이나 지도는 형벌 내용으로 구성되어 있는가, 아니면 본래는 처우법 내지 행형법에서 써야 하는 내용을 형법전에 주의 규정적으로 규정하고 있는 것인가 하는 문제가 발생하고 있다. 징역형에 있어서 작업 수행은 '형벌의 내용'이었다. 그

시 쓰는 것도 고려했지만, 2,000자 이내의 가필수정이라는 제한도 있어, 그것을 이루지 못했다. 그 때문에 본고의 논문으로서의 신규성은 일부 서술을 제외하면 별로 없다.

1) 개정 전 제84조 제1항은 "수형자에게는 교정처우로서 제92조 또는 93조에서 규정하는 작업을 실시하게 하고, 제103조 및 제104조에서 규정하는 지도를 실시한다."고 규정하고 있으며, 개정 후 제84조 제1항 "수형자에게는 교정처우로서 제93조에서 규정하는 작업을 실시하게 하고, 제103조 및 제104조에서 규정하는 지도를 실시한다."고 규정하고 있다.

2) 林眞琴ほか『逐条解説刑事収容施設法〔改訂版〕』(有斐閣､2013年)455頁。

3) 개정 전 형사수용시설처우법 93조, 「형사시설 및 피수용자 처우에 관한 규칙」 제56조 참조.

4) 구 제92조 "징역수형자로 하여금 하게 하는 작업은 징역수형자별로 형사시설의 장이 지정한다." 구 제93조 "형사시설의 장은 금고수형자 또는 구류수형자가 형사시설의 장이 지정하는 작업을 하고자 하는 취지의 신청을 한 경우에는 법무성령으로 정하는 바에 따라 그 작업을 하는 것을 허락할 수 있다."

때문에 이른바 교정지도일에 이루어지는 작업 외 교정지도에는 시간적 제약이 있었다. 따라서 형벌로서의 작업 수행에 어려움이 발생하는 경우나 작업 수행보다 다른 교정처우를 실시하는 것이 필요하고 유효한 경우에는 큰 장애가 되었다.

구금형 개정 전 논의에서는 2016년 12월 '청년에 대한 형사법제의 기본방향에 관한 스터디 그룹'의 정리 보고서가 다음과 같은 지적을 하였다. 즉, '젊은 수형자의 개선갱생을 도모하기 위해서는 예를 들어 학력 부족으로 사회생활에 지장이 있는 자에 대해서는 교과지도에 중점을 둔 교정처우를 실시하는 등 각 젊은 수형자의 특성에 따른 교정처우를 실시하는 것이 중요하다.' '그렇지만 현행법의 자유형 중 징역형에 대해서는 작업이 형의 내용으로 되어 있는 바, 작업은 수형자의 개선갱생에 중요한 역할을 하고 있지만 수형자의 특성을 고려할 때 다른 교정처우가 적합한 경우에도 일정한 시간을 작업에 할애하여야 한다'고 하여, '수형자의 특성에 따라 형기의 대부분을 작업 이외의 개선 지도나 교과 지도에 충당하는 등 보다 개인의 특성에 따른 교정처우를 실시하는 것에는 한계가 있다.'고 지적하였다.[5)]

이러한 지적에서는 구금형에서는 작업이 형벌 내용에서 제외된다고 보는 것이 합리적이겠지만, 법제심의회 소년법 형사법 부회에서의 논의는 이와 다른 의견이 나왔다. 거기에서는 '징역 및 금고를 단일화'와 '신자유형'의 제안이 이루어지고, '신자유형은 형사시설에 구치하여 작업을 실시하게 하는 것 및 기타 교정에 필요한 처우를 실시하는 것으로 한다.'고 하였다. 예를 들면, '형벌은 법적인 비난으로, 범죄에 대한 부정적 평가를 본인 및 사회에 대해 명시한 후, 그 범위에서 범죄자의 개선 갱생, 사회 복귀를 도모하는 것에 본질을 가지고 있다고 생각해야 한다'며, '교정에 필요한 처우도 형벌로서의 부정적 평가의 범위 내에서, 동시에 본인의 뜻에 반하여 의무화한 후 개선 갱생을 도모하는 것이므로, 그것은 법적 비난의 한 내용, 즉 형벌의 내용으로서 당연히 정당화할 수 있다'라는 논의가 있었다. 그리고 '개선갱생은 물론 본인의 자발적인 의사가 없으면 충분히 실현할 수 없지만, 이것은 수형자의 권리로서 개선갱생 여부를 자유롭게 결정할 기회를 보장하는 것은 아

---

5) 청년에 대한 형사법제의 본연의 자세에 관한 스터디 그룹 「청소년에 대한 형사법제의 본연의 자세에 관한 스터디 그룹」정리 보고서」(2016년 12월) http://www.moj.go.jp/content/001210544.pdf

니라고 생각한다. 개선갱생·재범 예방이라는 것은 물론 수형자 본인의 장점이 되지만, 그것만을 목적으로 하는 것은 아니고 궁극적으로는 재범의 위험을 감소시키고 범죄의 발생을 방지한다는 의미에서 사회 전체의 메리트를 실현하기 위한 처분이며, 그 이익이 간접적으로는 수형자에게도 미친다고 정리할 수 있다고 생각한다. 이러한 의미에서도, 확실히 본인의 자발적인 노력이 필요하다고는 생각하지만, 그것을 처우의 전제로서 보아서는 안 되며, 작업과 마찬가지로 형벌의 내용으로서 의무이행의 대상으로 하여야 한다.'라는 주장이 있었다.[6]

이처럼 형사시설에의 구치뿐 아니라 작업과 교정처우를 형벌의 내용으로 이해하자는 주장이 제기되었다. 다만, 국회 심의 과정 중의 부회 위원의 발언에 대한 정부 참고인의 답변에서는 작업이나 지도(교정처우)가 구금형의 형벌 내용이라고는 명언하지 않았다.[7] 사정이 이렇다 보니 작업이나 교정처우가 형벌의 내용인지는 불분명한 상황이다. 따라서 본고(본 보고)에서는 작업이나 교정처우를 형벌 내용에 포함시킨다는 해석의 문제점을 지적하고, 논의를 위한 소재를 제공하고자 한다.[8]

---

6) 부회 제10차 회의록(2018년 10월 11일). http://www.moj.go.jp/content/001274909.pdf, 8면 이하.

7) 제208회 국회 참의원 법무위원회 제17호 2021년6월10일(https://kokkai.ndl.go.jp/simple/detail?minId=120815206X01720220610)에서는 "그동안 정부 참고인 답변에서는 이 작업이나 지도가 구금형이라는 형벌의 내용으로 부과되는지에 대해서는 명확하게 밝히지 않았습니다. 그래서 아까 답변드린 것 같은데, 요컨대 확인으로는 형벌의 내용으로 부과되는지 여부를 떠나 새로운 형법 제12조 제3항에 따라 부과된 작업을 수행하고 지도를 받는 것은 수형자의 의무라고 이런 점에서 조금 전에 답변드린 것으로 알고 있으므로 이것만 확인하겠습니다."라는 질문에 대해 정부 참고인은 "이번 법 개정에서는 더욱 개선 갱생, 재범 방지를 도모하는 차원에서 징역 및 금고를 폐지하고 이들을 대신하여 구금형을 창설하기로 하고, 형법 제12조 제3항에서 구금형을 창설하기로 하고 형법 제12조 제3항에서, 동항에 따라 수형자에게 작업을 하게 하거나 지도를 하게 된 경우 형법상 해당 수형자에게는 작업을 하거나 지도를 받을 의무가 있다고 생각하고 있습니다."라고 답변하였다.

8) 자유형 단일화론 전개나 처우 강제 문제, 특별 예방 문제에 대해서는, 졸고, 「行刑·処遇における矯正と強制」犯罪と刑罰27号(2018年)1頁 이하, 同「自由刑単一化論と処遇」刑事立法研究会社会内処遇班編『「司法と福祉の連携」の展開と課題』(現代人文社、2018年)33頁 이하, 同「刑罰論と自由刑の単一化」佐伯仁志ほか編『刑事法の理論と実務①』(2019年、成文堂)219頁以下를 참조.

Ⅱ 형벌론과 처우론의 관계

처우를 생각하는 데 있어서 두 가지 점의 검토가 필요하다. 즉 형벌론과 처우론의 관계와 처우 개념이다. 후자는 처우의 의무화 문제로 연결된다.

먼저 전자를 살펴보자. 지금까지의 논의에서는 형벌론과 처우론이 서로 관계되어 분리될 수 있는 것이 아니라고 이해되어 왔다.[9] 예를 들어 형벌에 의해 범죄행위자의 장래의 범죄를 막는다는 특별예방론은 형벌의 정당화 근거를 범죄행위자의 장래 범죄 방지라는 목적에서 찾고, 그것이 달성됨으로써 형벌(여기서는 개별 형벌권이라고 할 것인가)은 정당화된다. 따라서 형벌 자체에 장래 범죄의 예방이라는 성질이 부여되어야 하며, 형벌의 종류도 그 성질을 가지는 것이어야 한다. 이에 따라 구금형은 형벌 내용으로서 시설에 구치할 뿐만 아니라, 작업과 지도도 이루어진다. 작업이나 지도라는 처우가 형벌의 내용으로 자리잡게 된다. 형벌의 내용인 이상 당연히 처우는 의무화되는 것이다.

한편 형벌(이라는 제도 혹은 개별 형벌)은 범죄행위자의 장래의 범죄를 방지하는 부차적 효과를 가지고 있더라도 괜찮지만, 그것은 어디까지나 부차적 효과이지 그 자체로서 형벌이 정당화되는 것은 아니라고 생각할 수도 있다. 이 경우 형벌 자체에 장래의 범죄 예방이라는 성질은 (있어도 되지만) 없어도 되고, 형벌의 종류에 있어서도 그러한 성질을 가지지 않아도 된다. 그리고 오히려 그러한 성질을 가져야 하는 것이 처우인 셈이다. 이러한 사고방식에서는 형벌론에서 주체성은 어떻게 생각되는지, 처우에서 수형자의 주체성을 어떻게 인정하는지, 수형자는 행동 통제의 객체인지 등의 이해의 차이로 인해 (교정)처우의 강제성 시비라는 문제가 발생하게 된다.

전술한 법제심의회 부회에서의 의견은 전자의 입장이다. 거기서는 구금형은 징역형보다 내용이 확장된 것으로 이해되고 있다고 할 수 있을 것이다. 그리고 형벌이라는 법적 강제의 본질에 '범죄자의 개선갱생, 사회복귀를 도모하는 것'이 포함되기 위해 형벌의 내용으로서 작업이나 지도도 포함할 수 있다는 것이다. 이러

9) 또한 형벌론과 처우론의 관계를 분리하고 형벌론으로서 특별예방을 긍정하면서 처우의 의무이행을 부정하는 입장도 있을 수 있다. 그러나 형벌이 집행되고 있는 가운데 이루어지는 처우에 대해 어디까지 그 관계를 분리할 수 있는지는 불분명하다.

한 견해에는 강제로 개선갱생, 사회복귀를 해도 좋다는 이해가 전제되어 있다. 또한 개선갱생·재범 예방은 수형자 본인의 이익이 기초가 되는 것이 아니라, 사회 전체의 이점을 실현하기 위한 처분으로 설명되고 있다. 이러한 발상에 가까운 이론을 전개하고 있던 것은 프란츠 폰 리스트(Franz von Liszt)였다.

리스트의 특별예방론은 '개개의 법 위반자에게 그 자의 사회적 결함을 치료함으로써 도움이 된다'는 관점에서 제3자에 대한 영향이 아니라 행위자 자신에 대한 영향으로 그 목적을 달성하고자 한다. 주지하다시피 마르부르크 강령에서는 개선 가능하고 개선이 필요한 범죄자의 개선과 함께 개선이 필요 없는 범죄자의 위협과 개선 불가능한 범죄자의 무해화라는 범죄 근절에 대한 두 가지 추가 전략이 놓여 있었다.[10] '범죄와의 전쟁 수단을 행위자의 형사상 특성에 냉정하게 적응시킴'으로써 사회의 평온에 가장 효과적으로 기여할 수 있을 것이라는 기대가 그 배경에 있었고,[11] 비효율적인 범죄와의 싸움에 대한 비판이 전면에 제기되어 있었다.[12] 즉, 법 위반자의 장래의 위험성에 대해 어떻게 합리적(합목적적)으로 대응을 할 것인가가 중요하였던 것이다.

그러나 특별예방을 리스트식 사고방식으로 철저하게 일관하면 책임원리나 행위원리를 포기하게 된다는 사실은 잘 알려진 바이다. 법 위반자의 장래의 위험성은 범행으로 드러나는 사회적 교란의 중대성이나 이 범행이 유책적으로 행해졌는지 여부에는 근거하지 않는다.[13] 리스트는 "어쩌면 우리의 견해는 심정만을 고려하면 되고, 범행의 발생을 기다릴 필요는 없다고 귀결될 수도 있다. 홈닥터 역시 병이 발생할 때까지 기다리지 않고, 그것을 예방하려고 노력한다."라며 이를 인정했었다.[14] 이 점에서 리스트는 자유를 보장한다는 개별 시민의 이익으로 형벌의 한계를

---

10) *Franz von Liszt*, Der Zweckgedanke im Strafrecht, ZStW 3 (1883), S. 1, 38.

11) *Eberhard Schmidt*, Vergelung, Sühne und Spezialprävention, ZStW 67 (1955), S. 177, 181.

12) *Thomas Vormbaum*, "Politisches" Strafrecht, ZStW 107 (1995), S. 734, 736.

13) *Armin Kaufmann*, Strafrechtsdogmatik zwischen Sein und Wert, 1982, S. 271; *Heiko H. Lesch*, Zur Einführung in das Strafrecht. Über den Sinn und Zweck staatlichen Strafens, JA 1994, S. 594.

14) *Franz von Liszt*, Strafrechtliche Aufsätze und Vorträge. Bd. 2. 1892 bis 1904, 1905, S. 16.

정할 것을 요구하였지만,[15] 누가 예방이 필요할 정도로 위험한지는 불명확하고 시민에게 철저한 감시를 요구하면 자유는 훼손된다는 문제를 해결하지 못하였다.[16]

나아가 장래의 위험성을 근거로 형벌을 부과하고 범행의 유책성과 분리하는 것은 형벌이 가진 범행에 대한 부인·법적 비난이라는 측면을 잃게 한다. 형벌론으로서 특별예방론을 주장하는 이상[17] 형벌 내용의 특징도 특별예방적인 것으로 일관시킬 필요가 있다. 그러나 그렇게 하면(예를 들면 장래의 재범 방지를 목적으로 한 교정처우를 형벌 내용에 포함하면) 행해진 범행에 대한 법적 비난이라는 형벌의 특징이 상실되어 다른 형사 제재(예를 들면 처분)가 되어 버리는 딜레마를 안게 된다.[18] 형벌과 (개선·보안) 처분의 혼효(混淆)는 형벌로서의 의의나 필요성을 없애버려, 처분일원론과의 차이를 상실하게 된다.[19]

한편, 법 위반자의 사회적 결함의 치료라는 점에도 문제가 있다. 개개인이 자신의 질병에 손을 댈지 여부는 원칙적으로 개개인의 자유로운 결정 하에 있기 때문에 본래 치료는 강제될 수 없다. 그렇다면 처우의 강제를 이끌어 내려면 공공의 이익을 끌어내는 수밖에 없다. 예를 들면, 사회의 안전 수준의 개선이라고 하는 이익이다. 그런 의미에서 특별예방론은 공공의 이익을 끌어내는 일반예방론과 통하는 바가 있다. 물론 그러한 이익 자체는 정당하다고 할 수 있을 것이다. 사회의 안전 수준이 확보되어 있지 않은 경우, 각자의 자유를 현실적으로 행사하는 것이 어려워지기 때문이다. 그러나 범죄행위자 자신에게 예방적으로 작용하는 것에 대한

---

15) *Liszt*, a.a.O. (Fn. 14), S. 38.

16) *Wofgang Frisch*, Das Marburger Programm und die Maßregeln der Besserung und Sicherung, ZStW 94 (1982), S. 584; *Helga Müller*, Der Begriff der Generalprävention im 19. Jahrhundert: von P.J.A. Feuerbach bis Franz v. Liszt, 1984, S. 347 참조.

17) 보안처분(개선·보안처분)의 설명에 특별예방론이 적합하지 않다는 것까지를 의미하는 것은 아니다.

18) 따라서 Adolf Merkel, Die Lehrevon Verbrechen und Strafe, 1912, S.214는 특별예방론을 형벌이라는 단어의 '잘못 적용'이라고 비난하였다.

19) 형벌의 이름으로 처분을, 처분의 이름으로 형벌을 행하는 것보다 형벌과 처분의 이원주의를 주장하는 편이 문제가 적다. 물론 이원주의의 전제로서 (개선·보안) 처분의 기초를 마련하고 한계를 세울 수 있는가 하는 어려운 문제가 기다리고 있다.

이익이 그 자 이외의 사람들에게 인정된다는 점을 간과하여서는 안 될 것이다. 이것은 행위자가 미래의 사회적 공동생활에 대해 위험할수록 현저해진다. 범죄행위자의 처벌을 이익론적으로 기초하기 위해 부수적으로 범죄행위자의 이익을 인정하는 경우는 있어도 어디까지나 이익의 향유 주체는 사회가 된다. 그러한 의미에서 이러한 기초적 접근은 범죄행위자와 사회 일반인 간의 커뮤니케이션적 동등성(die kommunikative Gleichheit)을 인정하지 않는다는 귀결에 이른다.[20] 이는 곧 범죄행위자를 사회구성원(사회복귀하여 다시 사회생활을 협동해 나가는 주체)으로 간주하지 않는다는 것이다.

Ⅲ 처우개념

종래, 수형자 처우에 있어, 「처우」는 크게 3가지 개념과 그러한 개념의 이행으로 설명되어 왔다. ① 구금조건을 포함한 넓은 의미에서의 '취급', ② 피구금자의 사회복귀를 위한 적극적인 '교정', ③ 피구금자가 석방 후 사회관계를 재건하기 위한 동의에 기초한 '편의공여'가 바로 그것이다.[21]

우선 ① 구금조건을 포함한 넓은 의미에서의 '취급'의 의미로서 처우를 이용하는 경우, 이는 광의에서 시설에서의 생활규율, 형무(교도)작업, 학교교육, 레크레이션 등 수형자에 대해 시설측에서 압력을 가하는 모든 조치 혹은 취급을 의미한다. 이러한 처우의 개념은 매우 불명확하며, 현실적으로는 보안과 연계됨으로써 수형자의 사회복귀를 위한 처우를 질서유지 혹은 관리운영의 하위에 두거나 시설의 규율을 문란하게 하는 것으로 대립적으로 파악하게 된다. 그리고 수형자는 취급받는 객체일 뿐 주체성은 충분히 보장되지 않는다.

1970년대 옛 감옥법 개정 작업에 있어서는 이와 같은 관리행형에서 처우행형으로 전환하자는 것이 주된 구호였다. 즉, ② 피구금자의 사회 복귀를 위한 적극적

20) *Michael Pawlik*, Person Subjekt, Bürger. Zur Legitimation von Strafe, 2004, S. 거기서부터, 파브릭은, 행위자는 누리고 있지 않지만, 행위자의 법 동료는 그 이익을 누린다고 지적하고 있다.

21) 土井政和「社会復帰のための行刑」菊田幸一·海渡雄一編『刑務所改革』(日本評論社、2005年)70頁 이하.

인 「교정」으로서의 처우 개념을 활용하였다. 여기서는 수형자의 위험성을 제거하기 위한 치료 혹은 사회화로서의 처우, 인격개조를 통한 재범방지 및 사회방위가 강조되었다. 처우를 교정으로 보는 견해는 예전에는 개선형의 사상과 결부되어 있었지만, 범죄행위자의 처우로 일반화된 것은 제2차 세계대전 후 유엔의 범죄예방과 범죄자 처우회의의 영향도 있었기 때문으로 보인다.[22] 세계대전 중 군대에서 개발된 치료팀 접근법과 정신의학의 발전에 따라 출현한 과학적 사회복귀사상이 치료모델로 주장되게 되었다.[23] 이 치료모델에서는 인격상 결함을 치료하기 위한 의학적 또는 준의학적 틀 안에서 인식되는 행동변용기술이 발전하였고, 범죄행위자를 처우하기 위하여 적절한 방법을 제공한다는 의미에서 사회복귀가 사용되었다.[24] 그 후 직업훈련이나 교육을 포함한 기타 많은 자구 프로그램이 사회복귀의 특질을 갖게 되었다.[25] 일본에서도 사회복귀라고 하면, 모든 처우 이념의 총칭으로 이해되는 경우가 있다.[26]

그러나 1970년대 중반부터 처우효과에 대한 회의,[27] 처우교정에 의한 권침해의 위험성이 지적되면서 미국에서는 그것이 치료모델에서 공정모델로의 이념전환을 가져왔다. 또한 처우 자체를 부정하는 견해도 등장하였다. 1980년대 후반 이후에는 수형자의 인격변용을 지향하는 처우[28]에서 개인적인 문제 해결, 교과교육,

---

22) 石原明「受刑者の法的地位考察の方法論——将来の行刑のために——」刑法雑誌21巻1号(1976年)1頁 이하、吉岡一男『刑事制度の基本理念を求めて』(成文堂、1984年)51頁。さらにJ. Irwin, *Prison in Turmoil*, 1980, p. 37 참조.

23) 치료모델에 관해서는,F. Allen, "Criminal Justice, Legal Values and the Rehabilitative Ideal", 50 *The Journal of Criminal Law, Criminology and Police Science*, 1959, p. 226 참조.

24) 福田雅章『日本の社会文化構造と人権』(明石書店、2002年)143頁。

25) L. Wilkins, "Putting 'Treatment' on Trial", in N. Johnston & L. D. Savitz (Eds.), *Justice And Corrections*, 1978, p. 670; D. F. Fogel, "Justice, Not Therapy: A New Mission for Corrections", 62 *Judicature*, 1979, p. 373.

26) 澤登俊雄『新社会防衛論の展開』(大成出版社、1986年)188頁 이하 참조.

27) R. Martinson, "What Works? Questions and Answers About Prison Reform", *The Public Interest*, Spring 1974, p. 25. 또한 매틴슨은 나중에 사회복귀를 위한 시도는 거의 효과가 없다는 귀결을 철회하였다(R. Martinson, "New Findings, New Views; a Note of Caution Regarding Sentencing Reform", 7 *Hofstra Law Review*, 1979, p. 252 참조).

28) V. O'Leary and D. Duffe, "Correctional Policy. A Classification of Goals Designed for

직업훈련 등 석방 후 직면한 다양한 어려움을 극복하기 위한 능력 함양을 위한 처우로 비중이 옮겨간다. 1970년대에 전개된 것과 같은 처우 자체의 부정이 아니라 사회복귀 혹은 사회생활 재건을 위한 원조로 그 내용이 바뀌게 되었다.[29] 즉 처우의 개념을 ③ 피구금자가 석방 후 사회관계를 재건하기 위하여 동의에 기초한 '편의 공여'로 파악하게 된다.[30]

일본에서는 구감옥법 하에서의 행형누진처우령에 따라 처우를 유지하여 왔다고는 하나, 그것은 개과천선의 수단인 엄격한 규율과 보안 강화에 의한 것으로 알려져 '수형자의 공리적 타산을 촉진하고 위선과 아첨을 장려한다'는 지적이 있었다.[31] 전후 개혁에 의해 통첩이나 훈령이 제정되었는데,[32] 그 실태로서는 담당자와 정서적 신뢰관계를 형성하는 것을 기축으로 정신적 감화를 도모한다는 의미의 처우로 이해되었다.[33] 이러한 처우 하에서 개선이나 교정이 거론되면 '권리제한을 합리화하는 구금의 목적 내에 범죄자의 개선교정 처우가 도입됨에 따라 본래는 자유로워야 할 독서의 범위나 서신의 상대방 등을 제한하기 위한 논거로서 이러한 처우의 필요성이 제기'되거나 '자유형으로서 박탈당할 권리

Charge", 17 *Crime and Delinquency*, 1971, 378-383 에 따르면 인격의 변용과 치료와는 개선 모델과 사회복귀 모델로서 구별을 할 수 있게 된다. 전자는 범죄행위자 개인에 대한 관심이 낮지만 사회에 대한 관심이 높다. 처우의 목표를 '법을 준수하고 법에 적합한 시민이 되도록 범죄자의 행동을 변용시키고 소형시키는 것'으로 파악하여 엄격하고 규율 있는 일과와 작업 강제를 부과하고 위반행위에 대해 처벌을 부과하며 복종시킴으로써 달성된다. 후자는 범죄행위자 개인에 대한 관심이 높지만 사회에 대한 관심이 낮다. 처우의 목표를 '수형자가 스스로를 이해하고 자기 행동에 대한 내성을 획득하게 하는 것'으로 정하고 그 달성을 위해 치료로서의 원조적인 관리와 징벌이 제공된다.

29) 土井政和「一貫した社会的援助」刑政108巻4号(1997年)54頁 이하.

30) 土井政和「犯罪者援助と社会復帰行刑(1)」九大法学47号(1984年)64頁 이하. 더욱이、正木祐史「社会的援助の理論と課題」刑事立法研究会編『21世紀の刑事施設――グロ_バル・スタンダ_ドと市民参加』(日本評論社、2003年)114頁 이하 참조.

31) 小野清一郎·朝倉京一『改定監獄法ポケット註釈全書(8)』(有斐閣、1970年)489頁。

32) 1946년(쇼와 21년)의 감옥법의 기본방침에 관한 건(사법차관통첩)이나 동년 10월의 사법국장통첩, 1957년(쇼와 32년) 작업부과의 기본방침에 대해서(교정국장통첩) 등을 참조.

33) 本庄武「日本における受刑者処遇理念の変遷と今後の展望」龍谷大学矯正·保護研究センタ_研究年報6号(2009年)32頁 이하 및 39頁。

를 일단 크게 설정한 다음, 전술한 처우의 필요성이 권리의 범위를 넓히는 이론 구성'으로 될 수밖에 없다.[34)]

Ⅳ 자유형 순화론, 특히 작업의 점에서

과거 요시오카 가즈오(吉岡一男)는 형무작업의 의의와 목적을 5가지로 나누어 정리하였다. 즉, ① 수형자의 노동력 이용, ② 형벌적 해악 보완, ③ 규율 질서 유지기능, ④ 개선·교정·사회복귀, ⑤ 근로의 권리와 의무 실현이 바로 그것이다.[35)] 법제심의회의 논의에서는 ④에 중점을 두고 있지만, 일반노동과의 동등화를 도모할 중요성을 살펴볼 필요가 있다. 요시오카는 수형자에 의한 노동을 '국가형벌권(내지 협의의 형사정책)의 테두리 안'에서 논하는 것이 아니라 '본질적으로는 국가형벌권으로서도 개입할 수 없는 것'으로 설정하는 데 그 의의가 있다며 ⑤를 강조하였는데, 이를 위해서는 형무작업은 자유형의 집행방법 그 자체로부터 분리[36)]할 필요가 있다. 그러면서 형사시설 구금을 신병 구금에 그치는, 즉 시설당국의 실력지배 또는 관리에서 탈피하여 사회 내에서 물리적으로 활동할 자유의 제한 또는 박에 그치는 것으로 이해하는 자유형 순화론[37)]을 주장하였다.[38)]

---

34) 吉岡一男『刑事制度論の展開』(成文堂、1997年)242頁。

35) 吉岡一男『自由刑論の新展開』(成文堂、1997年)157頁 이하。

36) 吉岡一男『刑事制度の基本理念を求めて』(成文堂、1984年)42頁。

37) 초기 자유형 순화론은 독일에서 플로인덴탈에 의해 '죄수의 지위론'으로 논의되었으나(*Berthold Freudenthal*, Die rechtliche Stellung des Gefangenen, in: Erwin Bumke, Deutsches Gefängniswesen. Ein Handbuch, 1928, S. 141 ff.) 반드시 작업을 자유형에서 제거하는 것은 아니었다(*ders.*, Der Strafvollzug als Rechtsverhältnis des öffentlichen Rechts, ZStW 32 (1911), S. 222 ff.). 일본에서도 마사키 료가 특별예방의 효과를 가져오는 개선교육형 추구를 바탕으로(正木亮『新監獄学』(一粒社、1968年)7頁以下), 교육의 기반으로 자유형의 순화를 요청하고 있었다(141頁). 이 점은、拙稿「行刑·処遇における矯正と強制」犯罪と刑罰27号(2018年)6頁 이하 참조. 또한 수형자의 법적 지위와의 관계에서는, 本庄武「受刑者の法的地位と自由刑の改革」本庄武·武内謙治編著『刑罰制度改革の前に考えておくべきこと』(日本評論社、2017年)83頁 이하 참조.

38) 吉岡一男『刑事制度の基本理念を求めて』(成文堂、1984年)50頁 이하.

자유형 순화론에서는 자유형의 순화는 자유형의 본질로서의 비난이 어느 정도까지 수형자의 인권을 제한·박탈할 수 있는지를 원리적으로 묘사하는 원칙이며, 그 본질은 신병의 구금이라는 제한을 제외하면 원칙적으로 수형자는 일반 시민과 동등한 권리를 향유하는 주체임을 밝히는 데 있다고 한다.[39] 그리고 자유형의 본질이 신병의 구금으로서 순화되면 수형자는 시설 밖에서 스스로 활동할 자유를 빼앗기는 데 그치고, 그 이외의 자유·권리에 대해서는 자유형의 집행 형성에 불가결한 시설공동생활의 유지로부터 요청되는 필요 최소한도의 예외적 제한을 제외하고는 원칙적으로 일반 시민과 똑같이 그것들을 누릴 수 있게 된다고 주장한다.[40]

그 중에서도 요시오카는 개선교정과 같은 처우이념을 행형에 포함시키는 것이나 형벌을 재범 방지책으로서 파악하는 것에 의문을 제기하였다. 즉 자유형에서 목적형의 요소를 배제하고, 수형자의 개인적 문제를 해결하는 방안은 그 자에 대한 원조활동이어야 하며, 이는 행형 본연의 작용과 분리하여 일반복지를 통해 실시하여야 한다고 주장하였다.[41] 작업은 구금기간을 이용한 독려의 하나에 지나지 않으며, 행위자의 사회복귀 역시 자유형의 효과라기보다는 자유구속기간을 이용한 수형자의 능력개발 내지 유지작용에 지나지 않는 것으로 본다.[42] 사회복귀작용은 '어디까지나 자유형 특유의 문제로서 형벌로서의 구금을 전제로 한 다음, 그 유해성을 가능한 한 적게 하기 위한 노력, 혹은 그 구금기간을 이용한 수형자의 능력향상 활동'이며, '노력목표'라고 할 수 있다.[43]

이 점은 사회권 규약(「경제적, 사회적 및 문화적 권리에 관한 국제 규약」) 제6조 제1항과의 관계에서도 문제가 된다. 이 조항은 '이 규약의 체약국에게 노동의 권리를 인정하고 이 권리를 보장하기 위한 적당한 조치를 취하도록 하고 있다. 그러한 권

39) 福田雅章『日本の社会文化構造と人権』(明石書店、2002年)197頁。

40) 福田雅章『日本の社会文化構造と人権』(明石書店、2002年)197頁。

41) 吉岡一男『刑事制度の基本理念を求めて』(成文堂、1984年)46頁 이하. 범죄문제의 해결은 궁극적으로는 형벌제도와는 별개의 관점에서 이루어져야 하며, 범죄자 자신의 문제해결은 일반적인 사회복지활동 속에서 이루어지게 된다(吉岡一男『自由刑論の新展開』(成文堂、1997年)75頁 이하 참조).

42) 吉岡一男『刑事制度の基本理念を求めて』(成文堂、1984年)194頁。

43) 吉岡一男『刑事制度の基本理念を求めて』(成文堂、1984年)117頁 이하.

리에는 모든 사람이 자유롭게 선택하거나 승낙하는 노동에 의하여 생계를 유지할 기회를 얻을 권리를 포함한다.'고 되어 있다. 이 점에서 2013년 5월 17일 사회권규약위원회는 일본에 대하여 "위원회는 체약국의 형법전이 본 규약의 강제노동 금지를 위반하여 형의 하나로 형무작업을 수반하는 징역을 규정하고 있음에 우려를 표한다(제6조)"고 하였다.[44)]

이 문제의 배경에는 개선갱생이나 재범 방지를 형벌의 목적으로 삼는 점이 있다. 리스트의 특별예방이 갖는 문제성을 밝힌 바와 같이 형벌이라는 법적 강제에 의해 개선갱생을 실시하는 것은 범죄행위자의 인격변용으로 이어지고, 또한 장래에 눈을 돌려 범죄행위자의 위험성을 근거로 한다는 점에서 형벌과 처분의 혼효가 발생하고, 나아가 사회의 이익으로부터 근거를 찾는 경우 범죄행위자를 동등한 사회의 구성원으로 간주하지 않게 되는 문제가 발생한다. 인격의 변용을 목표로 한 노동에서 수형자의 주체성이 등한시되는 경우에 강제노동이 되지 않는다고 말할 수 있을지에는 의문이 남는다.[45)]

더욱이 작업이 형벌의 내용일 경우 작업의 유익성보다 작업의 확보가 우선시된다. 그 결과 형무소(교도소) 당국도 구속하게 되어 각종 프로그램과 테라피 등을 실시할 시간적 여유를 빼앗기게 된다. 근로의 정신을 함양하는 생활지도라 하더라도 노동대가를 얻을 수 있는 기쁨의 보장이 더 중요하고, 그렇다면 작업을 일반 노동으로 변환해 나가는 것이 더 나을 것이다. 또 시설 내에서의 무위한 생활을 피하기 위해 필요하다는 지적도 있을 수 있지만, 그 방법은 작업 강제 밖에 없는 것은 아니다.[46)] 오히려 현행 작업은 수형자의 커뮤니케이션을 최소화하도록 하고 있기 때문에 의사소통 능력을 저하시킨다는 문제가 있다.

---

44) 일본 정부에 의한 규약 제16조 및 제17조에 근거한 제3차 정부 보고에 관한 사회권 규약위원회의 최종 견해(http://www.mofa.go.jp/mofaj/gaiko/kiyaku/pdfs/kenkai_130517_en.pdf)의 제14를 참조.

45) 강제노동을 부정하기 위해서는 형무작업은 일반 국민의 노동과 동일한 것으로 전환하는 것도 필요할 것이다. 자유형 집행에 있어서 노동의 의무와 징역의 차이에 대해서는 浜井浩一「懲役刑の廃止と自由刑の一本化の課題」季刊刑事弁護90号(2017年)172頁 이하 참조.

46) 土井政和「自由刑の純化と刑務作業」本庄武·武内謙治編著『刑罰制度改革の前に考えておくべきこと』(日本評論社、2017年)17頁 이하 참조.

이러한 문제를 감안하여,[47] 유럽형사시설규칙 26.1에서는 "노동은 결코 형벌로 이용되어서는 안 된다"고 하고 있고,[48] 유엔피구금자 처우 최저기준규칙(넬슨 만델라 룰스)에서는 규칙 96에서 "신체적 및 정신적 적합성의 판단에 따라 작업 및/또는 사회복귀에 적극적으로 참여할 기회를 갖도록 한다"며 노동기회의 보장을, 규칙 97에서 형무작업에서의 고통부과 금지, 예속·고역 금지를 규정하고 있다.[49]

물론, 이러한 규칙이나 자유권 규약, 유럽 인권 규약과 같은 국제적인 인권 규약을 직접적인 근거로 삼아 수형자에게 형벌로서의 노동을 의무화하는 것을 부정할 수는 없다. 이러한 점에서, 노멀라이제이션(normalization)의 원칙, 함 리덕션(harm reduction)의 원칙, 재통합의 원칙과 같은 정책적 논거에서 일반노동과 형무소에서의 노동을 동등하게 해야 한다는 주장이 이루어지고 있다. 즉, (유럽사회에서) 노동의 임의성에 기초한 사회보장제도에 수형자를 편입시켜야 한다는 노멀라이제이션 원칙에서는 노동을 형벌로부터 분리함으로써 노동의 긍정적 가치를 강화하고 노동이 개별 형무소 체제의 중요한 긍정적 측면이 된다는 것을 인정하게 된다. 그리고 자유박탈의 부정적 효과를 감소시키는 함 리덕션 원칙에서는 수형자의 자율성을 승인하고 가능한 한 많은 선택의 여지를 허용함으로써 부정적 효과를 제한하게 된다. 또한 재통합의 원칙에서는 범죄로부터 벗어날 때(desistance) 노동의 중요성에 관련되지만 석방 후의 생활을 고려하여 수형자에 의해 선택된 노동이 재통합에 있어서 보다 효과적인 수단이 될 수 있다는 실용주의적인 통찰이 도출된다. 이러한 근거로 작업을 형벌 내용에서 제외하는 것에 그치지 않고 형무소에서의 작업의 일반 노동화가 주장되고 있다.[50]

---

47) 국제인권법과의 관계에 관하여, 赤池一将「国際人権法と新監獄法下の受刑者の権利」法律時報83巻3号(2011年)16頁 이하 참조.

48) European Prison Rules(https://rm.coe.int/european-prison-rules-978-92-871-5982-3/16806ab9ae) 참조.

49) The United Nations Standard Minimum Rules for the Treatment of Prisoners (the Nelson Mandela Rules)(http://www.unodc.org/documents/justice-and-prison-reform/GA-RESOLUTION/E_ebook.pdf) 참조.

50) Dirk van Zyl Smit and Sonja Snacken, *Principles of European Prison Law and Policy*,

V 형벌의 목적과 처우·행형의 목적

자유형 순화론은 작업을 비롯한 처우를 형벌의 내용에 포함시키는 것을 부정하고, 자유형을 형사시설의 구치로만 이해한다. 따라서 개정된 형법 제12조 제2항은 형벌의 내용을 정하는 규정이고, 동조 제3항은 형벌의 내용이 아닌 처우의 내용을 나타내는 것으로 해석하게 될 것이다. 이렇게 생각할 경우 적어도 특별예방과 같이 형벌의 성질 자체에 개선·갱생이라는 특징은 포함할 수 없게 된다. 단, 그 경우에도 처우 내지 행형의 목적으로서 특별예방'적'인 발상,[51] 정확하게는 이후의 법공동체에서의 공동생활과 같은 사회복귀가 내걸리는 것은 부정될 수 없을 것이다.

형벌 목적(형벌 고유의 목적)에서 특별예방을 제외할 경우, 왜 처우 내지 행형의 목적으로 사회복귀를 규정할 수 있는지가 문제가 된다. 이 문제의 해결에는 법의 목적, 즉 자율적인 주체에 의한 사회적 공동생활을 영위하는 데 있어서의 목적으로 사회복귀를 자리매김하는 것이 필요하다. 최근 30년 정도 사이에 독일에서 응보형론의 새로운 전개가 이루어졌는데, 이러한 형벌론은 인간의 자유 및 자율성의 보장을 법의 과제로 삼고 있다.[52] 이러한 형벌론에서는 범죄행위자도 일관되게 법질서의 구성원이 된다. 사람들의 자유는 범죄행위자들로부터도 존중받을 필요가 있고, 범죄행위자들은 배제되는 존재가 아니라 다시 사회로 되돌아가는 존재가 된다. 형벌은 자율능력이 있는 법질서의 담당자이기 때문에 부과될 수 있는 것이고, 범죄행위자에 대한 형벌부과는 그 자를 자율적인 존재로서 존중하는 것이어야 하는 것이다. 그렇지 않으면 법의 목적에 부합하지 않기 때문이다. 이런 의미에서 형법을 사회통제의 수단으로 사용하는 것은 사람들의 자율성을 전제로 한 것이어야 한다는 한계가 있을 것이다.

국가의 임무가 법 과제 실현, 즉 인간의 자유와 자율성 보장에 있다면 국가는

2009, pp. 194-196 참조. 또한, 土井政和「自由刑の純化と刑務作業」本庄武·武内謙治編著『刑罰制度改革の前に考えておくべきこと』(日本評論社, 2017年)29頁 이하 참조.

51) 여기서 '적'이라고 붙인 것은 형벌 강제에 의한 것이 아니기 때문이다.

52) 飯島暢『自由の普遍的保障と哲学的刑法理論』(成文堂, 2016年)3頁 이하, 拙稿「刑罰論の現代的課題」刑法雑誌57巻2号(2018年)170頁 이하 참조.

현실에 자유를 행사할 수 있는 조건도 보장하는 임무를 진다. 사람들의 자율성을 담보하면서 현실에서 자유를 행사할 수 있는 조건을 보장하는 것이 국가의 역할이라면, 자유에 대한 (부분적) 제한에 의해 발생하는 부정적인 효과(예를 들어 형사시설에서의 커뮤니케이션 능력 저하 등)는 불필요하게 발생하지 않도록 해야 하고, 보다 부정적인 효과가 적은 방법으로 바꾸어 나갈 필요가 있다. 그리고 필연적으로 부정적인 효과가 발생하는 경우에는 사회적 공동생활을 (다시) 영위할 수 있도록 지원을 실시함으로써 부정적인 효과를 제거해 나가는 역할도 국가는 담당하게 될 것이다. 문제는 그것이 형법에서 맡아야 할 임무인가, 아니면 일반 복지에서 맡아야 하는 것인가 하는 점이다. 자유형 순화론 중에서도 이 점에 다툼이 있었지만, 현 시점에서 자유형은 형사시설에 구치하는 것이 형벌의 내용인 이상, 거기에 생기는 부정적 효과를 증가시키지 않고 가능한 한 이 부정적 효과를 없애가는 역할이라면 형법의 역할로 기초할 수 있다고 생각한다.

Ⅵ 보충

구금형은 2025년 6월 1일부터 시행된다(본고 간행 시점에는 이미 시행 중이다). 개정법 시행 전에 범죄를 저지른 자에 대한 형벌에 관하여 보충한다. 형의 변경이 있었을 경우, 형법 제6조는 "범죄 후의 법률에 의하여 형의 변경이 있었을 때에는 그 가벼운 형에 따른다."고 규정하고 있다. 징역형 · 금고형 · 구금형의 경중에 대해서는, 「형법 등 일부를 개정하는 법률의 시행에 따른 관계 법률의 정리 등에 관한 법률」(2022년 법률 제68호, 2023년 12월 1일 시행, 이하 '정리법')에서 규정하고 있다.

정리법 제444조는 다음과 같이 규정한다. "징역, 금고, 구(舊) 구류 및 형법 등 일부 개정법 제2조의 규정에 의하여 개정 후의 형법(이하 '신형법') 제9조에 규정하는 주형의 경중은 사형, 징역, 구금형, 금고, 벌금, 구류, 구(舊) 구류 및 과료의 순서에 따른다. 다만, 무기 구금형 또는 금고와 유기 징역의 경우에는 구금형 또는 금고를 무거운 형으로 하고, 무기 금고와 유기 구금형의 경우에는 금고를 무거운 형으로 하며, 유기 구금형의 장기가 유기 징역의 장기를 초과하는 때에는 구금형을 무거운 형으로 하고, 유기 금고의 장기가 유기 징역 또는 구금형의 장기의 2배를 초과하는 때에는 금고를 무거운 형으로 하며, 구(舊) 구류의 장기가 구류의 장기의 2배를 초과하는 때에는 구(舊) 구류를 무거운 형으로 한다."

이 규정에 따르면, 구금형은 징역보다 가볍고 금고보다 무거운 형벌이다. 그런 의미에서 금고에서 구금형으로의 변경은 중벌화이며(구(舊) 구류에서 신 구류로의 변경도 중벌화다). 구금형에 관하여 '작업'이나 '지도'를 형벌 내용으로 해석한다면 징역보다 무거운 형이 될 우려가 있다. 이런 점에서 '작업'이나 '지도'를 형벌 내용으로 보지 않는 것이 적절하다. 그러나 구금형이 금고형보다 무거운 형이라는 점의 설명은 쉽지 않다. '작업'이나 '지도'가 형벌 내용이 아니라 하면서도, 구금형에서는 이러한 교정처우를 의무화하고 있다는 점에서 무겁다고 한 것일 수 있다. 그러나 처우가 형벌이 아니라면 그 점을 이유로 무거운 형이라고 할 수는 없을 것이다.

또한, 정리법 제441조에 따라 "시행 전에 한 행위의 처벌에 대해서는, 다음 장에서 달리 정하는 경우를 제외하고, 종전의 예에 따른다."고 규정하고 있다. 그리고 같은 법 제460조는, 징역 수형자의 '작업'에 대해서는 개정 후 「형사수용시설법」 제93조 및 제95조 제1항의 규정을 적용하지 않고, 개정 전 규정(구 제92조 · 제95조)이 효력을 가진다고 규정하고 있다. 또, 같은 법 제461조에 따라 금고 수형자 및 구(舊) 구류 수형자의 '작업'에 대해서는 「형사수용시설법」 제93조의 규정을 적용하지 않고, 구 「형사수용시설법」 제93조의 규정이 효력을 가진다.

정리법 제461조에서 보면, 금고의 경우 설령 개정 후 형법 제12조 제2항의 '작업'이나 '필요한 지도'를 형벌 내용으로 보더라도 중형을 부과하는 것은 아닐 것이다. 반면, 정리법 제460조에서 보면, 가벼운 형인 구금형이 아니라 무거운 형인 징역('작업'이 형벌 내용인)이 부과되는 것으로 읽히며, 이 점에서는 형법 제6조에 저촉될 수 있다.[53] 형법 제6조와의 충돌을 피하려면, 개정법 시행 후의 구금형 취지에 맞춘 처우로서 '작업'을 실시해야 할 것이다.

---

53) 松宮孝明『刑法総論講義〔第6版〕』(成文堂、2024年)346頁 이하.

■ 형법신구조문(일부)

구(시행전)	신(시행후)
(형의 종류) 제9조 사형, 징역, 금고, 벌금, 구류 및 과료를 주형으로 하고 몰수를 부가형으로 한다.	(형의 종류) 제9조 사형, 구금형, 벌금, 구류 및 과료를 주형으로 하고 몰수를 부가형으로 한다.
(징역) 제12조 ① 징역은 무기 및 유기로 하고 유기징역은 1개월 이상 20년 이하로 한다. ② 징역은 형사시설에 구치해 소정의 작업을 하게 한다.	(구금형) 제12조 ① 구금형은 무기 및 유기로 하고 유기구금형은 1개월 이상 20년 이하로 한다. ② 구금형은 형사시설에 구치한다. ③ 구금형에 처해진 자에게는 개선갱생을 도모하기 위하여 필요한 작업을 하게 하거나 필요한 지도를 할 수 있다.
(금고) 제13조 ① 금고는 무기 및 유기로 하고 유기금고는 1개월 이상 20년 이하로 한다. ② 금고는 형사시설에 구치한다.	제13조 삭제
(구류) 제16조 구류는 1일 이상 30일 미만으로 하고, 형사시설에 구치한다.	(구류) 제16조 ① 구류는 1일 이상 30일 미만으로 하고, 형사시설에 구치한다. ② 구류에 처해진 자에게는 개선갱생을 도모하기 위하여 필요한 작업을 하게 하거나 필요한 지도를 할 수 있다.

■ 형사수용처우법 상의 교정처우

구(시행전)	신(시행후)
(교정처우) 제84조 ① 수형자에게는 교정처우로서 제92조 또는 제93조에서 규정하는 작업을 하게 하고, 제103조 및 제104조에서 규정하는 지도를 한다. ② 생략	(교정처우) 제84조 ① 수형자에게는 교정처우로서 제93조에서 규정하는 작업을 하게 하고, 제103조 및 제104조에서 규정하는 지도를 한다. ② 생략
(징역 수형자의 작업) 제92조 징역수형자에게 실시하게 하는 작업은 징역수형자별로 형사시설의 장이 지정한다. (금고 수형자 등의 작업) 제93조 형사시설의 장은 금고수형자 또는 구류수형자가 형사시설의 장이 지정하는 작업을 실시하고자 하는 취지의 신청을 한 경우에는 법무성령으로 정하는 바에 따라 그 작업을 실시하는 것을 허가할 수 있다.	(수형자의 작업) 제93조 형사시설의 장은 수형자에 대하여 그 개선갱생 및 원활한 사회복귀를 도모하기 위하여 필요하다고 인정되는 경우에는 작업을 실시한다. 다만, 작업을 실시하게 하는 것이 상당하지 아니하다고 인정하는 때에는 그러하지 아니하다.
(개선지도) 제103조 ① 형사시설의 장은 수형자에 대하여 범죄의 책임을 자각하게 하고, 건강한 심신을 기르게 하며, 사회생활에 적응하는 데 필요한 지식 및 생활태도를 습득하게 하기 위하여 필요한 지도를 한다. ② 생략 (교과지도) 제104조 ① 형사시설의 장은 사회생활의 기초가 되는 학력을 결여함으로써 개선갱생 및 원활한 사회복귀에 지장이 있다고 인정되는 수형자에 대해서는 교과지도(…)를 실시한다. ② 생략	*3항·4항의 추가(피해자 등의 심정)

제 2 편 •••

형사절차

- **제1부** 영상녹화물의 본증 이용을 둘러싼 양국의 논의
- **제2부** 국민의 사법참여
- **제3부** 공적 변호제도
- **제4부** 형사절차의 전자화

제 1 부

영상녹화물의 본증 이용을 둘러싼 양국의 논의

- **제9장** 영상녹화물의 본증 이용을 둘러싼 한국의 논란 (류부곤)
- **제10장** 취조기록매체(영상녹화물)의 실질증거화를 둘러싸고 (이부스키 마코토)

제9장

영상녹화물의 본증 이용을 둘러싼 한국의 논란

류부곤 | 국립경찰대학 법학과 교수

I 들어가며

한국의 형사소송법에 수사기관에 의한 피의자신문이나 참고인조사의 과정을 기술적 수단을 이용하여 녹화할 수 있는 제도가 도입된 것은 2007년의 일이다.[1] 형사절차에 있어서 피고인 및 피의자의 권익을 보장하기 위하여 인신구속제도 및 방어권보장제도를 합리적으로 개선하고, 공판중심주의적 법정심리절차를 도입하며, 재정신청의 대상을 전면 확대하는 것을 주요 골자로 하는 형사소송법의 전면개정[2] 과정에서 이러한 영상녹화제도가 마련되었다. 구체적으로, 수사절차에 관한 장에서 수사기관이 피의자를 신문하는 경우 피의자의 진술을 영상녹화할 수 있도록 하는 근거규정을 두고, 이에 대해 녹화의 대상과 방법, 녹화 후의 조치 등에 대하여 구체적인 내용을 규정하고 있으며, 수사기관이 피의자 아닌 자의 진술을 듣는 참고인조사의 경우에도 피조사자의 동의를 얻어 영상녹화할 수 있도록 하였

1) 그러한 내용을 담은 형사소송법 개정법률안은 2007년 6월 1일자로 공포되었고, 2008년 1월 1일부터 시행되었다.

2) 당시 형사소송법 개정법률안의 제안이유에 명시된 내용이다. 의안번호 176531, 형사소송법 일부개정법률안(법제사법위원장)(출처: 국회 의안정보시스템 http://likms.assembly.go.kr) 참조.

다. 그리고 증거에 관한 장에는 수사절차에서 녹화된 영상녹화물의 용처(用處)에 대한 규정을 두었는데, 첫째는 검사에 의하여 작성된 피의자신문조서나 수사기관에 의하여 작성된 참고인진술조서의 실질적 진정성립을 증명하는 객관적 방법의 하나이고, 둘째는 피고인 또는 피고인 아닌 자가 공판과정에서 진술함에 있어 필요한 경우 기억을 환기시키는 방법이다.

수사과정에서 영상녹화제도의 도입은 물론 그 자체로 수사과정의 투명성을 제고하여 수사과정에서 일어날 수 있는 피의자나 참고인에 대한 부당한 인권침해나 불법행위의 발생여지를 현저히 줄이고, 그로 인해 국민의 권익보호와 피의자의 방어권 보장에 긍정적인 기능을 한다는 점이 인정된다. 그런데 영상녹화제도는 녹화의 결과물인 영상녹화물을 만들어내게 되는데 조사의 상황과 조사 당시 진술의 내용을 '객관적으로' 재현하는 이러한 영상녹화물의 등장은 이것의 재판상 용도와 관련하여 새로운 논쟁[3]을 만들어내게 되었다. 논쟁의 주된 지점은, 주지하는 바와 같이, 영상녹화물 그 자체를 사실인정을 위한 증거[4]로 사용할 수 있느냐의 여부이다. 2007년 개정 이후 현재까지 유지되고 있는 형사소송법은 영상녹화물을 증거로 사용할 수 있는지에 대한 규정을 두고 있지 않기 때문이다.

이 논쟁의 초기에는 영상녹화물을 증거로 사용할 수 없다는 주장이 우세해 보였다. 후술하는 바와 같이 개정법안의 국회논의 과정에서 정부원안에 있었던 영상녹화물의 증거능력을 보충적으로 인정할 수 있도록 하는 규정이 삭제되었고 이를 통해 영상녹화물의 증거사용을 부정하는 것이 입법자의 의사라는 점이 강조되었다. 그런데 이에 대해 종래 판례의 입장과 현행법 규정체계의 해석론 및 영상녹화물 자체의 실질적 유용성 등을 근거로 증거로 사용할 수 있다는 주장이 검찰과 몇몇 학자를 중심으로 집중적으로 제기되었다. 그리고 2011년에는 이러한 긍정설의 입장을 적극적으로 반영하여 영상녹화물을 조서와 대등한 수준으로 증거로 사용할 수 있도록 하는 형사소송법 개정안이 정부에 의하여 마련되기도 하였다. 그

3) 사실 이 논쟁은 완전히 새로운 것이라고는 할 수 없다. 이미 2007년 형사소송법의 개정논의 과정에서 영상녹화물의 사용 여부에 대한 치열한 논쟁이 있었고, 마련된 개정법률안은 그러한 논쟁의 타협점이라고 할 수 있었다.

4) 이하 특별한 언급이 없으면 '증거'는 사실인정을 위한 증거만을 말하고, 탄핵증거는 제외한다.

러나 이러한 입법의 시도는 무산되었고, 여전히 부정설과 긍정설의 공방이 계속되는 가운데 2014년에는 대법원에 의하여 참고인조사의 과정을 녹화한 영상녹화물을 증거로 사용할 수 없다는 판결이 내려지기도 하였다.

이 글은 현재의 시점에서 영상녹화물의 증거능력을 둘러싼 한국에서의 논의를 정리하고 분석하고자 한다. 우선 논의의 이해를 돕기 위하여 현행법상 영상녹화제도의 내용과 주요 특징에 관하여 기술하고, 이어서 증거능력을 부정하는 입장과 긍정하는 입장의 논리와 관점을 테마별로 정리하여 분석하고자 한다. 특히 이 글은 한국에서의 논의상황을 소개하고 이해를 돕는 것에 목적을 두고 있으므로 양 입장의 시각의 차이를 부각하는데 중점을 두고, 개인적인 견해는 간략히 밝히고자 한다.

Ⅱ 한국 형사소송법상 영상녹화제도의 내용과 주요 특징

1 영상녹화제도의 도입과정과 내용

가. 영상녹화제도의 도입과정

수사과정에 영상녹화제도를 도입하는 것에 대하여 검찰이 지속적으로 반대해 온 일본과는 다르게, 한국에서 영상녹화제도의 도입은 검찰이 주도적으로 주장하였다는 것이 일반적인 견해이다. 그러한 배경에는 사법경찰관 작성 피의자신문조서에 비하여 증거법적으로 우월한 지위를 누려오던 검사 작성 피의자신문조서에 대해 조서재판의 폐해를 지적하며 사경 작성 조서와 같이 피고인에 의하여 증거사용이 배제될 수 있도록 해야 한다는 학계의 지속적인 비판과 함께, 이러한 비판과 맥락을 같이하여 조서의 실질적 진정성립을 엄격한 요건 하에 인정하도록 하는 2004년의 대법원 판결[5]이 있었다. 이 판결은 대법원이 그동안 고수하여 온 조

5) 대법원 2004. 12. 16. 선고 전원합의체 판결
"검사가 피의자나 피의자 아닌 자의 진술을 기재한 조서는 공판준비 또는 공판기일에서 원진술자의 진술에 의하여 형식적 진정성립뿐만 아니라 실질적 진정성립까지 인정된 때에 한하여 비로소 그 성립의 진정함이 인정되어 증거로 사용할 수 있다고 보아야 한다."

서의 형식적 진정성립에 의한 실질적 진정성립의 추정이론[6]을 폐기함으로써, 공판정에서 피고인이 실질적 진정성립을 인정하지 아니하는 경우 검사 작성 피의자신문조서가 사실상 폐기될 수 있는 결과를 초래하였다고 할 수 있다.[7] 그리고 이후 형사소송법의 전면 개정을 위한 사법제도개혁추진위원회(이하, '사개추위'라 한다)의 논의에서는 검사 작성 피의자신문조서도 사경 작성 조서와 마찬가지로 피고인이 내용을 부인하면 증거능력을 인정하지 않고 수사과정에서의 진술은 조사자가 법정에서 증언하는 방식으로 현출될 수 있도록 하는 방안이 구체적으로 논의되었다.[8] 이렇듯 검사 작성 피의자신문조서의 증거사용이 더 이상은 어려울 것으로 예상되는 상황이 되자 검찰은 조서를 대체할 수단으로 영상녹화제도의 도입과 영상녹화물의 증거사용을 적극적으로 주장하게 되었다고 할 수 있다.[9]

형사소송법의 개정을 위한 사개추위에서의 논의에서 피의자신문의 과정에 영상녹화제도를 도입하자는 것에 대해서는 이론(異論)이 없었으나, 그에 따른 영상녹화물을 증거로 사용할 수 있도록 할 것인지의 여부에 대해서는 이를 적극 주장하는 검찰의 입장과 이에 반대하는 법원 및 학계의 입장이 대립하였다. 그 논의의 결과 사개추위는 피의자신문과정에 대하여 피의자 또는 변호인의 동의 하에 조사의 전 과정 및 객관적 정황을 영상녹화할 수 있도록 하고, 검사 작성 피의자신문조서의 증거능력 인정요건을 좀 더 강화하되 조서의 실질적 진정성립의 방법으로 영상녹화물을 사용할 수 있도록 하는 개정안[10]을 마련하였고, 아울러 논쟁이 집

---

6) 종래 대법원은 "원진술자인 피고인이 공판정에서 간인과 서명, 무인한 사실이 있음을 인정하여 형식적 진정성립이 인정되면 거기에 기재된 내용이 자기의 진술내용과 다르게 기재되었다고 하여 그 실질적 진정성립을 다투더라도 그 간인과 서명, 무인이 형사소송법 제244조 제2항, 제3항의 절차를 거치지 않고 된 것이라고 볼 사정이 발견되지 않는 한 그 실질적 진정성립이 추정되는 것으로 본다."는 입장이었다. 대법원 2003. 10. 23. 선고 2003도4411 판결 등 참조.

7) 조상제, "한국 개정 형사소송법상 수사과정의 영상녹화제도", 동아법학 제43호, 2009, 546면.

8) 이에 따라 2006년 사개추위는 그러한 내용의 증거법분야 개정안을 발표하였다. 조국, "검사 작성 피의자신문조서와 영상녹화물의 증거능력", 저스티스 제107호, 2008, 176면.

9) 같은 취지로 조기영, "증거재판주의와 새로운 증명 방법의 증거능력", 동아법학 제66호, 2015, 429면.

10) "검사가 피고인이 된 피의자의 진술을 기재한 조서는 적법한 절차와 방식에 따라 작성된

중되었던 영상녹화물의 증거능력에 대해서는 아래와 같이 '보충적으로' 사용될 수 있도록 하는 개정안을 도출하였다.

① 검사 또는 사법경찰관 앞에서의 피고인의 진술을 내용으로 하는 영상녹화물은 공판준비 또는 공판기일에 피고인이 검사 또는 사법경찰관 앞에서 일정한 진술을 한 사실을 인정하지 아니하고, 검사·사법경찰관 또는 그 조사에 참여한 자의 공판준비 또는 공판기일에의 진술 그 밖에 다른 방법으로 이를 증명하기 어려운 때에 한하여 증거로 할 수 있다.

② 제1항의 규정에 의한 영상녹화물은 적법한 절차와 방식에 따라 영상녹화된 것으로서 공판준비 또는 공판기일에 피고인·검사·사법경찰관 또는 그 조사에 참여한 자의 진술에 의하여 조사의 모든 과정이 객관적으로 영상녹화된 것임이 증명되고, 영상녹화된 진술이 변호인의 참여하에 이루어지는 등 특히 신빙할 수 있는 상태 하에서 행하여졌음이 증명된 것이어야 한다.

이러한 개정안에 대해 사개추위는 공개된 설명자료[11]를 통하여 "수사기관에서의 피고인의 진술을 내용으로 하는 영상녹화물은 피고인이 수사기관에서 어떠한 진술을 한 사실을 인정하지 아니하고, 다른 방법으로는 이를 증명하기 어려운 때에 한하여 보충적으로 증거로 사용할 수 있"고, "따라서 피의자신문조서나 조사자의 증언 기타 방법으로 피고인이 수사기관에서 어떠한 진술을 한 사실을 증명할 수 있는 경우에는 영상녹화물을 그 진술 사실을 입증하기 위한 증거로 사용할 수 없"다는 내용이라고 설명하고 있으며, 아울러 "영상녹화물을 원칙적인 증거방법으로 허용하게 되면 공판정이 수사기관이 작성한 녹화물을 시청하는 장소로 전락하여 직접주의, 공판중심주의가 형해화될 우려가 있"고, "외국의 예를 보더라도 수사과정의 영상녹화제도는 법정에 제출할 증거를 확보하기 위하여 도입된 것이 아니라 수사과정을 투명화하여 인권침해 등을 방지하기 위한 것이었"다고 하여

것으로서 피고인이 진술한 내용과 동일하게 기재되어 있음이 공판준비 또는 공판기일에서의 피고인의 진술 또는 영상녹화물 등 객관적 방법에 의하여 증명되고, 그 조서에 기재된 진술이 변호인의 참여 하에 이루어지는 등 특히 신빙할 수 있는 상태 하에서 행하여졌음이 증명된 때에 한하여 증거로 할 수 있다."

11) 사법제도개혁추진위원회, 형사소송법 설명자료, 2006, 163-164면.

전면적인 증거능력을 인정하지 않은 취지를 부연하고 있다.

위와 같은 개정안은 정부안으로 확정되어 국회에 제출되었는데, 이에 대해서 "수사의 투명성과 수사과정에서의 피의자의 인권보장을 확인하는 수단으로 사용되어야 할 영상녹화물이 수사기관의 무기로 변질되는 오류를 범하고 있다"는 비판[12) 및 영상녹화물의 사용은 공판중심주의를 후퇴시키고 국민참여재판 등에서 배심원들의 올바른 심증형성을 방해할 우려가 크다는 취지의 비판[13) 등이 이어졌다. 그리하여 국회법제사법위원회는 영상녹화물의 보충적 증거능력을 인정하도록 하는 위 조문을 삭제하고, 대신 피의자신문에 대한 영상녹화의 경우 피의자의 동의 없이도 가능하도록 수정하였으며, 사개추위안에는 없었던 참고인조사에 대한 영상녹화제도를 추가하여 최종 수정안[14)을 마련하였고, 이 수정안이 국회를 통과하여 개정법률로 확정되었다.

나. 현행법상 영상녹화제도의 내용

(1) 수사기관의 피의자신문과 참고인조사에 대한 영상녹화

현행 형사소송법은 수사절차에서 피의자신문과 참고인조사의 과정에 대해 영상녹화를 할 수 있도록 규정하고 있다. 형사소송법 제244조의2는 '피의자진술의 영상녹화'라는 표제 하에 제1항에서"피의자의 진술은 영상녹화할 수 있다. 이 경우 미리 영상녹화사실을 알려주어야 하며, 조사의 개시부터 종료까지의 전 과정 및 객관적 정황을 영상녹화하여야 한다."라고 규정하여 검사와 사법경찰관의 구별 없이 수사기관이 피의자를 신문하고자 하는 경우 피의자나 변호인의 동의 없이

---

12) 한국형사법학회와 한국형사정책학회가 국회법제사법위원회에 제출한 의견.

13) 참여연대, 공판중심주의 법정심리절차 확립을 위한 형사소송법 개정안에 대한 의견서(2005.11).

14) 이 수정안에는 다음과 같은 제안이유가 부가되어 있다.
형사소송법 일부개정법률안(의안번호 6531, 2007. 4. 30.) 제안이유 중 일부
(6) 영상녹화절차 및 영상녹화의 증거능력과 관련하여 피의자의 경우에는 미리 이를 알려주고 영상녹화를 할 수 있도록 하되, 자의적인 영상녹화를 방지하기 위하여 조사의 개시부터 종료시까지의 전과정 및 객관적 정황을 영상녹화하도록 하고, 참고인의 경우에는 동의를 얻어 영상녹화할 수 있도록 하며, 영상녹화물은 본증으로는 사용할 수 없도록 함.

도 선택적으로 영상녹화를 할 수 있도록 하고 있다. 다만 영상녹화의 사실은 미리 피의자에게 고지하여야 하며 영상녹화의 대상은 조사의 개시부터 종료까지의 전 과정 및 객관적 정황 일체이다. 한편 동조 제2항은 "제1항에 따른 영상녹화가 완료된 때에는 피의자 또는 변호인 앞에서 지체 없이 그 원본을 봉인하고 피의자로 하여금 기명날인 또는 서명하게 하여야 한다."고 하여 조서와 유사한 영상녹화의 절차적 요건을 규정하고 있으며, 동조 제3항은 "제2항의 경우에 피의자 또는 변호인의 요구가 있는 때에는 영상녹화물을 재생하여 시청하게 하여야 한다. 이 경우 그 내용에 대하여 이의를 진술하는 때에는 그 취지를 기재한 서면을 첨부하여야 한다."고 하여 역시 조서의 검토와 유사한 절차를 규정하고 있다.

참고인조사에 대해서도 형사소송법은 제221조에서 "검사 또는 사법경찰관은 수사에 필요한 때에는 피의자가 아닌 자의 출석을 요구하여 진술을 들을 수 있다. 이 경우 그의 동의를 받아 영상녹화할 수 있다."라고 규정하여 피조사자의 동의를 요건으로 역시 수사기관이 영상녹화할 수 있도록 하고 있다. 다만 참고인조사의 경우 순수한 임의절차로서의 성격을 가지는 까닭에 녹화의 대상이 '조사의 전과정'과 같이 규정되어 있지 않으며, 참고인조사과정을 녹화한 영상녹화물에 대해서도 피의자신문의 경우와 같은 봉인, 검토 등의 절차가 규정되어 있지는 않다.

(2) 조서의 증거능력과 관련한 영상녹화물의 사용

증거와 관련하여 현행 형사소송법은 우선 검사 작성 피의자신문조서에 한해서 실질적 진정성립을 증명하는 수단으로 그 피의자신문의 과정을 녹화한 영상녹화물을 사용할 수 있음을 규정하고 있다. 형사소송법 제312조에 제1항에 의하면 검사가 작성한 피고인이 된 피의자신문조서는 적법한 절차와 방식에 따라 작성되고, 피고인이 진술한 내용과 동일하게 기재되어 있음이 공판준비 또는 공판기일에서의 피고인의 진술에 의하여 인정되고, 그 조서에 기재된 진술이 특히 신빙할 수 있는 상태하에서 행하여졌음이 증명되는 것을 요건으로 증거능력이 부여될 수 있는데, 동 조 제2항은 "제1항에도 불구하고 피고인이 그 조서의 성립의 진정을 부인하는 경우에는 그 조서에 기재된 진술이 피고인이 진술한 내용과 동일하게 기재되어 있음이 영상녹화물이나 그 밖의 객관적인 방법에 의하여 증명되고, 그 조서에 기재된 진술이 특히 신빙할 수 있는 상태 하에서 행하여졌음이 증명된 때에 한하여 증거로 할 수 있다."라고 규정하여 공판절차에서 피고인의 진술에 의하여 인정되어야 할 조서의 진정성립요건을 영상녹화물의 조사를 통해서도 충족할 수 있도록 하고 있다. 즉 피고인이 피의자신문조서의 기재내용과 자신의 진술내용이 일치하지 않는다고 공판절차에서 진술하더라도 영상녹화물의 내용을 조사하여 조서의 기재내용과 영상녹화물에서 재생된 피의자의 진술이 일치하는 경우에는 당해 조서는 성립의 진정이 증명된 것으로 하는 것이다.

한편 동조 제4항에 의하면 참고인진술조서에 대해서는 작성자가 검사냐 사경이냐를 구분하지 않고 "그 조서가 검사 또는 사법경찰관 앞에서 진술한 내용과 동일하게 기재되어 있음이 원진술자의 공판준비 또는 공판기일에서의 진술이나 영상녹화물 또는 그 밖의 객관적인 방법에 의하여 증명되고"라고 규정하여 당해 참고인조사의 내용을 담은 영상녹화물이 진술조서의 진정성립을 증명하는 방법으로 사용될 수 있다.[15]

(3) 기억환기의 수단인 영상녹화물

현행 형사소송법은 전문증거의 탄핵증거사용에 대한 제318조의2를 규정하면서 제2항에서 "제1항에도 불구하고 피고인 또는 피고인이 아닌 자의 진술을 내용으로 하는 영상녹화물은 공판준비 또는 공판기일에 피고인 또는 피고인이 아닌 자가 진술함에 있어서 기억이 명백하지 아니한 사항에 관하여 기억을 환기시켜야 할 필요가 있다고 인정되는 때에 한하여 피고인 또는 피고인이 아닌 자에게 재생하여 시청하게 할 수 있다."라고 규정하여 영상녹화물이 피고인 또는 피고인 아닌 자의 기억을 환기시키는 수단으로 사용될 수 있도록 하고 있다. 다만 '제1항에도 불구하고…인정되는 때에 한하여'라고 규정하여 피고인 또는 피고인 아닌 자의 조사과정을 녹화한 영상녹화물이 공판정진술의 증명력을 다투기 위한 용도, 즉 탄핵증

---

15) 이 경우 피고인의 진정성립 부인을 전제로 하는 피의자신문조서의 경우와는 달리 참고인진술조서의 경우 영상녹화물 등의 객관적 방법이 원진술자의 공판정에서의 진술과 병렬적으로 규정되어 있으므로, 참고인진술조서의 경우에는 해석상 검사가 원진술자에게 진정성립의 여부를 물음이 없이도 곧바로 영상녹화물을 통한 진정성립의 증명이 가능한 것으로 볼 수 있다.

거로는 사용될 수 없음을 명시하였다.[16] 그리고 당해 조문이 명시하지는 않았지만 여기서의 '기억'은 수사과정에서의 진술내용에 대한 것을 의미하는 것이며, 기억을 환기하는 대상은 검사나 배심원, 법관 등이 아닌 영상녹화물에 등장하는 진술자 본인에 한정된다고 보아야 한다.[17]

3 현행 영상녹화제도의 주요 특징

이하에서는 현행 영상녹화제도의 주요 특징에 대하여 기술한다. 그런데 이하의 기술내용은 영상녹화물의 증거능력에 대한 부정설과 긍정설의 각 입장에서 그러한 주장의 논거로 사용되는 부분이 있다. 그러므로 여기서는 후술할 증거능력에 관한 논쟁의 이해를 돕기 위하여 증거능력과 관련한 쟁점이나 문제점을 함께 기술하고자 한다.

가. 수사기관의 선택에 의한 임의제도

현행 영상녹화제도의 첫 번째 특징은 피의자신문의 경우 수사기관이 영상녹화의 여부를 임의로 정할 수 있다는 점이다. 참고인조사의 경우에는 피조사자의 동의를 얻어야 하지만, 피의자신문의 경우에는 미리 그 사실을 고지하기만 하면 피의자의 의사와 관계없이 영상녹화를 할 수 있다. 또한 영상녹화의 대상을 '조사의 전 과정'이라고 명시하였던 애초의 사개추위안과 다르게 현행법은 '조사의 개시부터 종료까지의 전 과정'이라고 표현하여 개시와 종료시점을 달리하는 여러 차례의 조사를 행하는 경우 각 차수의 조사가 개별적으로 영상녹화의 대상이 될 수 있도록 하였다. 그런데 앞서 본 바와 같이 영상녹화의 여부는 수사기관이 임의로 정할 수 있는 것이므로 각 차수별 조사과정의 영상녹화 여부는 수사기관의 선택에 의하여 달라질 수 있도록 되어 있는 것이다.

이러한 피의자의 동의없는 영상녹화의 가능성을 열어둔 현행 제도는 그 자체

16) 이에 대해서는 이 조문이 반드시 탄핵증거로의 사용을 금지하고 있는 것이라고 볼 수는 없다는 반대의견이 있다. 이완규, 개정 형사소송법의 쟁점, 탐구사, 2007, 151-155면 참조.

17) 따라서 기억환기 목적 영상녹화물의 재생은 진술자 본인만이 볼 수 있도록 하여야 한다.

로 피의자의 방어권을 침해하는 것으로 평가될 여지가 있다. 구체적으로 피의자의 동의없이 수사기관이 임의적 판단에 의하여 조사과정을 녹화할 수 있다는 것은 영상녹화행위가 성격상 강제수사로 평가될 수 있다는 비판[18]이 있으며, 피의자가 불이익 없이 행사해야 할 진술거부권의 행사에도 장애가 된다는 지적[19]이 있다. 특히 여러 차례의 조사를 행하는 경우 특정 차수에 대한 선별적 영상녹화가 가능하다는 점은 영상녹화물의 증거사용을 부정해야 한다는 입장에 의하여 증거물로서의 영상녹화물이 생생하고 과학적인 증거가 아니라 오히려 수사기관에 의하여 의도와 목적을 가진 조작의 대상이 될 수 있다는 점에서 적절하지 않을 수 있다는 비판[20]의 대상이 되고 있다.

나. 조서제도와의 병존

현행법은 피의자신문의 과정에 대한 영상녹화제도를 도입하면서도 종전과 같이 피의자신문의 내용을 조서에 기재해야 하는 것으로 하고 있다. 즉 형사소송법 제244조는 제1항에서 "피의자의 진술은 조서에 기재하여야 한다."라고 규정하고 있고, 제2항과 제3항에서는 조서의 작성방식 및 피의자의 검토와 관련한 내용을 규정하고 있다. 영상녹화제도가 피의자신문의 과정을 그대로 기록하는 기록물로서의 성격을 가진다고 보았을 때 영상녹화와는 별개로 조서의 작성을 의무화하고 있는 명문의 규정을 두었다는 점은 현행법이 영상녹화제도와 조서제도를 병행하는 태도를 취하고 있다고 평가할 수 있다. 물론 영상녹화가 임의적 절차이기 때문에 조서제도는 여전히 존치되어야 할 필요성이 있는 상황이라고 볼 수 있다.

현행법이 조서제도의 존치를 결정하고 영상녹화제도를 이와 병행하도록 한 것에 대해서는 영상녹화물의 법적 의미에 대한 관점의 차이에 따라 역시 다르게 평가된다. 영상녹화물의 증거능력을 부정하는 입장에서는 현행법에 존재하는 조서

18) 김현숙, "수사과정에서 작성한 피의자신문조서 및 영상녹화물에 대한 검토", 치안정책연구 제26권 제1호, 2012, 44면.

19) 조국, 앞의 논문, 189면 및 같은 취지로 천진호, "영상녹화물의 증거능력에 대한 연구", 법학논총(전남대) 제35집 제1호, 2015, 227면.

20) 김현숙, 앞의 논문, 52면; 조기영, 앞의 논문, 430면.

작성의 의무가 영상녹화물의 증거능력을 조서와 같은 수준으로 인정할 수 없다는 하나의 논거가 되고 있다. 조서작성과 영상녹화제도를 병행하도록 하는 것은 영상녹화물에 조서와 같은 기록물로서의 가치를 원칙적으로 부여하지 않는 태도라는 것이다.[21] 하지만 영상녹화물의 증거능력을 긍정하는 입장에서는 현행법의 규정형식에도 불구하고 영상녹화제도 및 조사자증언제도 등의 도입으로 검사의 조서작성의무는 사실상 사라진 것으로 보아야 하고, 영상녹화가 임의적 제도인 관계로 훈시규정으로서의 의미만을 가지는 것이라고 이해한다.[22] 특히 이 입장은 현행법에 도입된 영상녹화제도가 그 작성의 방법과 검토, 봉인 등의 과정에 대한 상세한 규정을 두면서 기본적으로 조서의 그것과 거의 같게 해 놓았다는 점에서 이는 영상녹화물을 조서와 같이 취급하려는 의도가 드러난 체계로 볼 수 있다고 한다.[23]

다. 명문화된 용도 : 실질적 진정성립, 기억의 환기

현행법은 수사과정에서의 피의자 또는 참고인의 진술을 담은 영상녹화물의 사용처를 증거법 관련 조문에서 구체적으로 규정하고 있다. 앞서 내용에서 설명한 바와 같이 검사 작성 피의자신문조서의 실질적 진정성립을 증명하는 보충적 수단이라는 점과 참고인 등 피고인 아닌 자의 진술을 기재한 진술조서의 실질적 진정성립을 증명할 수 있는 수단이라는 것이 규정되어 있고, 탄핵증거의 사용과 관련한 조문에서 피고인 또는 피고인 아닌 자가 수사과정에서 진술한 바에 대하여 기억의 환기가 필요한 경우에 그에게 시청하게 하여 기억을 환기시키는 수단이라는

---

21) 구체적으로 영상녹화물에 대한 증거능력 부여를 반대하는 입장은 이러한 법체계에서 영상녹화물의 증거능력을 인정하면 사실상 또 다른 형식의 조서를 법적으로 인정하는 것이어서 증거법의 혼란을 초래할 우려가 있고 개정 형사소송법이 지향하는 공판중심주의에 반한다고 한다. 김봉수, "수사상 영상녹화물의 증거활용에 대한 비판적 검토", 형사법연구 제20권 제3호, 2008, 175-176면; 천진호, "수사과정에서의 영상녹화제도의 합리적 운용방향", 비교형사법연구 제11권 제1호, 2009, 293면 등.

22) 이완규, "참고인 진술 영상녹화물의 증거능력", 법조 720호, 2016. 12., 75면; 정웅석, "영상녹화물의 증거능력에 관한 연구", 형사소송 이론과 실무 제7권 제1호, 2015, 229면.

23) 정웅석, 위의 논문, 225면.

것이다. 이 중 기억의 환기수단이라는 점은 엄밀히 증거의 사용이나 가치와 직접적인 관련이 없으므로 부수적인 용도라고 할 수 있을 것이나, 조서의 실질적 진정성립을 증명하는 수단이라는 점은 증거능력과 관련하여 중요한 의미를 가진다. 전문증거인 조서의 증거능력을 예외적으로 인정하는 요건인 실질적 진정성립은 종래 원진술자인 피의자였던 피고인 혹은 참고인이었던 증인 등이 공판절차에서 이를 인정하는 진술을 하는 방식으로만 증명이 가능한 것이었는데 현행법은 이를 증명하는 수단으로 영상녹화물을 추가한 것이다. 이로써 영상녹화물은 '증거의 증거능력을 증명하는 수단'으로서의 지위를 가지게 되었다.

이러한 영상녹화물의 명문화된 지위와 역할도 관점의 차이에 따른 다른 해석론의 출발점이 되고 있다. 영상녹화물의 지위와 역할을 명시하였다는 점은 영상녹화물의 용도를 명시된 내용에 한정하여야 한다는 관점이 있는가 하면, 명시된 지위는 그러한 법적 지위가 부여된다는 것을 말 그대로 명확하게 제시하는 것일 뿐, 명확하게 제시되지 않았으나 해석상 가능한 또다른 지위를 부정한다는 뜻으로는 볼 수 없다는 관점이 가능하다. 이러한 관점의 차이에 따른 논쟁은 영상녹화물의 증거능력에 관한 본격적인 논의에서 전면적으로 다루어지고 있으므로 이에 관해서는 바뀐 장에서 후술하고자 한다.

Ⅲ 영상녹화물의 증거능력에 대한 논의상황과 분석

1 논의상황의 개관

수사과정, 즉 수사기관이 피의자신문을 하거나 참고인조사를 하는 과정에서 피의자나 참고인이 진술하는 장면을 녹화한 영상녹화물을 이후 재판과정에서 피고사실을 입증하는 증거로 사용할 수 있느냐의 문제에 대해, 영상녹화물 그 자체는 증거로 사용할 수 없다는 부정설의 입장과 영상녹화물도 조서와는 별개로 현행법상 증거능력을 가질 수 있다는 입장이 대립하고 있다.

가. 영상녹화물의 증거능력 부정설

영상녹화물의 증거능력에 대해 부정적인 입장[24)]은 영상녹화물은 피고인 또는 피고인 아닌 자의 공판정 외 진술을 전달하는 것이므로 전문증거의 일종이라고 할 수 있고, 전문증거의 경우 전문법칙에 의하여 원칙적으로 증거능력이 없으나 그 증거사용을 허용하는 예외적인 규정이 있는 경우 그 규정상의 요건을 충족하는 것을 전제로 증거능력이 인정될 수 있는 것인데, 현행 형사소송법에 영상녹화물의 증거능력을 인정할 수 있는 요건을 규정한 명문의 규정이 없다는 점과 이 점은 2007년 형사소송법 개정논의의 과정에서 영상녹화물의 독립적 증거능력을 예외적으로 인정할 수 있도록 하는 내용을 담고 있던 조문을 삭제하였던 입법자의 의도에 의한 것이라는 점을 중점적으로 설명한다. 아울러 종래 조서재판의 폐해를 극복하고 당사자주의와 공판중심주의의 강화를 주된 방향으로 하는 현행법의 개정 취지에 비추어 볼 때 조서가 종래와 같이 여전히 사용되는 상황에서 영상녹화물을 증거수단으로 추가하는 것은 전문증거의 과잉과 자백위주의 수사관행을 오히려 강화한다는 문제점을 야기할 수 있다는 점에서 법정책적으로 바람직하지 않으며, 특히 영상녹화물의 생생함으로 인해 발생한 심리적 인상은 시청자에게 과도한 예단을 형성케 하여 법관이나 배심원의 공정한 심증형성에 지장을 줄 수 있고, 법정

---

24) 배종대·이상돈·정승환·이주원, 형사소송법, 홍문사, 2015, 671면; 손동권·신이철, 새로운 형사소송법, 세명출판사, 2013, 598면; 송광섭, 형사소송법, 형설출판사, 2012, 650-651면; 신동운, 형사소송법, 법문사, 2014, 1254면; 임동규, 형사소송법, 법문사, 2013, 548-549면; 김면기, "영상녹화물의 활용이 공판중심주의 활성화를 저해하는가?", 형사법연구 제29권 제4호, 2017, 170면; 김봉수, 앞의 논문, 183-184면; 김현숙, 앞의 논문, 47-48면; 남상근, "수사과정에서의 영상녹화물 증거능력 인정 여부", 서강법률논총 제2권 제2호, 2013, 104-106면; 류부곤, "디지털증거와 영상녹화물에 대한 전문법칙 적용상의 문제점", 법학논총(단국대) 제39권 제4호, 2015, 51-54면; 오기두, "수사과정 영상녹화물의 증거조사(상) - 2008년 이후의 논의에 대한 답변", 저스티스 제138호, 2013, 298면; 유해용, "공판중심주의와 전문법칙", 저스티스 제98호, 2007, 217면; 이영한, "새로운 형사소송법에서의 조서와 영상녹화", 법조 통권 617호, 2008, 112면; 이재학, "영상녹화제도의 지위와 영상녹화물의 증거능력 및 사용에 관한 고찰", 서울대학교 법학 제58권 제3호, 2017, 62-63면; 조국, 앞의 논문, 171면 이하; 조기영, 앞의 논문, 431-432면; 천진호, "영상녹화물의 증거능력에 대한 연구", 법학논총(전남대) 제35집 제1호, 2015, 227면.

이 당사자들의 공방을 통한 심리의 장이 아니라 수사과정을 재현하는 장에 불과하게 되는 극장재판의 위험성이 있다는 점이 주로 지적되고 있다.

나. 영상녹화물 증거능력 긍정설

현행법에 영상녹화물의 증거능력을 인정하는 명문의 규정은 없지만 종전의 법해석론에서 영상녹화물을 조서와 같이 취급하여 증거능력을 인정하는 해석이 가능하였고, 현행법의 개정과정에서 영상녹화물의 증거능력을 보충적으로 인정할 수 있는 근거규정이 삭제되었지만 그 결과 종전과 같이 영상녹화물의 증거능력에 대해서는 명문의 규정이 없는 —즉 해석에 맡겨진— 상태이므로 종전의 해석론이 그대로 유지될 수 있다는 논리를 중심으로 영상녹화물의 증거능력을 긍정할 수 있다는 입장[25)]이 있다. 이 입장은 종래 수사과정에서의 진술을 현출하는 주된 수단이 되어온 조서는 작성자의 의도에 따라 왜곡되고 조작될 염려가 있는 불완전한 수단인데 반하여 영상녹화물은 조사의 과정을 왜곡없이 생생하게 전달할 수 있으므로 조서에 비하여 보다 과학적이고 중립적인 기록수단이라고 할 수 있어 조서를 대체하는 수단으로 적극적으로 활용될 필요성이 크고, 비교법적으로 공판중심주의를 적극적으로 실현하고 있는 영미법계에서도 대다수의 입법례가 전문법칙의 예외에 근거하여 영상녹화물의 증거능력을 인정하고 있으며, 증거법의 일반원칙인 자유심증주의의 측면에서도 보다 많고 다양한 증거를 법정에 현출시켜서 법관이 이의 비교를 통해 최종적인 판단을 내리도록 하는 것이 바람직하므로 임의성없는 자백이나 위법하게 수집된 증거가 아닌 이상 원칙으로 수사상의 진술을 법정에 현출하도록 하는 것이 타당하다[26)]는 등의 내용을 주된 논거로 하고 있다. 정리하

---

25) 노명선·이완규, 형사소송법, 성균관대학교출판부, 2009, 589-591면; 정웅석·백승민, 형사소송법 전정제3판, 대명출판사, 2009, 450면; 차동언, 증거증거법 I -공판중심주의와 전문법칙, 법문사, 2007, 276-281면; 박수희, "영상녹화물의 증거능력", 한양법학 제24권 제1집, 2013, 91면; 안성조·지영환, "영상녹화물의 증거능력", 외대논집 제30집, 2008, 25-32면; 이완규, 앞의 논문, 56면 이하; 조정래, "수사과정상 피의자진술을 현출하는 방법의 한계와 보완", 법학논고(경북대) 제36집, 2011, 348면; 허인석, "영상녹화제도의 합리적 운용과 발전방향", 법조 제57권 제9호, 2008, 47면 이하.

26) 정웅석, 앞의 논문, 223면.

면 긍정설은 현행법으로도 영상녹화물은 조서 등의 서증(書證)처럼 취급할 수 있으며 수사상 진술을 공판정에 현출하는 효율적이고 과학적인 방법이라는 점을 논의의 중심에 두고 있다.

2 대법원의 판단 - 참고인조사과정에 대한 영상녹화물

2008년 개정 형사소송법이 시행된 이후 논란이 되고 있는 영상녹화물의 증거능력에 대해 상당한 시일 동안 이에 대한 대법원의 명시적인 입장은 나오지 않았다.[27] 그러다 2014년 대법원은 참고인조사의 과정을 녹화한 영상녹화물을 증거로 사용할 수 있는지에 대하여 다음과 같이 판결[28]하였다.

2007. 6. 1. 법률 제8496호로 개정된 형사소송법은 제221조 제1항에서 수사기관은 피의자 아닌 자(이하 '참고인'이라 한다)의 동의를 얻어 그의 진술을 영상녹화할 수 있는 절차를 신설하면서도, 제312조 제4항에서 위 영상녹화물과 별도로 검사 또는 사법경찰관이 참고인의 진술을 기재한 조서가 작성됨을 전제로 하여 영상녹화물로 그 진술조서의 실질적 진정성립을 증명할 수 있도록 규정하는 한편, 증거로 할 수 없는 서류나 진술이라도 공판준비 또는 공판기일에서 피고인 또는 참고인 진술의 증명력을 다투기 위한 증거로 사용될 수 있도록 정한 제318조의2 제1항과 별도로 제318조의2 제2항을 두어 참고인의 진술을 내용으로 하는 영상녹화물은 공판준비 또는 공판기일에 참고인이 진술함에 있어서 기억이 명백하지 아니한 사항에 관하여 기억을 환기시켜야 할 필요가 있다고 인정되는 때에 한하여 참고인에게 재생하여 시청하게 할 수 있다고 규정함으로써, 참고인의 진술에 대한 영상녹화물이 증거로 사용될 수 있는 경우를 제한하고 있다.

그리고 이러한 형사소송법의 규정은, 성폭력범죄의 처벌 등에 관한 특례법(이하 '성폭법'이라 한다) 제30조 제1항 및 아동·청소년의 성보호에 관한 법률(이하 '아

27) 개정법 시행초기 법원행정처는 간행물을 통해 영상녹화물의 증거능력은 부정된다는 의견을 피력한 바 있으며(법원행정처, 형사소송법 개정법률 해설, 2007, 51면), 법원 실무에서도 하급심 법원들이 영상녹화물을 증거로 받아주지 않는 실무를 형성하여 왔다고 한다.

28) 대법원 2014. 7. 10. 선고 2012도5041 판결.

청법'이라 한다) 제26조 제1항이 성폭력범죄의 피해자가 19세 미만이거나 신체적인 또는 정신적인 장애로 사물을 변별하거나 의사를 결정할 능력이 미약한 경우 및 아동·청소년대상 성범죄 피해자의 경우에 피해자의 진술 내용과 조사 과정을 비디오녹화기 등 영상물 녹화장치로 촬영·보존하여야 한다고 규정하고, 나아가 성폭법 제30조 제6항 및 아청법 제26조 제6항에서 위 절차에 따라 촬영한 영상물에 수록된 피해자의 진술은 공판준비기일 또는 공판기일에 피해자나 조사 과정에 동석하였던 신뢰관계에 있는 사람 또는 진술조력인의 진술에 의하여 그 성립의 진정함이 인정된 경우에 증거로 할 수 있도록 규정함으로써, 일정한 성범죄의 피해자를 조사할 경우에 피해자 또는 법정대리인이 영상물 녹화를 원하지 아니하는 의사를 표시하는 등의 사정이 없는 한 피해자의 진술을 영상물로 녹화할 의무를 수사기관에 부여하고 일정한 요건 아래에서 그 영상물에 수록된 피해자 진술에 대하여 독립적인 증거능력을 명시적으로 인정한 것과 다르다.

이와 같이 2007. 6. 1. 법률 제8496호로 개정되기 전의 형사소송법에는 없던 수사기관에 의한 참고인 진술의 영상녹화를 새로 정하면서 그 용도를 참고인에 대한 진술조서의 실질적 진정성립을 증명하거나 참고인의 기억을 환기시키기 위한 것으로 한정하고 있는 현행 형사소송법의 규정 내용을 영상물에 수록된 성범죄 피해자의 진술에 대하여 독립적인 증거능력을 인정하고 있는 성폭법 제30조 제6항 또는 아청법 제26조 제6항의 규정과 대비하여 보면, 수사기관이 참고인을 조사하는 과정에서 형사소송법 제221조 제1항에 따라 작성한 영상녹화물은, 다른 법률에서 달리 규정하고 있는 등의 특별한 사정이 없는 한, 공소사실을 직접 증명할 수 있는 독립적인 증거로 사용될 수는 없다고 해석함이 타당하다.

이 판결의 내용을 정리하면 다음과 같다. 우선 대법원은 영상녹화물의 사용에 관한 형사소송법의 규정은 영상녹화물이 사용될 수 있는 경우를 '제한'하는 효과가 있는 것이라고 해석하고 있다.[29] 즉 진술조서 등의 실질적 진정성립을 증명하는 수단이며 공판정에서 진술하는 자의 기억을 환기시키는 수단이라는 형사소송

29) 같은 견해로 이창섭, "수사기관이 참고인을 조사하는 과정에서 작성한 영상녹화물의 증거능력", 형사법의 신동향 제48호, 2015, 5면.

법의 규정은 영상녹화물의 법적 사용가능성을 그러한 두 가지의 용도에 국한하는 의미를 가지고 있다고 해석하는 것이다. 이러한 해석의 연장선에서, 영상녹화물의 증거사용을 일정한 요건 하에 허용하고 있는 다른 특별법(성폭력범죄 처벌특례법, 아동청소년의 성보호법)의 규정들과 형사소송법은 다른 것이라고 표현하고 있는데, 이는 다른 특별법의 규정들이 영상녹화물의 증거능력을 '창설'하는 특례법의 성격을 가지는 것이라고 보고 있다. 이러한 해석의 결과로 참고인 조사의 과정을 녹화한 영상녹화물은, 그러한 영상녹화물의 증거능력을 인정할 수 있는 특별한 규정이 없으므로 독립적인 증거능력을 인정할 수 없다고 결론 내리고 있다.[30][31]

3 양측 주장의 쟁점별 정리

가. 현행 형사소송법 규정체계에 대한 인식

부정설은 현행 형사소송법에 영상녹화물의 증거능력을 인정하는 명문의 규정이 없고, 영상녹화물은 전문증거이므로 전문법칙에 의하여 그러한 명문의 요건과 근거가 없으면 증거능력을 인정할 수 없는 것이므로 현행법 체계는 영상녹화물의 증거능력을 인정할 수 없는 체계라고 인식하고 있다.

긍정설은 영상녹화물이 전문증거이므로 전문법칙에 따라 법적 근거가 없으면 증거능력이 인정될 수 없는 것은 옳지만, 영상녹화물은 피의자신문 혹은 참고인조사 과정을 녹화한 것으로 그 본질이 피의자신문조서나 참고인진술조서와 같은 것이라고 할 수 있고, 영상녹화물의 증거능력을 특별히 배제하는 규정을 두고 있지

30) 이 판결이 영상녹화물의 증거능력에 대한 논란에 종지부를 찍었다고 평가하는 견해로 이상원, "[2014년 분야별 중요판례분석](13) 형사소송법", 법률신문 2015. 5. 15. 자(https://www.lawtimes.co.kr).

31) 한편 이 판결에 대해서는 "특별법의 영상녹화물 관련 규정들은 기존에 형사소송법상 증거능력이 인정되던 것에 대해 증거능력 인정을 위한 요건을 완화한 것이라 창설적 효력을 가진다는 법원의 해석은 입법연혁적으로 적절하지 않고, 형사소송법은 원칙으로 유추적용이 가능한 법영역이므로 영상녹화물의 증거능력 인정범위를 제한하는 명시적인 규정이 없으므로 영상녹화물의 증거능력이 없다고 단정하기는 어렵다."는 비판적인 견해가 있다. 이창섭, 앞의 논문, 24-26면.

않은 이상 피의자신문조서나 참고인진술조서의 증거능력에 대한 규정들이 영상녹화물에도 적용되어 그러한 규정들을 근거로 영상녹화물의 증거능력을 인정할 수 있다는 입장이다.

이러한 인식의 차이는 영상녹화물이 피의자신문조서나 참고인진술조서와 본질적으로 같은 취급을 받을 수 있는가 하는 것에 대한 시각의 차이에서 기인한다. 부정설은 영상녹화물을 전문증거의 성격을 가진 '새로운 무언가'로 보는 반면, 긍정설은 영상녹화물을 조서의 변형된 형태로 간주하는 것이다. 긍정설의 이러한 시각은 종전의 판례가 수사기관과 피의자의 대화과정을 녹화한 영상물에 대해 피의자신문조서와 실질적으로 같다고 보아 피의자신문조서에 준하여 증거능력을 가려야 한다고 판시[32]한 것이나, 사인이 일반적으로 녹음, 녹화한 영상물 등의 경우, 일반적인 진술조서의 증거능력 인정요건을 갖추면 증거로 사용할 수 있다는 입장[33]이었다는 점에서 강하게 기인한다. 현행법과 같은 영상녹화제도가 만들어지기 전 종래 우리 법원과 실무는 조사과정을 녹화한 영상물도 조서와 같이 취급했었다는 것이고, 이러한 입장을 명확히 변경하지 않는 한 그러한 해석태도

32) 대법원 1992. 6. 23. 선고 92도682 판결
"이 사건 범죄단체조직죄에 관한 공범으로서 별도로 공소제기된 위 사건의 피고인 에 대한 수사과정에서 담당검사가 위 사건의 피고인 2와 위 사건에 관하여 대화하는 내용과 장면을 녹화한 것으로 보이는 비디오테이프에 대한 검증조서인바, 이러한 비디오테이프의 녹화내용은 피의자의 진술을 기재한 피의자신문조서와 실질적으로 같다고 볼 것이므로 피의자신문조서에 준하여 그 증거능력을 가려야 할 것이다."
같은 취지의 판결로 대법원 2007. 10. 25. 선고 2007도6129 판결.

33) 대법원 2008. 3. 13. 선고 2007도10804 판결.
"피고인과 피해자 사이의 대화내용에 관한 녹취서가 공소사실의 증거로 제출되어 그 녹취서의 기재내용과 녹음테이프의 녹음내용이 동일한지 여부에 관하여 법원이 검증을 실시한 경우에 증거자료가 되는 것은 녹음테이프에 녹음된 대화내용 그 자체이고, 그 중 피고인의 진술내용은 실질적으로 형사소송법 제311조, 제312조의 규정 이외에 피고인의 진술을 기재한 서류와 다름없어 피고인이 그 녹음테이프를 증거로 할 수 있음에 동의하지 않은 이상 그 녹음테이프 검증조서의 기재 중 피고인의 진술내용을 증거로 사용하기 위해서는 형사소송법 제313조 제1항 단서에 따라 공판준비 또는 공판기일에서 그 작성자인 피해자의 진술에 의하여 녹음테이프에 녹음된 피고인의 진술내용이 피고인이 진술한 대로 녹음된 것임이 증명되고 나아가 그 진술이 특히 신빙할 수 있는 상태 하에서 행하여진 것임이 인정되어야 한다."

는 유지될 수 있다는 것이다.

긍정설의 이러한 시각, 즉 '영상녹화물은 조서의 변형된 형태다'라는 관점에서 보면 현행법에 규정된 영상녹화물의 용도 –실질적 진정성립의 입증수단 및 기억의 환기– 는 영상녹화물의 증거능력에 부수한 또 다른 용처일 뿐, 증거능력의 유무를 좌우하는 내용들이 아닌 것이다. 그러나 영상녹화물을 그 자체 새로운 형태의 전문증거로 보는 부정설의 인식에 의하면 증거능력에 대한 명문의 규정을 두지 않은 채 다른 용도들만을 규정하고 있는 현행법의 체계는 영상녹화물의 증거능력은 명확히 부정하고 제한적인 용도만을 열거하고 있는 것이라고 인식되는 것이다.

나. 입법자의 의사에 대한 평가

부정설의 출발점이자 가장 중점적으로 강조하는 논거는 형사소송법의 개정과정에서 입법자가 영상녹화물의 증거능력을 부정하는 방향으로 결단을 하였다는 점이다. 영상녹화물의 증거능력 부여 여부에 대해서 이미 개정논의과정에서 충분한 논의와 인식의 공유가 있었고, 찬성과 반대의 입장을 나름대로 절충하여 영상녹화물의 증거능력을 예외적으로 인정할 수 있는 규정안을 만들기에 이르렀는데, 국회에서의 논의과정에서 이 규정을 삭제하기로 결정하였고 이에 대해 영상녹화물의 본증 이용 가능성을 배제하는 것이라는 취지로 설명하였으니, 이는 결과적으로 절충이 아닌 영상녹화물의 증거능력 부여를 반대하는 입장을 채택한 것이라는 것이다. 사실 이 부분은 긍정설을 취하는 입장에서도 상당부분 수긍하는 것이다. 그러나 긍정설은 가사 입법자의 의사가 명확히 그러한 것이었다고 하더라도, 현행법의 체계는 결과적으로 그러한 입법자의 의사를 담아내는데 실패한 것이라고 본다. 앞서 현행법 체계에 대한 인식에서도 보았듯이 긍정설은 현행법의 규정에 대한 해석론으로 얼마든지 영상녹화물의 증거능력을 인정할 수 있는 것이고, 그렇다면 현행법과 입법자의 의사는 차이가 있는 것이라고도 할 수 있는데, 만약 그렇더라도 법해석론에서는 입법자의 의사보다는 현행법의 문리·체계해석을 우선시해야 한다고 본다.[34] 나아가 긍정설은 현행법 개정 과정에서 드러난 입법자의 인식

34) 이창섭 교수는 이미 형법해석론에 그러한 예가 있다고 하면서, 입법자는 컴퓨터 등 정보처

이 반드시 영상녹화물의 증거능력을 배제하는 것으로 결정한 것이라고 보기 어렵다는 주장을 전개하기도 한다.[35] 즉 종래 영상녹화물을 조서와 같이 취급하여 전문서류의 증거능력을 인정하기 위한 요건 하에 증거능력을 인정하는 해석론을 전개하여 왔는데, 개정 논의의 과정에서 정부입법안으로 마련된 규정은 영상녹화물의 증거사용을 보다 엄격히 하기 위한 '강화요건'이라고 볼 수 있는 것이고, 그런데 그 조문을 삭제하기로 결정하였다면 이는 영상녹화물의 증거능력 인정요건을 보다 강화하려다가 종전의 상태를 유지하기로 결정한 것으로 볼 수 있다는 것이다.

다. 공판중심주의와 조서에 대한 인식

부정설은 영상녹화물을 공판중심주의에 반하는 소위 '불량증거'라고 강하게 인식한다. 영상녹화물의 전면적 사용은 사실입증의 과정을 자칫 법정에서 수사기관으로 옮겨가게 만들 수도 있어 삼권분립의 측면에서도 심각한 악영향을 줄 수 있다는 점까지 거론한다. 현행법에 조서의 사용은 일정한 요건 하에 허용하고 있지만 공판중심주의의 관점에서 조서 그 이상은 곤란하다는 인식이다.

이러한 부정설의 인식, 즉 '조서는 되지만 영상녹화물은 안된다'는 생각은 긍정설의 입장에서는 주요 공격지점이 되고 있다. 조서와 영상녹화물은 같은 성격을 가지는 다른 형식에 불과한 것인데, 조서는 되고 영상녹화물은 안된다는 식의 주장은 근거가 부족하다는 것이다. 특히 일반적으로 조서의 조작 가능성에 대해 굉장히 많은 우려를 표명하면서[36] 그러한 조서와 달리 조사과정을 있는 그대로 사실

리장치를 이용하여 현금을 인출하는 행위 등을 처벌하기 위하여 형법에 컴퓨터등사용사기죄(제347조의2)를 신설하였지만, 실제 해석론으로는 동 규정에 '재산상 이익'이라고만 되어 있어서 그러한 행위를 처벌대상에 포함할 수 없다는 것을 예로 들고 있다. 이창섭, 앞의 논문, 17면 각주 38 참조.

35) 이완규, 앞의 논문, 61-62면.

36) 실제 사경작성 피의자신문조서와 달리 검사작성 피의자신문조서에 대해서는 성립의 진정만으로 증거능력을 인정하고 있는 현행법의 태도에 대해 비판적인 다수의 학자들은 그 근거로 조서의 인지편향성, 조작 가능성 등의 문제를 제기한다. 박노섭, "개정형사소송법상 조서재판위험성에 대한 소고", 경찰학연구 제7권 제2호, 2007, 20면 이하; 이형근, 피의자신문조서 왜곡의 형성과 영향, 한림대학교 철학박사학위논문, 2015, 102-110면 참조.

적으로 전달하는 영상녹화물을 불량증거라고 비난하는 것은 앞뒤가 맞지 않다는 것이다. 그러므로 긍정설은 오히려 영상녹화물이 조서를 대체할 수 있다고 한다.

긍정설의 이러한 인식은 공판중심주의에도 불구하고 수사과정을 법정에 현출(現出)하는 것은 당연히 필요하고 또 최대한 허용되어야 하는 것이라는 사고를 기반으로 하고 있다. 그리고 조서에 대해 일정한 요건 하에 증거능력을 부여하고 있는 현행법의 태도를 문제없이 받아들이고 있는 것이다. 그러나 부정설은 이 지점에서 완전히 다른 생각을 하고 있다. 조서의 증거능력은 현행법이 인정하고 있으므로 '어쩔수 없이' 받아들이지만 조서제도 자체도 공판중심주의에 반하는 것이므로 장기적으로는 개선의 대상이라고 할 수 있다. 그러므로 그러한 조서의 기능과 효과를 더욱 강화하는 영상녹화물은 받아들이기 어려운 것이다. 부정설에서 매우 빈번하게 발견되는 '영상녹화물은 너무 생생해서 안된다'는 주장은 이러한 맥락에서 이해될 수 있다. 조서의 인지편향성과 조작 가능성이 문제이기는 하지만, 그 이면에 존재하는 불명확성과 다양한 해석의 여지는 이러한 증거를 접하는 이에 대한 증거 자체의 중립성을 다소나마 높여주는 효과가 있다는 점을 인정하는 것이다. 반면에 영상녹화물은 보는 이에게 그 내용에 대한 판단의 여지가 전혀 없이 받아들이게 한다는 것이고 이는 수사과정에서 얻은 유리한 증거와 심증을 법적 판단자에게 그대로 전달하고자 하는 자에게 더할나위 없는 수단이 되는 것이다.

긍정설은 이것은 공판중심주의에 반하지 않는 것이라고 본다. 수사과정에서 얻은 증거도 '증거'의 일종이고 그 증거를 변경없이 전달하여 법정의 법관이 인식하게 하는 수단이 영상녹화물이라는 것이다. 증거는 수사과정에서 나온 것이지만 그 증거를 접하는 법관은 법정에 있으므로 공판중심주의에 반하지 않는다는 것이다. 반면 부정설은 영상녹화물은 사실상 법관을 수사기관으로 옮겨가도록 하는 것이라고 인식하는 것으로 보인다. '생생하다'는 표현이 그러한 의미를 담고 있다. 수사과정의 결과물이 그대로 법관이 인식한 결과물이 되는 것이므로 영상녹화물을 접한 법관은 몸은 법정에 있지만 판단은 법정에서 한 것이 아니라는 것이다. 그러므로 이러한 구조를 만들어내는 영상녹화물의 증거사용은 공판중심주의에 반한다는 것이다.[37]

---

37) 이외에도 미국과는 달리 피고인신문절차가 존재하면서 반면 대면권은 인정되지 않는 우리

라. 소결

영상녹화물의 증거능력에 대한 입장의 차이는 크게 두 가지의 차원, 2007년의 개정작업이 현행법 체계에 가져온 효과에 대한 인식의 차이와 조서에 비교하여 영상녹화물이 가지는 기능적 성격에 대한 관점의 차이에 따른 것으로 정리될 수 있다. 그런데 이러한 두 가지 차원의 논의도 결국 수사과정의 법정 현출 필요성에 대한 인식의 차이로 귀결될 수 있을 것으로 보인다. 현행법 체계에 대한 해석론이나 입법자의 의사에 대한 평가 모두 각각의 입장에서 목적론적인 지향점에 따라 이루어지고 있는 것으로 보이기 때문이다. 즉 현행법에 명문의 규정은 없지만 해석론으로 얼마든지 가능하다는 주장과 입법자의 의도도 규정화된 법에 대한 객관적 해석결과에 부합해야만 존중될 수 있다는 긍정설의 태도는 영상녹화물을 증거의 세계에서 적극적으로 활용하고자 하는 목적을 방법론적으로 실현하고자 하는 노력으로 보여진다. 시종 영상녹화물을 불량증거로 규정하며 영상녹화제도 자체가 가질 수 있는 강제수사성, 진술거부권 침해적 성격을 부각하고, '생생함으로 인한 과도한 편견'을 우려하는 부정설의 입장 역시 수사기관에 의하여 사법절차가 주도적으로 흘러가는 것은 필연적으로 피의자나 피고인의 방어권에 해가 된다는 법철학적 성찰이 배경에 자리하고 있는 것으로 보인다. 이러한 점은 공판중심주의를 바라보는 양측의 견해차이에서 분명히 드러나는 것 같다. 피의자나 참고인 등의 진술을 수사과정에서 적극적으로 얻어내는 것이 수사활동의 존중받아야 할 중요한 기능이고 그러한 활동의 결과물이 그대로 법정에 현출되어 법관의 판단대상이 되어야 하는 것이며, 이것이 실체적 진실의 발견이라는 형사소송법의 한 이념과 공판중심주의를 적절히 절충하는 것이라고 생각할 수 있다. 그러나 이러한 생각에 반대하며 목적지향적이고 힘의 불균형이 존재하는 수사절차에서의 결과물은 그 자체로 의심의 대상이 되어야 하고 진정으로 균형있고 공정한 절차는 법정에서 가능한 것이므로 법정에서의 진술과 물증을 통해서 심리가 이루어지는 것만이 공판중심주의의 이상이라고 생각할 수도 있다.

나라의 형사재판현실에서는 영상녹화물을 증거로 활용할 필요성이 적고, 오히려 영상녹화물의 활용을 확대하는 것은 지나치게 검찰측에 유리하게 작용할 수 있다는 의견도 있다. 김면기, 앞의 논문, 164-169면.

私見으로는 직권주의와 직접주의가 결합한 독일이나 당사자주의와 공판중심주의에 철저한 미국 등의 입법례와 달리 자백의 유무와 상관없이 이미 조서에 대해 전문법칙의 예외를 광범위하게 인정하고 있는 우리나라의 현실[38]에서 영상녹화물의 증거능력을 '추가로' 인정하는 것은 안그래도 조서로 대변되는 힘의 불균형을 시정하기 어려운 상황에서 소추당사자측의 무기를 강화시켜주는 것이며, 이념적으로도 공판중심주의와 직접주의에 반하는 수사기관만을 위한 증거방법이 될 가능성이 커 보인다는 점에서 소극적 실체진실발견의 원칙과 적정절차의 원칙을 지향하는 형사소송법의 윤리적 요청에 부합한다고 보기 어렵다고 생각한다.[39] 또한 부정설의 다수 견해가 수사기관의 자의적 영상녹화를 사실상 허용하는 현행법 제도를 조서의 왜곡 가능성에 비견하여 비판하고 있다는 점에서 이를 시정하지 않고는 영상녹화물에 대한 '불량증거'의 시비는 사라지지 않을 것으로 보인다.[40]

Ⅳ 논의를 마치며

수사절차에서의 영상녹화제도는 대체로 수사의 과정에 투명성을 담보하여 수사과정에서 일어날 수 있는 불법행위를 미연에 차단하고 피의자나 피조사자의 인권을 보다 실질적으로 보장하기 위한 제도로 그 취지가 이해되고 있다. 그런데 2007년 형사소송법의 개정으로 도입된 영상녹화제도에 대한 한국에서의 논의는 그러한 절차적 의미보다는 이 제도의 부산물인 영상녹화물을 어떻게 사용할 수 있느냐에 초점이 맞추어져 있다. 영상녹화제도의 도입 논의에서 보았듯이 수사절차에서 피의자의 방어권을 보장한다는 취지보다는 위태위태하던 조서의 지위를 대체하여 수사절차를 기록하여 재현하는 기록수단의 관점을 중심으로 제도가 도입

38) 형사소송법이 전문증거는 증거능력이 없다는 원칙을 규정하고 있음에도 수사기관 혹은 사인이 작성한 각종 서류 등에 대한 전문법칙의 예외가 폭넓게 인정되고 있음은 주지의 사실이다.

39) 같은 취지로 조기영, 앞의 논문, 430면; 천진호, 앞의 논문, 238면.

40) 이러한 이유로 영상녹화를 의무적 제도로 변경해야 한다는 견해가 주장되고 있다. 이동희, "수사과정 영상녹화제도에 대한 비교법제 연구", 경찰법연구 제14권 제2호, 2016, 27면.

되었고, 실제 개정의 과정에서 영상녹화물의 증거능력을 보충적으로나마 인정할 수 있는 근거가 법안으로 마련되기도 하였었다는 사실이 증거능력을 둘러싼 논의가 지속되는 배경이 되고 있다. 더구나 판례에 의하여 영상녹화물의 증거사용에 대한 실무적인 결론이 사실상 내려진 상황에서도 이러한 논쟁이 지속되는 것은 공판중심주의 이념을 둘러싸고 적지 않은 간격을 드러내고 있는 수사과정의 법정 현출필요성에 대한 異見 때문이라고 할 수 있다. 이는 과거 조서재판에 대한 논쟁과 다르지 않다. 진술증거를 중심으로하는 수사활동을 형사재판절차가 적극적으로 받아들이면 이는 형사절차의 왜곡이라는 시각과 실체진실의 발견은 형사사법절차의 부인할 수 없는 지향점이며 이를 위해서는 실체진실에 근접한 수사활동을 제약해서는 안된다는 시각의 충돌이다. 현재의 영상녹화물에 대한 논의에서 절충적인 해결책으로 증거능력은 배제하되 탄핵증거로의 사용은 허용하자는 주장[41]이 일응 설득력을 가질 수도 있을 것이다. 그러나 필자가 예상하기에는 탄핵증거로의 사용에 대한 본격적인 논의가 있게되면 영상녹화물의 증거사용을 반대하는 입장은 대부분 탄핵증거로의 사용도 반대할 것으로 생각된다. 이 입장은 영상녹화물이 법정에서 재생되는 자체에 대한 문제제기를 하고 있는 것이 때문이다. 이념적으로도 실체진실의 발견과 적정절차의 원칙은 절충될 수 있는 성격의 것이 아니다. 현행 형사소송법의 많은 규정들은 개별적으로 어느 한 이념의 손을 들어준 결과물들이다(물론 그러한 조문들이 모이면 전체적으로는 절충의 형태로 보일 수 있다). 결국 이 논쟁도, 필자의 개인적인 견해로는, 어느 한 쪽의 손을 들어주는 입법적인 결단이 있어야 해결될 수 있을 것으로 보인다.[42]

---

41) 김면기, 앞의 논문, 169면 이하; 이재학, 앞의 논문, 64면 이하.

42) 2007년의 개정논의과정에서 논의에 참여한 사람들이 이러한 논쟁이 지속될 것이라는 점을 예상하지 못하였다고는 생각치 않는다. 다만 법률안의 마련이라는 것이 응당 학문적인 논리에 의해서만 이루어지지는 못한다는 것 때문일 것이고, 오늘날도 환경이 달라졌는지는 여전히 의문이다.

추록

수사과정에서 피의자나 참고인의 진술을 녹화한 영상녹화물을 공판정에서 증거로 사용할 수 있는지 여부에 대한 한국에서의 논의는 2020년의 형사소송법 개정으로 새로운 국면을 맞이하게 되었다. 이미 정리하여 소개한 바와 같이 2020년 이전에는 검사가 작성한 피의자신문조서는 '실질적 진정성립'과 '특신상태'를 요건으로 증거능력을 인정하고 있었기에, 피의자신문의 과정을 녹화한 영상녹화물도 '조서'와 같이 취급하여 증거능력을 인정할 수 있을지에 대한 해석론 차원의 논쟁이 가능하였다.

그러나 2020년 2월, 검사가 작성한 피의자신문조서도 (경찰이 작성한 경우와 마찬가지로) 피의자였던 피고인이 공판정에서 그 내용을 인정하는 것(조서의 기재내용이 사실과 일치한다고 인정함)을 요건으로 증거로 사용할 수 있도록 형사소송법이 개정[43]되면서 이러한 해석론 차원의 논쟁은 더 이상 가능하지 않게 되었다. 그 이유는 2020년의 개정취지가 조서의 왜곡 가능성과 조서재판의 폐해를 시정하고 공판중심주의를 강화하자는 것으로, 사실상 수사과정에서 작성된 조서의 증거능력을 배제하는 것으로 이해되기 때문이다.[44] 따라서 개정된 현행법 하에서는 영상녹화물이 조서보다 더 정확한 증거방법이므로 조서를 '대신하여' 증거로 사용할 수 있다는 해석론은 사실상 의미를 잃게 되었다고 할 수 있다. 설령 영상녹화물이 조서의 한 종류로 인정된다고 하더라도 증거로 사용할 수 있으려면 피고인의 '내용인정'이 필요하므로 영상녹화물을 증거물로 사용하고자 하는 긍정설의 근본취지가 상실되기 때문이다.

수사과정에서 수사기관에 의하여 작성된 자료를 증거로 직접 사용하는 것을 되도록 배제하고, 피고인의 반대신문권이 보장된 법관 면전 공판정에서의 심리를

43) 형사소송법 제312조(검사 또는 사법경찰관의 조서 등) ① 검사가 작성한 피의자신문조서는 적법한 절차와 방식에 따라 작성된 것으로서 공판준비, 공판기일에 그 피의자였던 피고인 또는 변호인이 그 내용을 인정할 때에 한정하여 증거로 할 수 있다. 〈개정 2020. 2. 4.〉

44) 따라서 영상녹화물을 조서의 진정성립을 확인하는 수단으로 사용할 수 있도록 한 제312조 제2항의 규정도 이번 개정에서 삭제되었다.

더욱 중시하는 실무의 경향은 다음의 두 가지 사례에서도 확인되고 있다.

우선 舊「성폭력범죄의 처벌 등에 관한 특례법」 제30조 제6항에 규정된 아동 피해자의 진술을 담은 영상녹음·녹화물에 대한 증거특칙규정("공판준비기일 또는 공판기일에 조사과정에 동석하였던 신뢰관계에 있는 사람 또는 진술조력인의 진술에 의하여 그 성립의 진정함이 인정된 경우에 증거로 할 수 있다.")에 대해 헌법재판소의 위헌결정이 있었다. 이 위헌결정의 주된 취지는 수사과정에서 만들어진 영상녹화물을 그대로 증거로 사용하는 것은 피고인의 반대신문권을 본질적으로 침해하여 공정한 재판을 받을 권리를 과도하게 침해한다는 것[45]이었고, 이러한 취지를 반영하여 다시 해당 법률이 개정되었다. 개정의 주요 내용은 피해자의 진술을 담은 영상녹화물의 증거능력을 인정하기 위해서는 피고인이 증거보전절차, 공판절차에서 원진술자인 아동 피해자를 증인으로 반대신문할 수 있어야 한다는 것이다. 다만, 아동 피해자가 진술불능상태에 있고, 특신상태가 증명된 경우에는 예외적으로 증인신문 없이 영상녹화물의 증거능력을 인정하도록 하고 있다.

두 번째는 영상녹화물의 녹화주체인 '수사기관'의 정의를 확대하는 해석론이다. 주지하다시피 이 글에서 논의의 대상이 되는 것은 수사기관이 조사과정에서

45) 헌법재판소 2021. 12. 23. 선고 2018헌바524 전원재판부.
"심판대상조항은 미성년 피해자가 증언과정 등에서 받을 수 있는 2차 피해를 막기 위한 것이다. 미성년 피해자의 2차 피해를 방지하는 것은, 성폭력범죄에 관한 형사절차를 형성함에 있어 포기할 수 없는 중요한 가치이나 그 과정에서 피고인의 공정한 재판을 받을 권리도 보장되어야 한다. 성폭력범죄의 특성상 영상물에 수록된 미성년 피해자 진술이 사건의 핵심 증거인 경우가 적지 않음에도 심판대상조항은 진술증거의 오류를 탄핵할 수 있는 효과적인 방법인 피고인의 반대신문권을 보장하지 않고 있다. 그 결과 피고인은 사건의 핵심 진술증거에 관하여 충분히 탄핵할 기회를 갖지 못한 채 유죄 판결을 받을 수 있는바, 그로 인한 방어권 제한의 정도는 매우 중대하다. 반면 피고인의 반대신문권을 일률적으로 제한하지 않더라도, 미성년 피해자가 증언과정에서 받을 수 있는 2차 피해를 방지할 수 있는 여러 조화적인 제도를 적극 활용함으로써 위 조항의 목적을 달성할 수 있다. 우리 사회에서 미성년 피해자의 2차 피해를 방지하는 것이 중요한 공익에 해당함에는 의문의 여지가 없다. 그러나 심판대상조항으로 인한 피고인의 방어권 제한의 중대성과 미성년 피해자의 2차 피해를 방지할 수 있는 여러 조화적인 대안들이 존재함을 고려할 때, 심판대상조항이 달성하려는 공익이 제한되는 피고인의 사익보다 우월하다고 쉽게 단정하기는 어렵다. 따라서 심판대상조항은 과잉금지원칙을 위반하여 공정한 재판을 받을 권리를 침해한다."

녹화한 영상녹화물이다. 수사기관이 아닌 제3자가 녹화한 것은 일반적인 디지털 증거와 같이 취급된다. 그런데 최근의 사례에서 한국의 대법원은 '수사기관'의 정의를 해당 사건을 수사하는 검사나 수사관뿐만 아니라 다른 수사기관에 소속되어 객관적 분석업무를 처리하는 직원에게까지 확대하는 판결[46]을 내렸다. 이 사례에서 지방검찰청의 검사가 성폭력 범죄사건의 수사과정에서 해당 사건의 수사관이 아닌 대검찰청[47] 과학수사부 진술분석관에게 피해자의 진술분석을 의뢰하였고, 그러한 의뢰에 따라 진술분석관이 피해자를 별도로 면담하고 이 과정을 녹화하여 그 녹화물을 검사에게 제출하였다. 그리고 검사는 해당 녹화물을 수사기관이 아닌 제3자가 작성한 기록물과 같이 증거로 사용할 것을 신청하였다. 그러나 대법원은 대검찰청의 진술분석관은 사실상 같은 조직이라고 할 수 있는 지방검찰청 검사의 영향에서 자유롭다고 볼 수 없고, 실제 진술분석관의 면담도 검사가 제공한 수사기록을 바탕으로 이루어졌다는 점에서 이러한 영상녹화물은 '수사기관'이 작성한 영상녹화물로 보아야 한다고 판단하였다. 그리고 형사소송법에 규정을 두고 있는 조서와 다르게 영상녹화물에 대해서는 증거능력을 인정하는 근거규정이 없으므로 조사과정을 녹화한 영상녹화물은 해당 사건의 증거로 사용할 수 없다는 2014년의 대법원 판결을 다시한번 확인하면서 이 사례의 영상녹화물도 증거로 사용할 수 없다는 판결을 내렸다.

이러한 사례들을 통해 헌법재판소와 대법원을 중심으로 하는 한국의 실무는 수사과정에서 수사를 위해 일정한 의도나 목적 하에 만들어진 영상녹화물을 그 자체로 직접적인 증거물로 사용하려는 시도는 공판중심주의와 공정한 재판을 받을 권리라는 차원에서 엄격히 제한되고 있다는 점을 확인할 수 있다. 하지만 이로 인해 영상녹화물의 증거사용에 대한 논의가 정리되었다고는 할 수 없다. 종래의 논의가 형사소송법의 해석론으로 이루어졌다면, 이제는 입법정책론으로 변화되었다고 할 수 있다. 조서재판의 폐해를 시정하고 공판중심주의를 강화한다는 취지로

---

46) 대법원 2024. 3. 28. 선고 2023도15133, 2023전도163, 164 판결.

47) 한국에서 대검찰청은 법이 정한 예외적인 경우를 제외하고 수사업무를 직접 수행하지 않고, 상고사건의 공소유지와 각급 검찰청 검찰사무의 지휘·감독업무만을 수행한다.

조서의 증거사용을 사실상 배제하는 개정이 이루어졌지만, 이에 대해서는 여전히 비판적 의견이 적지 않다. 실체적 정의와 공판절차의 효율성을 추구하는 측면에서 보면 수사의 과정을 통해 드러난 여러 사실관계들이 법정에 잘 전달될 수 있도록 하는 통로는 반드시 필요하다는 것이다. 이러한 취지로 영상녹화물의 증거사용이 가져올 수 있는 폐해를 최소화하는 방안(예를 들면 피의자에 대한 조사과정은 영상녹화를 의무화하고, 조사과정에 대한 변호인의 실질적 참여권을 확대하며, 조작이나 편집방지를 위한 조치를 강화하고, 공판준비과정에서 영상녹화물을 피고인이나 변호인에게 사전에 공개하는 등)의 마련을 전제로 영상녹화물의 증거사용을 허용하는 입법이 필요하다는 주장이 학계와 실무계에서 이루어지고 있고, 이에 대한 찬반 논의는 여전히 현재진행형이다.

2025. 2.

제10장

취조기록매체(영상녹화물)의 실질증거화를 둘러싸고

이부스키 마코토(指宿 信) | 세이죠대학(成城大学) 법학부 교수
번역: 이동희 | 국립경찰대학 법학과 교수

I 시작하며

1. 2016년 5월, 우리나라(일본)에서 경찰관·검찰관(역자주, 이하 '검사'로 번역함)에 의한 피의자취조(역자주, '피의자신문'에 해당)를 녹음녹화하는 의무가 마침내 법제화되었다.[1] 녹음녹화의무의 대상은 재판원재판사안과 검찰독자수사사건에 한정된다. 그러나 조서 작성 시에 녹음녹화기록매체가 없으면 당해 조서의 증거능력은 인정되지 않는다는 법제도는 밀실에서의 장기간·장시간에 이르는 피의자신문이 허위자백의 원인이 되어 왔던 우리나라(일본)의 형사사법의 역사를 감안하면 극적인 변화를 초래할 것으로 기대된다.

2. 위 법개정과 병행하여 2014년 6월 16일에 검사취조의 녹음녹화의 범위를 운용에 의해 확대하는 방향성을 표명한 통지(最高檢判 第64號)를 발출(發出)했었던 검찰청은 2015년 2월 12일에는 재판원재판에 있어서 피의자의 초기 공술(供述, 진술)에 관한 입증방법으로서 녹음녹화기록매체의 활용을 시사하고, 「실질증거로서 청구하는 것을 목적으로 녹음·녹화를 실시하더라도 지장이 없다」고 하는 통지를 발출했다(最高檢判 第22號).

---

1) 刑事訴訟法の·部を改正する法律(형사소송법의 일부를 개정하는 법률) (제189회 국회제출·閣法 제42호, 2016년(平成 28年) 법률 제54호)

3. 종전부터 가시화의 도입에 소극적인 자세를 보여왔던 검찰청의 이러한 방침 전환은 공술조서(역자주, '진술조서'에 상응)라고 하는 형태의 자백을 기록해서 증거화하여 공판에 제출하는 것보다 자백을 영상으로서 기록하여 이를 공판정에 재생하는 쪽이 입증상 훨씬 효과적이라고 인식했다는 점을 드러내는 것이라 말할 수 있을 것이다.[2] 최고검판(最高檢判) 제22호의 발출 후 각지의 다수의 사건에서 실제로 자백의 신용성 판단의 근거로서 취조 DVD가 사용되었다고 보고되었고,[3] 검찰측은 자백하는 취조 풍경을 기록한 영상은 법정에서 부인하는 피고인에 대응하는 효과적인 수단이라고 평가하고 있다.[4]

Ⅱ 문제제기

1. 취조의 모습을 음성·영상에 의해 기록하는 이른바 '취조의 가시화'는 세계적인 조류이다.[5] 아시아권에서도 한국이나 대만이 취조의 가시화 도입에 앞섰으며, 일본에서는 2000년대에 들어서 변호사회가 입법을 요구하는 캠페인을 개시했

2) 이미 시행단계부터 최고검찰청은「신용성 등을 입증하기 위한 증거로서 사용하는 방향에서 시행과 검증을 쌓아나갈 필요」를 언급하고 있었다. (일본)최고검찰청의「取調べの録音·録画の試行の検証について(취조의 녹음·녹화의 시행의 검증에 관하여)」(2008년 3월) 39면. 이 점에 관하여는 稲川龍也,「被疑者取調べ及び供述調書の在り方(피의자신문 및 진술조서의 바람직한 방향)」, 法律のひろば 제66권 제6호, 2013, 56면 등 참조.

3) 재판례(裁判例)에 관하여는 田野尻猛,「検察における取調べの録音·録画の運用(검찰에 있어서의 취조의 녹음·녹화의 운용)」, 刑事法ジャーナル 제42호, 2014, 17면 이하; 丸山和大,「取調べDVDの実質証拠化(취조DVD의 실질증거화)」, 季刊刑事弁護 제82호, 2015, 50면 등 참조.

4) 建元亮太,「裁判員裁判において、自白の信用性を立証するため、取調べ録音·録画を活用した例(재판원재판에 있어서 자백의 신용성을 입증하기 위해, 취조 녹음·녹화를 활용한 예)」, 捜査研究 제791호, 2016, 58면 등.

5) 취조의 가시화에 관한 일본의 선구적인 조사연구로서는 渡辺修·山田直子(編),『取調べ可視化—密室への挑戦 イギリスの取調べ録音·録画に学ぶ(취조가시화—밀실에의 도전, 영국의 취조녹음·녹화에 배운다)』, 成文堂, 2004; 同,『被疑者取調べ可視化のために オーストラリアの録音·録画システムに学ぶ(피의자취조가시화를 위하여, 호주의 녹음·녹화시스템에 배운다)』, 現代人文社, 2005 등이 있다.

고,[6] 여론도 이를 지지하고 있었지만 법제화가 늦어지고 있었던 것이다.[7] 취조의 가시화를 의무화한 이번 개정법의 입법취지는 취조의 가시화는 위법한 취조를 억제하고, 허위자백의 가능성을 감소시켜 오판방지의 관점에서 유익하다는 것이었다. 제 외국에 있어서도 형사사법개혁이나 수사개혁에 있어서, 이와 같은 견지에서 녹음녹화제도가 도입되어 실시되었던 것이 많았다.[8]

그런데 1980년대 후반부터 심리학자로부터 영상이 시청자에 미치는 오류(바이어스)의 위험성이 지적되기 시작함으로써「취조의 녹음녹화에 의한 위법한 심문의 억제나 자백의 임의성 판단을 도와준다」라고 하는 법조계로부터의 기대에 의문이 제시되게 되었다. 예를 들어 오하이오대학(Ohio University)의 라시터(Lassiter) 등의 연구그룹은 피의자의 표정이 정면에서 촬영된 때에 시청자에게 생기는 바이어스가 크다는 점(Camera Perspective Bias: CPB)을 실험으로서 명백히 했고, 이 바이어스를 사전에 억제·회피하거나 사후적으로 제거하거나 하는 것은 곤란하다는 점을 시사했다.[9] 즉, 취조영상을 실질증거로서 사용한 경우에 사실인정의 평가를 잘못

---

6) 日本弁護士連合会,「取調べの可視化」についての意見書(「취조의 가시화」에 대한 의견서)」(2003年 7月 4日).

7) 운동의 이데올로기로서의 중심적인 역할을 담당했던 것이 小坂井久(코사카이 히사시) 변호사에 의한 일련의 저작일 것이다.『取調べ可視化論の現在』(現代人文社, 2009),『取調べ可視化論の展開』(現代人文社, 2013) 등.

8) 각국의 역사나 실무에 대하여는 예를 들어, 졸편저『取調べの可視化へ！—新たな刑事司法の展開(취조의 가시화에! −새로운 형사사법의 전개)』(日本評論社, 2011), 졸저『被疑者取調べ録画制度の最前線 可視化をめぐる法と諸科学(피의자취조 녹화제도의 최전선, 가시화를 둘러싼 법과 제과학)』(法律文化社, 2016) 등을 참조. 전자에서는 한국, 호주, 미국, 영국을 다루는 한편, 필자가 세계 각국의 가시화 상황을 개관한다. 후자에서는 미국, 캐나다, 영국, 호주 뉴질랜드를 다루고 있다.

9) Lassiter, G.D., Irvine, A.A., Videotaped Confessions: The Impact of Camera Point of View on Judgements of Coercion, Journal of Applied Social Psychology v.16 n.3, p.268(1986)이 가장 초기의 논고이다. 그 외에 Lassiter, G. D., & Meissner, C. A. (Eds.). (2010). Police interrogations and false confessions: Current research, practice, and policy recommendations.을 참조. 라시터 등의 연구나 CPB를 소개하는 최초의 일본문헌은 졸고,「取調べ録画制度における映像インパクトと手続法的抑制策の検討」判例時報 1995号, 2008, 3면〔졸저『被疑者取調べ録画制度の最前線−可視化をめぐる法と諸科学』(法律文化社, 2016)에 수록〕이다. 그 외 指宿信·黒沢香,「取調べの可視化」, 法と心理 제9권

한 위험이 구체적으로 지적된 것이다.

2. 그 이후 우리나라(일본)에서도 동종의 심리실험이 진행되어 국내외의 연구를 바탕으로 한 경종이 몇 차례 울려져왔다.[10] 그럼에도 불구하고 가시화의 법제화를 재촉하고 있었던 변호사회 내에서의 논의에서는 실질증거화 문제는 심화되지 않았다. 이러한 자세는 학계에 있어서도 마찬가지였다.[11] 즉, 가시화를 요구하는 피고인의 권리론이나 취조 전부의 녹음녹화를 요구하는 '전면가시화'론, 또는 취조적정화와의 관계에 관한 논의가 대부분이었다.[12]

3. 이번의 개정법에서는 녹음녹화기록매체의 공판에서 취조가 공술조서의 임의성에 대해 변호인이 다툰 경우에 의무화된다고 하는「임의성 판단의 자료」라고 하는 자리매김에 그치고, 실질증거로서의 이용을 규제하는 규정은 포함되지 않았다.[13] 다른 한편으로 실무가, 무엇보다 사실인정 과정에 책임을 보유한 재판관에게는 소극론이 강했다. 예를 들어, 개정법의 지침을 논의하고 있었던 법제심의회 '신

제1호, 2010, 82면.

10) 예를 들어, 若林宏輔·指宿信·小松加奈子·サトウタツヤ,「録画された自白：日本独自の取調べ録画方式が裁判員の判断に与える影響(녹화된 자백 : 일본 독자의 취조녹화방식이 재판원의 판단에 미치는 영향)」, 法と心理 제12권 제1호, 2012, 89면; サトウタツヤ·若林宏輔,「取調べ可視化論の心理学的検討」, 法律時報 제83권 제2호, 2011, 2면; 若林宏輔,「第6章 被疑者逮捕後の取調べ室の可視化と自白の任意性の問題(제6장 피의자 체포 후의 취조실의 가시화와 자백의 임의성의 문제)」,『法心理学への応用社会心理学アプローチ(법심리학에의 응용사회심리학 어프로치)』(ナカニシヤ出版), 2016, 133면 이하; 同,「心理学における取調べ録音·録画の利用の今後(심리학에 있어서의 취조녹음·녹화의 이용의 금후)」, 季刊刑事弁護 제89호, 2017, 138면 등 참조.

11) 영상의 위험성에 관하여는 당초부터 지적되었다는 견해도 있지만(小坂井久,「取調べ可視化批判論」批判」, 季刊刑事弁護 제88호, 2016, 101면), 이 점에 대하여 솔직히 인정하는 것으로서 예를 들어 岡慎一,「取調べの録音録画記録媒体の証拠利用」, 季刊刑事弁護 제91호, 2017, 54면은「취조녹음녹화제도 도입에 이르는 논의에서는 "객관적인 기록이라는 것"의 의의가 강조되어 왔지만, "객관적으로 기록된 정보"에 대하여 재판에서 증거로 하는 방법에 대한 논의는 반드시 충분하지는 않았다」라고 회상하고 있다.

12) 예를 들어 法律時報(법률시보) 2011년 2월호는「취조의 가시화와 수사구조의 전환」을 특집으로 했지만, 심리학자인 サトウ·若林論文(앞의 주 10)을 제외하고 취조영상의 위험성에 대한 언급은 없다.

13) (일본)형사소송법 제301조의2 (미시행) 참조.

시대의 형사사법특별부회'에서는 출석하고 있었던 재판관위원으로부터 녹음·녹화 기록을 공판정에서 재생하는 것에 대한 위화감이 표명되어 있었고,[14] 다른 재판관으로부터도 공판중심주의나 직접주의의 관점에서 문제가 지적되어 있다.[15]

Ⅲ 학설의 상황

1. 실질증거화에 관한 일본의 학설을 소개해 두고 싶다.

우선, 이미 다양한 기록매체가 법정에서 증거 이용되고 있는 것을 근거로, 또한 판례(최고재판소 결정 2005년(平成17年) 9월 27일 刑集 59권 7호 753면)이 범행·피해 재현비디오를 서명·날인 없이 (일본형사소송법) 322조 1항의 요건을 준용하여 증거능력을 부여할 수 있다고 한 것 등을 근거로 하여, 개정법의 추지에 대하여 녹음녹화기록매체의 보조증거로서 증거능력 부여를 인정하고 있다는 전제에 서서 당연히 실질증거를 금지할 이유는 없다고 하는 견해(적극설)가 있다.

예를 들어 개정법을 논의한 법제심의회 특별부회의 자리에서 井上正人 씨는 녹음녹화기록매체를 실질증거로 하는 것에 문제는 없다고 하는 적극설을 표명하고 있었다.[16] 동 부회의 구성원이었던 川出敏裕 씨도 좌담회의 자리에서 "이유에 있어서도 실질증거로서는 사용할 수 없다고 하는 것은 말할 수 없다는 의견이 대세를 점해서 논의는 종식되었다고 생각합니다"라고 법제심의회의 논의를 회상하고 있다. 이에 응하여 大澤裕 씨도 "(임의성의 입증 목적으로 조사한 녹음녹화기록매체를) 그대로 실질증거로서 하는 편이 딱 와 닫지 않습니까"라고 코멘트한다.[17]

---

14) 동 부회 제10회 (2012년 5월 24일) 의사록 중의 小川 재판관의 발언 참조. http://www.moj.go.jp/content/000099293.txt

15) 좌담회「新たな刑事司法制度の構築(새로운 형사사법제도의 구축)」, 法の支配 제184호, 6면 (2017-1), 22면의 福島 재판관의 발언 참조.

16) "정확히 녹취되어 있다는 것이 확인된다면, 녹음·녹화 자체를 그대로 실질적 증거로서 이용한다고 하더라도 좋다고 생각됩니다"라고 한다. 앞의 주 14 의사록 참조.

17) 좌담회,『「新たな刑事司法制度」の構築に向けて――法制審議会答申の検討』, 論究ジュリスト 제12호, 2015, 15면.

酒巻匡 씨는 그 기본서 중에서 자기에 불이익한 사실의 승인을 한 진술을 수록한 경우에 전문 예외로서 증거능력을 부여하는 형사소송법 제322조 제1항을 근거로 해서, 범죄사실을 인정하는 실질증거로서 녹음녹화매체에 증거능력이 부여된다고 한다.[18]

堀田周吾 씨도 "어디까지나 보완적인 것으로 자리매김되어야 한다"라고 하면서도 "공술조서부터 충분한 심증이 얻어지지 않은 경우나 공술조서에의 서명·날인을 피고인이 거부하고 있는 경우 등에" 실질증거 이용을 허용할 수 있다고 했다.[19]

2. 다음으로 피고인 변호인의 동의가 있으면 녹음녹화기록매체의 재생이 허용된다고 해석하는 견해도 있다.

正木祐史는 형사소송법 제198조 5항이 조서에 서명날인을 요구하고 있는 것에 비추어 "DVD 녹화라고 하는 한 가지를 가지고 서명날인은 불요하기 때문에 증거능력을 인정한다, 라고는 말할 수 없다"는 견지에서 그대로 증거능력을 부여하는 것에 의문을 제시한다.[20]

伊藤睦도 마찬가지로 제198조 5항이 서명날인을 피의자의 의사에 맡기고 있는 것으로 이해되는 이상은 녹음녹화기록매체의 법정에서의 재생에 관하여 피의자에게 선택권을 인정해야 한다고 한다.[21]

渕野貴生 씨는 기록매체를 증거조사하는 것은 영상 임팩트와 장시간의 취조 실무의 관점에서 불가능하다고 하고, "밀실의 취조에 의해 조사관으로부터 받은 영향력을 영상에 기초해서 재판관·재판원이 올바르게 평가할 수 있다는 보증은 어디에도 없기" 때문에 일본의 실무를 전제로 한다면 "기록매체를 실질증거로서 사용할 수 여부를 논의할 자격이 애초에 없다"고 갈파했다. 그러면서도 동씨는 제198조 5항의 서명날인에 대하여 녹취의 정확성뿐만 아니라 증거이용의 점에 대하

18) 酒巻匡, 『刑事訴訟法』, 有斐閣, 2015, 524면.

19) 堀田周吾, 「取調べの録音·録画記録の証拠利用」, 捜査研究 제785호, 2016, 9면.

20) 正木祐史, 「被疑者取調べの『可視化』」, 法律時報 제84권 9호, 2012, 16면.

21) 伊藤睦, 「取調べ可視化と証拠法」, 法律時報 제85권 9호, 2013, 73면.

여도 선택권을 인정하고 있다고 해석한 다음, 전 기록매체의 열람이나 증감변경 신청의 기회, 신청 상황의 기록이라고 하는 조건이 충족된 경우 서명날인이 행해진 때에 한하여 실질증거 이용의 여지를 인정하고 있다.[22)]

白取祐二 씨도 중대사건에서는 변호인의 참여를 의무화할 것, 임의단계부터의 전부 녹음녹화가 이루어진다면, 실질증거로서의 이용에 대하여는 피고인의 동의를 얻을 것을 요건으로서 증거능력이 인정된다고 했다.[23)]

이러한 논자의 견해에 공통하는 것은 현재의 일본에 있어서 행해지고 있는 변호인 참여가 없는 취조의 실태에 비판적이고, 실질증거 이용에 신중론의 입장을 취하고 있다는 점이다. 그리고 동시에 피고인·변호인의 동의나 각 논자가 제안하는 전체조건이 충족된 경우에 한하여 녹음녹화기록매체의 실질증거로서의 이용을 허용하는것이 특징일 것이다.[24)]

3. 이러한 견해에 대하여 일률적으로 증거금지의 견해를 취한 것으로 보이는 논자도 있다.

安部祥太 씨는 실질증거 이용을 금지하는 한국법을 참조하면서 녹음녹화기록매체의 위험성을 바탕으로 해서, "실질적 증가 사용을 긍정하는 것은 취조 의존을 전제로 한 논의에 빠질 우려가 있다"고 소극론을 주창했다.[25)]

전 재판관인 青木孝之 씨는 적정절차의 관점에서 녹음녹화기록매체에 "기계적 정확성의 이론이나 전기 최고재판소 판례 [最二決 2005년(평성17년) 9월 7일]의

---

22) 渕野貴生, 「録音録画記録媒体の実質証拠化をめぐる問題点(녹음녹화기록매체의 실질증거화를 둘러싼 문제점)」, 季刊刑事弁護 제91호, 2017, 26면.

23) 白取裕司, 「取調べの録音·録画と実質証拠化問題(취조의 녹음·녹화와 실질증거화 문제)」, 井田良 외 (編) 『浅田和茂先生古稀祝賀論文集[下巻]』, 成文堂, 2017, 145면.

24) 葛野尋之, 『刑事司法改革と刑事弁護』, 現代人文社, 2016, 165면도 같은 취지인가.

25) 安部祥太, 「被疑者取調べの録音·録画と記録媒体の証拠法的取扱い(피의자취조의 녹음·녹화와 기록매체의 증거법적 취급)」, 青山ロ—フォ—ラム 제3권 1호, 2014, 161~162면. 또한, 동 「裁判員裁判と取調べ録音·録画 —「撮ること」の重要性と「見ること」の危険性(재판원재판과 취조녹음·녹화 — 「찍는 것」의 중요성과 「보는 것」의 위험성)」, 法学セミナー 2017년 7월호, 42면도 참조.

존재를 근거로 곧바로 실질증거 이용을 인정하는 법률판단은 극히 위험하다"고 시사하고, "수사에 의한 공판의 실질적 지배의 현대적 완성"이 되어 버리는 위험성을 지적했다.[26)]

高内寿夫 씨는 비록 당해 취조에서 작성된 공술조서에 서명날인이 있다고 하더라도 녹음녹화기록매체에 기록된 음성·영상에는 "피고인이 자신이 제대로 스스로의 체험을 재현했던 것인지 못했던 것인지"라고 하는 문제가 남기 때문에 형사소송법 제322조 1항 서면으로서 녹음녹화기록매체를 증거조사 청구하는 것은 인정되어서는 안 된다고 한다.[27)]

石田倫識 씨는 공판단계에서는 변호인과의 협의나 증거개시, 질문에의 입회가 인정되어 있는 것에 비하여 피의자취조단계에서는 그러한 것들이 보장되어 있지 않는 것을 지적한다. 그 위에 그러한 절차 보장이 없는 가운데 촬영된 녹음녹화기록매체를 실질증거로서 공판정에서 이용하기 위해서는 절차보장의 '앞당겨 쓰는 것'이 필요하지만, 당해 절차보장의 '앞당겨 쓰는 것'에는 한계가 있기 때문에 결국은 공판이 취조와 '기록매체'에 과도하게 의존하는 결과가 될 것이라는 경종을 울리며 금지설을 설파하다.[28)]

中川孝博 씨는 전문증거인 녹음녹화기록매체를 현행법상 실질증거로서 허용하는 것은 안 되고, 실질증거로 하기 위해서는 입법이 필요하다고 한다. 입법의 있어서 필요한 요건으로서 바이어스를 회피하는 촬영방법이나 커뮤니케이션 특성의 심리학 감정, 묵비권 보장 등을 꼽는다.[29)]

이상과 같이 우리나라(일본)의 학설은 적극설, 선택권 또는 조건부 증거능력부여설, 그리고 입법론을 포함한 증거금지설의 3가지에 대별된다고 말할 수 있을 것

---

26) 青木孝之, 「取調べを録音·録画した記録媒体の実質証拠利用(취조를 녹음·녹화한 기록매체의 실질증거 이용)」, 慶應法学 제31권, 2015, 84~86면.

27) 高内寿夫, 『公判審理から見た捜査(공판심리에서 본 수사)』, 成文堂, 2016, 337면.

28) 石田倫識, 「録音·録画記録媒体を実質証拠として用いることの許否とその条件(녹음·녹화기록매체를 실질증거로서 사용하는 것의 가부와 그 조건)」, 法学セミナー 2017년 7월호, 30면.

29) 中川孝博, 「取調べ記録媒体を実質証拠として用いることの可否(취조기록매체를 실질증거로서 사용하는 것의 가부)」, 法律時報 제89권 5호, 2017, 167면.

이다. 특히 다음에 소개하는 이마이치 사건의 재판에서 취조 녹음녹화기록매체가 임의성의 판단을 위해 장시간에 걸쳐 재생된 후에 유죄판결이 내려진 것을 계기로 녹음녹화기록매체가 실질증거화하는 위험성이 인식된 결과, 금지설(소극설)이 다수 보이게 되었다.[30)]

Ⅳ 재판실무와 판례

1. 일본에서 비로소 실질증거화 문제가 주목을 받은 계기는 栃木県(도치기현)의 구 今市市[이마이치시, Imaichi-City] (현재는 栃木県 日光市[니코시, Nikko-City]에 병합)에서 발생한 여아살해사건, 이른바 '이마이치 사건'재판이었다. 이 재판에서는 宇都宮(우도미야)지방재판소에 있어서 7시간 이상 피의자취조의 녹음녹화기록매체가 재생되어 재판원을 맡았던 시민이 유죄판결 후의 기자회견에서 "녹음녹화매체를 보지 않았으면 유죄판결에 이르지 못했을 것이다"고 하는 취지의 발언을 했다(宇都宮地判 2016년(平成28年) 4월 8일 判例時報 제2313호 126면)).[31)]

본 건에서는 피고인이 피의자 단계에서 했다고 하는 자백을 기록한 조서의 증거 채용과 관련해서 당해 자백조서의 임성 입증을 목적으로 녹음녹화기록매체가 보조증거로서 재생되었다. 그럼에도 재판원은 살해의 공소사실을 인정하는 자료로 한 것이다. 즉, 재판원들은 녹음녹화기록매체로부터 유죄심증을 얻은 것이며,

30) 그외 녹음녹화기록매체의 법정에서의 재생이 미치는 임팩트나 위험성을 지적한 논고로서 이하 참조. 岡田悦典, 「被疑者取調べの録音·録画記録の取扱いについて(피의자취조의 녹음·녹화기록의 취급에 관하여)」, 季刊刑事弁護 제89호, 2017, 136 면; 石側亮太, 「映像は真実を映し出せるか? シンポジウム『取調べの可視化と裁判員裁判』(영상은 진실을 찍어내는가? 심포지엄 『취조의 가시화와 재판원재판』)」, 季刊刑事弁護 제89호, 2017, 199-200면 등.

31) 평석으로서 拙稿, 「取調べの録音録画記録を公判廷で長時間再生の上､映像記録中の被告人の供述態度や供述変遷から自白供述について十分に信用できるとした事案(취조의 녹음녹화기록을 공판정에서 장시간 재생한 다음 영상기록 중인 피고인의 공술태도나 공술변천으로부터 자백공술에 대해 충분히 신용할 수 있다고 한 사안)」, LEX/DB 新判例解說 Watch, 2017, No.108

녹음녹화기록매체가 사실상 실질증거화 되었다는 것이 명백해진 것이다.[32)]

2. 이러한 가운데 동경고등재판소(東京高判 2016년(평성28년) 8월 10일 判例タイムズ 제1429호 132면)가 주목해야 할 판시를 내렸다. 즉, 동 판결은 1심의 증거채용에 관한 판단에 재량의 일탈이 있었는가에 대하여 검토함에 있어서 공판에서는 보장되어 있는 제 절차(공개의 장에서의 재판, 재판관의 면전에서의 심문, 변호인의 동석, 교호심문이나 직권에 의한 심문)가 구비되어 있지 아니한 수사단계의 취조 중의 피의자의 공술 태도를 재판체가 수동적으로 보는 것으로서 재판체가 직관적이고 주관적인 판단에 빠져버릴 위험성을 지적하며, "객관적인 뒷받침이 없는 것을 취조 시의 공술 태도로부터 받은 인상으로 보충한다고 한다면, 신용성의 판단을 그르칠 위험성이 있다고 생각된다"고 한 다음 "취조 상황의 녹음녹화기록매체를 실질증거로서 일반적으로 이용한 경우에는 … 우리나라(일본)의 피의자의 취조제도나 그 운용의 실정을 전제로 하는 한, 공판심리절차가 수사기관의 관리 하에서 행해진 장시간에 걸친 피의자의 취소를 기록매체의 재생에 의해 시청하고, 그 적부를 심사하는 절차로 변해버린다는 걱정"이 있고, "직접주의의 원칙으로부터 크게 일탈하고, 수사로부터 독립한 절차라고 말하기 어려운 심리의 구조를, 적정한 공판심리절차라고 말하는 것에는 의문이 있다"고 말하며 실질증거로서의 이용을 금지시켰던 것이다.

이 판결은 적극설의 "임의성 판단의 보조증거가 되는 이상은 실질증거의 이용을 방해하지 아니한다"고 하는 형식론을 배척하고, 피의자 취조를 둘러싼 우리나라(일본)의 현행 법제를 전제로 한 법적 상황과 적정한 공판심리의 모습이라고 하는 실질론에 입각해서, 녹음녹화기록매체가 실질증거화하는 가능성을 봉쇄하려고 하는 것이다. 「위법취조에 대한 규제」라고 하는 「가시화의 본래의 목적」을 왜곡해서 공판에서의 입증방법으로 전환 이용하려고 했던 검찰측의 의도를 좌절시켰다는 의미에서 실무에의 영향은 지대하다.

3. 전술한 이마이치 사건의 항소심이 사실상의 실질증거화 문제에 대하여 무언

---

32) 공판을 방청하고 있었던 형사법학자의 레포트로서 平山真理, 「今市事件裁判員裁判は試金石となり得たか(이마이치사건 재판원재판은 시금석이 된 것인가)」, 法学セミナー 2016년 8월호, 1면.

가의 판단을 내릴 것이라 예상되는 가운데 2018년 8월에 동경고등재판소가 "원칙으로서 실증증거로서의 이용을 금지해야"고 한 견해를 명백해 했다(東京高判 2018년(平成30年) 8월 10일 공간물 미등재·裁判所Web 게재.[33] 원판결을 파기하면서도 살인의 공소사실은 인정하여 유죄. 항소기각). 고등재판소 판결은 1심 판결이 자백공술의 신용성의 보조증거로서 채용한 취조의 녹음녹화기록매체에 의해 범죄사실을 직접적으로 인정한 것에 대하여 이를 소송절차의 법령위반이라고 본 것이다.

2018년(평성30년) 판결은 녹음녹화기록매체가 공판정에서 재생된다면, "재판체(裁判体)는 기록매체의 시청에 의해 피고인의 공술내용을 인식하고, 동시에 그 때의 피고인의 공술 태도 등으로부터 공술의 신용성을 판단하는 것이 되고, 현실의 심증형성은 기록매체의 시청에 의해 직접적으로 이루어"져 버린다고 판시했다. 즉, 재판체가 자백의 임의성 판단의 자료(보조증거)로서 녹음녹화기록매체를 시청한 경우라고 하더라도 그 시청에 있어서는 자백의 임의성 판단을 뛰어넘는 신용성 판단까지 이르는 영향을 받아버릴 위험성, 즉, 보조증거가 실질증거화하는 위험성이 있다는 것을 인정하고, 금지설(소극설)을 채용한 것이다.

동시에 2018년 판결은 영상자료의 특성에도 경종을 울리고 있고, 녹음녹화기록매체를 시청한 결과 얻어진 판단은 "판단자의 주관에 의해 좌우된, 인상에 기초한 직감적인 판단이 될 가능성이 부정"되지 아니한다고도 지적한다.

V 끝을 맺으며

1. 전술한 2016년(평성28년) 판결 및 2018년(평성30년) 판결의 어느 쪽도 먼저 언급한 적극설에 서지 않았다는 것은 명확하다. 그리고 어느 쪽의 판결도 이제까지 학설에서 논의되어왔던 전문 예외에 관한 해석론에 대해서는 직접 언급하지도 않았다. 2016년 판결은 주로 직접주의 및 적정절차를 근거로 하여, 2018년 판결은 주로 영상 시청의 영향이라고 하는 심리적 위험성을 근거로 하여, 증거능력의 관

33) http://www.courts.go.jp/app/files/hanrei_jp/965/087965_hanrei.pdf

점에서가 아니라 법정에서의 녹음녹화기록매체의 재생의 가부라고 하는 관점에서 소극설(금지설)을 표방하고 있는 것이 특징적이다.

이들 고등재판소 판례가 실질증거 문제를 전문 예외나 전문증거의 비공술적인 이용에서 논하지 않았던 주된 이유는 실질증거화 문제의 본질이 녹음녹화기록매체 자체의 증거로서 법적 자리매김에 있다기 보다는 오히려 공판정에서의 녹음녹화기록매체의 재생(영상)이 재판체(시청자)에게 미치는 영향이 사실인정을 그르칠 가능성의 존재가 확인된 이상은, 이를 법적으로, 그리고 경험적으로 규제하는 관점에서 검토해야 한다고 이해한 것이라고 생각된다.

또한, 제2장에서 언급한 최고재판소 판례(최고재판소결정 2005년)가 범행·피해재현비디오에 서명·날인이 없는 채로 증거능력을 부여한 것과의 정합성을 설명하는 것이 이론적으로 곤란하다는 점에서 전문증거의 관점을 회피했다고 보는 것도 가능할 것이다.

2. 나아가 필자는 여기서 양 판결에서는 말하지 않았던 다른 증거법 상의 관점을 제시하여 경험적으로 실질증거 이용뿐만 아니라 임의성 입증을 위해서도 법정에서의 녹음녹화기록매체의 재생을 삼가하지 않으면 안 된다는 것을 주장해두고 싶다. 그 참고가 되는 것이 이미 우리나라(일본)에서 확립된 증거법상의 원칙으로 되어 있는 '악성격 증거금지의 원칙'이다.[34)]

이 원칙은 전과 전력 등 피고인의 종전의 범죄행위를 공소사실의 입증에 이용해서는 안 된다고 하는 영미법 유래의 룰이다.[35)] 일반적으로는 동 원칙은 이중이 추론(피고인은 범죄성향이 있다, 따라서 본건 사건의 범인이다)를 거쳐 공소사실을 추인시키므로 사용이 금지된다,라고 설명된다. 그러나 경험적으로 생각해보면 앞의

---

34) 最二判 2012년(平成24年) 9월 7일 刑集 66권 9호 907면은「전과, 특히 동종 전과에 대하여는 피고인의 범죄성향이라고 하는 실질적 근거가 빈약한 인격 평가에 연결되기 쉽고, 그 때문에 사실인정을 그르칠 우려가 있」다고 하여 한정인 입장을 보인다.

35) 오래된 것으로 松岡正章,「被告人の悪性格の立証についての一考察(피고인의 악성격의 입증에 대한 일고찰)」, 立命館法学 제50호, 1963, 23면을 참조. 요즘의 비교법연구로서 高平奇恵,「イギリス法の視点からみる悪性格証拠に関する課題(영국법의 시점에서 본 악성격 증거에 관한 과제)」, 法政研究(九大) 제81호, 2015, 373면 등을 참조.

범죄사실이 피고인에게 나쁜 인상을 가기게 해버려서 사실인정자의 판단에 예단이나 편견을 초래하여 강화시켜 버리는 심리적인 효과(즉, 인과발생의 가능성)가 있다는 것은 부정할 수 없을 것이다. 취조 영상에도 심리적으로 보는 자에게 악성격증거와 마찬가지로 예단이나 편견을 가지게 하는 효과가 있다고 생각된다. 즉, 이는 전문법칙에 관한 해석론에 맡겨두어야 하는 것이 아니라 인과(因果)를 단절시키기 위한 규범의 책정을 검토해야 하는 문제인 것이다.

무엇보다 악성격 증거도 유죄가 된 후의 양형단계에서는 이용하는 것이 금지되지 아니한다. 앞의 범죄사실을 이번의 범죄사실에 대한 양형사정으로서 가미하는 것은 특별예방과 응보의 관점에서 지지되기 때문이다. 취조 영상도 공소사실 인정의 단계에서의 증거이용은 허용되지 않지만, 예를 들어 양형단계에서 피고인이 당초 피의자 단계에서 어느 정도 반성의 모습을 보였는가,라고 하는 변호측에게 유리한 정상을 증명하는 보조증거로서 채용되는 것을 금지시킬 필요는 없다고 생각한다.

필자는 지금까지 취조 녹음녹화기록매체를 증거로서 법정에서 재생하는 것에 신중하지 않으면 안 된다는 점을 영상을 증거에 사용한 결과 발생했다고 생각되는 제 외국의 오판사례나 국내외의 심리학 실험연구 등을 바탕으로 지적해온 바이다.[36] 그러한 실증적인 근거뿐만 아니라 기존의 증거법칙 중에 취조의 녹음녹화기록매체의 시청에 의해 생겨난 심리적 바이어스의 발생으로 연결되는 문제인식이 지금까지 존재했다는 것을 강조해두고 싶다.[37]

미국의 저명한 법심리학자인 삭스(Saks)와 스팰만(Spellman)은 이러한 영미법 유래의 악성격 증거금지의 룰에 대하여 심리학의 입장에서 검토를 가함에 있어 이렇게 말하고 있다. 즉, "법률가들은 사람이 법률에서 성격이라고 불려지고 있는 일정한 정신적인 특성을 가지고 있고, 성격이 행위에 대해 인과적인 영향을 가지

---

36) 졸고, 「被疑者取調べ録画映像のインパクト —実質証拠化の危険性をめぐって(피의자취조 녹황여상의 임팩트 —실질증거화의 위험성을 둘러싸고)」, 『現代日本の法過程 宮澤節生先生古稀記念論文集[下]』, 信山社, 2017, 137면.

37) 심리학의 관점에서 악성향 증거에 대하여 설명을 가미한 연구로서 예를 들어, Saks M.J & Spellman B.[2016], The Psychological Foundations of Evidence Law, Ch. 5 Character Evidence를 참조. See, at 150. 동 책을 소개한 것로서 藤田政博, 「証拠法の心理学的基礎(증거법의 심리학적 기초)」, アメリカ法 2017-II, 274면.

고 있다고 결론 지우고” 있고, “배심원이 그러한 성격 증거를 과대평가해버리는 것을 회피하기 위해 이러한 증거를 배제해야 한다고 결론 지우고 있다.” 삭스와 스팰만이 악성격 증거 금지의 본질을 심리학적으로 지적하고 있는 바와 같이 취조의 녹음녹화기록매체에 대하여도 자백의 임의성이나 신용성 판단에 있어서 재판체(裁判体)에 대한 “인과적인 영향”이 예상되는 이상, 증거법상 그러한 위험성을 제거하기 위해 법정에서 재생하는 것을 금지해두어야 한다고 생각한다.

3. 형사절차에 있어서 심리학의 연구성과를 바탕으로 하지 아니하면 안 되는 장면은 매우 많다. 금후는 그러한 연구에 기초하여 인간의 지각이 무의식으로 일으키는 오류를 회피할 수 있는 해석이론이나 정책입안이 요구될 것이다.

2018년 3월 27일 일본변호연합회는 필자의 저작을 인용하면서 취조 녹음녹화 시의 촬영방향을 변경하는 요망서(要望書)를 법무대신, 검사총장, 국가공안위원장, 경찰청장관에 발출했고,[38] 그 후에도 취조의 영상이 미치는 영향에 관한 공개심포지엄이 개최되거나[39] 대중매체에서도 주목이 집중되거나 하게 되었다.[40] 이와 같이 법과 심리학의 학제적인 연구가 적절히 받아들여진 결과, 실무운용을 개선하는 증거법칙을 잉태하는 계기가 된다고 하면 참으로 기쁘겠다.[41]

---

38) https://www.nichibenren.or.jp/library/ja/opinion/report/data/2018/opinion_180327.pdf

39) 심포지엄의 기록으로서 牧野茂·小池振一郎 (編), 『取調べのビデオ録画 —その撮り方と証拠化(취조 비디오녹화 —그 찍는 법과 증거화)』, 成文堂, 2018이 있고, 필자의 발언이 수록되어 있다.

40) 朝日新聞, 「取り調べ可視化に盲点? 映像、有罪立証に利用(취조가시화의 맹점? 영상, 유죄입증에 이용)」, 2017년 2월 4일; 産経新聞 Web版, 「裁判員制度9年 取り調べ録画の印象「判断に影響」撮影方向の見直し論高まる(재판원제도 9년 취조녹화의 인상 「판단에 영향」 촬영방향의 수정론 고조되다)」, 2018년 5월 1일 (https://www.sankei.com/affairs/news/180521/afr1805210003-n1.html). 또한, 이마이치(今市)사건 항소심 판결 후에는 각 언론사의 사설이 일제히 영상 이용에 신중함을 요구하는 논조를 보였다. 예를 들어 毎日新聞, 「社説 法廷と取り調べ映像「印象有罪」の制御が必要だ(사설 법정과 취조영상 「인상유죄」의 제어가 필요하다)」, 2018년 8월 7일(https://mainichi.jp/articles/20180807/ddm/005/070/088000c).

41) (일본)법무성 형사국장도 심리학의 견지를 연구해나가야 할 필요성을 인정하고 있다. 2017년 4월 8일 제193회 국회 중의원 법무위원회(法務委員会)에 있어서의 林眞琴 국장의 답변 참조.

[자료]: 이마이치사건 항소심 판결(東京高裁2018年8月3日) 발췌

5. 조사 녹음이 기록 매체에 관한 소론에 대하여(요지 57쪽~)

(2) 원심 재판소가 의도적으로 조사 녹음 · 녹화 기록 매체를 사용하여 범죄 사실을 인정했다고는 인정할 수 없지만, 원판결의 판단 내용을 보면, 해당 기록 매체를 통해 인정되는 피고인의 진술 태도를 근거로 피고인의 범인성을 직접적으로 추인하는 형태가 되고 있다.

조사 녹음 · 녹화 기록 매체를 시청한 뒤, 이어서 진술조서의 낭독을 하는 증거조사 절차를 밟으면, 재판부는 기록 매체의 시청을 통해 피고인의 진술 내용을 인식하고, 동시에 그때의 피고인 진술 태도 등을 토대로 진술의 신빙성을 판단하게 되므로, 실질적인 심증 형성은 기록 매체 시청에 의해 직접적으로 이루어지는 것으로 보인다.

원심 재판소는 검찰관이 범죄 상황을 입증하는 증거로 청구한 녹음 · 녹화 기록 매체에 대해, 변호인의 증거 의견을 들은 후 증거능력에 대한 판단을 했어야 하며, 재판소가 마치 조정안처럼 '실질증거로 하는 대신 신빙성 보조증거로 한다'는 제안을 할 사안이 아니었다.

(3) 앞서 이루어진 형사소송법 일부 개정은, 개정 규정의 내용이나 조사 녹음 · 녹화 제도의 도입이 검토된 경위를 보더라도, 일본에서 피의자 조사의 적정화를 도모하기 위해 시행된 것으로 이해된다.

그런데 조사 녹음 · 녹화 기록 매체로 재현되는 조사 중 피고인의 모습을 보고 자백 진술의 신빙성을 판단하려는 것에는 강한 의문이 있다. 즉, 원판결의 내용에서도 드러나듯, 기록 매체에 재현된 조사 상황을 보고 행하는 신빙성 판단은, 피고인의 자백 진술이 자발적인지 여부라는 단순한 관점에서 결론을 이끌어내는 위험이 있다는 것이다. 불리한 허위 자백에 이르게 되는 계기는 다양하게 상정될 수 있으므로, 조사 상황을 보고 '조사관에 의해 강요된 진술인가, 아니면 자발적 진술인가'라는 이분법적 판단을 하는 것은 지나치게 단순하고 소박한 접근이다. 특히 원판결처럼, 자발적이라 하더라도 허위 진술 가능성이 있다는 점이 간과될 위험이 있다.

일본의 피의자 조사 제도와 운용하에서 허위 자백이 나오는 경우가 있다는 것은 지금까지의 경험이 보여준다. 그럼에도 불구하고 수사 단계의 자백 진술은 그 증명력이 실제 이상으로 강하게 평가될 위험이 있다. 따라서 자백 진술의 신빙성 판단에서는, 진술이 강요된 것이 아님을 전제로 하면서, 비밀 폭로 여부, 객관적 사실이나 다른 증거와의 정합성 등 제3자도 검증할 수 있는 판단 지표를 중시하고, 내용의 합리성 · 자연성 등과 아울러 다각적으로 검토하며, 자백 진술과 적절한 거리를 두고 냉정하게 숙고하는 것이 중요하다. 그러나 피의자 조사 녹음 · 녹화 기록 매체를 보고 행하는 진술 신빙성 평가는,

자발적 진술 여부라는 관점에 그칠 가능성이 있으며, 설령 그 이상 검토가 이루어진다 해도, 구금 상태라는 특수한 환경에서 이루어진 자백 진술을, 해당 상황을 영상과 음성으로 재현한 피고인의 모습을 시청하는 과정에서 '진실을 말하는 것처럼 보이는가'라는 판단자의 주관에 좌우되는, 인상 기반의 직관적 판단이 될 가능성을 배제할 수 없다. 이는 앞서 말한 숙고를 오히려 방해하는 영향이 있을 수 있다는 우려를 지울 수 없다. 본건 자백 진술의 신빙성에 관한 원판결의 판단에는 많은 문제가 보이지만, 본건 각 기록 매체를 이용하여 실체적 판단을 한 점도 그러한 오류를 초래한 원인 중 하나라고 생각된다.

추록

1 실질증거로서의 이용에 관하여

조사 기록매체의 실질증거화와 관련해서는, 2018년 보고 이후 현재까지 일본 최고재판소가 이를 일률적으로 규율하는 판단을 내린 적은 없다. 재판소는 개별 사건에서 조사기록매체의 재생 여부를 개별적으로 판단하고 있는 것으로 보인다.

그 예로, 2022년 3월 9일 도쿄고등재판소 판결(법원 웹사이트 및 판례집에는 미등재)을 들 수 있다.[42]

이 사건에서 피고인은 유료 노인홈의 직원으로서 약 2개월 동안 입소자 3명을 각각 발코니에서 부축하여 펜스를 넘어가게 한 뒤 시설 뒤뜰로 추락시켜 살해한 혐의로 기소되었다. 제1심은 피고인의 수사단계 자백조서 등을 신용할 수 있다고 판단하여, 각 피해자를 살해한 범인으로 인정하고 사형을 선고했다. 항소심도 항소를 기각했지만, 다음과 같이 판시한 점이 주목된다. 즉, "피고인 조사 녹음 · 녹화매체의 내용을 피고인 수사단계의 진술조서 등 신용성 판단을 위한 보조증거로 채택한 범위를 넘어, 실질적 판단에 이용한 것처럼 취급하였고, 사실상 이를 실질증거로 사용한 것으로 평가할 수밖에 없어, 원판결의 판단절차에는 위법이 있다"고 한 것이다.

결론적으로는 다른 증거로도 진술조서 등의 신용성을 인정할 수 있다 하여 유죄판결이 유지되었다. 실제 증거로 제출된 영상과 그 내용의 세부 검토 없이는 평하기 어렵지만, 변호인은 항소심에서 원심이 "조사 녹음 · 녹화기록매체가 실질증거로 판단에 영향을 주었을 가능성을 부정할 수 없다"며 실질증거화 논리를 주장의 한 축으로 삼았다. 그러나 항소심은 "채택된 녹음 · 녹화기록매체가 보조증거로 쓰이는 것 자체를 허용할 수 없을 정도의 유형적 위험이 있다고는 볼 수 없다"며, 필자가 주장하는 '유형적 위험'은 부정했다. 한편 원판결의 사실인정이 녹음·녹화 내용에 근거하여 진술조서의 신용성을 인정한 점에 대해, "보조증거로 채

---

42) https://www.courts.go.jp/app/files/hanrei_jp/144/091144_hanrei.pdf

택한 녹음 · 녹화기록매체 내용을 이러한 실질적 판단에 이용한 것처럼 취급하는 것은, 사실상 이를 실질증거로 사용한 것으로 평가할 수밖에 없으며, 원판결의 판단절차에는 위법이 있다"고 다시 지적하였다.

이 항소심 결론에 필자는 이견이 없지만, 그 전제에는 의문이 있다. 즉, 보조증거로의 채택 자체에 위법이 없다고 하면서 실질증거 사용만 위법이라고 보았는데, 본래 실질증거로서만 가치가 있는 녹음·녹화매체를 명목상 보조증거로 조사에 부치는 것을 금지하지 않는 한, 이러한 매체의 영향력을 막을 수 없는 것이 아니냐는 점이다. 이 점에서, 필자는 추론 과정을 따로 떼어 위법 여부를 판단하기보다는, 유형적으로 증거채택 자체를 엄격히 제한했어야 한다고 본다.

2 조사 녹음·녹화의 영향에 관하여

조사 녹음 · 녹화의 가장 유익한 점은, 해외 도입 시에도 명시된 바와 같이, 조사 과정의 위법 여부 판단과 진술의 임의성 인정에 기여한다는 것이다. 이는 녹음 · 녹화기록매체의 실질증거화 이용과는 차원이 다르다. 본 논의의 범위를 벗어나지만, 일본에서 흥미로운 사례가 연이어 발생했으므로 소개한다.

첫째, 변호사가 변호활동 중 의뢰인을 위해 증거인멸 등을 한 혐의로 유죄가 선고된 사건인 "에구치 국가배상 사건"이다. 원고는 피의자로서 검찰관의 조사를 받는 과정에서 위법이 있었고, 그로 인해 정신적 고통을 받았다며 피고인 국가를 상대로 국가배상법 제1조 제1항에 따른 손해배상을 청구하였다. 2024년 7월 18일 도쿄지방재판소 제1심은 원고 주장을 일부 인정하고, 해당 조사의 검찰관 언동은 사회통념상 상당성을 넘어 원고의 인격권을 침해했다고 판단, 국배법상 위법임을 인정했다.[43] 이 조사는 전부 녹음·녹화되었으며, 국가배상 재판에서 재생된 일부만 인터넷에 공개되어 있다[44](항소심을 거쳐 현재 상고 중).

둘째, 이른바 "프레산스 사건"이다.[45] 부동산 회사 프레산스코퍼레이션 전 사

43) https://www.courts.go.jp/app/files/hanrei_jp/831/093831_hanrei.pdf

44) https://www.youtube.com/watch?v=OZh6Gnq2kW0

45) 상세한 내용은, 山岸忍『負けへんで！東証一部上場企業社長 vs 地検特捜部』(文藝春秋, 2023年).

장이 학교법인 메이조가쿠인 토지 거래를 둘러싼 횡령 사건에 연루되었다는 이유로 체포 · 기소되었으나 최종적으로 무죄가 확정된 사건이다. 수사 과정에서 회사 직원이 검찰 조사를 받았는데, 그 조사 방식이 위법하다며 조사한 검찰관이 공무원특별폭행 · 능욕죄로 부심판 청구를 받았고, 법원이 이를 인용했다. 일부 조사 장면은 언론에 의해 공개되었다.[46)]

3 시사점

이처럼 조사 녹음·녹화의 보급으로 인해 조사 방법의 적정성이 다시금 문제시되었다. 앞으로는 무엇이 법적으로, 그리고 윤리적으로 적정한 조사인지가 본격적으로 논의될 것으로 보인다.

46)『検察なめんな』『大声·机叩く』取り調べは違法か(関テレニュース) https://www.youtube.com/watch?v=IO6WUHl4MY0

제2부

국민의 사법참여

제11장

국민참여재판의 시행 성과와 과제

이동희 | 국립경찰대학 법학과 교수

I 글을 시작하며

주지하다시피 국민참여재판은 사법의 민주적 정당성과 신뢰를 높이는 것을 그 목적으로 표방하며[1] 사법개혁의 핵심적인 성과물의 하나로서 도입되었다. 2007년 4월 30일 「국민의 형사재판 참여에 관한 법률」(이하 '국민참여재판법'이라 약칭한다). 이 국회본회의를 통과한 후 약 8개월간의 준비기간을 거쳐 2008년 1월 1일부터 시행되고 있다. 국민참여재판법의 제정과 더불어 일반민이 참가하는 형사재판의 필요적 전제가 되는 공판중심주의적 법정절차의 확립을 포함한 형사소송법의 전면적인 개정이 동시에 단행되기도 했다.

국민참여재판은 당초 약 5년간 시범적으로 실시한 후 그 경험을 바탕으로 우리나라의 사법환경에 가장 적합한 최종적인 형태를 결정하도록 되어 있었다.[2] 법제

1) 「국민의 형사재판 참여에 관한 법률」 제1조(목적) 참조.

2) 2003년 10월 대법원 산하에 설치되었던 사법개혁위원회가 그 활동의 결과물로서 제출한 '사법개혁을 위한 건의문'(2005년 12월 31일)에 5년간의 시범실시가 제안되어 있고, 국민참여재판법 제6장(연구조직)에는 "국민참여재판의 시행경과에 대한 분석 등을 통하여 국민참여재판 제도의 최종적인 형태를 결정하기 위하여" 대법원에 국민사법참여위원회를 설치하도록 명기하고 있다.

정 시점으로부터 비교적 단기간 내에 제도시행이 가능했던 것은 이와 같은 시범적인 실시라는 특성과 관련이 크다. 이러한 사법개혁의 로드맵을 바탕으로 2012년 7월 12일 최종형태를 결정하기 위해 대법원 산하에 국민사법참여위원회[3]가 발족했다. 동 위원회는 약 6개월간의 활동을 거쳐 2013년 1월 18일 최종형태에 관한 개정안 –이하 '위원회안'이라 한다.– 을 의결하였고, 공청회를 거쳐 같은 해 3월 6일 제8차 회의에서 이를 확정한바 있다. ① 만장일치에 이르지 못할 경우 현행의 단순다수결의 배심원평결방식을 없애고 4분의 3 이상의 가중다수결제로 변경하면서, ② 헌법, 법령 등의 위반이 아니면 원칙적으로 배심원의 평결을 존중하도록 하고, ③ 피고인이 신청하지 않더라도 법원이 직권이나 검사의 신청으로 참여재판을 실시할 수 있도록 한 것이 개정안의 골자이다. 현행보다는 한 걸음 나아가는 점진적 개선안이라 평가되지만, 여전히 법적으로 평결의 기속력은 인정되지 않는데다 실무운용이 신청사건 중심으로 실시되고 배제결정도 쉽게 허용된다면 시범실시의 수준을 크게 벗어나지 못하는 안이 될 우려도 있다.

이후 법무부는 위 위원회안을 독자적으로 수정한 '국민의 형사재판 참여에 관한 법률 일부개정법률(안)' –이하 '1차 수정안'이라 한다.– 을 2013년 10월 11일자로 입법예고한바 있다. 또한 위 1차 수정안이 나온 지 불과 2개월여 지난 같은 해 12월 31일 또다시 일부내용의 수정을 가한 개정법률안 –이하 '2차 수정안'이라 한다.– 을 재차 입법예고하였다. 위원회안에서 수정되거나 추가된 내용은 ① 논란이 일어났던 공직선거법위반사건의 대상사건에서의 제외, ② 검사의 배제결정 신청권의 부여, ③ 배심원평결을 배척할 수 있는 사유의 확대 등 국민참여재판을 축소 내지 위축시키는 방안들이었다. 이 2차 수정안을 바탕으로 한 정부안이 2014년 6월 12일자로 지난 제19대 국회에 제출되었다. 지난 제19대 국회에 제출되었던 위 개정법률안은 국회의 회기만료로 자동 폐안되었고, 2016년 4월에 제20대 국회

3) 국민사법참여위원회에 관하여 규정한 「민사법참여위원회 규칙」(대법원규칙 제2405호 2012년 5월 29일 제정)에 따르면 동 위원회는 위원장 1인을 포함한 13인의 비상근 위원으로 구성되고, 위원장 및 위원 –법관 2인, 법무부장관이 추천하는 검사 2인, 대한변호사협회장이 추천하는 변호사 2인, 법률학 교수 2인, 학식과 경험이 있는 사람 4인– 은 대법원장이 임명 또는 위촉하도록 되어 있다(규칙 제2조).

가 새롭게 출범한 후 국민참여재판법에 대해 의원입법안으로 7건의 일부개정안이 발의되었으나 정부입법안은 발의되지 않은 채 현재에 이르고 있다.

한편, 2017년 5월 출범한 현 정부 하에서 '대한민국헌법'에 대한 개정 논의가 본격적으로 진행되어 왔는바, 지난해 2018년 3월 대통령이 발의한 개헌안에서는 배심재판 위헌론을 불식시키기 위해 "법률로 정하는 바에 따라 배심 또는 그 밖의 방법으로 국민들이 재판에 참여"할 수 있도록 하는 헌법적 근거를 직접 규정해두기도 했다.

현행 국민참여재판은 비록 시범실시 단계의 제한적인 참여라는 한계는 있지만, 한국의 사법역사상 최초로 주권자인 국민이 형사사법에 직접 참여하는 제도라는 역사적 의미를 가지고 있다. 또한 국민의 상식과 법감정에 부합하는 재판의 실현을 통해 사법에 대한 국민의 신뢰를 제고할 수 있을 뿐만 아니라, 공판중심주의적 법정절차의 확립 등 사법의 선진화를 견인하는 해법이 될 것으로도 기대되었다. 국민참여재판의 최종형태를 어떻게 정할 것인가는 우리나라 형사재판제도의 기본골격을 좌우하는 중요한 문제이다.

국민참여재판은 도입 당초의 계획에 따르면, 정식적인 실시를 위한 최종형태를 결정해야 하는 시점을 이미 넘어선 상황이다. 그간의 시범실시의 공과에 따라서는 본격적인 확대시행이 아니라 현상유지나 축소, 아니면 폐지까지 고려될 수도 있었다. 제대로 된 판단을 내리기 위해서는 시범실시에 대한 평가를 바탕으로 국민참여재판이 이러한 목적에 부합하는 제도인지, 실제 목적 달성에 어느 정도 기여하고 있는 것인지에 대하여 정확히 살펴볼 필요가 있다. 또한 시범실시의 수준을 넘어 본격적으로 확대시행해야 한다면 구체적으로 어떠한 제도적 보완이 필요한지가 정해져야 할 것이다.

본고는 이러한 인식을 바탕으로 국민참여재판의 시행평가를 통해 그간 어떠한 성과가 있었는지를 살펴보고, 바람직한 최종형태가 어떠해야 하는지를 밝히는데 그 목적을 두고 있다. 이를 위해 이하에서는 먼저 이하에서는 국민참여재판의 도입경위와 시범실시의 운용상황을 분석하고(본고Ⅱ), 그 성과로서는 어떠한 것들이 있었는지를 객관적으로 조망해본 후(본고Ⅲ), 본격적인 제도의 확대시행이 필요하다면 이를 위해 어떠한 점들이 개선되어야 하며 최종적인 형태는 어떠한 모습이어야 하는지(본고Ⅳ)를 검토하는 순서로 논의를 진행하고자 한다.

Ⅱ 국민참여재판의 도입경위 및 시행상황의 분석

1 제도도입을 둘러싼 찬반논쟁과 시범적 실시

한국사회에서 국민이 형사재판에 직접 참여하는 재판제도의 도입에 관한 논의가 본격적으로 공론화되기 시작한 것은 20년 전인 1999년경으로 거슬러간다.[4)] 1999년 5월 당시 대통령자문기구로서 설치되었던 '사법개혁추진위원회'가 1999년 12월에 발표한 최종보고서에서 배심제나 참심제와 같은 국민의 사법참여제도에 대하여 향후 도입을 긍정적으로 검토해야 할 중장기적인 과제로서 선정한 바 있다. 이후 2002년 2월 대법원이 발표한 '21세기 사법발전계획'에서 국민의 사법참여 방안에 관한 연구·검토가 주요계획에 포함되어 관련연구가 진행되게 되었다.

국민참여재판제도의 도입·시행이라는 실천적인 결과는 2003년 10월 대법원에 설치된 '사법개혁위원회'의 논의에서부터 시작되었다. 동 위원회는 국민의 사법참여를 포함하여 사법개혁의 과제로서 선정된 안건 전반에 대하여 검토를 진행하였는바, 그 활동의 결과로서 2004년 12월 31일에 발표한 '사법개혁을 위한 건의문'[5)]에서 배심제와 참심제의 요소를 혼합한 모델의 국민참여재판제도를 5년간 시범실시(연간 100~200건 정도)한 후 한국에 적합한 국민의 형사사법참여모델을 완성

4) 광복 후 정부수립과정에서 기본적인 재판형태로서 배심제나 참심제를 고려할 것인가에 관하여 약간의 논의가 있었던 이외에는 오랫동안 학계나 실무가의 연구적 수준의 제도 소개에 머물러 있었다. 사법제도개혁추진위원회, 사법제도개혁추진위원회 백서(상) "사법선진화를 위한 개혁", 2006, 173면.

5) 동 위원회는 2003년 10월 28일부터 2004년 12월 31일까지 약 1년 2개월간 활동하며, 그 동안 27회의 전체회의와 25회의 분과위원회 회의, 또한 관련기관에 대한 의견조회, 여론조사, 공청회 등을 진행했다. 그 활동의 결과로서 정리한 것이 '사법개혁을 위한 건의문(2004년 12월 31일)'이며, 이를 2005년 1월 12일 대통령에게 제출하였다.

하여 실시할 것을 제안했다.[6)]

이후 후속입법을 추진하기 위해 대통령자문기구로 설치된 사법제도개혁추진위원회가 2005년 5월 법조삼자를 포함하여 사회 각 부분의 위원들의 합의에 의한 입법안을 의결하기에 이르렀다. 당시 동 위원회는 이전의 사법개혁위원회의 건의서에서의 제언과 마찬가지로 우선은 "제1단계의 국민의 사법참여제도"를 도입한다는 방침으로 배심제와 참심제를 혼합한 모델의 국민참여재판제도를 약 5년간 시범실시한 후 그 실시경과를 분석하고, 헌법상의 문제를 해명하면서 한국에 적합한 최종적인 국민참여재판의 모델을 성안한다는 계획을 세우고 있었다. 이러한 방침은 국민참여재판법도 입법적으로 반영되어 있기도 하다(법 제6장 '연구조직' 참조). 현재의 국민참여재판이 연간 100~200건 정도를 실시하는 것을 목표로 삼아 피고인이 신청한 경우에만 실시하되 신청한 경우라도 재판부가 배제 결정을 할 수 있도록 했고, 또한 배심원의 평결이 3인의 직업법관으로 구성된 재판부에 대하여 권고적인 효력만을 가지게 된 것은 시범실시단계의 과도기적 제도라는 명분 하에서 정당화될 수 있었다고 본다.

한편, 국민참여재판의 도입 여부를 논의하는 과정에서는 법관에 의한 재판을 보장하고 있는 헌법(제27조 제1항)[7)]에 위배될 가능성, 소송비용의 과다 등 배심재판의 비효율성, 배심원의 법률적 비전문성로 인한 오판의 위험성이나 인맥중심의 한국사회에서의 재판의 공정성 확보의 어려움 등을 이유로 내세워 국민의 형사재판 참여를 반대하는 목소리도 적지 않았다. 그러나 당시 국민여론이나 시민단체 등이 제도 도입에 긍정적인 입장이었다는 점,[8)] 대법원이 전국의 판사 836명을 대상으

---

6) 건의문에서는 "2012년부터 국민의 사법참여가 실질적으로 보장되는 완성된 제도를 실시하는 것을 목표로 하며, 우선 제1단계 국민사법참여제도를 고안 실시하여 그 시행성과를 실증적으로 분석한 후, 우리나라에 적합한 완성된 국민사법참여제도를 설계하여 2012년에 시행하며, 제1단계 국민사법참여제도의 시행에 있어서는 배심이나 참심과 같은 단일한 기본모델을 결정하지 않고, 배심·참심의 요소를 혼합한 제도를 모델로 한다"라는 취지가 제시되어 있었다. 사법개혁위원회, 사법개혁을 위한 건의문, 2004, 28-30면.

7) 대한민국헌법 제27조 제1항 "모든 국민은 헌법과 법률이 정하는 법관에 의하여 법률에 의한 재판을 받을 권리를 가진다."

8) 한국방송(K-TV)이 전국의 성인남여 1,038명을 대상으로 실시한 2003년 10월의 여론조사

로 실시한 내부의 설문조사에서도 배심제 내지 참심제의 도입에 찬성한 의견이 전체의 53%에 이르렀던 점 –반대는 39.1%였으며, 도입할 경우의 구체적인 도입방안에 대하여는 참심제가 36.8%, 배심제가 28.8%, 일본의 재판원제도가 24.2%였다.–, 법무부와 경찰청 등의 국가기관에서도 찬성의견이 제시되기도 했다는 점, 위헌이라고 보는 견해에서도 구체적인 제도설계에 따라서는 합헌이 될 수 있다는 의견이 다수 있었다는 점 등이 제도도입에 긍정적인 작용을 했다고 볼 수 있다.

이상과 같은 찬반논쟁을 거치면서 성안된 국민참여재판법안은 공판중심주의적 법정절차의 확립이라고 하는 개혁내용 –구두변론주의의 철저화, 집중심리원칙의 명문화, 공판준비절차의 확충과 공판전 쟁점정리절차의 신설, 증거조사순서의 변경(종전까지 증거조사에 앞서 행해져왔던 피고인신문(주, 일본의 피고인질문)을 증거조사 이후로 변경한 것), 증거개시제도의 도입 등– 을 포함하고 있던 "형사소송법 일부개정 법률안"과 함께 국무회를 거쳐 2005년 12월 6일 국회에 제출되었고, 2007년 4월 30일 국회 본회의를 통과했다.[9] 동법은 같은 해 6월 1일 제정·공포되어 2008년 1월 1일부터 시행되어 왔다.

에서는 제도 도입에 찬성한 비율이 80.6%였고, 반대가 16.6%였다. 또한 2003년 12월 대법원이 여론조사기관에 위탁하여 실시한 여론조사에서는 제도 도입에 찬성한 비율이 81.3%였고, 배심원으로 선정된 경우에 참가할 의사가 있는지에 대하여는 85.9%가 긍정적인 답변을 했다. 한편, 사법제도개혁추진위원회가 외부연구기관에 의뢰하여 조사한 여론조사 결과에 의하면, 제도도입에 찬성한 비율이 89.4% –이 중 "전적으로 동의한다"가 20.4%, "동의하는 편이다"가 69.0%–, 반대한 비율이 10.4% –이 중 "전적으로 반대한다"가 1.2%, "반대하는 편이다"가 9.3%–, 무응답이 0.2%였다(사법개혁추진위원회, 국민참여재판제도에 대한 인식조사, 2005년 12월).

9) 한편, 국회의 심의과정에서 당초 국민참여재판법안에 포함되어 있었던 공판준비절차·공판절차에 관한 특례규정은 개정형사소송법을 그대로 적용할 수 있게 되었기 때문에 해당부분을 삭제하는 일부 수정이 가해져 조문수가 89개조에서 60개조로 축소되었다.

2 제도요약 및 재판원재판과의 비교

(1) 국민참여재판의 성격

국민참여재판은 영미법계의 배심제와 대륙법계의 참심제를 혼합·수정한 재판 모델이지만, 배심의 평결이 권고적 효력에 머물고 있다는 근본적인 점을 제외하고 전체적으로 보면 배심제에 보다 가까운 모델이라고 말할 수 있다. 첫째, 배심원 선정의 측면에서 보면, ① 임기제가 아니라 개개의 형사재판마다 배심원이 선정되며, 만 20세 이상의 국민 중에서 무작위로 선출한다는 점, ② 검사와 변호인은 배심원의 선정절차에 있어 배심원후보자 중에서 법정된 인원수의 범위 내에서 무이유부기피신청을 할 수 있다는 점 등은 배심제적 요소로 평가된다. 둘째, 평의·평결의 측면에서 보면, ① 배심원은 원칙적으로 법관의 관여 없이 비공개로 평의하며 만장일치로 평결을 한다는 점은 배심제적 요소이다. 그러나 ② 만장일치의 평결에 이르지 아니한 경우에는 예외적으로 법관의 의견을 들은 다음 다수결로 평결을 할 수 있도록 하여 배심제에 수정을 가하고 있기도 하다. 예외적으로 허용되는 다수결이 재판장의 의견을 청취한 다음에 이루어진다는 점에서 참심제적 요소로 평가될 수도 있겠지만, 직업법관이 관여하지 않는 배심원만의 평결이라는 점에서 차이가 있다. 한편 ③ 배심원의 평결은 당해 법원을 기속하지 않으며 오로지 권고적 효력을 가질 뿐이라는 점은 배심제와 참심제의 어디에도 속하지 않는 것으로 시범실시 단계에 있어 배심제에 수정을 가한 것이라 할 것이다. 셋째, 양형의 측면에서 보면, ① 배심원은 심리에 관여한 법관과 함께 양형에 관하여 토의한다는 점에서는 참심제적 요소가 발견되지만, ② 양형결정에 직접 참여하는 것은 아니며 양형에 관한 의견을 개진할 수 있을 뿐이라는 점에서는 참심제와도 차이가 있다.

(2) 재판원재판의 비교

국민참여재판은 형사소송법 이외의 특례규정을 규정한 별도의 특별법을 가지고 있다는 점에서는 재판원재판과 공통되지만, 시범적인 실시라는 성격을 가지고 있어 법률의 제정에서 시행까지가 7개월의 단기간이었다는 점은 법 제정 후 5년의 준비기간을 두고 정식 시행하는 재판원재판과 차이가 있다.

또한, 국민참여재판은 피고인이 희망하는 경우에만 실시하는 소위 '선택제'를 취하고 있다는 점, 그리고 배심원의 평결은 법적으로 기속력이 없고, 유·무죄의 판결과 양형의 결정은 통상의 형사재판과 마찬가지로 직업법관으로 구성되는 '재판부'의 권한이라는 점에서는 정식적인 시행단계에 있는 재판원재판과 차이가 있다.

공판절차의 경우, 국민참여재판은 준비절차가 공개되고, 배심원의 피고인에 대한 질문권은 재판장이 대행하는 방식이며 증거능력의 유무에 관한 판단에는 배심원이 관여하지 못한다는 점 등이 재판원재판과 다르다.

평의·평결이 원칙적으로 배심원들만에 의한 만장일치제의 방식을 취하고 있다는 점이나 배심원의 선정절차, 그리고 배심원 및 피고인의 좌석배치 등의 측면을 전체적으로 보면, 국민참여재판은 영미의 배심제를 기본적인 모델로 지향하고 있다고 평가할 수 있다. 이는 직업법관과 재판원이 동등한 권한으로 함께 평의·평결하고 양형을 결정하는 재판원재판이 참심제에 보다 근접해 있다는 점과 비교되는 부분일 것이다.

표 1 ▶ 한·일 양국의 국민참여재판·재판원재판의 비교

구분		국민참여재판(한국)	재판원재판(일본)
법률	법률명칭	국민의 형사재판 참여에 관한 법률	재판원이 참가하는 형사재판에 관한 법률
	참여국민의 명칭	배심원	재판원
	제정	2007년 6월 1일	2004년 5월 28일
	시행	2008년 1월 1일	2009년 5월 21일
대상사건·실시방식	대상사건	지방법원과 그 지원의 합의부관할 사건과 동 사건의 미수죄·교사죄·방조죄·예비죄·음모죄 등(자백사건 포함)	사형·무기의 죄, 고의의 범죄행위에 의해 피해자를 사망시킨 법정합의사건(자백사건 포함)
	재판의 실시방식	선택제 + 배제결정(피고인에게 선택권 부여방식)	법정제 + 배제결정(피고인에게 선택권 없음)

	시행단계	시범적인 실시 (5년간 실시 후 최종모델선정)	정식적인 실시 (3년후에 제도 검토)
재판부 구성	구성의 단위	개개의 사건별로 구성	좌동
	직업법관 수	3인	3인 (또는 1인)
	배심원·재판원 수	9인·7인·5인	6인 (또는 4인)
	예비인원 수	5인 이내 (평의시작 전까지 비공개)	6인 이내
	배심원선정절차	비공개 (이유부기피·무이유부기피)	좌동
	좌석배치	배심원석은 직업법관석 (법단)의 오른쪽 아래	재판원은 직업법관과 함께 법단에 열석
공판 절차	사전준비	공판준비절차 (공개)	공판전정리절차 (비공개)
	질문권	재판장이 대행	재판장의 허가를 받아 직접 질문
	증거능력 판단	배심원은 관여 불가	재판원이 의견을 진술하며 평결
평의 평결	기본원칙	배심원만의 평의평결	직업법관·재판원의 공동
	평의평결의 방식	만장일치제 (불일치시 재판장의 의견을 들은 후 다수결)	다수결 (유죄판결에는 직업법관 1인의 찬성이 불가결)
	평결의 구속력	× (권고적 효력)	○ (구속력)
양형의 결정		배심원은 양형토의에 참석하고, 의견을 개진	직업법관·재판원이 함께 결정
판결의 선고		변론종결 당일 선고가 원칙 (판결문은 5일 이내 작성)	통상재판과 동일
배심·참심의 요소		배심제 ≧ 참심제	배심제 ≦ 참심제

3 사건의 접수 및 처리상황의 분석

(1) 신청율 및 실시율

2008년 1월 1일부터 2017년 12월 31일까지의 시행 10년간, 피고인이 국민참여재판을 신청하여 법원에 접수된 사건 수는 피고인 수를 기준으로 총 5,701건이었다.[10] 그 중 미제건수인 82건을 제외한 총 5,619건이 처리되었고, 그 중 2,267건(40.3%)가 국민참여재판으로 진행되었다. 동 기간 중의 전체 국민참여재판 대상사건 수인 143,807건에 대비하면 신청률은 4.0%(=5,701건/143,807건)이다.

표 2 ▶ 국민참여재판의 접수·처리 현황(2008.1.1.~2017.12.31.)

(단위 : 건)

접수		처리							미제
		국민참여재판		배제		철회		합계	
		건수	비율	건수	비율	건수	비율	건수	
2008년	233	64	29.8%	61	28.4%	90	41.9%	215	18
2009년	336	95	30.8%	75	24.4%	138	44.8%	308	46
2010년	438	162	39.1%	75	18.1%	177	42.8%	414	70
2011년	489	253	51.2%	63	12.8%	178	36.0%	494	65
2012년	756	274	40.5%	124	18.3%	278	41.1%	676	145
2013년	764	345	43.3%	118	14.8%	334	41.9%	797	112
2014년	608	271	44.4%	107	17.5%	233	38.1%	611	109
2015년	505	203	38.6%	106	20.2%	217	41.3%	526	88
2016년	860	305	38.9%	151	19.3%	328	41.8%	784	164
2017년	712	295	37.2%	195	24.6%	304	38.3%	794	82
합계	5,701	2,267	40.3%	1,075	19.1%	2,277	40.5%	5,619	82

10) 이하 본고에서 제시한 국민참여재판 관련의 주요통계는 법원행정처 사법지원실이 작성한 문건인 『2008~2017년 국민참여재판 성과 분석』(2018년 6월 발간)을 인용한 것임을 밝혀둔다.

시행 10년간 접수된 사건 총 5,701건의 처리내역을 보면(〈표 2〉 참조), 국민참여재판을 신청한 후 피고인이 스스로 철회한 것이 2,277건, 법원의 배제결정이 내려진 것이 1,075건이고, 실제 국민참여재판이 실시되어 판결이 선고된 사건이 2,267건이었다. 시범실시에 해당하는 시행 10년간의 추이를 개괄적으로 보면, 국민참여재판의 접수건수는 2013년까지 지속적인 증가세를 보이다 2014년 및 2015년에 다소 감소세를 보였으나 이후 2016년도에는 860건으로 역대 최고치를 기록하기도 했다.

한편, 국민참여재판의 실시 비율은 전국의 18개 지방법원별로 적지 않은 차이를 보였다. 각 지방법원의 전체 처리건수 대비 국민참여재판의 실시건수의 비율은 최저치는 26.4%(춘천지방법원)에 그친 반면 최고치는 66.0%(서울동부지방법원)에 이르렀다.

(2) 배제율 및 철회율

피고인이 신청했으나 법원이 배제결정을 한 사건은 1,075건으로 전체 사건수의 19.1%를 점했다. 국민참여재판의 총 실시건수인 2,267건인 것과 대비하면, 그 절반 정도에 해당하는 비율이다. 연도별로 보면, 시행 첫해에 28.4%였던 배제결정의 비율이 법원의 노력으로 매년 지속적으로 감소하는 추세를 보여 시행 3년차인 2010년부터는 10%대를 유지하였으나, 2015년부터 다시 20%를 넘어서는 등 다소 증가하는 양상을 보이고 있다.

배제결정 된 총 1,075건 중 국민참여재판법 제9조(배제결정)[11] 제1항 제1호(배심원의 안전위협, 직무수행을 공정하게 못할 염려)를 적용한 사례는 1건이 있었고, 동항 제2호(공범인 공동피고인 중 일부만이 희망한 경우)를 적용한 것이 79건으로 전체 배제결정의 7.3%, 제3호(성폭력범죄피해자 등이 원하지 않는 경우)[12]를 적용한 것이 216건

11) 제9조(배제결정) ① 법원은 공소제기 후부터 공판준비기일이 종결된 다음날까지 다음 각 호의 어느 하나에 해당하는 경우 국민참여재판을 하지 아니하기로 하는 결정을 할 수 있다. 1.~4. (내용생략) ② (이하 생략)

12) 국민참여재판법 2012년 1월 17일자 일부개정(법률 제11155호)에 따라 2012년 7월 1일부터 종전의 제3호(그 밖에 국민참여재판으로 진행하는 것이 적절하지 아니하다고 인정되는 경

으로 20.1%이었고, 제4호(그 밖에 국민참여재판으로 진행하는 것이 적절하지 아니하다고 인정되는 경우)를 적용한 것이 779건으로 전체 배제결정의 72.5%를 점했다. 특히 제4호를 적용한 배제결정의 경우 대별하여 ① 피고인측 사정(419건), ② 증인측 사정(74건), ③ 사건의 특성(110건)의 3가지로 구분되는바, 그 구체적인 내역은 아래 〈표 3〉과 같다. 또한 전국의 18개 지방법원 별로 배제결정율이 적지 않은 차이를 보이고 있는바, 최저 8.8%(서울서부지방법원)에서 최고 46.7%(춘천지방법원)에 이르고 있다.

표 3 ▶ 배제결정의 내역(2008.1.1.~2017.12.31.)

(단위 : 건)

사유		합계
피고인측 사정	피고인측이 철회의사를 표시한 경우	364
	피고인이 정신 이상 등의 증세를 보이는 경우	20
	추가기소가 예상되는 경우	3
	구속기간의 만료나 장기회가 우려되는 경우	6
	피고인에게 질병이 있는 경우	9
	불구속 피고인의 출석 여부가 불확실한 경우	6
	피고인의 태도가 불량한 경우	5
	의사확인서 제출기간을 도과한 경우	6
	소계	419
증인측 사정	증인이 성폭력 피해자인 경우	34
	친족간 법행인 경우(유족의 명예감정을 배려함	2
	기타	38
	소계	74

우)가 4호로 변경되고, "성폭력범죄피해자 또는 법정대리인이 국민참여재판을 원하지 아니하는 경우"가 제9조 제1항 제3호로 신설되었다.

	전부 혹은 대부분 자백한 사건 기타 심리할 특별한 쟁정이 없는 사건의 경우	35
사건의 특성	신문할 증인이 너무 많거나 쟁점이 복잡하거나 장기간 심리가 예상되는 사건의 경우	64
	경미한 사건의 경우	4
	공소장 변경 등으로 혹은 애초부터 국민참여재판 대상사건에 해당하지 않는 경우	9
	사건의 성격상 적절하지 않음(지나치게 잔인한 사건의 경우 등)	46
	공소기각 대상 등(고소취하 포함)	18
	통상회부결정	110
	소계	286

한편, 시행 10년간의 철회건수는 2,277건으로 전체 접수사건 중 약 40%가 철회된 셈이다. 피고인이 신청한 후 스스로 철회한 이유에 대하여는 개개의 사건별로 구체적인 사유가 파악되어 있지는 않으나, 개괄적으로는 ① 피고인이 국민참여재판이 무엇인지 잘 알지 못하거나 착오로 신청하였다가 철회한 경우, ② 피고인이 신청하였다가 별다른 실익이 없을 것 같아 철회한 경우, ③ 유리할 것으로 생각하고 신청하였다가 생각을 바꾸어 철회한 경우, ④ 배심원이 참여하는 재판에 피해자가 증인으로서 출석하는 것을 꺼린 원하지 않는 경우, ⑤ 추가 기소사건이 있거나 증인이 여러 명 있는데 소환 여부가 불투명하는 등 절차 진행이 원활하지 않은 점을 고려하여 철회한 경우 등이 이유로 꼽히고 있다.[13] 또한, 철회율도 전국의 지방법원별로 차이를 보이고 있는데 최저 18.0%(서울동부지방법원)에서 최고 53.2%(인천지방법원)에 이르고 있다.

그리고 범죄유형에 따라서도 배제율 및 철회율에 차이를 보이고 있다. 배제율의 경우 전체로는 19.1%이었고, 범죄유형 별로는 성범죄등 –강간·준강간, 강제추행·준강제추행, 성폭력처벌법위반, 아동청소년성보호법위반 등– 이 30.0%로 가장 높았고, 강도등 –강도강간, 강도살인·강도치사, 강도·준강도, 강도상해·강

13) 대법원, 사법참여기획단 제12차 회의자료, 2011년 4월.

도치상- 17.4%, 살인등 -살인, 살인미수, 촉탁살인- 12.8%, 상해등 -상해·중상해, 상해치사, 폭행치사등- 11.4%의 순이었다(〈표 4〉 참조). 철회율의 경우는 전테로는 40.5%이었고, 범죄유형별로는 성범죄등이 44.9%로 가장 높았고, 강도등 39.5%, 상해등 32.6%, 살인등 26.5%의 순이었다.

표 4 ▶ 범죄유형별로의 배제율 및 철회율(2008.1.1.~2017.12.31.)

(단위 : 건, %)

	살인등	강도등	상해등	성범죄등	기타
처리건수	814	778	175	1,306	2,546
배제건수	104	135	11.4	392	424
배제율(%)	12.8	17.4	11.4	30.0	16.7
합계 : 처리건수 5,619건, 배제건수 1,075건, **배제율 19.1%**					
철회건수	216	307	57	586	1,111
철회율(%)	26.5	39.5	32.6	44.9	43.6
합계 : 처리건수 5,619건, 철회건수 2,277건, **철회율 40.5%**					

4 배심원평결 및 판결에 대한 분석

(1) 배심원의 평결분포 및 무죄평결율

배심원의 평결의 결과를 보면, 10년간 실시한 총 2,267건 중 공소사실의 전부에 대하여 유죄 또는 무죄로 한 평결이 1,868건(만장일치 및 다수결 포함, 82.4%)이고, 그 중 유죄평결이 1,579건, 무죄평결이 289건이다(〈표 5〉 참조). 한 사건에서 유죄와 무죄 두 개 이상의 평결이 내려진 건수, 즉 일부유죄 및 일부무죄로 한 평결건수 -세부적으로는 ① 경합범에 대하여 일부 유죄평결, 일부 무죄평결한 경우, ② 주위적 공소사실은 무죄, 예비적 공소사실은 유죄인 경우, ③ 공소사실을 무죄평결하고, 축소사실을 유죄평결한 경우의 3가지 유형으로 구분된다.- 는 399건

(17.6%)이다. 전자의 공소사실 전부를 유죄 또는 무죄로 한 평결 중 만장일치의 평결은 1,541건(=유죄 1,346 + 무죄 197)건이고, 다수결이 325건(=유죄 233 + 무죄 92)이다.

10년간 총 2,267건 중 제1심에서 전부 무죄평결이 내려진 것은 총 289건으로 전체의 12.7%에 해당한다. 이에 위 일부 무죄평결의 399건(17.6%)를 더하면 전체의 30.3%에 달한다. 국민참여재판 대상사건이 비견되는 제1심 형사합의부공판사건의 무죄율 −선고유예, 형면제, 면소, 관할위반, 공소기각판결을 포함한다.− 은 약 3% 수준이다. 국민참여재판의 경우 주로 중대범죄가 대상사건이 되고 있고, 또한 부인사건의 비율이 10년간 67.1%(=1,521건/2,267건)으로 전체 형사공판사건의 부인사건의 비율에 비하여 상대적으로 높다는 점이 고려되어야 하겠지만, 통계상 국민참여재판의 무죄평결률이 직업법관만에 의한 통상재판의 무죄율에 비하여 상대적으로 매우 높다는 점은 특기할 부분이다.

표 5 ▶ 배심원의 평결분포(2008.1.1.~2017.12.31.)

(단위 : 건)

죄명	인원수	전부 유죄			전부 무죄			두 개 이상의 평결이 내려진 경우 (전원일치/다수결 구분하지 않음)			
		소계	전원일치	다수결	소계	전원일치	다수결	소계	경합범	주위적/예비적	축소사실
살인등	494	412	369	43	16	9	7	66	25	9	32
강도등	336	212	184	28	26	20	6	98	53	9	36
상해등	96	73	64	9	10	5	5	15	5	1	9
성범죄등	328	189	137	52	77	50	27	62	40	4	18
기타	1,011	693	592	101	160	113	47	158	120	3	35
합계	2,267	1,579	1,346	233	289	197	92	399	243	26	130
비율		69.7%	59.4%	10.3%	12.7%	8.7%	4.1%	17.6%	10.7%	1.1%	5.7%

(2) 공판 및 판결

국민참여재판 실시건수를 범죄유형별로 보면, 살인등 494건, 강도등 336건, 상해등 98건, 성범죄등 328건으로 많은 비율을 점했고, 그 밖에 특정범죄가중처벌등에관한법률위반 421건, 폭력행위등 146건, 방화 102건, 공무집행방해등 67건, 공직선거법위반 51건, 교통사고처리특례법 40건, 무고등 24건, 절도등 21건, 마약등 16건 등이었다. 자백사건과 부인사건의 비율은 32.9%(746건) 대 67.1%(1,521건)으로 부인사건의 비율이 상대적으로 높았다. 접수일로부터 첫 공판기일까지의 평균처리기간은 105.6일이었는바, 2008년 1월부터 2017년 12월까지 제1심 본원 합의부 사건의 평균처리기간인 135.9일(구속사건 110.5일, 불구속사건 161.3일)보다 상대적으로 신속하게 진행되었다. 국선변호인 선정비율이 78.9%로 같은 기간 전국 제1심 지방법원 본원 형사합의부 구속사건에서 국선변호인이 선정된 비율 48.9%보다 매우 높았다.

그리고 재판부가 선고한 양형의 분포를 보면, 실형율은 60.3%이었다. 총 2,267건 중 사형선고가 1건(0.0%)이 있었고, 무기징역이 20건(0.9%), 유기징역이 1,345건(59.3%), 집행유예가 453건(20.0%), 재산형이 171건(7.5%), 무죄가 230건(10.1%) 등이다. 실형률 60.3%를 죄명별로 구분하여 보면, 살인등 81.8%, 강도등 64.0%, 상해등 71.4%, 성범죄등 50.5%이다.

무죄율은 전부무죄 230건으로 10.1%(=230건/2,267건)이었고, 이에 일부 무죄 144건을 포함시키면 전체 무죄율은 16.5%에 달했다. 한편, 아래에서 기술하는 바와 같이 평결과 판결이 불일치한 사건 중 배심원평결은 무죄였으나 판결이 유죄로 바뀐 사건이 144건이 있었는바, 만약 이들이 무죄로 판결되었다면 (전부) 무죄율은 16.5%에 이르게 된다.

표 6 ▶ 국민참여재판의 양형분포(2008.1.1.~2017.12.31.)

(단위 : 건, %)

	합계	실형				집행유예	재산형	무죄	기타
		소계/실형률	사형	무기	유기				
살인등	494	81.8%	1	9	394	77	2	7	4
강도등	336	64.0%	-	6	209	78	7	27	9
상해등	98	71.4%	-	-	70	20	-	7	1
성범죄등	328	52.4%	-	3	169	61	26	59	10
기타	1,011	50.0%	-	2	503	217	136	130	23
합계	2,267	1,366	1	20	1,345	453	171	230	47
	100.0%	60.3%	0.0%	0.9%	59.3%	20.0%	7.5%	10.1%	2.1%

(3) 평결과 판결의 일치도

배심원의 평결과 재판부의 판결이 일치한 사건은 1,107건(93.2%)이다. 불일치한 155건(6.8%) 중 144건은 배심원의 평결은 무죄였으나 판결이 유죄였던 사례이다. 나머지 11건은 배심원의 유죄평결에 대하여 재판부가 무죄를 선고한 사례이긴 하지만, 그 중에는 소위 이유무죄 −예컨대 평결에서는 강도살인의 유죄였으나 판결은 강도치사를 유죄로 하고 강도살인을 이유무죄로 한 사례[14]− 가 포함되어 있다. 위 144건의 무죄평결을 재판부가 받아들였다고 한다면, 앞에서 살펴본 무죄율은 보다 수치가 높아졌을 것이다. 그리고 평결과 판결이 불일치한 사례 중에는 제1심에서의 평결무죄·유죄판결이 항소심에서 무죄판결(파기자판)로 된 1건이 있다.[15]

---

14) 강도상해로 기소된 사건에서 배심원이 강도살인을 유죄평결하였으나, 재판부가 공소장 변경 없이 강도치사를 유죄로 판결하고, 판결이유에서 강도살인을 무죄로 판단한 것이다. 당시 재판부가 '강도살인 유죄' 또는 '살인부분 무죄' 중 평결하도록 하였기 때문에 결과적으로 평결과 판결 모두 피고인의 피해자 사망에 대한 죄책을 인정한 것이므로 평결과 판결이 크게 차이나는 것은 아니었다.

15) 2009년 1월 20일 인천지방법원에서 열린 국민참여재판(죄명: 강도상해)의 경우 제1심에

한편, 평결과 판결이 불일치한 사건 중 항소심에서 유·무죄 판단이 바뀐 사례가 9건 있었다. 결국 항소심이 제1심의 판결을 뒤집고 배심원의 평결과 동일한 판결을 내린 것이다.

표 7 ▶ **평결과 판결의 일치 여부(2008.1.1.~2017.12.31.)**

(단위 : 건, %)

연도	일치		불일치		합계	
	건수	비율	건수	비율	건수	비율
2008년	56	87.5%	8	12.5%	64	100.0%
2009년	88	92.6%	7	7.4%	95	100.0%
2010년	148	91.4%	14	8.6%	162	100.0%
2011년	228	90.1%	25	9.9%	253	100.0%
2012년	262	95.6%	12	4.4%	274	100.0%
2013년	325	94.2%	20	5.8%	345	100.0%
2014년	252	93.0%	19	7.0%	271	100.0%
2015년	194	95.6%	9	4.4%	203	100.0%
2016년	282	92.5%	23	7.5%	305	100.0%
2017년	277	93.9%	18	6.1%	295	100.0%
합계	2,112	93.2%	155	6.8%	2,267	100.0%

서 배심원의 평결이 무죄였으나 재판부가 유죄를 선고하였다. 이후 항소심에서는 원판결이 파기되어 배심원의 평결대로 무죄가 선고되었으며, 이후 상고심에서도 무죄가 확정되었다. 이 사례는 항소심과 상고심이 재판부의 판결보다 배심원의 평결의 결과를 따른 것이라 언론의 관심을 받았다(서울신문, 2009년 8월 7일자 기사 등 참조).

(4) 양형의견과 선고형

시행 10년간 배심원의 양형의견(다수의견)과 재판부의 선고형과의 관계를 보면, 평결과 재판이 불일치한 경우나 무죄판결의 경우를 제외한 사건 총 1,911건 중 양자가 1년 이내의 범위로 일치한 것이 1,713건으로 89.6%이었다. 양형의견이 선고형보다 높았던 것이 78건(4.1%), 반대로 양형의견보다 선고형이 높았던 것이 120건(6.3%)이었고, 위 불일치한 경우도 그 차이는 평균 약 2년 정도였다.

표 8 ▶ 형의견(다수의견)과 선고형의 분포(2008.1.1.~2017.12.31.)

(단위 : 건, %)

	양형의견 > 선고형	양형의견 ≒ 선고형	양형의견 < 선고형
건수 (1,911)	78	1,713	120
비율 (100,.0%)	4.1%	89.6%	6.3%

(5) 상소관계

항소율에 관하여 보면, 10년간 판결선고된 2,267건 중 항소가 제기되지 않은 사건은 431건으로 19.0%였다(항소제기 후에 취소된 경우를 포함). 항소된 사건 수는 총 1,836건으로 항소율이 81.0%에 이르고 있는바, 이는 제1심 지방법원 본원 형사합의사건의 항소율 61.5%에 비하여 상대적으로 높은 수치이다. 항소율을 당사자 별로 보면 검사의 항소가 1,097건으로 48.4%, 피고인의 항소가 1,342으로 59.2%이고, 검사와 피고인이 모두 항소한 것은 603건(26.6%)이다.

같은 기간 전국 제1심 지방법원 본원 형사합의부사건의 항소율 61.5%에 비하여 상대적으로 높은 항소율을 보이고 있다. 피고인의 항소율은 같은 기간 제1심 지방법원 본원 형사합의부사건에 있어서의 항소율 51.2%보다 높았고, 특히 검사의 항소율 48.8%는 같은 기간 제1심 지방법원 본원 형사합의부사건의 항소율 28.1%보다 상대적으로 높은 편이다.

표 9 ▶ 국민참여재판의 항소율(2008.1.1.~2013.12.31.)

(단위 : 건, %)

구분		제 1 심	항소			미항소
			소계	검사	피고인	
국민참여재판	건수	2,267	1,836	1,097	1,342	431
	항소율	-	81.0%	48.4%	59.2%	19.0%
[제1심 지방법원본원 형사 합의부사건] 항소율		-	61.5%	28.1%	51.2%	38.5%

항소심의 처리상황을 보면, 항소심에서 처리된 1,747건 중 1,234건이 항소기각되고, 497건이 파기되어 항소기각률 70.6%, 파기율 28.4%이다. 파기된 사건 497건 중 유무죄가 바뀐 것은 126건이었고, 피해자와 합의나 공탁으로 양형이 변경된 것이 309건이었고, 기타 법리판단의 변경 등이 60건이다. 항소심의 파기율 28.4%(=497건/1,747건)는 같은 기간의 각급 고등법원의 제1심 합의부사건의 원심 파기율(40.5%)보다 낮은 수준이다. 국민참여재판의 파기율은 매년 감소하고 있는바, 이는 국민참여재판으로 진행된 제1심을 존중하는 경향이 나타나고 있다고 볼 수 있다. 한편, 양형변경률은 24.2%(=423건/1,747건)인데, 이는 각급 고등법원의 양형변경률(32.0%)보다 낮은 수준이다. 항소심에서 양형을 감경한 비율은 17.1%(=298건/1,747건)로 각급 고등법원의 양형감경률(24.9%)보다 낮다.

표10 ▶ 항소심의 양형변경 현황(2008.1.1.~2013.12.31.)

(단위 : 건, %)

접수	전체 처리 건수	국민참여재판 항소심 양형현황				전국고등법원 양형현황	
		양형변경		양형감경			
		건수	비율	건수	비율	양형변경률	양형감경률
2008년	39	10	25.6%	8	20.5%	33.3%	27.1%
2009년	65	17	26.2%	11	16.9%	33.4%	26.8%

2010년	120	22	18.3%	16	13.3%	30.8%	24.6%
2011년	197	40	20.3%	33	16.8%	32.5%	25.7%
2012년	208	49	23.6%	36	17.3%	32.8%	25.5%
2013년	245	74	30.2%	53	21.6%	32.0%	24.1%
2014년	224	55	24.6%	40	17.9%	32.1%	24.4%
2015년	211	64	30.3%	42	19.9%	33.4%	25.7%
2016년	186	43	23.1%	25	13.4%	31.1%	23.6%
2017년	252	49	19.4%	34	13.5%	29.2%	22.3%
합계	1,747	423	24.2%	298	17.1%	32.0%	24.9%

상고심을 보면, 시행 10년간 전체 항소심 1,747건 중 724건이 상고되어 국민참여재판의 상고율은 41.4%이다. 이는 같은 기간 각급 고등법원의 상고율 39.0%보다 약간 높은 수준이다. 상고심의 처리는 총 처리건수 703건 중 645건이 기각되어 상고기각률이 91.7%를 보였다. 처리된 703건 중 파기된 사건은 8건(파기환송)으로 상고심의 파기율은 1.1%에 그치고 있다. 같은 기간 중 대법원 상고심에서의 1심 합의부사건에 대한 파기율은 3.7%이다.

Ⅲ 국민참여재판의 성과에 대한 평가

1 제도 도입에 수반된 법 개정과 형사절차의 선진화

일반인이 배심원으로서 참여하는 참여재판에 있어서는 일반의 눈높이에 맞는 재판, 상식에 기초한 이해하기 쉬운 재판을 실현하는 것이 무엇보다 중요하다. 일반인이 사실인정자의 역할을 담당하는 재판에서의 증거조사는 사실을 체험한 증인이 직접 법정에 출석하여 구두로 진술한 내용과 법정에 현출된 관련증거물을 직접 보면서 그 증거의 가치를 음미하는 '귀로 듣고 눈으로 보아서 이해하는 재판'이 필연적으로 요구된다. 이러한 일반인이 이해하기 쉬운 재판은 구두변론주의와 직접주의를 기반으로 한 공판중심주의적 법정절차의 확립을 통해 실현될 수 있다. 이 때문에 국민참여재판의 도입은 공판중심주의적 법정절차의 확립이라는 요청이 더욱 강조될 수밖에 없는 근거가 되었다.

국민참여재판의 도입에 필연적으로 요청되었던 공판중심주의적 법정절차의 확립과 조서재판의 극복이라는 개혁과제는 2007년 6월 국민참여재판법의 제정과 형사소송법의 전면적 개정을 통해 법률적으로 정비되었다. 공판중심주의 확립을 위한 형사소송법의 대표적인 개정내용으로는 ① 공판준비절차의 확충 및 공판전 쟁점정리절차의 신설,[16] ② 증거개시제도의 도입,[17] ③ 구두변론주의와 집중심리주의의 명문화,[18] ④ 증거조사절차의 개선[19] 등을 들 수 있다. 특히 증거개시제도를 도입하고, 피고인신문의 순서를 증거조사를 실시한 이후로 변경한 것은 피고인의 방어권을 획기적으로 신장시키고, 우리나라의 형사절차가 영미식의 대등당사자주의에 보다 다가가게 하는 기반이 된다.

---

16) 2007년 형사소송법 개정에서는 공판기일에 심리방향을 설정하기 위해 쟁점을 정리하고, 당사자로 하여금 주장이나 입증계획 등을 준비시키기 위해 공판준비절차를 진행할 수 있도록 그 법적 근거를 마련했다. 종래의 공판준비절차가 기소장 부분의 송달이나 공판기일의 지정, 변호인선임 등의 형식적인 준비절차를 상정한 것이 머문 것에 비하여 개정형사소송법은 피고인, 변호인에게 공소사실을 인정할 것인지 여부에 관한 의견서를 법원에 제출케 하는 부과하는 한편 당사자의 증거신청 및 증거의 채부, 증거조사의 순서와 방법의 결정 등의 공판준비에 관한 규정을 대폭 확충했다(형사소송법 제266조의2 내지 266조의12). 통상재판에서는 공판준비절차가 임의적으로 실시되지만 국민참여재판에서는 필요적으로 실시된다(국민참여재판법 제36조).

17) 개정 전에는 검사가 보관하고 있는 서류나 증거물에 관하여 피고인, 변호인이 열람 등사가 인정되는지 여부에 대하여 해석상 논란이 있었으나 이를 입법적으로 명확히 하여 "공소제기된 사건에 관한 서류 또는 물건의 목록과 공소사실의 인정 또는 양형에 영향을 미칠 수 있는" 서류 또는 물건의 열람·등사 또는 서면의 교부를 검사에게 신청할 수 있도록 했다(형소법 제266조의3, 제266조의4).

18) 형사소송법 제257조의3 및 제267조의2 참조.

19) 기소장낭독을 필수화했고(동법 제285조), 증거서류의 조사방식으로서 개정 전에는 재판장의 요지를 고지하고 피고인의 청구가 있는 경우 열람등사를 인정하거나 서기로 하여금 낭독하도록 되어 있었던 것을 신청인의 낭독을 원칙화했으며(동법 제292조), 가장 문제되었던 피고인신문의 순서를 증거조사를 실시한 이후로 변경했다(제296조의2 및 제291조의2 참조).

이와 같이 국민참여재판의 시행이 공판중심주의에 부합하는 형사소송법의 전면적 개정을 촉구하는 역할을 했으며, 이는 소위 조서재판의 폐해를 극복하고 피고인의 방어권을 강화하는 사법의 선진화하기 위한 법 개정에 국민참여재판의 도입이 크게 기여했음을 의미하는 것이다.[20]

2 사법의 민주적 정당성과 신뢰의 제고

(1) 민주적 정당성

주권자인 국민이 형사절차에 다양한 형태로 참여하는 것은 세계의 보편적인 입법형태이다. 잘 알려진 바와 같이 영미법계 국가는 배심제, 대륙법계의 유럽각국은 참심제를 통해 재판절차에의 국민참여를 기본형태로 삼고 있다. 기소절차에의 국민참여로도 미국의 대배심(Grand jury)이나 이를 변형수용한 일본의 검찰심사회제도를 꼽을 수 있고, 영국이나 프랑스, 독일 등 피해자에 의한 사인소추를 허용하는 모델도 있다. 직업법관에 의한 재판만을 경험하지 못한 한국의 입장에서는 다소 생경한 이국적 제도로 느껴질 수도 있었지만, 실은 이러한 국민의 사법참여가 오히려 국제적 기준에 부합하는 것이다.

역사적으로 보더라도 배심제는 민주적 정당성과 밀접한 관련을 맺으며 발전해온 제도이다. 배심제는 영국에서 일찍이 13세기부터 왕권의 견제를 위한 대헌장(Magna Carta)에서 유래한 제도이고, 미국에서는 영국의 식민지 지배에 저항하는 수단으로서의 역할을 수행하면서 발전해 왔다. 시민혁명 이후 근대민주주의 법치국가의 성립과 더불어 태동한 프랑스의 나폴레옹법전이 영국의 배심제를 계수한 후 민주주의 운동이 지배하던 19세기에 유럽전역에 확산되면서 자리잡게 된 제도가 참심제였다. 이와 같이 배심제가 민주주의 운동이 지배하던 19세기에 발전하였고, 반대로 권위주의 정권 하에서는 쇠퇴하였다는 역사적 사실이 있는바, 이는

---

20) 당초 국민참여재판법안에는 공판준비절차·공판절차에 관한 특례규정이 포함되어 있었으나 형사소송법 일부개정법률안이 그 내용을 흡수·반영하였기 때문에 국회의 심의과정에서 해당부분을 삭제하는 일부수정이 가해져 조문수가 89개조에서 60개조로 축소된바 있다.

배심제도가 민주적 특성을 지니고 있다는 점을 보여준다.[21)]

이와 같이 종전까지 우리나라 형사사법제도는 국민의 사법참여를 철저히 배제하고 있다는 점을 그 대표적인 특징의 하나로 꼽을 수 있었다. 대의민주제에서 나아가 참여민주제로 확대되고 있는 입법권이나 행정권과는 달리 유독 사법권에 있어서는 국민이 직접 참여하거나 이에 관여할 수 있는 제도적 장치가 사실상 부재했던 것이다. 이러한 국민배제형 형사사법은 일본의 구 형사사법체계를 이식받은 것에서 그 유래를 찾을 수 있다. 사실 일본도 제2차 세계대전 패전 이전에 본국에서의 형사절차에서는 배심제를 시행한 경험이 있다. 1911년에 시작된 다이쇼(大正)시대의 민주화의 흐름 속에 배심법이 제정되어 1928년부터 시작된 배심재판이 그것이다. 신청주의 방식을 기초로 하고 재판의 번복 가능성 등이 열려있던 제한된 형태의 배심제라 명목상의 제도 수준으로 명맥을 유지하다가 결국 전시상황이었던 1943년 배심법의 효력정지라는 형태로 사실상 폐지의 길을 걸었다.[22)] 배심법의 적용이 배제되었던 식민지에서는 이마저 경험할 기회가 없었다. 이와 같이 현행 국민참여재판은 비록 시범실시 단계의 제한적인 참여 수준이라는 한계는 있지만, 한국의 사법역사상 최초로 주권자인 국민이 형사사법에 직접 참여하는 제도라는 역사적 의미를 가지고 있다.

(2) 국민의 사법에 대한 신뢰의 제고

국민의 사법참여는 사법에 대한 불신이 국민들의 의식 속에 남아있는 현시점의 한국사회에서는 이를 치유하고 사법의 신뢰도를 높이는 하나의 해법이 될 수 있다는 점에서도 그 의미가 크다.[23)] 무작위로 추출된 일반시민으로 구성된 배심원단이 심판

---

21) 배심제의 역사적 전개에 관한 자세한 내용은 닐 비드마르(Neil Vidmar), 김상준·김형두·이동근·이효진(역), 세계의 배심제도, 나남, 2007 참조.

22) 일본의 구 배심제도를 소개한 문헌으로는 利谷信義, 日本の陪審法—その内容と実施過程の問題点(陪審〈特集〉), 日本弁護士連合会, 自由と正義 第35巻 第13号, 1984; 東京弁護司会(編), 陪審裁判：旧陪審の証言と今後の課題, ぎょうせい, 1992; 菊地博, 陪審制度の歴史と今後, 朝日法学論集 第24号, 朝日大学法学会, 2000; 三谷太一浪, 政治制度としての陪審制：近代日本の司法権と政治, 東京大学出版会, 2001 등이 있다.

23) 위 주석4)의 사법제도개혁추진위원회 여론조사에서는 조사대상자의 83.7%가 "피고인·피의자 또는 피해자의 사회적인 지위가 형사재판에 영향을 미친다"라고 응답하였고, 법조계

자의 역할을 담당하는 재판에서는 불공정한 재판이 원초적으로 발붙일 토대가 없기 때문이다. 배심원 평결에서의 유·무죄를 좌우하는 것은 검사의 증거에 의한 유죄심증형성의 정도와 변호인 측의 반대증거와 변론능력이 중핵적 지위를 점할 수밖에 없으며, 이것이 영미식 배심재판의 실제이기도 하다. 권고적 효력에 머무는 현행의 국민참여재판의 경험을 통해서도 이러한 해법이 될 수 있는 가능성은 입증되었다고 본다. 국민참여재판을 경험한 실무가들 사이의 반응도 이에 부합한다.[24)]

나아가 검사와 변호인이 공개된 법정에서 배심원을 상대로 최선을 다하여 주장과 설득을 하고, 실체적 진실을 발견하고 적정한 양형판단을 하고자 고민하는 재판부의 모습이 배심원과 국민에게 생생하게 전달된다. 이러한 경험을 통해 형사재판에 대한 이해를 넓히고 사법에 대한 지나친 오해와 불신이 해소되어 신뢰를 높이는 계기가 되고 있는 것이다.

3 실체적 진실발견과 적법절차, 그리고 공정한 재판

실체적 진실발견과 적법절차, 공정한 재판 등의 형사절차의 제 이념은 모든 형사재판에서 지켜져야 할 지도원리이다. 따라서 국민참여재판이 이러한 제 이념을 실현하지 못하거나 직업법관에 의한 일반재판에 비하여 상대적으로 부족함이 있다면 제도의 본격적 시행에 걸림돌이 될 수밖에 없을 것이다. 반대로 국민참여재판이 제 이념을 실현하는데 오히려 적합하다면 이를 확대·시행해야 하는 당위성을 제공하는 근거가 된다.

제도 도입 당시 비법률전문가인 일반인에 의한 재판이 오판의 위험성이 높을 수 있다는 우려가 반대논거의 하나였다. 이 점은 위헌론과 더불어 배심원평결의 기속력 부여를 반대하는 논거도 될 수 있다. 전술한 바와 같이 10년간의 시행결과

에 소위 전관예우가 아직 남아 있다고 보는가에 대하여는 84.3%가 그렇다고 응답하여 사법에 대한 국민의 신뢰도가 낮음을 드러냈다.

24) 이러한 점에 관하여는 강종선, 국민참여재판의 현황과 과제, 참여연대 좌담회 자료집(국민참여재판제도가 가져온 변화와 과제), 2013년 11월, 8면; 김형국(국선전담변호사), 국민참여재판제도가 가져온 변화와 과제, 동 자료집, 32면 이하; 정별님(국선전담변호사), 국민참여재판의 시행평가와 개선방안에 관한 연구, 동 자료집, 45면 이하 등 참조.

에서는 평결과 판결의 일치율이 93.2%에 달했다. 불일치한 6.8%인 155건은 그 중 평결무죄-판결유죄의 경우가 144건으로 압도적으로 많았다. 그렇다면 불일치한 사건의 경우, 배심원 평결이 오류이거나 판결보다 부정확한 것이라 평가할 수 있을까. 실체적 진실발견에 있어 소수의 직업법관에 의한 재판이 다양한 개인의 경험측과 논리측의 집합으로서 만장일치를 원칙으로 하는 배심재판에 비하여 앞선다는 점이 증명된 바는 없다. 앞의 시행경과에서 살펴본 바와 같이 오히려 국민참여재판의 평결판결 불일치 사건 중에는 항소심이 제1심을 뒤집고 배심원평결과 동일한 판결을 내린 것도 3건이 있었다. 또한 국민참여재판의 항소심 파기율이 28.4%로 일반재판 -각급 고등법원의 제1심합의부사건- 의 파기율 40.5%에 비하여 훨씬 낮다는 점도 특기할 부분이다.

배심제의 본고장인 영미에서의 논의도 마찬가지이다. 미국의 효시적 연구로서 Harry Kelven과 Hans Zeisel의 실제 재판사례를 대상으로 한 연구에 의하면 배심원과 직업법관은 유무죄 일치율은 78%였다. 불일치한 22%는 그 중 19%는 배심원이 더 관대한 판결을 내렸고, 나머지 3%가 직업법관이 더 관대한 판결을 내렸다.[25] 이 결과의 이후의 경험적 연구결과에 의해서도 대체로 지지되고 있다.[26] 배심원이 법관에 비해 더 관대한 판결을 하는 이유에 대하여는 배심원의 증거판단에 대한 능력이 떨어져서가 아니라 사실인정 기준인 합리적 의심을 넘어서는 증명이 법관보다 더 높기 때문이라는 데에 대체로 일치하고 있다.[27]

이러한 미국의 연구와 비교하면, 국민참여재판의 93.2%라는 평결과 판결의 일

---

25) Harry Kelven & Hans Zeisel, The American Jury, 1966.

26) Larry Heuer & Steven Penrod, Trial Complexity: A Field Investigation of Its Meaning and Its effects, 18 Law & Hum. Behav. 29, 34, 48 (1994); Theodore Eisenberg , Paula L. Hannaford-Agor, Valerie P. Hans, Nicole L. Mott, G. Thomas Munsternam, Stewart J. Schwab & Martin T. Wells, Judge-Jury Agreement in Criminal Cases: A partial Replication of Kalven & Zeisel's The American Jury, 2 Journal Of Empirical Legal Studies 171 (2005). 이동희·이윤·이성기, 국민참여재판에서의 배심원 무죄평결에 영향을 미치는 요인의 분석 및 제도적 개선방안에 관한 연구, 대검찰청 연구용역보고서, 2012, 15면 이하 참조.

27) Valerie P. Hans, Jury Systems around the World, Annu. rev. Law Soc. Sci. 4:9.1, 9.11. (2008) citing Kagan RA. 2007.

치율은 상대적으로 매우 높은 수준이라 말할 수 있다. 이는 한국의 사회적 특성인 고학력과 낮은 문맹률이나 인종적·문화적 동일성이 높은 점 등이 기존의 배심제 시행국가에 비하여도 오류의 위험성이 상대적으로 높지 않을 수 있음을 담보해준다고 본다. 또한 실체적 진실발견의 측면에서 보면, 배심원평결에서의 상대적으로 무죄율이 높은 것은 적어도 무고한 자에 대한 처벌을 막아야 한다는 이른바 소극적 실체적 진실의 측면에는 더 부합하는 결론이다. 즉, 직업법관에 의한 재판이 범인필벌을 앞세운 소위 적극적 실체적 진실발견의 측면에서는 더 효과적일 수 있지만, 무고한 자의 불처벌이라는 소위 소극적 실체적 진실발견의 측면에서는 오히려 배심재판이 오류의 가능성은 더 낮고 우월하다고 평가할 수 있다.

덧붙여 재판부별로 하루에 십여 건 이상을 2~3주 간격을 두고 심리해야 하는 우리의 일반재판의 실정을 감안하면 1건에 대해 최소 하루 종일이나 2일 이상에 걸쳐 공판중심주의에 철저한 집중심리방식은 국민참여재판의 사실인정에 있어 그 정확성이 더 담보되는 이유가 될 것이다.

전술한 바와 같이 국민참여재판은 공판중심주의를 충실히 구현할 수 있는 토대가 되고 있다. 종래의 직업법관에 의한 재판에서는 법원의 인적·물적 시설과 형사사건의 수 등을 감안하면 공판중심주의 원칙들이 그대로 실현되는 것은 현실적으로 기대하기 어렵다. 그런데 국민참여재판을 통해 공판중심주의의 모든 원칙들이 그대로 지켜지는 재판을 경험하게 되었으며, 재판에 관여했던 실무가나 일반인이 감명을 받고 이를 전파함으로써 공판중심주의의 구현을 촉발하는 촉매가 되고 있다고 한다.[28] 또한 국민참여재판에서도 일반재판과 마찬가지로 검사측에서 각종 수사서류들을 증거로 제출하고 이에 대한 증거조사를 실시하고 있지만, 배심원들이 가장 집중하지 못하고 지루해 하는 절차가 바로 증거서류에 대한 증거조사절차라는 것이 실무가의 경험담이다.[29] 무죄추정의 원칙과 증거재판주의를 충실히 지켜진다는 경험담도 주목된다.[30] 평생 한번 수행하는 정도의 배심원들이 형사재

28) 이에 관한 현직판사의 체험적 글로서는 최재혁, 법원의 관점에서 본 국민참여재판의 운영현황과 개선방향, 한일법학 제28집, 한일법학회, 165면 이하 참조.

29) 최재혁, 앞의 글, 166-167면.

30) 김형국, 앞의 글, 34면 참조.

판의 의미를 엄중하게 느끼고 재판장을 설명을 통해 이 원칙들을 보다 충실히 지키려고 한다는 것이다. 이러한 변화방향은 현행 증거법이 아직 수사기관 작성의 조서의 증거사용을 허용하고 있더라도 배심재판에서의 그 증명력은 현저히 약해져 유죄심증형성에 큰 영향을 주지 못한다는 것을 의미한다. 결국 조서재판의 폐해를 자연스럽게 극복하는 방향이자 피고인의 방어권 보장에 보다 철저한 형사사법을 실현하는 길이 될 것이다.

Ⅳ 최종형태 관련 주요쟁점에 대한 검토와 제언

1 최종형태안의 성립과 이를 둘러싼 논쟁

(1) 국민사법참여위원회의 발족과 개정안의 의결

사법개혁의 로드맵을 바탕으로 2012년 7월 12일 최종형태를 결정하기 위해 대법원 산하에 국민사법참여위원회가 발족했다. 동 위원회는 약 6개월간의 활동을 거쳐 2013년 1월 18일 최종형태에 관한 개정안 –이하 '위원회안'이라 한다.– 을 의결하였고, 공청회를 거쳐 같은 해 3월 6일 제8차 회의에서 이를 확정한바 있다.

2013년 3월 6일 국민사법참여위원회에서 의결한 개정안의 주요내용을 정리하면 다음과 같다. ① '실시방식'과 관련해서는 피고인의 신청에 의한 소위 신청주의를 원칙으로 유지하되 사법의 민주적 정당성과 투명성을 증진시키기 위하여 필요한 경우 법원의 직권 또는 검사의 신청에 따른 결정으로 국민참여재판에 회부할 수 있도록 함으로써 부분적으로 강제주의를 도입하였다(국민참여재판법 제5조 3항 개정). ② '배심원의 수'와 관련해서는 기존의 5인제를 폐지하고 9인제와 7인제의 2가지 유형만을 유지하였다(법 제30조 1항 3호 삭제). ③ '배심원 평결의 방식'과 관련해서는 기존에 만장일치에 이르지 못한 경우 단순다수결로 하던 것을 폐지하고 4분의 3 이상의 가중다수결로 평결하도록 하였다(법 제46조 3항 개정). 그러나 4분의 3 이상의 찬성에 이르지 못한 평결불성립의 경우에는 배심원의 평결 없이 판결을 선고하되 배심원의 의견을 참고할 수 있도록 했다(동조 6항 개정). ④ '배심원

평결의 효력'과 관련해서는 법적 기속력을 부여하지는 않지만 "평결을 존중하여야 한다"라는 존중의무를 법률에 명시하였다. 다만, 배심원의 평결이 헌법·법률·명령·규칙 등에 위반되거나 부당한 경우에는 평결결과와 다른 판결을 선고할 수 있도록 하였다(동조 5항 개정). 위 이외에도 배심원 연령을 하향조정 −만 20세 이상에서 만 19세 이상으로 변경− 한 점, 재판장의 설명사항에 검사 주장의 요지를 포함시킨 점, 재판에 참여한 배심원의 수와 유·무죄 및 양형에 관한 배심원의 의견을 판결서에 필수적으로 기재하도록 한 점 등이 있다.

(2) 법무부의 수정안 입법예고와 정부안의 국회제출

위 위원회안이 결정된 후 법무부는 위 개정안을 독자적으로 수정하거나 별도의 내용을 추가한 개정안(이하 '1차 수정안'이라 한다.)을 2013년 10월 11일자로 입법예고한바 있다. 주된 내용은 ① 배심원 평결의 효력과 관련하여 방식과 관련하여 법원이 평결과 다른 판결을 선고할 수 있는 사유에 '대법원 판례에 위반되는 경우'와 '평결의 내용이 논리법칙·경험법칙에 위반되는 경우, 그 밖에 평의·평결의 절차 또는 내용이 부당하다고 인정할 만한 사유가 있는 경우'를 추가하고(법 제46조 5항), ② 배심원평결의 방식과 관련해서 피고인과 변호인이 최후진술과정에서 새로운 쟁점이나 사실관계에 관한 의견을 진술한 경우 재판장은 검사에게 이에 대한 의견을 진술할 기회를 주도록 하고, 피고인과 변호인도 위 검사의 의견 진술이 끝난 후에 재판장의 허가를 얻어 다시 이에 대한 의견을 진술할 수 있도록 하고(법 제45조의2 '피고인의 최후진술과 검사 등의 재의견진술' 신설), 아울러 ③ 실시요건과 관련하여 강제실시 방식 중 검사의 신청에 의한 방식만 남기고 법원의 '직권'에 의한 실시방식을 삭제한 것(법 제5조 3항)이다.

위 1차 수정안을 입법예고한 이후 법무부는 같은 해 12월 31일자로 재차 일부 개정내용을 추가한 새로운 개정안(이하 '2차 수정안'이라 한다.)을 입법예고하였다. 이때 추가된 내용은 ① 국민참여재판 대상사건 중에서 '법원조직법 제32조 제1항 제6호에 따라 지방법원 합의부의 권한에 속하는 사건' −공직선거법위반사건이 이에 포함된다.− 을 제외하고(법 제5조 1항 1호), ② 배제결정과 관련하여 검사의 신청에 따라 법원이 배제결정을 할 수 있도록 하고, 범죄의 성질 기타 사정으로 국민참여재판으로 진행하는 것이 불공평한 판단을 초래할 우려가 있는 경우 등을 배제사유에 추가하였다(법 제9조 1항). 이와 같이 2차에 걸쳐 수정된 안을 내용으로 하는 정부안이 2014년 6월 12일자로 제19대 국회에 제출되었다.

(3) 주요쟁점의 요약 및 비교

국민참여재판의 시행을 둘러싸고 그간 제도 개선이 논의되어 왔던 주요쟁점으로는 ① 신청주의 방식의 수정 여부 −의무적 실시방안 등−, ② 폭넓은 배제결정사유의 문제점과 사유축소의 필요성, ③ 만장일치 불성립 시의 단순다수결의 문제점, ④ 배심원평결의 효력과 관련해서 기속력의 부여 여부, ⑤ 항소심 성격의 사후심 내지 법률심화 여부 등을 꼽을 수 있다. 이 밖에 1~2일에 그치는 단기간의 심리기간이나 심야재판의 문제, 피고인·변호인의 최후진술 이후에 검사의 재의견진술 기회의 부여 여부 등도 논제로 다루어졌다.

이와 비교하여 위원회안과 법무부 수정안 및 정부안을 도식화하여 요약정리한 것이 〈표 11〉이다. 가장 핵심쟁점이었던 실시요건으로서 신청주의 방식의 수정 여부와 배심원평결의 효력에 관하여는 위원회안과 정부안이 모두 일정한 개정내용을 포함하고는 있다. 이를 구체적으로 보면, 전자의 실시요건에 관하여는 위원회안은 현행 신청주의를 유지하되 법원의 직권이나 검사의 신청에 의한 실시를 추가했으나 정부안에서는 이 중 법원의 직권에 의한 실시방식을 삭제한 개정안을 제시하고 있다. 한편, 정부안에서는 배제결정사유를 추가하고, 또한 검사에게 배제결정 신청권을 부여하고 있는바, 이는 위원회안에 비해 국민참여재판의 시행건수를 줄어들게 하는 방안이 될 수 있다. 후자의 배심원평결의 효력에 관하여는 위원회안이 법적 기속력은 없지만 존중의무를 부여하는 수준에서의 개정안을 제시하고 있고, 정부안은 여기에 평결배척사유를 추가하여 배심원평결의 효력을 더욱 제약하고 있다.

위원회안의 경우, 현행보다는 한 걸음 나아가는 점진적 개선안이라 평가되지만, 여전히 법적으로 평결의 기속력은 인정되지 않는데다 실무운용이 신청사건 중심으로 실시되고 배제결정도 쉽게 허용된다면 시범실시의 수준을 크게 벗어나지 못할 우려도 있다고 본다. 위원회안에서 수정 내지 추가된 정부안의 내용은 공직

표 11 ▶ **최종형태 개정안의 주요쟁점 비교**

	주요쟁점	위원회안	법무부수정안/정부안
대상사건	— (의무적 실시와 연계조정)	—	공직선거법위반사건 배제
실시요건	신청주의 수정 여부 (의무적 실시 등)	신청주의 유지 + 직권 또는 검사의 신청에 의한 실시 추가	위원회안에서 법원의 직권 회부규정 삭제 (안 제5조 제3항)
배제결정	배제결정사유의 폭넓음(축소필요성)	—	배제결정사유 추가 + 검사의 배제결정 신청권 신설
평결방식	단순다수결의 문제점	가중다수결로 변경 + 평결불성립시 의견 참조	좌동
평결의 효력	기속력 부여 여부	존중의무 부여 (사실상의 기속력 ?)	좌동 + 평결배척사유의 추가
항소심의 성격	사후심 내지 법률심화	—	—
기타	단기간 심리기일의 문제점 최후변론후 검사진술 허용 여부	배심원수(9인제/7인제) 배심원연령(19세이상) 재판장 설명사항추가 (검사주장)	좌동 + 최후변론 후 검사의 진술기회

선거법위반사건의 대상사건에서의 제외, 검사의 배제결정 신청권의 부여, 배심원 평결을 배척할 수 있는 사유의 확대 등 국민참여재판을 축소 내지 위축시키는 방안이라는 점에서 문제가 있다. 법무부의 독자적인 수정안이 입법예고된 이후 이를 비판하는 법원의 의견이 있었고, 학계나 시민단체의 목소리도 거세다. 비판의 요지는 우선 ① 절차적으로 볼 때 법무부의 독자적 수정안 제출은 위원회를 통한 최종형태안의 결정이라는 국민참여재판법에 규정된 입법절차에 위배된다는 점, ② 내용적인 측면에서도 국민참여재판의 발전을 저해하는 방안이자 검찰의 권한 확

대하는 것으로 제도의 취지에 역행한다는 점 등으로 집약된다.[31] 이하에서는 이러한 쟁점을 포함하여 국민참여재판의 최종형태와 관련된 주요쟁점에 대하여 검토하고자 한다.

2 실시요건으로서 신청주의 방식에 대한 검토

(1) 낮은 신청률·실시율 및 높은 철회율의 문제

앞에서 살펴본 바와 같이 시행 10년간 국민참여재판의 대상사건은 총 143,807건이었으나 이 중 국민참여재판을 신청한 건수는 5,701건으로 국민참여재판의 신청률은 전체 대상사건의 4.0%에 불과했다. 게다가 신청한 5,701건 중 40.5%에 달하는 2,267건은 피고인이 국민참여재판을 신청했다가 스스로 철회하였다. 실제로 국민참여재판이 진행된 것은 법원이 배제결정한 1,075건을 뺀 2,267건이었다. 이는 전체 대상사건에 대비하면 1.6%에 그치는 비율이다. 시행 첫해에 비해 매년 신청률과 실시율이 다소 높아지기는 했지만, 전체적으로 보면 여전히 낮은 수준의 신청률, 실시율이라 평가할 수 있다.

이와 관련하여 현재의 국민참여재판이 왜 낮은 신청률과 실시율을 보이고 있는지 그 이유에 대하여 몇 가지 분석이 제시되어 왔다. 대표적으로는 국민참여재판에 대한 사회적 인지도가 낮다는 점이었다. 피고인들이 제도가 있다는 사실 자체를 모르거나 있다는 사실은 알지만 자세히 모르는 경우가 많고, 알고 있다하더라도 피고인 자신에게 유리한지 불리한지를 판단하기 어렵기 때문에 선뜻 국민참여재판을 신청하지는 않는 것으로 볼 수 있었다.[32] 그러나 이제 시행 10년이 넘어

31) 국민사법참여위원회 및 대법원, 법원행정처의 의견표명에 관하여 관련 언론기사 참조; 한편 학계동향으로는 2014년도 전국 형사법학자 대회 자료집 『21세기 한국형사법의 새로운 모색』(2014. 6), 그리고 민주사회를 위한 변호사모임의 관련 논평('국민참여재판 무력화' 속내 드러낸 법무부의 국민참여재판 개정안을 반대한다. 2014년 6월 23일자) 등 참조.

32) 법원행정처에서 2009년 5월 피고인을 상대로 설문조사한 결과에 의하면, 국민참여재판을 신청하지 않은 피고인 중 제도를 모른다고 응답한 비율이 40.3%, 어느 정도 알지만 자세히는 모른다고 응답한 비율이 44.5%에 달했다. 한편, 모른다고 응답한 피고인 중 알았다면 신청하였을 것이라고 응답한 비율은 16.7%이었다. 이인석, 국민참여재판의 동향과 양형,

선 현재는 국민참여재판에 대한 인지도는 이전에 비해서는 확연히 높아졌다고 여겨진다. 특히 정치적으로 민감한 반향을 일으킨 재판사례들이 언론과 국민의 관심을 받으면서 국민참여재판의 의의나 기능에 대한 인식도 높아졌다고 볼 것이다. 이러한 점은 국민참여재판의 신청건수가 첫해 233건에서부터 336건, 438건, 489건, 756건, 764건, 608건, 505건, 860건, 712건으로 다소 등락은 있었지만 꾸준히 증가한 사실과도 부합한다.

한편 시행초기에는 피고인의 신청기간이 짧다는 점이 문제로 지적되기도 했다. 법률상 법원은 피고인에게 공소장부본과 함께 국민참여재판 의사확인서를 송달하면 피고인은 공소장부본을 송달받은 날로부터 7일 이내에 참여재판을 신청하도록 하고 있는데, 그 기간이 너무 짧기 때문에 신청하기 어렵다는 것이다. 이 점과 관련해서는 2009년 10월 대법원이 위 7일 이내 의사확인서를 제출하지 아니한 피고인도 제1회 공판기일이 열리기 전까지는 국민참여재판을 신청할 수 있고 -아울러 당초 희망하지 않는다는 의사확인서를 제출한 피고인도 제1회 공판기일이 열리기 전까지는 의사를 변경하여 국민참여재판을 신청할 수 있다고 보았다.- 법원은 그 의사를 확인하여 국민참여재판으로 진행할 수 있다고 결정[33]함으로써 이러한 실무상의 문제점은 어느 정도 해소된 상황이라 할 것이다.

한편, 높은 철회율과 관련해서는 법원이나 검찰, 변호인의 참여재판에 대한 태도, 양형, 동료 제소자들의 의견 등이 종합적으로 반영된 것으로 짐작되고 있으나, 구체적인 원인은 파악되어 있지 않은 상황이다.[34] 현재의 실무상황을 고려해 보건대, 소위 법조삼륜은 본인이 직접 국민참여재판을 담당하는 데에는 소극적인 태도를 보이고 있다는 점도 중요한 원인의 하나로 판단된다. 검사의 경우 통상의 재판에 비하여 배심원들을 설득하기 위해 입증준비나 공소유지 단계에서 월등히 많은 업무량과 노력이 요구되고 있고, 변호사의 경우에도 종래의 변호행태에 익숙한 입장에서 통상의 재판보다 어렵고 많은 업무임에도 특별히 고액의 선임비용을

국민의사법참여연구회 학술토론회 자료집 10, 2010년 4월, 24-27면.

33) 대법원 2009년 10월 23일자 결정 2009모1032 참조.

34) 이 점에 대한 지적으로는 이인석, 앞의 글, 27면.

받기 어렵다는 점이나 설사 노력하여 무죄를 평결을 받더라도 기속력이 없어 유죄로 뒤집힐 가능성이 있다는 점을 감안하면 국민참여재판에 대한 기피경향은 쉽게 짐작되는 일이다. 앞에서 살펴본 바와 같이 각 법원별로의 철회율은 최저 18.0%에서 최고 53.2%에 이르기까지 큰 격차를 보이고 있다. 이는 스스로 국민참여재판을 신청했던 피고인이 자진 철회한 이유가 전국의 지역별로 피고인의 의사결정 특성의 차이에서 기인하는 것이 아니라 오히려 전국의 각 법원권역마다의 법조인들의 태도 변수에서 기인하는 것임을 방증하고 있다는 생각도 든다.

법원행정처에서 2009년 5월 피고인을 상대로 설문조사한 결과에 의하면, 미신청 피고인 중 8.4%가 국민참여재판을 신청하면 검사가 불이익을 줄 것이라고 응답했고, 12.6%는 신청하면 수사상 불이익을 받을 것 같아서 신청하지 않았다고 응답했다. 또한 검찰은 실제로 국민참여재판을 신청한 대부분의 사건에서 배제결정을 요청하는 의견서를 제출하기도 했다.[35] 이러한 법조관계자들의 소극적 태도는 결국 당초 국민참여재판을 신청했던 피고인에게 직·간접적으로 영향으로 미쳐 국민참여재판을 철회하게 만드는 원인으로 작용하는 것으로 보인다.

(2) 정부안에 대한 검토 및 개선방안

이상에서 언급한 문제점들을 해결하는 방안으로서 시민이나 피고인에게 홍보를 강화하여 국민참여재판의 제도 취지나 장점 등을 널리 인식시키거나 법조인들의 의식전환을 위한 노력, 변호인 선임비용의 합리화 등이 대안으로 제시될 수 있겠지만, 이는 제한적인 효과를 거두는 방안일 뿐 근본적인 해결방안은 되지 못할 것이라 생각된다. 주지하다시피 현재 국민참여재판제도는 시범실시 단계이기는 하지만, 법률상 "누구든지" "국민참여재판을 받을 권리"를 보장해두고 있지만(법 제3조 1항), 그간의 시행경과에서 확인되는 바와 같이 신청주의 하에서는 그 한계를 드러내고 있다.

사실 신청주의는 형사재판의 절차·방식을 사인인 피고인의 처분에 맡기는 것으로 국가에 의한 형사재판권 행사의 통일성이나 평등성의 관점에서 문제가 있으며, 비교법적으로도 배심제나 참심제, 절충형의 일본재판원재판에서는 찾아볼 수

35) 이인석, 앞의 글, 54면.

없는 독특한 시범실시형 입법형식이기도 하다. 후술하는 바와 같이 일본의 패전 이전의 구 배심제가 사실상 유명무실한 제도로 운영되다가 그 효력이 정지되게 되었던 원인 중의 하나가 피고인의 청구에 기초한 신청주의 실시방식을 취했던 점이기도 하다. 또한 일본에서 새롭게 재판원재판을 도입하는 과정에서의 논의를 보면, 헌법론에 기초하여 피고인의 선택권은 필요불가결이라는 견해가 제시되었으나, 미국식의 배심제를 지지하는 입장에서도 구 배심제도의 실패경험을 근거로 피고인에게 선택권을 부여하는 방식에 반대하는 견해가 강하게 대두되기도 했다. 최종적으로는 헌법론적 해석을 근거로 한 선택권 부여 주장이 받아들여지지 않고 현행의 선택불가적 의무적 실시방식이 제도화되었던 것이다.

그렇다면 최종형태에 관한 위원회안이나 정부안은 해법이 될 수 있을까. 위원회안은 개선방안으로서 신청주의를 원칙으로 하되 법원의 직권이나 검사의 신청에 의한 강제적 실시방식을 병행하도록 하고 있고, 정부안은 이 중 법원의 직권에 의한 방식을 제외시켰다. 그러나 언급한 바와 같이 법조관계자들의 소극적 태도가 만연되어 있고, 이러한 실무의 태도가 극적으로 변화되지 않는다면 실효성 있는 해법이 되기는 어렵다고 본다. 자칫 법관과 검사에게 부여된 취사선택권 정도로 운용된다면 자의적 행사로 인한 권한남용의 문제에 직면할 위험성도 크다. 또한 법리적으로 볼 때 직권에 의한 강제적 실시가 피고인에게 신청권 내지 선택권을 부여한 현행 제도와 상호 모순되지 않고 조화될 수 있는지도 의문이 든다. 권한남용이나 법리적 모순의 문제를 차치하고 보더라도, 이러한 법관에 의한 선택적인 강제주의보다는 오히려 배제결정의 사유를 축소하는 방향이 보다 높은 실시율을 담보할 수 있다고 본다. 나아가 정부안이 검사의 신청에 의한 회부결정 방식만을 남겨두고 법원의 직권에 의한 실시방식을 제외한 점에 대하여는 합리적 근거를 찾기 어렵다. 위원회안 보다도 실시범위를 더욱 축소시키는 방향이며 결국 예외적 강제실시 여부를 검사의 재량으로 만드는 것으로 검찰권의 강화에 다름 아니라 할 것이다.

생각건대 현재의 신청주의 방식을 유지하는 한 본격적인 실시단계에서 이에 걸 맞는 수준의 실시율을 담보하는데 한계가 있다고 본다. 결국 본격적인 실시단계에서 이에 걸 맞는 수준의 실시율을 담보하기 위해서는 신청주의 방식이 아니라 원칙적으로 대상사건을 필요적으로 실시하는 방식으로 전환되어야 할 것이다. 대상사건의 필요적 실시로 전환할 경우 사법비용의 막대한 증가를 이유로 하는 반대론이 있을 수 있지만, 국민의 사법참여를 통해 사법의 민주적 정당성과 사법에 대한 신뢰도의 제고라는 이념이 실현되어야 한다는 근본취지에 동의한다면 국가가 사법비용의 지출에 인색해서는 안 될 일이다. 배심제 국가의 예를 참조하여 피고인에게 국민참여재판의 포기권을 인정하여 사건의 급증 문제를 일정부분 해소하더라도 원칙적인 실시라는 기본원칙은 취해야 할 것이다. 소위 '선택과 집중'의 원리를 구현한다면, ① 대상사건의 범위를 사건의 중대성이나 공소사실의 인정 여부를 기준으로 설정하는 한 일정한 선을 그을 수 있는 것이고, 급격한 인적·물적 재원에 현실적 대응의 어려움이 있다면 ② 중대사건 중 부인사건을 필요적 국민참여재판사건으로 한정하는 방안이나 ③ 필요적 실시 대상사건을 필요최소한으로 한정하면서 여타의 대상사건을 신청주의 방식으로 병행하는 방안 등이 고려될 수 있다고 본다.

3 배제결정제도

현재의 국민참여재판이 시범실시 성격이라는 점을 감안하더라도, 국민참여재판을 받을 권리가 피고인의 권리로서 법률상 보장되고 있다는 점에 비추어 보면 (국민참여재판법 제3조), 배제결정 사유를 폭넓게 규정하고 있고 특히 제3호와 같은 추상적인 배제결정 사유를 인정하는 것은 사실상 피고인의 권리를 보장하지 않는 것과 다를 바 없다고 본다. 이러한 점은 살펴본 바와 같이 실제의 운용실태를 통해서도 확인되고 있다.

따라서 전술한 바와 같이 국민참여재판을 필요적으로 실시하는 것을 전제로 할 경우, 배제결정제도는 사실상 폐지하는 것이 바람직하다고 본다. 다만 국민참여재판을 현실적으로 진행할 수 없는 특별한 사정이 있는 경우를 감안하여 예외적으로 이를 존치한다고 하더라도, 법원의 배제결정의 남용이나 자의적인 배제결정에 의한 국민참여재판을 받을 권리의 침해를 방지하기 위해서는 배제결정의 사유를 필요최소한도의 범위로 제한하고 그 사유도 구체화해야 할 것이다.

배심제 국가나 참심제 국가에서 현재의 국민참여재판법과 같이 폭넓게 배제결정을 허용하는 입법례를 찾아볼 수 없음은 물론이다. 최근 재판원재판을 도입·시행하고 있는 일본의 경우에도 대상사건에 대하여는 선택제가 아닌 필요적 실시의 방식을 채택하면서도 극히 예외적으로 조직범죄 등의 사건에 있어 재판원과 재판원후보자 및 그 친족 등에 대한 범죄단체의 위해 우려가 있고, 이 때문에 재판원의 출석을 확보하기 어렵고 대체할 재판원의 선임도 곤란한 경우에만 법원의 대상사건을 통상의 재판으로 취급하는 결정을 할 수 있도록 하고 있다.[36] 그리고 실제 운용 면에서도 위 조항에 근거하여 대상사건에서 제외시킨 사례는 거의 없었던 것으로 알려져 있다. 이러한 관점에서 보자면, 배제결정의 사유를 현행보다 더 추가하여 넓히는 동시에 검사에게 배제결정 신청권까지 부여한 정부안은 그 당위성을 찾기가 어렵다고 본다.

4 심원평결의 효력 : 기속력 부여인가 권고적 효력인가

(1) 제도 및 운용현황

국민참여재판에서 있어서도 '심리'와 '재판'은 통상의 재판과 마찬가지로 직업법관만으로 구성된 재판부(3인제의 합의부)가 담당하며, 참여한 배심원의 평결은 권고적인 효력을 가질 뿐이다(제46조 5항). 다만 법상으로는 재판부가 배심원의 평결결과와 다른 판결을 선고하는 때에는 피고인에게 그 이유를 설명하여야 하며(국민참여재판법 제48조 4항), 또한 그 이유를 판결서에 기재하도록 하고 있다(동법 제49조 2항). 이러한 조치에 의해 평결의 결과가 권고적 효력에 그치지만, 일정한 한도에서는 존중되는 기능을 가지게 된다고 보고 있다. 시행 10년간의 상황을 보면, 배심원 평결과 판결이 일치한 비율은 93.2%로 직업법관으로 구성된 재판부가 배심원의 평결을 존중하고 있는 편이라 평가할 수도 있겠지만, 불일치한 비율도 6.8%이다.

(2) 헌법적 문제의 해명과 검토

권고적 효력밖에 가지지 않는 제도로 된 것은 헌법상의 문제가 완전하게 해명되지 않는 상태에서의 시범실시라는 것이 그 근본적인 이유라 할 것이다. 그러나

---

36) (일본) 재판원이 참가하는 형사재판에 관한 법률 제3조(대상사건에서의 제외) 참조.

배심원 평결에 권고적 효력만을 부여하고 있는 현재의 국민참여재판 방식은 말 그대로 시범적인 실시단계에서만 가능한 입법형태라 생각한다. 기속력을 부여하는 방식이 헌법 제27조 제1항의 법관에 의한 재판을 받을 권리에 위배되는지와 관련하여 찬반의 논쟁이 있었다는 점이 권고적 효력에 그치는 현재의 제도가 입안된 배경의 하나이지만, 헌법상의 문언적 의미를 소극적으로만 해석하여 평결에 기속력을 부여하는 것은 위헌이라는 식의 반대론을 강하게 내세우는 것은 바람직하지 않다고 본다. 헌법의 최고 가치를 이루는 국민주권의 이념에 비추어서도 그러하고, 국민참여재판제도의 목적의 관점에서 보더라도 그러하다. 오히려 우리나라 형사사법의 선진화를 위한 제도의 현실적 필요성과 중요성을 염두에 두고, '법관에 의하여 법률에 의한 재판을 받을 권리'를 법관의 주재·관여 하에 진행되는 재판절차의 보장으로 이해한다면 배심제나 참심제, 절충형 등의 다양한 스펙트럼을 보다 폭넓게 수용할 수 있을 것이다.[37)]

일본의 경우에도 1928년에 시행된 구 배심제 도입 당시 '법률에 정해진 재판관의 재판'을 받을 권리를 규정하고 있던 일본의 구 헌법(1890년 제정의 이른바 명치헌법)에 위배되는지 여부에 대한 논쟁이 전개된바 있으나 위헌 결정이 내려지지는 않았다. 최근 재판원재판을 도입하는 과정에서도 '재판소에 있어서 재판을 받을 권리'를 규정한 현행 일본헌법에 위배되는지 여부에 관해 재차 헌법적 논쟁이 전개되었기도 했다. 결론적으로는 헌법상의 제 규정은 법관의 독립성이나 신분을 보장하기 위한 규정들로 재판관을 재판소의 기본적 구성요소로 한다는 의미이지 국민이 참여하는 것을 배제하는 것은 아니라는 해석을 전제로 현 재판원제도 구상·실시하게 되었다. 지금도 여전히 위헌설을 주장하는 견해가 제기되고 있지만, 이와 관련해서 이미 일본최고재판소는 재판원재판이 합헌이라는 취지의 판결을 내린바 있다.

만약 본격적인 실시단계에서도 권고적 효력만을 부여한다면 막대한 비용과 시간을 투자하여 시행하는 제도의 정당성이 약화될 수밖에 없고, 또한 배심원에게

---

37) 배심제·참심제의 합헌성 여부와 관련해서는 대별하여 합헌설, 제한적 위헌설, 위헌설이 대립하고 있고, 개개의 견해별로도 해석의 근거나 외국입법례에 대한 평가 등이 각기 다르게 제시되고 있는 상황이다. 본고에서는 헌법론적 논쟁의 세부적인 논의 전개양상의 소개나 이에 대한 논증적 검토 등은 다루지 않고자 한다.

심리과정에서의 집중도와 책임감을 유지시키고 일반시민의 관심을 지속시키는데 한계를 드러낼 수밖에 없을 것이다. 결국 이는 국민참여재판을 명목상의 제도로 전락시켜 국민의 사법참여를 사실상 허용하지 않는 것과 동일한 것으로 어렵게 결실을 맺은 사법개혁의 근본적인 취지를 퇴색시킬 우려가 있다.

(3) 개선방안 및 정부안의 검토

결국 기속적 효력을 부여하는 것은 본격적인 시행단계인 최종모델에서는 필수적인 사항이라고 생각한다. 남은 문제는 기속력을 부여하는 구체적인 방식을 어떻게 정하는가에 있다고 본다. 배심제적 성격을 기초로 한 현행 국민참여재판의 틀을 유지한다는 전제에서는 전면적인 기속력 부여방안이나 원칙적인 기속력 부여에 예외를 인정하는 방안이 고려될 수 있을 것이다. 최종모델을 참심제나 일본식의 절충적 참심제의 성격으로 변화시킨다면 기속력 부여의 논의는 전혀 다른 측면에서 검토되겠지만, 이러한 방향은 그간의 시범실시 성과를 사실상 폐기하고 국민참여재판의 도입논의를 원점으로 되돌리는 것에 다름없다고 생각된다. 참심제의 효용성 논란에 대한 검토와 더불어 새로운 참심제적 성격의 모델에 대한 시범실시나 평가를 처음부터 다시 시작해야 할 것이기 때문이다.

생각건대 현 국민참여재판제도가 많은 검토와 논의를 거쳐 영미식의 배심제를 기본모델로 삼아 시작된 만큼, 기본적으로 영미식 배심제로 접근하는 방안이 바람직하다고 본다. 만장일치제나 적어도 절대적 다수결을 기초로 한 사실인정 중심의 배심제를 채택하거나 배심제를 기초로 하되 수정된 모델을 택한다고 하더라도 배심원의 평결에는 원칙적으로 기속력을 부여해야 할 것이다. 이러한 관점에서 보면, 위원회안에서 평결에 기속력을 부여하지 않고 존중의무를 법률에 명시하는 것에 머문 것은 아쉬움이 없지 않다. 물론 현행의 권고적 효력보다는 강한 권고적 효력이 있으므로 점진적인 개선안의 효과가 예상은 된다. 실무운용에서도 이러한 입법취지에 부합하여 평결·판결의 일치도가 현재보다 3% 이상 상승되는 효과를 거둔다면 95% 이상의 일치도를 달성할 수 있을 것이다. 그러나 실제 이러한 효과가 거두어질지는 미지수이며 게다가 정부안에서 평결배척사유가 추가된 점을 고려하면 향후의 운용상황을 지켜볼 필요가 있다.

나아가 배심원의 평결에 기속력을 부여하게 된다면, 특히 현재의 평결방식에 대한 수정이 수반되어야 할 것이다. 만장일치에 이르지 못한 경우 단순다수결로 평결을 내리는 것은 '합리적인 의심을 넘어서는 사실의 증명'의 관점에서 수용될 수 없는 문제점을 가지고 있기 때문이다. 만장일치를 원칙으로 하거나 적어도 가중다수결을 유지할 필요가 있다고 본다.[38] 이러한 관점에서 보면, 가중다수결제로 변경한 정부안은 일응 그 타당성이 인정된다. 그러나 정부안은 한편으로 가중다수결에 이르지 못한 경우에는 평결불성립으로 보아 평결 없이 판결을 내릴 수 있도록 하고 있다. 평결시간의 충분한 확보 등의 제도적 보완 없이 현행과 비슷한 수준으로 평결제도를 운영하면서 평결불성립을 결정해버린다면, 가중다수결제로 인해 평결의 불성립될 확률이 높아지고, 결국 평결 없이 판결이 내려질 위험성만 높아지게 될 것이다. 이러한 우려를 불식하기 위해서는 정식적인 배심제와 마찬가지로 평결 없는 판결을 불허하거나 적어도 평결불성립을 결정은 충분한 평결시간이 확보와 철저한 증거조사 등이 보장된 후에 불가피한 최후수단으로서 선택되어야 할 것이다. 정부안의 새로운 방식 하에서도 평결불성립 시에는 배심원의 의견을 참고할 수 있기 때문에 현행과 마찬가지로 최소한 단순다수결의 결과는 재판부가 활용할 수 있다는 판단이 전제되었을 지도 모르겠다. 그러나 이 경우는 단순다수결의 결과를 따르지 않더라도 평결·판결의 불일치로 분류되지 않게 되므로 현행보다 배심원평결이 오히려 존중되지 못할 우려도 있다고 본다.[39]

---

38) 미국의 경우 만장일치제가 일반적이지만 주에 따라 유죄평결 정족수를 따라 정하고 있는바, 배심원 12명 중 9명의 유죄평결을 합헌으로, 5명의 배심원단을 위헌으로 보았다. 영국의 경우에도 민장일치제가 원칙이지만 1976년 형사사법법(The Criminal A Justice Act 1976)에 따라 12명 중 10명의 동의에 의한 다수결 평결을 예외적으로 인정하고 있다.

39) 이상에서 언급한 주요쟁점 이외에도 여러 쟁점이 있지만 본고에서는 지면관계상 생략하도록 한다. 필자의 기존 연구물로서 국민참여재판의 항소심에서의 번복 가능성 인정 여부를 포함한 항소심의 성격에 관한 문제, 단기간의 공판기일과 충분한 평결시간 부여의 문제 등에 대하여는 이동희, 국민참여재판의 시행평가와 개선방안, 법학연구 통권 제30집, 전북대학교 법학연구소, 2010; 이동희, 국민참여재판의 시행상황 분석과 나아갈 방향 –최종모델 결정에 있어서의 주요쟁점 검토를 중심으로–, 형사정책 제23권 제1호, 한국형사정책학회, 2011 참조.

추록

본고는 2019년 11월 일본에서 개최되었던 제2회 연구회의 발표에서 사용했던 원고이다. 이후 5년 이상이 지난 올해 2025년 5월 현재까지 한국의 국민참여재판은 한국적 최종모델의 채택을 위한 개정은 물론 제도의 실질적인 변화를 수반한 법률의 개정은 이루어진 것이 없다.

한편, 제도 시행의 측면에서 보면, 2019년의 발표 원고에서는 제도 시행 첫해인 2008년부터 2017년까지의 10년간의 운용상황을 다루고 있었다. 여기의 추록에서는 이후의 운용상황을 이해하기 위해 2018년부터 2022년까지의 5년간의 국민참여재판의 접수 및 처리 건수, 그리고 배제결정 및 철회의 건수와 비율 등을 포함한 아래의 〈표〉를 추가해두고자 한다.

표 ▶ 국민참여재판의 시행상황(2018~2022년)

(단위 : 건, %)

연도	구분			처리							미제
	대상 사건	접수 사건	신청률 (%)	국민참여재판 건수	국민참여재판 비율 (%)	배제 건수	배제 비율 (%)	철회 건수	철회 비율 (%)	합계 건수	
2018 ~ 2017	※ 생략 (본문 내용 참조)										
2019	17,948	630	3.5	175	28.0	187	29.9	263	42.1	625	128
2020	19,314	865	4.5	96	12.4	293	37.8	387	49,9	776	217
2021	18,758	767	4.1	84	10.7	306	39.1	393	50.2	783	201
2022	21,289	811	3.8	92	11.3	241	29.6	480	59.0	813	199
합계	240,833	9,439	3.9	2,894	31.3	2,285	24.7	4,0	44.0	9,240	199

주: 비율(% = : 항목별 처리건수 / 총 처리건수×100

위 〈표〉에서 확인되는 바와 같이, 국민참여재판 신청건수는 매년 대상사건의 3~4% 수준으로 큰 변동은 없었으나, 실시건수는 한 때 연간 300건을 상회했던 것이 점차 감소하고 있고, 특히 2020년부터는 100건 이하로 떨어진 상황이다. 이는 배제결정 건수가 증가하거나 피고인이 스스로 철회한 건수가 상대적으로 늘어난 것이 그 이유로 파악된다.

제12장

재판원재판의 현상과 과제: 재판원제도의 확대와 형사 소송의 새로운 절차화를 위해

오카다 요시노리(岡田悦典) | 난잔대학(南山大学) 법학부 교수
번역: 이동희 | 국립경찰대학 법학과 교수

I 글 머리에

2009년에 재판원제도가 실시된 것은 일본의 형사절차에서 적지 않은 영향을 미쳐왔습니다. 그 영향이란, 국민의 형사재판 또는 사법제도 전체에 대한 인식의 변화, 형사공판의 운용의 변화, 형사사법 전체의 운용의 변화, 2016년 형사소송법의 개정이라고 하는 입법화 등을 꼽을 수 있습니다.

재판원제도의 도입·실시에 의해 현행 형사소송법 제정 이래, 전문재판관만에 의한 형사재판이 운용되어 온 지금까지의 형태를 바꾸어 법률에 비전문가인 재판원이 새롭게 참가하게 되었기 때문에 역사적인 대개혁이었다는 점은 부정할 수 없을 것입니다. 실시 10년을 넘어서서 다양한 측면에 재판원제도가 영향을 미치고 있는바, 현 시점에서 재판원제도를 총괄하고, 금후의 과제를 검증하는 것은 의미 깊은 일이라 생각합니다.

Ⅱ 일본의 재판원제도의 특색

우선 재판원제도를 검증하는 전제로서 그 제도의 특색에 대하여 검토해두겠습니다.

주지하다시피 재판원제도에서는 재판관이 3명, 재판원이 6명의 합의체에 의해 일정한 중대범죄에 한정하여(재판원법 2조 1항),[1] 유죄·무죄를 판단할 뿐만 아니라 양형도 판단합니다. 한 표는 재판관과 재판원 사이에 동등하지만, 유죄·무죄의 평결에는 다수파에 재판관 및 재판원 쌍방의 의견을 포함할 것을 조건으로 하는 변칙적인 다수결제를 채용하고 있습니다(재판원법 67조 1항). 따라서 법률전문가와 비전문가가 협동하여 판단하기 때문에 유럽 각국에서 실시되고 있는 참심제와 같은 형태의 평의체로 되어 있습니다.[2] 그러나 재판원은 사건 별로 선임되고, 참심제에 있는 임기제를 채용하고 있지는 않습니다. 또한, 재판원의 선임에 있어서는 검찰관, 변호인 모두 각각 4명까지 이유를 제시하지 않고 불선임의 청구를 할 수 있습니다(재판원법 36조 1항). 이와 같이 재판원의 선임에 대하여는 배심제에 유사한 제도도 채용하고 있습니다.

따라서 재판원제도는 배심제와 참심제의 두 가지 측면을 함께 가지고 있는 혼합형의 형태라고 평가할 수 있습니다. 이 때문에 법률에 비전문가인 시민이 중대사건에 대하여 사건별로 호출되어 재판원의 경험을 가지지 않은 채로 전문가인 재판관과 협동하여, 형사재판의 평결까지 행하게 됩니다. 그래서 재판원에게는 현대사회에서 요구되는 이성적이고 또한 계몽된 이상적인 개인상을 제도 설계상 요구하고, 배심제·참심제보다도 고도의 역할이 부여되어 있다고 이해할 수 있습니다.

이와 같은 제도에 대하여 최고재판소는 우선 재판관과 재판원의 협동에 의한 평의체를 형성하는 제도가 헌법상 허용되며, 재판관의 독립을 보장하는 헌법 76

---

1) 사형, 무기징역 또는 금고에 해당하는 죄에 관련되는 사건(동조 1호), 재판소법 26조 2항 2호에서 열거하는 사건으로서 고의의 범죄행위에 의해 피해자를 사망시킨 죄에 관련되는 것(다만, 1호에 해당하는 것을 제외한다)(2호)이다.

2) 다만, 법률상은 재판관 1명, 재판원 4명으로 하는 경우도 가능하지만(재판원법 2조 2항 단서), 제가 알기로는 지금까지 1 대 4의 합의체로 된 예는 없는 것 같다.

조 3항에도 위반하지 않는다고 했습니다.[3] 재판원제도에서는 대상범죄를 지정하고 있기 때문에 피고인에 의한 선택권은 인정되지 않습니다만, 최고재판소는 이것도 합헌이라고 봅니다.[4] 이러한 것들에 의해 재판원제도의 기본구조는 유지되어 현재에 이르고 있습니다.

Ⅲ 재판원제도의 가능성

1 규모의 확대로

재판원제도의 발족 후, 예를 들어 중학교의 교육 과정에서 재판원제도가 다루어지고 있고, TV 드라마에서 소재로 되기도 하고 있습니다. 재판원제도의 존재 자체를 많은 국민은 알고 있다고 생각되며, 또한 금후에도 더욱 침투해갈 것이라 봅니다. 종래는 법정에 있어서 법조삼자에 의한 서면의 취급이 빈번히 행해져서 서면주의라고 야유를 받고 있기도 했습니다. 게다가 1개월에 1회 정도로 심리를 이어가는 단속적인 심리가 전통적으로 행해지고 있었습니다. 그러나 변호사회 등에서 심문기술의 연수가 실시되는 등 법조의 의식도 변했다고 말할 수 있습니다. 그리고 구두로 법정에서 주고받는 것이 많아져서 이른바 '구두주의'가 실현되어가고 있습니다. 이와 같이 재판원재판의 도입에 의해 법조의 의식, 시민의 의식은 변화했고, 친숙한 사법의 실현, 구두주의의 실현이라고 하는 목적은 어느 정도 달성하고 있는 것으로 생각됩니다.

재판원제도는 최근 10년간 어느 정도 안정적으로 운용되어 온 것으로 보입니다. 그래서 재판문화도 서서히 변화하고 있다고 생각합니다. 나아가 재판원 경험자는 대개 경험을 긍정적으로 평가하고 있습니다. 그래서 저는 이제는 어떻게 재판원제도의 저변을 확대할 것인가가 무엇보다 큰 과제라고 생각하고 있습니다. 재

3) 최고재판소 판결 2011년(平成23년) 11월 16일刑集 65·8·1285 (刑事判例集 제6권 제8호 1285면, 이하 동일)

4) 최고재판소 판결 2012(平成24년) 1월 13일 刑集 66·1·1

판원재판 대상사건의 기소건수는 제도 발족 당초에는 약 3,000건이 예상되었으나, 매년 건수가 감소하여 최근에는 연간 1,000건 정도만 재판원재판을 실시하고 있습니다(표 1 및 표 2 참조). 검거하는 범죄가 감소하고 있는 것이 영향을 미치고 있습니다만, 그 중에서도 강도치상죄의 수가 특히 감소했습니다. 그래서 죄명 하향이 증가하여, 검찰이 기소에 신중해진 것도 영향을 미치고 있는 것으로 생각됩니다.

이와 같이 재판원제도가 일본사회에서 극히 소규모로 운용되고 있다는 사실을 직시해야 할 것입니다. 일단 2018년의 예를 들어보면, 연간 5,905명의 재판원이 선임되었습니다. 2019년 3월 기준 20세 이상의 인구수가 101,040천명[5]이므로, 재판원으로서(보충재판원은 제외) 뽑힐 가능성은 0.1%에도 미치지 못하는 것이 현실입니다(거의 0.0058%). 이를 전제로 하면, 20세부터 재판원이 될 자격을 가진다고 하더라도 70세가 될 때까지 100명 중 3명 정도만이 재판원이 될 가능성이 있습니다. 그러나 이래서는 일본사회에 미치는 영향은 한정적이 될 수밖에 없습니다. 오히려 민주주의 의 이념에 기초한 재판원재판에 의해 보다 친숙한 사법의 실현을 지향한다고 하면, 재판원제도의 더 한층의 확대를 고려해야 할 것이 아닐까. 이것이 장래를 향한 가장 중요한 과제라고 생각하는 것입니다.

2 재판원후보자의 사퇴율·출석률에 관하여

한편 현재 재판원제도에 있어서 큰 과제로서 꼽히고 있는 것은 재판원후보자의 사퇴율의 상승,[6] 출석률의 저하[7]에 관한 것입니다. 재판원제도는 시민이 형사

5) (일본)통계청 통계국 홈페이지(http://www.stat.go.jp/data/jinsui/pdf/201908.pdf) 참조(참조일: 2019년 9월 19일).

6) 제도실시 당시의 2009년(평성21년)에는 53.1%였지만, 2018년(평성30년)에는 67.1%로 상승해있다. 『裁判員裁判の実施状況について(재판원재판의 실시상황에 대하여)(制度施行~令和元年7月末·速報)』, 5면(최고재판소 홈페이지 : http://www.saibanin.courts.go.jp/vcms_lf/r1_7_saibaninsokuhou.pdf 참조). [참조일 2019년 9월 23일]

7) 제도실시 당시의 2009년(평성21년)에는 83.9%였지만, 2018년(평성30년)에는 67.5%로 저하되어 있다고 한다(『裁判員裁判の実施状況について(재판원재판의 실시상황에 대하여)(制度施行~令和元年7月末·速報)』 5면(최고재판소 홈페이지 : http://www.saibanin.courts.go.jp/vcms_lf/r1_7_saibaninsokuhou.pdf 참조). [참조일 2019년 9월 23일]

재판에 참가하는 제도이기 때문에 시민의 참가의식의 향상과 구체적이고 적극적인 참가의 모습이 매우 중요한 논점이 됩니다. 그러나 의식조사에 의하면, 제도 발족의 당초부터 시민의 참가의식은 낮고, 그 상황은 최근에도 그다지 변화가 없습니다.[8] 사퇴율의 상승, 출석률의 저하가 일어나면, 사건 별로의 재판원후보자를 호출하는 인원수의 모집단이 늘어날 수밖에 없고, 안정적으로 재판원선임을 확보하는 일은 갈수록 어렵게 될 것입니다.

무엇보다 사퇴율의 상승에 대하여는 사퇴를 법률상 명확하게 인정하고 있어서, 그 룰(rule)에 따라 행하는 이상 정당한 이유에 기초하여 행해지고 있는 것이어서 사퇴하는 후보자를 비판하는 것은 부적절합니다. 출석률의 저하는 본래는 문제이므로 사태가 더욱 악화된다면 어떠한 처방을 강구해야 할 것입니다. 그러나 사퇴율의 상승이나 출석률의 저하는 일본의 재판원제도의 현재 규모를 전제로 하는 한 지금은 제도의 근간을 흔드는 정도의 큰 과제는 아닙니다.

사퇴율에 대하여는 재판소에서도 그 원인을 검토하고 있습니다. 이에 의하면, 고용정세의 변화나 고령화의 진전이라고 하는 사회정세, 사퇴를 신청하지 않은 채 선임절차를 결석한 재판원후보자가 운용의 개선에 의해 선임절차 기일 전에 사퇴를 신청하고 이를 인정하는 하도록 한 것 등이 원인으로 꼽히고 있습니다.[9] 사퇴 이유로서는 약 36%가 학생·고령자 등에 의한 이유(재판원법 16조 1~7호), 약 29%가 사업에 있어서의 중요한 업무를 이유로 하고 있습니다.[10] 사퇴율에 대한 안이한 대책은 좋지 않다고 생각합니다만, 만약 과제라고 생각한다면 이는 재판원의

---

8) 최고재판소『裁判員制度の運用に関する意識調査』(平成31年1月調査), 2019년(평성31년)3월, 最高裁判所)39면에 의하면, 「재판원으로서 형사재판에 참가하고 싶은가」라는 질문에 대하여 2009년(평성21)에는 「참가하고 싶다」가 7.2%, 「참가해도 좋다」가 11.3%였지만, 2019년(평성31년)에는 「참가하고 싶다」가 3.8%, 「참가해도 좋다」가 11.7%였다. 한편, 2018년(평성30년)의 재판원경험자의 앙케이트에 의하면, 재판원으로서 재판에 참가한 감상으로서 「매우 좋은 경험으로 느꼈다」가 63.8%, 「좋은 경험으로 느꼈다」가 32.9%으로 합쳐서 약 97%의 참가자가 경험을 긍정적으로 평가하고 있다(『裁判員等経験者に対するアンケート調査結果報告書(平成30年度)』(2019년 3월, 最高裁判所, 8면).

9) 最高裁判所事務総局, 『裁判員制度10年の総括報告書』(令和元年5月), 3면.

10) 『平成30年度における裁判員制度の実施状況等に関する資料』(최고재판소 홈페이지 : http://www.saibanin.courts.go.jp/vcms_lf/H30-103-1.pdf 참조[참조일 2019년 9월 23일]).

구성이 일본의 인구 구성을 반영하지 못하게 된 경우라고 해야 하지 않겠습니까. 그 경우에는 사퇴가능조건을 변경하는 것이 좋다고 봅니다. 예를 들어 고령화 사회에 직면한 일본으로서는 사퇴가능연령을 70세에 75세로 상향하는 것을 고려할 수 있을 것입니다.

그보다도 오히려 재판원 또는 재판원후보자의 개인적인 이익이나 권리를 보호하는 것이야 말로 금후 더 한층 검증이 필요하다고 생각합니다. 최근 10년 사이에 재판원이 정신적인 스트레스를 받아 국가를 상대로 손해배상소송을 제기한 사건이 화제가 되었습니다[11]. 재판원이 형사재판에 참가함으로써 정신적인 문제를 일으킬 가능성은 금후에도 충분히 있을 수 있을 것입니다. 이 문제는 개인적인 식견으로는 세계 각국에서 공히 발생하고 있는 것으로 압니다. 특히 현대의 형사재판에서는 정신적인 문제 등도 관련되는 복잡한 사건이 점점 주목을 받고 있습니다. 재판소(법원)는 「재판원 멘탈 헬스 서포트 창구」를 설치했습니다만, 금후 보다 섬세한 대응이 한층 요구될 것으로 봅니다.

3 일본사회의 거울로서의 과제

또한 재판원경험자의 앙케이드로부터 「재판소 내에서 탁아(託兒)를 받아줄 수 있도록 하면 좋겠다」[12]라고 하는 지적이 있었습니다. 일본의 경우에는 보육의 문제는 일반적인 사회문제로서 이미 지적되고 있었던 바입니다. 그리고 보육에는 돌발적인 대응이 발생하기 쉽습니다. 그러나 이는 본래 재판소만의 문제는 아니고, 사회 전체의 문제입니다. 이러한 재판원제도의 문제는 사회 전체의 문제라는 것을 우리들은 인식해야 합니다.

마찬가지로 재판원경험자의 앙케이드로부터 「직장의 이해가 없다」고 하는 코

---

11) 福島地方裁判所 判決 平成26年9月30日 判例時報2240·119、仙台高等裁判所 判決 平成27年10月29日 判例時報2281·74.

12) 『裁判員等経験者に対するアンケート調査報告書(平成28年度)』, 2017년 3월, 최고재판소, 190면(최고재판소 홈페이지: http://www.saibanin.courts.go.jp/vcms_lf/h28-a-4.pdf [참조일 2019년 9월 27일]).

멘트도 보입니다.[13] 재판원법에서는 노동자가 재판원의 직무를 행하기 위해 휴가를 한 것을 이유로 해서 고용 그 밖의 불이익한 취급을 해서는 안 된다고 하고 있기 때문에(재판원법 100조), 기업은 법령을 준수할 책임이 있습니다. 그러나 법령에서 지적하는 정도까지에는 이르지 않더라도 재판원후보자는 상사로부터 쓴소리를 듣는 등 보다 미묘한 문제를 경험하는 것 같습니다. 기업의 이해를 넓히는 것은, 시민이 사회의 구성으로서 역할을 다한다는 점에 대한 이해 부족이라고 하는 사회 전체의 문제인 것입니다.

지금 한 가지 생각해야 할 것은 재판원의 수비의무(守秘義務, 비밀유지의무)의 문제입니다. 일본의 경우에는 수비의무가 과도하게 강조되어 있다고 느껴집니다. 그러나 재판원의 역할은 아마 재판원의 경험을 사회에 환원시킨다는 것에도 있다고 봅니다. 확실히 평의의 비밀을 SNS에 코멘트하거나 미디어 매체에 폭로함으로써 재판의 결과의 정당성이나 사법의 신뢰를 훼손하는 사태가 된다면, 큰 문제가 가 된다고 생각합니다. 실시 10년을 맞이하여 재판원제도의 주지(인지도)가 충분하지 않다는 목소리도 듣기도 하므로 금후 계몽활동을 보다 한층 충실하게 하는 것도 중요합니다. 재판원제도 하에서는 어떤 것을 말하면 안 된다는 것이고, 어떤 것을 말하면 괜찮은 것인지, 구체적으로 재판원 내지는 사회에 설명을 해나가는 것이 중요하다고 봅니다.

Ⅳ 형사소송의 새로운 절차화를 향하여

그렇다면 형사절차에 대하여는 어떠한 과제가 있는 것일까요. 최고재판소는 재판원재판의 존중을 지적하며 항소심의 사후심화의 철저를 의식한 판단을 했고,[14] 또한 양형에 대하여도 항소심이 재판원재판의 판단을 시정할 가능성을 인정했습니

13) 『裁判員等経験者に対するアンケート調査報告書(平成28年度)』, 2017년 3월, 최고재판소, 190면(최고재판소 홈페이지: http://www.saibanin.courts.go.jp/vcms_lf/h30-a-4.pdf [참조일 2019년 9월 27일]).

14) 최고재판소 판결 2012년(평성24년) 2월 13일 刑集 66·4·482.

다.[15] 항소심의 파기율도 명백히 이전보다 낮아졌습니다(표 3 및 표 4 참조). 또한 증거법칙에 대하여도 몇 가지 새로운 판단을 보여왔습니다. 이러한 동향은 있습니다만, 보다 재판제도의 구조 내지는 절차구조로부터 바라본 경우에는 이하의 3가지가 중요한 과제라고 생각합니다.

1 사실인정과 양형절차의 구분

제가 우선 지적하고 싶은 것은 일본의 형사재판에서는 사실인정과 양형절차가 명확하게 분리되어 있지 않다는 점입니다. 사실인정과 양형을 명확히 구별하지 않고 형사재판을 진행하는 운용(방식)는 이제까지 재판관재판 하에서 이루어졌습니다. 확실히 구두주의·직접주의의 요청은 재판원재판의 실시로 인해 이전보다 상당히 실현된 것이 사실일 것입니다. 그러나 절차가 명확히 분리되어 있지 않기 때문에 예를 들어 피고인이 피해자와의 사이에서 사실을 다투려는 발언을 했다고 하더라도, 그것으로 해서 피해자에 대해 진정으로 사죄하는 마음이 있는 것인가라는 취지의 질문이 나온다는 것 등은 충분히 있을 수 있을 것입니다. 결과적으로 재판원재판에서 사실을 다툰 결과, 실제로 양형이 중하게 되는 경우가 있을 수 있다는 것을 염두에 두게 됩니다. 게다가 사실관계를 다투면서 정상도 다투는 이른바 이도류(二刀流)의 주장은 변호측의 주장으로 채택하기 어렵다고 보며, 또한 만약 이도류가 가능하다고 하더라도 충분히 그 성과를 거두지 못할 것이 예상됩니다.

기존에도 절차를 이분하는 운용(방식)을 실천한 사례가 주목되고는 있었습니다. 그러나 이것은 반드시 표준적인 운용(방식)에 이른 것은 아니라는 것이 실정(實情)이라 생각합니다. 이 상황은 적정한 재판이라고 하는 관점에서 문제가 많다고 생각하며, 특히 사형사건에서 사실인정을 다투면서 또한 사형 등의 중한 양형의 시비(是非)가 다투어지는 경우에는 간과할 수 없는 문제일 것입니다. 또한 원래 재판원을 그다지 많은 수를 선임하고 있는 것은 아니라서 사실인정과 양형을 이분하고, 각각의 재판원을 선임하는 것 자체가 꽤 어려운 일이 아닐까요.

---

15) 최고재판소 판결 2014년(평성26년) 7월 24일 刑集 68·6·925.

2 공판 전정리절차와 공판의 완전 분리

재판원제도의 운용에서 중요한 역할을 담당하는 것이 공판전정리절차라고 이야기되고 있습니다. 재판원제도의 과제와 연동하여 쟁점정리나 증거 엄선(嚴選)의 방법, 이를 위한 공판전 정리절차의 충실화가 논의되어 왔습니다. 그리고 공판전정리절차의 장기화가 별개의 과제로서 부상했고, 그 장기화가 재판원재판 전체의 장기화에 영향을 미치고 있습니다.[16]

그러나 공판전정리절차의 장기화 자체를 어떻게 평가할 것인가는 어려운 문제라고 생각합니다. 실제로 정리하는 것이 어려운 복잡한 사안이 있기도 하고, 증거개시의 진전(進展; 진행상황) 등도 준비절차에서는 영향을 미칩니다. 문제는 피고인 입장에서 적정하고 또한 공정한 재판원재판이 실현된다고 하면, 공판전정리절차의 기간의 길이는 사례에 따라서 (그 평가가) 다르지 않을까 생각합니다

그렇다면 왜 공판전정리절차의 장기화가 안 된다는 것일까요. 무엇보다 중요한 과제는 공판을 주재하는 재판관이 공판전정리절차도 주재한다고 하는 절차구조에 있기 때문이라는 점입니다. 즉 공판을 주재하는 재판관이 사전에 공판전정리절차를 비중 있는 것으로 만들면 만들수록 보다 사전에 실체에 접근할 가능성이 높아진다는 것을 완전히 부정할 수 없기 때문입니다. 원래 양자를 주재하는 것이 효율적이고 편의(便宜)하다고 보는 사고로부터 현실의 제도가 만들어졌다고 생각됩니다만, 그 논거 자체가, 그다지 명확한 근거가 있는 것은 아닙니다. 오히려 양자를 명확히 분리함으로써, 재판관의 소송운영자로서의 역할은 명확해진다고 생각합니다. 또한 최근 10년 동안에 항상 문제시되어온 불충분한 쟁점정리와, 그것으로 인해 초래되는 사실인정의 혼란은 피할 수 있지 않을까요.

3 명확한 증거법칙의 확립

공판활동을 활성화시키기 위한 증거법칙의 발전은 재판원제도에서는 빠트릴 수 없는 것이라 생각합니다. 지금까지의 일련의 최고재판소의 판례군(判例群)을 보

---

16) 앞의 주10·『平成30年度における裁判員制度の実施状況等に関する資料』 48–49면 참조.

면, 전문법칙이나 유사사실의 입증 금지의 법리 등, 적어도 재판원재판을 의식한 증거법칙의 확립이 있었다는 점은 주지의 사실입니다.[17)]

그러나 우리나라(일본)에서는 원래 영미법에서 있었던 것과 같은 증거법칙의 진전(進展)(이라는 측면)에서는, 최고재판소가 그다지 적극적이지 않았다는 역사가 있고, 또한 그 이유로서 직업재판관이 재판을 담당하고 있어, 배심제와는 차이가 있기 때문이라고 하는 논리가 사용되어 왔습니다. 확실히 재판원에게 가능한 한 중요한 증거에 접하게 하는 것이 중요하다고 하는 논거도, 재판원재판을 존중한다고 하면, 충분한 이유가 될 수 있다고 생각합니다. 그러나 그로 인해서 불필요한 혼란을 초래하고, 피고인 입장에서 적정한 재판이 실현되지 않는다고 한다면, 역시 간과해서는 안 된다고 생각합니다.

실제로 자백에 대한 녹음녹화비디오를 재판관·재판원이 공판에서 시청해야 하는지 여부(에 대해), 논의가 있는 바입니다만, 증거법의 관점에서도 충분한 검토는 이루어져 있지 않다고 생각합니다. 오히려 자백의 임의성에 대하여는 재판관과 재판원의 역할을 명확히 구분하고, 준비절차단계에서 충분히 심리하는 절차를 발전시켜 나가야 하지 않을까요.

V 글을 맺으며

재판원제도는 비전문가인 시민이 재판에 참가한다고 하는 형태이며, 그 참가를 촉진시키는 것은 의의가 깊습니다. 그 방향성을 어떻게 촉진시켜 나갈 것인지에 대하여는, 예상대로 세계가 주목하고 있고, (한일) 공통의 과제도 많다고 생각합니다. 교육·계몽활동도 포함하여 그 과제는 일본사회가 안고 있는 과제의 한 부분이라는 점을 인식하면서 논의를 진행하는 것이 건설적이지 않겠습니까. 한편,

17) 예를 들어, 유사사실의 입증금지에 관한 최고재판소 판결 2012년(평성24년) 9월 7일 刑集 666·9·907 및 최고재판소 결정 2013년(평성25년) 2월 20일 刑集 67·2·1, 재판원제도 시행 이전이기는 하지만, 최고재판소 결정 2005년(평성17년) 9월 27일 刑集 59·7·753 등을 꼽을 수 있다.

시민이 재판에 참가한다는 것은 절차의 적정화를 바로잡는 계기가 됩니다. 여기서는 3가지를 지적했습니다만, 피의자신문 절차의 가일층의 적정화, 미결구금제도의 개혁 등도 재판원제도의 과제의 일환으로서 자리매김될 수 있을 것입니다. 재판원제도의 중요 과제는 바로 형사소송에 있어서의 「절차화」라는 것, 즉 절차를 보다 적정한 것으로 하기 위해 논의하는 것에 있다고 생각합니다.

표 1▶ 재판원 대상사건의 신규접수 인원수

	총수	2009	2010	2011	2012	2013	2014	2015	2016	2017	2018	2019 (7월말)
신규접수 인원총수	14,320	1,196	1,797	1,785	1,457	1,465	1,393	1,333	1,077	1,122	1,090	605
강도치상	3,317	295	468	411	329	342	321	290	224	253	281	103
살인	3,139	270	350	371	313	303	302	303	255	278	250	144
현주건조물 등방화	1,410	98	179	167	128	141	136	162	124	105	115	55
상해치사	1,227	70	141	169	146	136	131	107	103	96	82	46
각성제단속 법위반	1,201	90	153	173	105	105	129	58	67	102	96	123
(준)강제 추행치사상	1,099	58	105	105	109	133	131	111	115	90	104	38
(준)강제 성교등치사상	991	88	111	137	124	121	91	104	75	65	47	28
강도·강제 성교등	508	61	99	83	59	57	36	34	20	21	24	14
강도치사 (강도살인)	348	51	43	37	37	37	27	35	22	19	23	17

『裁判員裁判の実施状況について(制度施行~令和元年7月末·速報)』에 의거 작성(최고재판소 홈페이지 : http://www.saibanin.courts.go.jp/vcms_lf/r1_7_saibaninsokuhou.pdf 참조[참조일 2109년 9월 23일]).

표 2 ▶ 재판원 대상사건 상당수의 변천(재판원제도 시행 이전의 5년간)

	2004	2005	2006	2007	2008
총수	3,800	3,633	3,111	2,645	2,324
강도상해	1,146	1,111	939	695	590
살인	761	690	642	557	543
현주건조물등방화	357	322	331	287	324
상해치사	229	205	181	171	173
각성제단속법위반	145	118	125	94	106
(준)강제추행치사상	167	132	161	168	136
(준)강제성교등치사상	316	274	240	218	189
강도·강제성교등	197	165	153	129	125
강도치사(강도살인)	136	123	72	66	86

「罪名別に見た対象事件数(죄명별로 본 대상사건수) (2004년~2008년)」에 의거 작성(최고재판소 홈페이지 : http://www.saibanin.courts.go.jp/vcms_lf/04.pdf 참조(참조일 2019년 9월 23일)

표 3▶ 항소심에서의 종국인원 및 결과별 · 파기이유별 인원

	제1심이 재판관재판 (항소심의 종국이 2006년~2008년)	제1심이 재판원재판 (항소심의 종국이 제도 시행~2012년 5월말)	제1심이 재판원재판 (항소심의 종국이 2012년 6월~ 2018년 12월말)
항소심 종국인원	2455	804	2250
파기인원(%)	431 (17.6)	53 (6.6)	246 (10.9)
파기자판 · 양형부당 (381)(유죄)	129	5	32
파기자판 · 판결 후의 정상(393 II)(유죄)	207	40	145
파기자판 · 사실오인 (382)(유죄)	49	1	27
파기자판 · 사실오인 (무죄)	2	2	11
파기환송 · 법령위반 (379)	6	1	6
파기환송 · 사실오인 (382)	4	-	8

(괄호안의 숫자는 형사소송법의 조문)

最高裁判所事務総局『裁判員制度10年の総括報告書』(令和元年5月) 60면에 의거 작성

표 4 ▶ 항소심에 있어서의 종국인원에 점하는 파기이유별 인원의 비율

	제1심이 재판관재판 (항소심의 종국이 2006년~2008년)	제1심이 재판원재판 (항소심의 종국이 제도 시행~2012년 5월말)	제1심이 재판원재판 (항소심의 종국이 2012년 6월~2018년 12월말)
사실오인 (382) (%)	2.6	0.5	2.2
양형부당 (381) (%)	5.3	0.6	1.4
판결 후의 정상 (393 II) (%)	8.4	5.0	6.4

(괄호안의 숫자는 형사소송법의 조문)

最高裁判所事務總局『裁判員制度10年の総括報告書』(令和元年5月)60면에 의거 작성

제3부

공적 변호제도

제13장

형사변호의 현안 및 내실화 방안 - 국선변호인제도의 확대 적용을 중심으로 -

김봉수 | 전남대학교 법학전문대학원 교수

I 들어가는 말 -변호인의 "충분한" 조력을 받을 권리

대한민국 헌법 제12조 제4항은 "누구든지 체포 또는 구속을 당한 때에는 즉시 변호인의 조력을 받을 권리를 가진다. 다만, 형사피고인이 스스로 변호인을 구할 수 없을 때에는 법률이 정하는 바에 의하여 국가가 변호인을 붙인다"고 규정하고 있고, 이는 "무죄추정을 받고 있는 피의자·피고인에 대하여 신체구속의 상황에서 생기는 여러 가지 폐해를 제거하고 인신구속이 그 목적의 한도를 초과하여 이용되거나 작용하지 않게끔 보장하기 위한 것으로서 여기의 '변호인의 조력'은 '변호인의 충분한 조력'을 의미"한다.[1)]

이와 관련하여 가장 의미 있는 제도가 변호인을 선임할 수 없는 자에게 국가가 변호서비스를 제공하는 '국선변호인'제도일 것이다. 올해로 68년의 역사를 가진 국선변호제도는 사회·경제적 약자의 방어권 보장 및 인권보호에 크게 기여함으로써, 변호인의 조력을 받을 헌법상 권리를 실질화하는데 크게 기여했다고 평가할 수 있다.

1) 헌법재판소 1992. 1. 28. 선고 91헌마111 전원재판부〔위헌확인·위헌〕.

하지만 최근 들어 국선변호인의 불성실한 변호와 법원에의 국선변호인 종속현상이 이슈화되고, 피고인뿐만 아니라 피의자 및 피해자에 대해서도 국선변호를 확대해야 한다는 주장이 지속적으로 제기되면서 현행 국선변호인제도의 재정비 필요성이 대두되고 있다.

본 연구는 변호인의 '충분한' 조력을 받을 헌법상 권리의 실현 차원에서 국선변호인제도의 문제점들을 짚어보고, 특히 '충분한' 변호인조력의 제공 차원에서 현행 국선변호제도의 개선방안을 모색해 보고자 한다.

Ⅱ 국선변호인제도의 현황과 한계

1 국선변호인 제도의 운영 현황

1954년 형사소송법 제정 때부터 시행되어 온 '국선변호인'제도는 형사소송법 제33조에 따라 피고인이 ① 구속된 때, ② 미성년자인 때, ③ 70세 이상인 때, ④ 농아자인 때, ⑤ 심신장애의 의심이 있는 때, ⑥ 사형, 무기 또는 단기 3년 이상의 징역이나 금고에 해당하는 사건으로 기소된 때에 한하여 변호인을 선임하지 못한 경우 법원이 국선변호인을 선정함으로써 이루어진다.

현재 국선변호인 제도는 국선전담변호사와 일반 국선변호인으로 구분되는데, 미국 퍼블릭디펜더(public defender) 및 계약변호인(contract attorney) 등을 모델로 하여 2004년에 도입된 국선전담변호사는 국선변호의 질적 수준 향상에 기여했다는 긍정적 평가와 국선변호인의 법원종속이라는 부정적 평가를 함께 받고 있다. 2004년 시범실시 당시 전국 6개 법원에 11명에 불과했던 국선전담변호사는 2021년 3월 기준 234명에 이른다.

또한 사법연감에 따르면, 2020년 전체 형사공판사건(치료감호사건 포함) 피고인 35만 2,843명 중 36.1%에 해당하는 12만 7,232명이 국선변호인의 조력 아래 재판을 받은 것으로 집계되었고, 국선변호인 선정 건수는 2011년 10만 1,672건에서 2018년 11만 9,569건, 2019년 12만 398건, 2020년 12만 664건 등 꾸준히 증가하고 있다. 그 밖에도 2020년 형사공판사건(치료감호사건 및 체포·구속적부심사 청구사건 제외)에서 8만 2,765명의 피고인이 사선변호인을 선임한 반면 국선변호인을 선임한 피고인은 12만 5,794명에 달하면서 국선변호인의 비중이 1.5배 이상 더 큰 것으로 나타나고 있다.

2 현행 국선변호인제도의 문제점과 한계

(1) 피고인 국선변호의 한계와 국선변호 대상의 확대 필요성

현행 헌법과 형사소송법에 따르면, 피고인뿐만 아니라 피의자에게 변호인의 조력을 받을 권리가 인정되지만, 국선변호와 관련해서는 피고인만을 그 대상으로 하고 있다. 물론 현행 형사소송법도 예외적으로 구속적부심 등과 관련하여 피의자에 대한 국선변호를 제한적으로 인정하고 있다.

하지만 공소제기 이전 피의자의 신분으로 수사기관의 임의수사 및 강제수사의 대상이 되고, 수사과정에서의 진술 등이 공판과정에서 강력한 전문증거로 활용되고 있는 현실을 고려했을 때, 수사단계의 피의자에 대해서도 국선변호를 폭넓게 인정해야 한다는 주장이 제기되고 있다.

문제는 현행법상 피고인의 국선변호는 공소제기 후를 그 전제로 하기 때문에 전적으로 법원이 국선변호인제도의 운영 및 관리주체가 되지만 위와 같이 국선변호의 적용대상을 피의자로 확대하게 되면, 공소제기 이전이므로 누가 국선변호의 운영 및 관리주체가 되어야 하는지, 즉 여전히 법원을 그 주체로 하는 것이 타당한 것인지가 쟁점이 된다. 때문에 현행 국선전담변호사의 법원종속 현상에 대한 비판과 맞물려 이 기회에 피의자 국선변호제도의 도입 논의를 통해서 국선변호인제도 전반을 대대적으로 재정비하자는 목소리가 커지고 있다.

한편 변호인의 충분한 조력을 받을 권리의 보장 차원에서 국선변호의 확대와 관련하여 논의되고 있는 또다른 대상은 '피해자'이다. 현행법상 피해자에 대한 국선변호는 성폭력처벌법상 성폭력범죄, 청소년성보호법상의 성범죄, 아동학대처벌법상의 아동학대범죄의 피해자 등 극히 제한적인 영역에서 예외적으로 허용된다. 하지만 성폭력범죄를 비롯한 수사과정에서 피해자는 참고인의 신분으로 신문 등의 수사를 받게 되고, 그 과정에서의 진술 등이 중요한 증거로서 사용되고 있다는 점에서 형사소송절차 하의 피해자에게도 변호인의 조력을 받을 권리가 충분히 보장되어야 한다는 지적이 꾸준히 제기되고 있다.

(2) 국선변호인의 '법원종속' 현상과 국선변호의 독립성 확보

현행 형사소송법상 피고인 국선변호인은 ① 개인적인 개업변호사이면서 법원에 의해 선정됨으로써 한시적(일시적)으로 국선변호 활동을 하는 국선변호인(:일반 국선변호인)과 ② 법원과 계약을 하여 일정기간 동안 국선변호 사건만을 전담하는 국선전담변호사(:국선전담변호사) 그리고 ③ 대한법률구조공단에 소속되어 국선변호 업무를 담당하는 변호사로서 법원에 의해 국선변호인으로 선정(:선정 국선변호)되거나 피의자 또는 피고인의 신청에 의해 선임(:공선 변호)되어 국선변호를 담당하는 경우 등 그 형태가 다양하다.

문제는 현재 피고인 국선변호와 관련하여 법원이 국선변호인의 선정, 취소, 변경, 해임, 평가 등 모든 권한을 독점적으로 행사하고 있다는 점이다. 특히 국선변호사건 중 국선전담변호사가 차지하는 비중이 커지면서, 법원 눈치보기 등 국선변호사의 법원종속현상이 심화되면서 국선변호인의 독립성 문제가 대두되고 있다. 특히 이는 피의자 국선변호의 확대 논의와 더불어 국선변호인의 독립기관화 담론으로 쟁점화되었다.

(3) 국선변호 서비스의 질적 저하 문제와 보수의 현실화

국선변호인제도와 관련한 또다른 이슈 중 하나는 국선변호 서비스의 질적 저하 문제이다. 예컨대, 국선변호인의 불성실한 변론태도나 실무경험의 부족 및 미숙함에서 비롯된 불만들이 대표적이다. 물론 2004년 국선전담변호사제도가 시행된 이후 그 전보다 국선변호 서비스의 질이 많이 개선되었다고는 하나, 전체 국선변호사건 수 대비 국선전담변호사의 수와 1인당 담당하는 사건 수를 고려해 볼 때, 국선변호 서비스의 향상을 위해서는 양적·질적 개선이 절실한 상황이며, 이와 관련하여 국선변호인에 대한 보수의 현실화가 주된 쟁점이 되고 있다.

이하에서는 현행 국선변호인제도와 관련한 여러 쟁점들 중에서 피의자 및 피해자로 국선변호 대상범위를 확대하는 문제를 집중적으로 다루어 보고자 한다.

Ⅲ 피의자 국선변호에 있어서 현안과 대안

1 수사절차에서 '피의자' 국선변호의 필요성과 대안

(1) 피의자와 변호인의 '충분한' 조력을 받을 권리

헌법 제12조 제4항과 관련하여 헌법재판소는 변호인의 조력을 받을 권리는 피의자나 피고인을 불문하고 보장된다고 설시하면서도, 국선변호인의 조력과 관련해서는 피고인만으로 한정된다고 해석한다.[2)]

그러나 ① 결과적으로 헌법상 기본권인 변호인의 조력을 받을 권리를 사선변호인을 선임할 수 있는 자력이 있는 국민에게만 인정하는 꼴이 된다는 점, ② 오히려 변호인의 조력을 받아야 할 필요성은 공판절차의 피고인보다 밀행주의의 수사절차 하에서 수사기관의 조사대상이 되는 피의자에게 있어서 더 크다는 점,[3)] ③ 헌법에 보장된 기본적인 권리의 보장은 국가의 공적 임무에 해당하므로, 피의자의 권리 보장에 있어서도 실질적·절차적 조치를 취할 책무가 있다는 점, ④ 피고인의 국선변호의 정당화 근거인 무죄추정원칙 등은 동일한 의미에서 피의자에게도 국선변호를 제공해야 할 규범적 근거가 된다는 점에서 국선변호인의 조력을 피고인으로 한정하는 해석은 문제가 있다.

따라서 변호인의 조력을 받을 권리 자체는 피고인뿐만 아니라 피의자에게도 인정하면서, 정작 변호인을 선임할 수 없는 경우, 즉 국가에 의한 법률구조가 필요한 상황에 있는 피의자를 외면하는 헌법재판소의 해석은 헌법이 제12조 제4항을 통해 추구하는 헌법적 가치에도 부합하지 않는다는 점에서 설득력이 떨어진다.

특히 변호인의 '충분한' 조력을 받을 권리의 관점에서 접근했을 때, 권리의 실질화를 위해서라도 국선변호의 대상을 피의자에게까지 확대하는 것이 필요하다.

2) 헌재 2008. 9. 25. 2007헌마1126, 판례집 20-2상, 628 [각하]. 또한 헌법재판소는 헌법이 형사피의자에 대해서 국선변호인의 조력을 명문으로 규정하고 있지 않은 이상 국가가 형사피의자를 위한 국선변호제도를 입법할 의무도 없다고 판시하였다.

3) 권순민, "피의자를 위한 국선변호인 제도 확대 적용에 대한 검토", 형사소송 이론과 실무 제10권 제1호 2018, 97-98면.

(2) 피의자 국선변호의 현실화 방안으로서 '형사공공변호인 제도(안)'

이후 위와 같은 비판과 현실적 필요성 등을 일부 수용하여 현행 형사소송법은 피의자의 신체에 대한 기본권 침해의 성격이 가장 강한 인신구속을 전·후로 하여, 즉 구속 전 피의자심문절차(형사소송법 제201조의2 제항) 및 체포·구속적부심사절차(형사소송법 제214조 제10항)에서 피의자에게 변호인이 없는 때에 한하여 예외적으로 피의자 국선변호를 일부 인정하고 있다.

하지만 이러한 예외적 법률구조만으로는 부족하다. 예컨대 ① 수사초기에 압수 및 수색 등 강제처분을 받는 피의자, ② 체포된 피의자, ③ 구속영장이 기각된 피의자, ④ 불구속상태에서 피의자신문을 받는 피의자는 물론 ⑤ 체포된 피의자가 미성년자·농아자이거나, 신체적 또는 정신적 장애가 있는 경우, ⑥ 사형·무기 또는 단기 3년 이상의 징역·금고에 해당하는 사건의 피의자인 경우 등에 대해서는 여전히 국선변호를 통한 법률구조가 필요하다는 지적이 있다.

그러나 앞서 언급한 바와 같이 피의자에 대한 국선변호의 확대는 단순히 국선변호 대상범위의 확장에 그치는 것이 아니라, 국선변호인제도의 운영 및 관리의 주체를 누구로 할 것인지의 문제로 이어진다. 그리고 이러한 문제의식에 터잡아 기존 국선변호인제도 자체를 전반적으로 재정비하자는 논의가 전개되었는데, 그 구체적 방안으로 등장한 것이 바로 "형사공공변호제도(안)"이다.

2 "형사공공변호제도(안)"의 주요 내용과 그 한계

형사공공변호제도(안)의 도입과 관련해서는 다양한 입법모델이 논의되었다. 예컨대 ① 전국적 조직을 갖추고 있는 대한법률구조공단으로 하여금 국선변호를 담당하게 함으로써 국선변호인의 변론 독립성을 확보함으로써 국선변호의 질적 향상을 도모하는 방안[법률구조공단 활용안]과 ② 국가인권위원회처럼 제3의 독립기관을 설립하여 국선변호를 전담케 하는 방안[제3독립기관 설립안] 등이 대표적이다.[4]

4) 김성돈·정지훈, "국선변호제도 개선을 위한 선결과제 –법원 국선변호제도를 중심으로–", 성균관법학 제26권 제2호, 2014/06, 110–112면 참조.

하지만 [법률구조공단 활용안]에 대해서는 법무부 산하의 기관으로는 국선변호인의 독립성 확보에 한계가 있다는 우려와 상반되는 범죄피해자의 구조와 형사피의자 및 피고인의 구조를 동일한 기관에 집중시키는 것은 '조직가치의 혼란'을 초래한다는 비판이 제기되었다. 한편 [제3독립기관 설립안]은 기관 차원에서의 독립이 곧 국선변호의 독립성과 서비스의 질적 향상을 담보해 주는 것은 아니며, 조직적 독립의 강조가 오히려 실질적인 관리·감독의 부재로 이어져 국선변호인들의 관료화를 초래할 수 있다는 지적이 있다.

하지만 추상적이고 원론적인 우려나 비판에 머물러 소모적 논쟁을 하기보다는 예상되는 문제점들을 반영하여 구체적이고 현실적인 대안을 만들어 나아갈 필요가 있다.

따라서 이하에서는 2021. 7. 13. 법무부가 입법예고한 「형사소송법」 및 「법률구조법」 일부개정 법률안을 중심으로 그 내용과 문제점을 보다 자세히 고찰해 보고자 한다.

> **[법무부] 형사소송법 개정법률안**
>
> ---
>
> **제200조(피의자의 출석요구)** ① 검사 또는 사법경찰관은 수사에 필요한 때에는 피의자의 출석을 요구하여 진술을 들을 수 있다.
>
> ② 검사 또는 사법경찰관은 **사형, 무기 또는 단기 3년 이상의 징역이나 금고에 해당하는 사건의 피의자 중 다음 각 호의 어느 하나에 해당하는 사람**에 대하여 출석을 요구하는 경우 지체 없이 「법률구조법」 제34조에 따른 형사공공변호공단(이하 이 조에서 "형사변호공단"이라 한다)에 이를 통지하여야 한다. 다만, 피의자에게 이미 변호인이 선임되어 있는 경우에는 그러하지 아니하다.
>
> 1. 피의자가 미성년자인 때
> 2. 피의자가 70세 이상인 때
> 3. 피의자가 듣거나 말하는 데 모두 장애가 있는 사람인 때
> 4. 피의자가 심신장애가 있는 것으로 의심되는 때
> 5. 피의자가 「국민기초생활 보장법」 제2조에 따른 수급자 또는 차상위계층(관계 법령에 따라 차상위계층으로 결정된 사람을 말한다)에 해당하는 때

③ 검사 또는 사법경찰관이 피의자가 출석한 후 제2항 각 호에 해당한다는 사실을 알게 된 경우에도 전항과 같다.
④ **형사변호공단**은 제2항 또는 제3항에 따른 통지를 받은 때에는 피의자의 명시적인 의사에 반하지 않는 범위에서 지체 없이 피의자를 위한 변호인을 선정하여야 한다.
⑤ 형사변호공단은 제1항에 의한 출석요구를 받은 피의자가 빈곤이나 그 밖의 사유로 변호인을 선임할 수 없는 경우에 피의자가 신청하면 피의자를 위한 변호인을 선정할 수 있다.
⑥ 제4항 내지 제5항에 따른 형사변호공단의 변호인 선정은 다음 각 호의 어느 하나에 해당하게 된 때에 즉시 그 효력을 상실한다.

1. 피의자가 검사로부터 공소를 제기하거나 제기하지 아니하는 처분을 받은 때
2. 사법경찰관이 제245조의5 제2호에 의하여 검사로부터 관계 서류와 증거물을 반환받은 때
3. 피의자가 제201조의2 제8항 또는 제214조의2 제10항에 따른 변호인의 선정을 받겠다는 의사를 형사변호공단에 통지한 경우
4. 피의자가 별도로 변호인을 선임한 때

(1) 국선변호의 대상 범위

사회적·경제적 약자인 피의자에게 국선변호인제도를 도입한 [법무부(안)]은 '필요적 국선'의 대상요건과 관련하여 사형, 무기 또는 단기 3년 이상의 징역이나 금고에 해당하는 사건을 최소요건으로 하면서, 그에 더하여 각호를 중첩요건으로 규정하고 있다. 또한 필요적 국선 대상자에 해당하지 않더라도 법령에서 정하는 요건에 따라 경제적 자력이 부족하다고 판단되는 경우, 피의자의 신청이 있으면 심사를 거쳐 '신청에 의한 국선'도 인정한다.

[법무부안]에서 국선변호의 대상과 관련하여 눈에 띄는 부분은 피의사건의 중대성과 무자력성을 함께 요구하고 있다는 점이다. 이는 아마도 형사재판에서 무죄율이 1~2%에 불과한 우리 사법현실에서 98~99%의 범죄피의자를 위해 국민의 세금을 사용하는 것이 타당한가에 대한 비판과 재정 여건 및 인력 수급의 상황 등을 고려하여 피의자 국선변호의 대상범위를 조율하여 한 것으로 이해된다. 또한 이를 통해 피의자에 대한 국선변호가 '공공부조'의 성격을 갖고 있음을 보다 명확히 한 것으로 평가된다.

(2) 국선변호인 지위 및 변론의 독립성 확보

우리나라 형사소송법 제33조에 따르면, 피고인에 대한 국선변호인의 선임 및 평정 권한은 법원이 독점적으로 가진다. 때문에 국선변호인의 독립적 지위가 보장되지 않아 종국적으로 법원에 종속된다는 비판이 꾸준히 제기되어 왔다.[5)]

특히 국선전담변호사제도가 도입·실시되면서 국선변호인의 법원종속 문제가 보다 심화된 것으로 평가된다. 실제로 법원이 국선변호인에 대한 선임·해임·위촉·평가 등의 권한들을 독점하면서 판사의 요구에 불응한 국선변호인에게 선정 취소 또는 재위촉 배제 등의 불이익을 준 사례들이 발생하고 있다는 점, 국선전담변호사의 40% 이상이 재판연구원 출신으로서 판사 임용을 기대하는 변호사들이라는 점 등[6)]이 국선변호인의 법원종속과 관련하여 문제되고 있다.

이러한 문제점과 비판들을 염두에 두어서인지 법무부는 형사변호공단이 직접 변호를 담당하는 기관은 아니고 국선변호인 선정 절차에서 과정상의 역할을 수행하는 행정적 지원기관의 성격을 갖는다는 점을 강조한다. 즉 형사변호공단은 외부의 개업한 변호사 중에서 전담변호사 또는 비전담 국선변호인을 임명·위촉하고, 차후 수사기관으로부터 피의자를 위한 국선변호인 선정이 필요하다는 통지를 받으면 국선변호인을 선정하는 역할을 담당한다.

이에 서울지방변호사협회 및 한국법조인협회는 성명서를 통해 "법무부에 소속된 법률구조공단을 통해 형사공공변호제도를 운영하는 방안은 기소를 독점하는 기관인 검찰과 범죄피해자 또는 피의자에 대한 형사공공변호를 담당하는 기관 모두를 법무부의 영향 하에 놓이는 것"이고, "이런 상황에서 형사공공변호인이 중립성을 지키며 제대로 된 변론을 할 수 있을 것이라고는 생각하기 어려우며 이는 피고인의 방어권과 같은 기본권을 침해함과 동시에 인권보호라는 본래 취지 또한 몰각하는 결과로 이어질 수밖에 없다"고 반대의견을 피력한 바 있다.[7)]

---

5) 차종진, "형사공공변호인 제도 도입에 관한 소고", 아주법학 제15권 제2호, 2021, 88-89면.

6) 법률신문 기사(https://www.lawtimes.co.kr/Legal-Opinion/Legal-Opinion-View?serial=152860): 김기원 변호사(서울지방변호사회 사무차장), "피의자 국선변호인 제도 관련 법률구조법 개정안의 문제점", 2019-05-14.

7) 내외일보 기사(http://www.naewoeilbo.com/news/articleView.html?idxno=338447) 서

하지만 아래와 같이 해외입법례에서도 법무부의 산하 기관으로 피의자에 대한 국선변호제도를 운영하는 사례(일본, 호주, 영국)가 존재하고 있으며,[8] 기관의 운영에 있어 도덕적 해이를 방지하고 공공성과 책임성을 확보하는 차원에서도 소관부처에 의한 관리·감독이 필수적이라는 점을 고려했을 때, 단순히 관리주체가 누구냐를 두고 소모적 논쟁을 지속할 것이 아니라, 관리주체의 권한을 분산/통제할 방안을 마련함으로써 운영 및 공공변호인의 독립성을 확보하는 방향으로 논의를 전환할 필요가 있다.

표 ▶ 해외 입법례

국가	운영 기관	주요 내용
일본	일본사법 지원센터 (법테라스)	· 법무장관이 최고재판소 의견 청취 후 임원 선임·해임 · 최고재판소는 평가위원회 및 심사위원회에 판사 위원을 추천하는 등 운영사항 관여 · 국선변호인 제도를 관리·감독하나, 변호사의 사건처리에 대한 지휘 권한은 없어 변호사 업무의 독립성 보장
영국	LAA (Legal Aid Agency)	· 법무부차관이 대법원장과 논의하여 LAA 대표자를 지명하고, 대표자가 LAA 소속 변호사 평가 등 업무 담당
호주	법률구조 위원회	· 위원장을 법무장관이 임명 · 연방정부 및 주정부가 법률구조기금의 상당부분 출연

울지방변호사회 성명서, "서울지방변호사회는 세금을 낭비하고, 형평성을 결여한, 허울뿐인 형사송공변호인 제도 추진에 반대한다.", 2021-04-27.

8) 형사공공변호인 제도에 관한 외국의 입법례와 관련하여 보다 자세한 논의는, 안갑철, "형사공공변호인 제도에 관한 고찰", 글로벌 기업법무 리뷰 제12권 제2호, 2019/12, 10-30면 참조.

9) 법무부 보도자료, 「형사공공변호인 제도 도입을 위한 형사소송법 및 법률구조법 입법예고」, 2021.07.13. 참조.

특히 독립된 의사결정 기관인 공단이사회를 통해서 국선변호인 선정, 관리, 평가, 보수 등 국선변호인 운영에 관한 제반 사항을 자율적으로서 심의·의결토록 하고, 이사회의 구성(법원·법무부·대한변협이 각 3인, 한국법학교수회 회장과 법학전문대학원협의회 이사장이 각 1인씩 추천하는 총 11명으로 구성, 이사장 및 사무처장은 이사 중에서 이사회 의결로 선출) 및 이사의 지위(3년의 임기와 1차례 연임)를 보장함으로써 이사회 및 형사변호공단의 직무상 독립성을 보장하려는 「법률구조법」의 개정내용은 국선변호인의 지위 및 변론의 독립성 보장을 위한 하나의 대안으로 읽을 수 있다.

또한 ① 구체적 변호사건에 대해 법무부장관이 지시나 명령을 할 수 없도록 하고, ② 변호인 선정·평가 등 국선변호인의 관리·운영을 위한 규칙은 법무부장관의 승인 없이 이사회가 결의하여 자율적으로 제정할 수 있도록 하는 한편, ③ 국선변호인의 관리·운영을 위한 사항에 대해서는 법무부가 직접 관여하지 못하도록 하는 명문의 규정을 둠으로써 소관부처인 법무부의 관여를 최소화한 것도 국선변호인의 독립성 침해에 관한 기존의 우려를 반영한 것으로 보인다.

(3) 피의자의 변호인 선택권 인정 여부

전술한 바와 같이 국선변호제도는 형사소송에 있어서 무기대등원칙에 터잡고 있으며, 헌법재판소가 확인하고 있듯이 변호인의 조력을 받을 권리는 실질적으로 충분히 보장될 필요가 있고, 이러한 맥락에서 논의되는 쟁점 중 하나가 소송당사자(피의자 또는 피고인) 참여의 문제, 보다 구체적으로는 '국선변호인 선택권'이다.

물론 피고인의 경우에는 「국선변호인에 관한 예규(재판예규 제1559호)」 제10조[10]

---

10) 국선변호에 관한 예규 제10조 (피고인의 국선변호인 선택)

① 각급 법원은 피고인에게 국선변호인을 선택할 기회를 주고, 피고인의 의사를 참작하여 국선변호인을 선정하도록 한다. 다만, 법원장 또는 지원장이 당해 법원의 형사사건의 수, 관할구역 안에 사무소를 둔 변호사의 수, 그 밖에 지역적 특수성 등을 감안하여 적절하지 아니하다고 판단하는 때에는 그러하지 아니하다.

② 제4조의 규정에 따라 재판부별 전속 국선변호인을 지정하는 법원의 경우에 피고인은 당해 재판부의 전속 국선변호인 중에서 선택하여 선정청구를 할 수 있다. 다만, 특별한 사정이 있는 경우에는 전속 국선변호인이 아닌 변호사로서 그 법원의 명부에 등재된 변호사를 국선변호인으로 선정해 줄 것을 청구할 수 있다.

③ 재판부별 전속 국선변호인을 지정하지 않는 법원의 경우에 피고인은 명부에 등재된 변호사

에 의해 국선변호인 선택권이 부여되어 있긴 하지만, 실무적으로는 국선변호인의 선정이 법원에 의해 독점적으로 운영되고 있는 상황이다. 특히 형사국선변호 영역에서 큰 비중을 차지하고 있는 국선전담변호사의 경우에는 더욱 그러하다. 그리고 위[법무부(안)]에도 피의자 또는 피고인의 국선변호인 선택권에 관한 언급은 전혀 없다.

선택권을 통한 피의자의 참여는 의뢰인과 변호인 간의 신뢰관계 형성에 영향을 미칠 뿐 아니라 국선변호인 조력에 대한 피의자의 신뢰도 및 만족도 면에서도 깊은 관련성을 갖는다는 점에서 중요하다.

특히 여기서의 선택권은 국선변호인의 '선정'뿐 아니라 '변경' 및 '해임'단계에서도 국선변호 대상자(피고인 및 피의자)의 의사가 변호활동 전반에 지속적으로 반영되야 함을 의미한다.[11] 이러한 측면에서 위 법무부의 개정법률안은 아쉬움이 남는다.

물론 국선변호가 갖는 공공부조의 성격과 제한된 인적·물적 여건 등을 고려했을 때, 선정절차에서부터 피의자를 포함한 국선변호 대상자의 의사를 충분히 반영하는 것은 현실적으로 어려운 것이 사실이다. 하지만 국선변호인의 선정취소 및

중에서 국선변호를 원하는 변호사를 선택하여 선정청구를 할 수 있다.

④ 제2항·제3항의 규정에 따라 피고인이 특정 변호사에 대하여 우선순위를 정하여 선정청구를 한 경우에 재판장은 국선변호인 선정요건에 해당한다고 판단되면 특별한 사정이 없는 한 피고인이 최우선적으로 선택한 변호사를 국선변호인으로 선정한다. 다만, 피고인이 최우선적으로 선택한 변호사가 변론을 할 수 없는 사정이 있거나 변론을 거부하는 경우 차순위 선택 변호사를 선정하고, 선택변호사가 당해 재판부의 전속변호인이 아닌 경우에는 상당하다고 인정하는 때에 한하여 그 변호사를 국선변호인으로 선정한다.

⑤ 피고인에게 국선변호인을 선택할 기회를 부여하는 법원은 제7조의 규정에 따라 공판기일에 피고인에 대하여 국선변호인의 선정을 원하는지를 물을 경우에는 재판부 전속 국선변호인 또는 명부에 등재된 변호사 중에서 특정 변호사로부터 국선변호를 받기를 원하는지를 확인한 후 피고인이 특정 변호사의 선정청구를 하면 공판조서에 그 취지를 기재한다.

⑥ 피고인이 1심 국선변호인을 항소심의 국선변호인으로 선정해 줄 것을 청구한 경우에 항소법원은 특별한 사정이 없는 한 그 변호사를 국선변호인으로 선정한다. 다만, 항소법원과 1심 국선변호인의 사무소가 지리적으로 상당히 떨어져 있는 경우에는 그 변호사의 동의가 있는 때에 한한다.

11) 김성돈, "국선변호제도를 확대하기 위한 전제조건", 형사정책연구 제10권 제1호, 1999, 143면.

해임(형사소송규칙 제18조), 국선전담변호사의 해촉(국선변호에 관한 예규 제21조 제2항) 등과[12] 관련하여 피의자나 피고인의 의사 반영은 국선변호 서비스의 질적 향상에도 의미가 있을 것으로 판단된다. 예컨대 불성실한 변론태도 혹은 소극적·형식적 변론 등과 같은 국선변호인의 임무해태와 관련하여 피의자나 피고인이 국선변호인의 변경 및 해임을 요구하거나 적어도 의견을 청취하는 최소한의 제도적 장치가 필요하다. 이는 현행법상 법원의 허가를 얻기만 하면 국선변호 대상자의 의사와 무관하게 사임 또는 업무중지를 할 수 있는 국선변호인의 권한과 비교했을 때, 양자의 균형성 차원에서 반드시 재론할 필요성이 있다.

(4) 피의자 국선변호인의 계속적 변호 인정 여부

위 법무부의 개정안 제200조 제6항 제1호에 따르면, 피의자가 기소되는 경우 형사변호공단에 의해 선임된 피의자 국선변호인의 선임효력은 그 즉시 상실된다. 그리고 기소 이후에는 현행 형사소송법에 규정된 요건을 충족하는 경우 법원에서 다시 선임한 변호사가 이제는 피고인이 된 대상자의 국선변호를 담당하게 된다.

하지만 피의자의 신문에 참석하는 등 대상사건의 내용을 가장 잘 파악하고 있고, 피의자와의 신뢰관계가 이미 형성되어 있는 피의자 국선변호인을 단지 피의자가 기소되었다는 사유만으로 자동 해임하고 새로운 국선변호인으로 하여금 피고인의 국선변호를 담당하게 하는 것은 그 과정에 피의자 등의 의사가 전혀 반영되지 않는다는 점에서 피의자의 선택권 보장과 관련하여 문제가 많을 뿐 아니라 변호인의 '충분한' 조력 제공 차원에서 보더라도 비효율적이다.[13]

하지만 피의자 국선변호인의 계속성을 보장하기 위해서는 먼저 국선변호제도가 조직·운영 측면에서 일원화되는 것이 전제되어야 한다. 하지만 위 법률개정안은 애초부터 현행 국선변호제도의 유지를 전제로 형사공공변호제도가 기존 제도와 경쟁적·충적으로 작동할 것을 전제로 설계되었다는 점에서 태생적 한계가 있다.

그러나 피의자 또는 피고인의 변호인 조력을 받을 권리의 보장이라는 동일한 목적을 공유하면서도 단지 관리·운영주체가 법무부와 법원으로 다르다는 이유만

---

12) 김성돈·정지훈, 앞의 논문, 117면.

13) 차종진, 앞의 논문, 106-107면.

으로 피의자 국선변호인의 변론 계속성을 부정하는 것은 바람직하지 않다.

이를 위해서는 앞으로도 많은 추가적 논의와 합의점을 도출하기 위한 절충의 노력이 필요하겠지만, 피의자단계와 피고인단계에 있어서 국선변호의 운영 및 관리 등을 일원화함으로써 변호인의 '충분한' 조력을 받을 권리가 현실속에서 실질적이고 효율적으로 구현되도록 할 필요성이 있다.

Ⅳ '피해자' 변호에 있어서 현안과 대안

1 형사절차에서 피해자의 소외 문제

현행 형사소송법에서 피해자의 절차적 권리를 찾아보면, 피해자의 신뢰관계인과의 동석권(제163조의2), 비디오 중계장치 등에 의한 증인신문(제165조의2), 피해자 통지권(제259조의2), 피해자의 진술권(제294조의2), 피해자 진술의 비공개(제294조의3), 피해자 등의 공판기록 열람·등사권(제294조의4) 등 정도로 형사소송절차에 있어서 피해자의 절차 참여의 기회는 극히 제한적이다. 물론 「범죄피해자보호법」과 같은 개별 법률을 통해 피해자에게 사건 관련 수사담당자와의 상담 및 재판절차에서의 진술권(동법 제8조 제1항), 가해자에 대한 수사결과·공판기일·재판결과, 형 집행 및 보호관찰 상황 등 형사절차 관련 정보의 신청권(동법 제8조 제2항) 등을 보장함으로써 형사소송법상 미비점을 보완하고 있으나, 피의자와 피고인이 수사절차와 공판절차에서 무기대등의 원칙이나 소송당사자의 지위 등을 통해서 보호·보장받는 절차적 권리들에 비하면 피해자의 절차적 참여권은 초라하기 그지없다.

물론 이는 민사소송과 달리 형사소송이 국가형벌권을 중심으로 한 국가소추기관과 범죄피의자·피고인의 대립을 그 기본구조로 하는데서 비롯된 소송구조적 결과로 치부하고 넘어갈 수도 있을 것이다. 하지만 법률구조의 관점에서 볼 때, 피해자의 절차적 소외와 피고인 등과의 불균형 문제는 보다 심도 있는 논의를 필요로 한다.

2 피해자 국선변호제도의 내용과 현황

(1) 「성폭력범죄의 처벌 등에 관한 특례법」상 피해자에 대한 국선변호

현행 「성폭력범죄의 처벌 등에 관한 특례법(약칭: 성폭력처벌법)」 제27조 제1항에 따르면, 성폭력범죄의 피해자 및 그 법정대리인(이하 "피해자등")은 형사절차상 입을 수 있는 피해를 방어하고 법률적 조력을 보장하기 위하여 변호사를 선임할 수 있다고 함으로써, 성폭력범죄 피해자에 대한 변호사 선임의 특례를 인정하는 한편, 동조 제6항에서 피해자에게 변호사가 없는 경우 검사가 국선변호사를 선정하여 형사절차에서 피해자의 권익을 보호하도록 규정하고 있다.

그리고 이를 근거로 한 「성폭력범죄 등 사건의 심리·재판 및 피해자 보호에 관한 규칙」 제3장의 제4조는 성폭력범죄, 아동·청소년대상 성범죄 또는 아동학대범죄의 피해자 및 그 법정대리인이 변호사를 선임하거나 검사가 피해자를 위하여 국선변호사를 선정되고 그 피해자 변호사의 선임 등을 증명할 수 있는 서류가 제출된 때에 법원으로 하여금 공판기일을 피해자 변호사에게 통지토록 규정하는 한편, 피해의 정도 및 결과, 피고인의 처벌 그 밖에 당해 사건에 대한 공판절차에서의 의견진술 신청권(동 규칙 제6조 제1항), 피해자의 피해 방어와 피해자 법률 조력에 필요한 사유를 소명하여 사건 관계 서류나 증거물의 열람·등사 신청권(동 규칙 제12조) 등을 함께 규정하고 있다.

(2) 「아동·청소년의 성보호에 관한 법률」상 피해자에 대한 국선변호

현행 「아동·청소년의 성보호에 관한 법률(약칭: 청소년성보호법)」 제30조는 아동·청소년대상 성범죄의 피해자 및 그 법정대리인이 형사절차상 입을 수 있는 피해를 방어하고 법률적 조력을 보장하기 위하여 변호사를 선임할 수 있다고 함으로써, 피해아동·청소년 등에 대한 변호사선임의 특례를 규정하면서 전술한 성폭력처벌법 제27조 제2항부터 제6항을 준용하고 있다.

(3) 「아동학대범죄의 처벌 등에 관한 특례법」상 피해자에 대한 국선변호

현행 「아동학대범죄의 처벌 등에 관한 특례법(약칭: 아동학대처벌법)」 역시 제16조 제1항을 통해 아동학대범죄의 피해아동 및 그 법정대리인이 형사 및 아동보호

절차상 입을 수 있는 피해를 방지하고 법률적 조력을 보장하기 위하여 변호사를 선임할 수 있다는 특례규정을 두고 있고, 전술한 경우와 동일하게 동조 제6항에서 피해아동에게 변호사가 없는 경우 형사 및 아동보호 절차에서 피해아동의 권익을 보호하기 위하여 검사가 국선변호사를 선정토록 하고 있다.

(4) 검사에 의한 피해자 국선변호사의 선정

피해자에 대한 국선변호는 위에서 살펴본 법률에 근거하여 제한적으로 인정되고 있으며, (피고인 국선변호사 선정의 주체가 법원인 것과는 달리) 검사가 피해자 국선변호사를 선정토록 규정하고 있다. 이를 위해 마련된 「검사의 국선변호사 선정 등에 관한 규칙」 제8조 제1항에 따르면, 검사는 피해자에게 변호사가 없는 경우에는 직권으로 또는 피해자나 그 법정대리인의 신청에 따라 국선변호사를 선정'할 수 있다'고 규정함으로써, 검사에게 국선변호사의 선정권을 부여하고 있다. 그리고 이 경우 국선변호사 선정은 특별한 사정이 없는 한 해당 사건의 관할 검찰청 소속 성폭력 또는 아동학대 전담검사가 한다. 다만 ① 미성년자인 피해자에게 법정대리인이 없는 경우, ② 미성년자인 피해자의 법정대리인이 신체 또는 정신적인 장애로 사물을 변별하거나 의사를 결정할 능력이 없거나 미약한 경우, ③ 피해자가 법 제3조부터 제9조까지 또는 제15조(같은 법 제3조부터 제9조까지의 미수범으로 한정한다)에 해당하는 범죄로 피해를 입은 경우, ④ 「아동학대범죄의 처벌 등에 관한 특례법」 제16조 제6항에 해당하는 경우에 해당하면 변호사나 공익법무관의 자격을 가진 사람 중에서 국선변호사를 선정'하여야 한다'고 함으로써 '필요적' 피해자 국선을 규정하고 있다.

3 현행 피해자 국선변호제도의 문제점과 개선방향

(1) 법률구조 및 변호인 조력권의 충분한 보장 차원에서의 불균형

앞서 자세히 살펴본 바와 같이 최근 몇 년간 법률구조와 변호인 조력권의 충분한 보장 차원에서 기존의 피고인뿐 아니라 피의자에 대해서는 국선변호의 대상 범위를 확대하자는 논의가 활발히 전개되어 구체적인 법률개정안까지 입법예고된 상태인 반면, 피해자의 국선변호와 관련해서는 지속적인 문제제기는 되고 있으나, 본격적인 논의의 장이 열리거나 법률개정(안) 등으로까지 구체화되지는 못하고 있는 실정이다.

우선 피해자에 대한 국선변호의 대상범죄 및 대상자는 성폭력처벌법상 성폭력범죄, 청소년성보호법상의 성범죄, 아동학대처벌법상의 아동학대범죄(의 피해자)로 극히 제한되어 있다. 하지만 살인, 스토킹범죄, 가정폭력범죄 및 그 밖의 보복범죄 등이 사회적으로 심각해지고 있는 현실을 외면한 채, 성폭력범죄 등의 피해자에 대해서만 법률구조차원에서 국선변호를 제공하는 것은 앞서 살펴본 바와 같이 범죄유형과 상관없이 피고인 및 피의자에게까지 국선변호를 확대하려는 최근의 움직임과 비교했을 때 심한 불균형을 이룬다.

(2) 피해자 국선변호사의 조력 내용과 국선변호 대상범죄의 확대 필요성

물론 피의자 및 피고인의 경우처럼 헌법 규정으로부터 직접적으로 피해자 전반에 대한 (국선)변호인의 조력권을 근거짓는 것이 다소 어렵다 하더라도, 범죄예방이 국가의 책무라는 점, 범죄를 중심으로 접근했을 때 피의자(피고인)과 피해자가 동등한 관련성을 맺고 있다는 점, 범죄수사과정에서 주된 수사의 객체는 피의자이지만 피해자도 수사과정에서 다양한 법률적 도움을 필요로 한다는 점 등을 고려한다면,[14] 피해자 국선변호의 적용범죄를 현재보다 대폭 확대할 필요성이 있고, 물적·인적 자원을 확보하여 장기적으로 피의자와 동등하게 범죄유형과 상관없이 전면적으로 확대할 필요성이 있다.[15]

이처럼 피해자 국선변호와 관련하여 그 대상범죄를 확대할 필요성은 아래와 같이 법무부에서 제공하는 「피해자 국선변호사 업무 매뉴얼(안)」에서 기존 피해자 국선변호사가 제공하는 조력의 내용에 비추어 보더라도 인정된다.

---

14) 피해자변호사 제도의 필요성에 대한 보다 자세한 논의는 원혜욱, “피해자변호제도에 대한 소고” 피해자학연구 제20권 제1호, 2012, 133면; 김재희, 범죄피해자변호인의 역할과 국선변호인 제도“, 피해자학연구 제20권 제1호, 2012, 294면; 안현준/최재용, ”개정된 피해자변호인제도에 대한 고찰“, 형사정책연구 제26권 제3호, 2015, 133면; 전면길, ”피해자변호사제도에 대한 고찰“, 법이론실무연구 제6권 제2호, 2018/05, 12-13면 등 참조.

15) 정도희, “범죄피해자 변호사 제도의 보완 필요성과 보완방향”, 숭실대학교 법학논총 제52집, 2022/01, 331-332면.

[형사절차에서 피해자 국선변호사의 조력 내용][16)]

수사단계	재판단계	그 외
- 피해자 수사절차 참여 관련 설명 및 변호사·신뢰관계인·진술조력인 등 피해자 지원 안내 - 조사과정 조사 후 의견 개진피해자 상담을 기초로 범죄사실, 증거관계 등을 의견서의 형식으로 작성, 수사기관에 제출 - 피해자의 인적사항 노출 차단, 보복 위험 등에 대비한 피해자 보호 조치	- 공판기일 출석 - 양형 증거 및 탄핵증거 수집 - 의견서 작성 및 법원 제출	- 관련 소송 등 법률지원 - 피해자 지원기관 안내

위 피해자 국선변호사의 업무내용을 보면, 형사절차에서 피해자의 권익을 보호하는차원에서 매우 필수적인 사항들임을 쉽게 확인할 수 있다. 이러한 기본적인 내용의 피해자법률구조를 굳이 성폭력처벌법상 성폭력범죄, 청소년성보호법상의 성범죄, 아동학대처벌법상의 아동학대범죄의 피해자에게 국한하는 것은 타당하지 않다. 물론 물적·인적 인프라 등 현실적 여건과 제약으로 인하여 피해자에 대한 전면 국선변호는 당장 어렵다 하더라도, 최소한 최근 큰 사회적 문제가 되고 있는 '스토킹범죄, 가정폭력범죄, 보복범죄에 대해서는 (피의자 및 피고인 국선변호와 동일하게) 사건의 중대성 및 무자력요건 등을 충족하는 경우에 한하여 피해자가 국선변호사의 조력을 받을 수 있도록 하는 입법적 개선이 시급하다.

16) 법무부 홈페이지(https://www.moj.go.kr/moj/2149/subview.do, 최종방문 2022년 10월 09일)에 게시된 법무부, 「피해자 국선변호사 업무 매뉴얼(안)」, 2014, 5-6면을 재구성한 것임.

V 나가는 말 - 국선변호인제도의 일원화 필요성

지금까지 살펴본 바와 같이 국선변호를 통한 법률구조정책은 그 대상자를 기존 피고인에서 피의자 및 피해자로 확대해 가는 추세이다. 이러한 방향성은 그 자체로 타당하다고 평가된다. 물론 그 과정에서 국선변호제도의 운영·관리의 주체를 누구로 할 것인지를 두고 법무부와 법원 그리고 변호사단체 등의 의견 대립이 존재하고, 조율을 통한 사회적 합의가 더 필요해 보이는 것도 사실이다. 하지만 지협적이고 추상적인 담론에 머물지 말고, 운영·관리 주체의 권한 독점과 그로 인한 국선변호인의 독립성 침해가 우려된다면, 그 권한을 나누어 분산하거나 협의체를 구성하여 운영토록 하는 구체적인 대안을 만드는 것이 중요하다. 본 논문에서 살펴본 법무부의 형사소송법 및 법률구조법의 개정안도 그 좋은 예라 생각된다.

다만 법무부 개정안의 가지고 있는 근본적인 문제점은 단지 피의자에 대한 국선변호만을 전제로 하여 형사공공변호공단을 논하고 있다는 점이다. 이렇게 되면 형사소송절차에서 국선변호는 그 대상자가 누구냐에 따라 아래와 같이 크게 3분화 된다.

대상자	피의자	피고인	피해자
관리주체	법무부 산하 형사공공변호공단	법원	검사

법률구조를 통한 인권보호 및 변호인의 조력을 받을 권리의 실질화라는 동일한 목적을 가진 국선변호인제도가 그 대상자가 피의자인지, 피고인인지, 피해자인지에 따라 그 선임절차와 요건이 달라지고 관리주체까지 제각각 달라야 하는지 의문이다. 생각건대, 대상자의 지위와 상관없이 국선변호인제도의 운영·관리 주체를 '형사공공변호공단(혹은 법률구조공단)'로 일원화하고, 형사소송절차의 단계별로 즉 수사절차에서는 검사가, 공판절차에서는 법원이 국선변호인의 선정을 형사공공변호공단에 요청토록 권한을 부여하는 것이 국선변호인제도의 본래 취지와

변호인 조력권의 실질화 및 내실화를 위해서도 바람직하다. 그리로 국선변호인제도의 운영·관리에 대한 감독 및 평가권한은 법무부·법원·변호사협회 등의 협의체를 구성하여 사회적 감시 하에서 법률구조의 책무와 책임을 다하도록 제도화할 필요가 있다.

제14장

일본에서의 공적 변호제도의 발전과 과제

오카다 요시노리(岡田悦典) | 난잔대학(南山大学) 법학부 교수
번역: 김혁 | 국립부경대학교 법학과 교수

I 들어가며

현행 형사소송법은 미국법의 영향을 받아 형사절차상의 권리보장, 영장주의 등 헌법상의 인권규정을 반영하기 위하여 제2차 세계대전 후 1948년에 제정되어, '당사자주의'가 도입되었다. 21세기에 들어 사법제도개혁심의회가 제안한 재판원 제도는 2009년부터 실시되어 현재에 이르고 있다. 그 사이 협의·합의제도의 도입, 피의자신문의 녹음·녹화제도의 일부 도입 등 일본 형사절차는 20년여 간 큰 변화를 이루어 왔다.

그 사이, 공적 변호제도도 크게 개선되어 왔다. 그러나 문제점은 남아 있어, 그 논의를 전망하는 것은 일본 형사절차의 방향성을 고찰하는 데에 있어 귀중할 것이다. 이하에서는 일본의 공적 변호제도를 둘러싼 논의를 되돌아보고, 현황을 살펴본 다음, 그 과제를 고찰하고자 한다.

Ⅱ 일본의 공적 변호제도의 역사적 연혁

1 피고인 국선변호제도의 등장

일본의 공적 변호제도의 역사를 돌아보면, 헌법 제37조가 피고인의 변호인 의뢰권을 보장하고, '피고인이 스스로 이를 의뢰할 수 없을 때에는 국가가 이를 붙인다"고 규정한 점이 큰 도달점이었다. 이에 종래의 관선변호제도를 대신하여 국선변호제도가 등장하였다. 관선변호제도에서는 재판장이 직권으로 선임하는 것을 '통례'관선변호인이라고 지칭하고, 사형·무기 또는 단기 1년 이상의 징역·금고에 관한 사건을 필요적 변호로 하여(구 형소법 제334조), 변호인이 없는 경우에는 재판소가 관선변호인을 선임하였다.[1] 관선변호인은 무보수였다.[2] 즉 변호사의 무상봉사로 제도가 성립하였던 것이다. 국선변호제도가 등장하여 헌법상 지위로까지 변호인의 역할이 높아져, 피고인 청구에 의해 국선변호인을 붙이고(형소법 제36조), 보수를 지급하게 된 것이다.

1950년대부터 1960년대에 걸쳐 국선변호제도의 운용이 논의되기 시작하였다. 당시부터 일찍이 국선변호보수가 저렴하다는 점이 지적되고 있었다.[3] 또한 국선변호의 질 문제도 주장되었다.[4] 이는 당사자주의의 도입이 큰 영향을 주었다고 할 수 있다. 당시 재판관측에서는 관선변호인과 같이 형식적으로 있을 것이 아니라, 보수가 있기 때문에 제대로 준비된 변호활동이 이루어져야 한다는 발언이 있었다.[5] 즉 이 시기, 변호인의 역할이 질적으로 변화하려고 했음을 추정할 수 있다.

---

1) 宮本英脩『刑事訴訟法大綱』(松華堂,1936)132－33頁.

2) 原秀雄「国選弁護制度運営に対する疑問」自由と正義11巻11号(1960)13頁.

3) 竹内誠「国選弁護に関する統計資料について」自由と正義11巻11号(1960)15頁에 의하면,1958년 사건 하나당 지급액은 평균 2,280엔이었다고 한다. 좌담회「国選弁護制度の実状」自由と正義11巻11号(1960)20頁이하에서도 가장 시급한 과제로서 국선변호보수에 관하여 논의하고 있다.

4) 原·前掲注2,11頁.

5) 座談会·前掲注3,24頁〔横川敏雄의 발언〕은 '지금의 형사소송법 하에서는 과거 관선변호와는 전혀 다르다. 변호인의 역할이 질적으로 상당히 중대해졌다. …(생략)… 검찰관에 대응하

한편, 국선변호사건의 비율은 해마다 증가하여 1960년경에는 전체의 60% 이상을 점하게 되었다.[6] 이와 같이 과제가 있기는 하였지만, 1965년경에는 국선변호제도가 '일단 상당히 정비되었다'[7]는 평가를 받게 되었다.

1970년대에는 법정을 투쟁의 장으로 삼는 문제로 인해 이른바 '변호인 없는(변호인을 제외한) 재판'특례법안이 논의되어, 변호의 위기가 문제되기도 하였다.[8] 그러나 당시의 주된 관심은 대략 국선변호의 질과 국선보수의 저렴함에 있었다. 한편, 당사자주의를 기조로 한 집중심리가 1950년대부터 1960년대경에 실천되려고 하였다.[9] 그러나 1개월에 1번 공판을 개최하는 단속적인 공판운영이 이루어지게 되어 '30년을 거쳐 적어도 바꾸려고 했던 방향으로는 바뀌지 않았다'고 평가되기도 하였다.[10] 그리고 1980년대에는 형사재판의 형해화가 지적되어, '일본의 형사재판은 상당히 절망적이다'라는 평가를 받게 되었다.[11]

2 피의자 국선변호제도의 도입론과 당번 변호사제도의 등장

한편, 공소제기 전의 수사단계에 국선변호제도가 존재하지 않다는 점이, 1970년대경부터 일본 형사절차의 최대 흠결 중 하나라는 주장이 제기되었다.[12] 특히

는 당사자로서 준비 없이 법정에 임하는 것은 도저히 불가능하다. 그러한 의미에서 국선변호인이 되는 측도 충분히 그 점을 유의함과 동시에 또한 그에 대한 보수라는 점도 고려하지 않으면 안 된다'고 지적하고 있다.

6) 座談会·前掲注3、30頁.

7) 田宮裕「弁護権の実質的保障(1)—「有効な弁護を受ける権利」—」北大法学論集16巻2·3号(1965)290頁.

8) '형사사건의 공판 개정에 관한 잠정적 특례를 정하는 법률안'이 제안되어, 큰 논의를 이끌어냈으나, 법조 3자의 합의가 최종적으로 성립하여 동 법안은 폐기되었다.

9) 岸盛一·横川敏雄『事実審理』(有斐閣、1960年)、刑事裁判実務研究会編『集中審理』(判例タイムズ社、1964) 참조.

10) 松尾浩也「刑事訴訟法の三〇年」判例タイムズ365号(1978)43頁〔『刑事訴訟法講演集』所収、(有斐閣、2004)284頁〕.

11) 平野龍一「現行刑事訴訟法の診断」『団藤重光博士古希祝賀論文集第四巻』(有斐閣、1985)423頁.

12) 田宮裕編『刑事訴訟法 I』(有斐閣、1975)422－424頁〔熊本典道〕.

1980년대에 누명에 의한 무죄사건이 발생하여 수사단계의 변호권 보장이 불충분하다는 점이 오판의 원인의 하나로 주장되기 사작하였다. 본래 헌법 제37조 제3항의 명문상 주체는 공소제기 후의 '피고인'으로 되어 있다. 그리하여 공소제기 전의 '피의자'에 대한 국선변호제도는 보장되지 않는다는 전제에서 피의자 국선변호제도가 존재하지 않았다. 그러나 헌법 제37조의 영어 원문에는 피고인이 "accused"로 되어 있어, "accused"에는 본래 '피의자'도 포함되어 있기 때문에, 헌법 제37조 제3항에 따라 피의자 국선변호제도가 보장된다는 해석론이 등장하여,[13] 1980년대부터 1990년대에 걸쳐 지지를 얻게 되었다. 또한 헌법 제34조가 신병 구속인의 변호인 의뢰권을 보장하고 있어, 동조에 의해 피의자 국선변호제도가 보장된다는 해석이 주장되었다.[14]

또한 영국의 "Duty Solicitor Scheme"이 일본에 소개되어,[15] 피의자 변호를 위하여 이를 모방한 '당번 변호사제도'의 설립을 추진하는 움직임이 변호사회를 중심으로 활발해졌다. 1990년에 오이타현 변호사회에서 발족한 것을 시작으로 1990년대에는 동 제도가 넓게 실천되어 갔다.[16] 당번 변호사제도는 체포·구속된 피의자 내지 피의자의 친족으로부터 전화연락이 있으면, 당번으로 대기하고 있는 변호사가 최초의 접견을 위해 달려가 피의자와 무료로 면회·상담을 실현하는 것을 말한다. 그리고 그 후 변호사가 사건을 수임하는 경우, 피의자는 '형사피의자 변호원조사업'을 이용할 수 있도록 하는 제도이다.[17]

---

13) 田宮編·同上、423頁〔熊本〕。その他、村井敏邦編『現代刑事訴訟法』(三省堂、第2版、1998)53頁〔大出良知〕.

14) 川﨑英明「当番弁護士制度の成果と今後の課題」自由と正義44巻7号(1993)28頁、大出良知「刑事弁護の憲法的基礎づけのための一試論」自由と正義40巻7号(1989)129－130頁、田口守一『刑事訴訟法』(弘文堂、1996)107頁.

15) 庭山英雄「イギリスの当番弁護士制度」香川法学7巻3·4号(1988)1頁以下. 최근 실무상황에 관하여는, 岡田悦典「被疑者国選弁護制度の今日的課題」総合法律支援論叢7号(2015)3－12頁 참조.

16) 당번 변호사제도의 역사에 관해서는, 福岡県弁護士会編『当番弁護士は刑事手続を変えた—弁護士たちの挑戦—』(現代人文社、2019)이 상세하다.

17) 당번 변호사제도에 관해서는, 일본변호사연합회 홈페이지(https://www.nichibenren.or.jp/activity/criminal/keijibengo/kokusen_touban.html)〔最終閲覧日2022年9月24日〕 참조.

3 공설변호인제도론

이렇듯 일본에서는 1980년대부터 1990년대에 걸쳐 피의자 국선변호제도의 도입이 강하게 주장되어, 당번 변호사제도의 실천과 '피의자 변호'의 충실화가 과제로 떠올랐다. 그러나 학계에서는 국선변호제도를 도입함으로써 공적 변호제도를 확대하는 형태에 관한 논의가 이루어지기 시작하였다. 그 중에서도 미국에서 1960년대경부터 각지에서 도입, 확대되고 있었던 공설변호인제도(Public Defender System)에 대한 관심이 점차 비교대상으로서 높아져 갔다고 할 수 있다. 당초 국가가 변호인을 고용하는 형태이므로, 공설변호인이 피고인을 위한 변호를 할 수 있을 것인가에 대한 비판이 제기되기도 하였다.[18] 그러나 미합중국에서 퍼플릭·디펜더 제도가 넓게 보급되어, 그 실태가 알려짐에 따라, 1990년대에는 그 기능에 주목하는 논고가 많아졌다.[19] 특히 '형사변호의 전문성', 검찰과 무기대등을 실현하는 '조직성', 수사단계에서의 '신속한 대응 가능성' 등 제도적 장점에 관심이 맞추어지게 되었다.[20]

---

18) 平野龍一「弁護人に依頼する権利—アメリカの制度を中心として—」自由と正義8巻4号(1958)17頁〔『捜査と人権』所収、(有斐閣、1981年)208頁〕는, '일본의 현 상황에서 공설변호인을 도입하는 것은 적당하지 않다고 생각한다. 미국의 공설변호인에 대한 비판은 일본에서의 공설변호인제도의 운용에 있어 훨씬 더 강하게 제기될 수 있을 것이다'라고 하고 있다. 鴨良弼「国選弁護人の法的性格－国選弁護人をめぐる基本的な問題－」ジュリスト487号(1971)101頁〔『刑事訴訟法の新展開』所収、(日本評論社、1978)167頁〕는, '국가기관 측과의 이른바 유착위험, 더욱이 피고인을 위한 실질적인 변호의 책임을 해태할 위험, 오피서(officer)로서의 변호인에 대한 피고인으로부터의 불식하기 어려운 불신감의 존재 등 피고인의 변호인 의뢰권의 보장, 공평한 재판의 이념에 비추어 볼 때 치명적인 결함이 있다'고 지적하였다.

19) 桜井正史「アメリカ合衆国における刑事弁護制度(1)—特に公的弁護制度を中心として—」捜査研究35巻4号(1986)31頁以下、村井敏邦「刑事弁護の歴史と課題」自由と正義44巻7号(1993)5頁以下、後藤昭「ネットワーク刑事司法①／サクラメントで会った公設弁護人たち·公設弁護人事務所観察記」季刊刑事弁護1号(1995)69頁以下、庭山英雄「ニューヨーク市における貧困者の刑事弁護」季刊刑事弁護10号(1997)10頁以下 등.

20) 岡田悦典『被疑者弁護権の研究』(日本評論社、2001)350－353頁.

Ⅲ 피의자 국선변호제도의 탄생과 현황

1 사법제도개혁에서의 피의자 국선변호제도의 도입

21세기에 들어 사법제도개혁심의회는 형사사법개혁을 제언하여, 재판원제도의 도입을 제안하였다. 그 일환으로서 피의자 국선변호제도가 2004년 형소법 개정으로 도입되었다. 피의자 국선변호제도의 도입에 있어 당번 변호사제도의 실적이 고려된 것은 물론이지만, 이에는 재판원제도가 도입됨에 따라 신속·충실해진 직접주의·구두주의를 중시한 재판을 구현할 필요성이 반영되었다고 할 수 있다. 따라서 피의자의 권리보장 강화라는 관점만으로 동 제도가 도입되었다고는 할 수 없다. 그 때문에 당초 변호사회의 대응능력에 우려가 제기되어, 국고로부터 비용을 지급하는 것에 대한 국민의 납득을 얻는 것이 중요하다는 의견이 제시되었다. 그러나 현행 형소법 제정 이후의 개혁논의에 있어 하나의 결론이 내려졌다고 할 수 있으며, 이는 일본 형사소송법사에 있어 획기적인 일이었다고 평가할 만하다.

실제로 2004년 형소법 개정에 따라, 구속된 피의자가 빈곤, 그 밖의 사유로 인하여 변호인을 선임할 수 없는 경우에는 그 청구에 따라 변호인을 부칠 수 있게 되었다(형사소송법 제37조의2 제1항). 다만, 변호사회의 대응능력에 대한 염려 때문에, 그 대상범위는 '사형·무기 또는 단기 1년 이상의 징역이나 금고에 해당하는 사건'으로 한정되었다(2006년 10월 2일 시행). 그러나 그 한정은 경과조치로서 그 후 확대될 것으로 정했던 결과, 2009년에 '사형·무기 또는 장기 3년을 초과하는 징역이나 금고에 해당하는 사건'으로 확대되었다. 그 후 2014년에 '법제심의회 신시대의 형사사법제도 특별부회'가 동 제도를 모든 구속사건에 확대할 것을 제안하여, 2016년 개정에 의해 그것이 실현되었다(2018년 6월 1일 시행).

또한 2004년에 총합법률지원법이 제정되어, 일본사법지원센터(법테라스)가 국선변호제도를 운영하게 되었다.[21] 법테라스는 사법제도개혁의 기둥 중 하나로서, 사법에의 액세스를 촉진한다는 관점에서 설치된 것이다. 법테라스는 국선변호인

21) 상세한 내용은, 岡田悦典「総合法律支援法·国選弁護人契約弁護士·スタッフ弁護士」リーガル·エイド研究10号(2004)49頁以下 참조.

이 되고자 하는 변호사와 계약하여 국선변호인으로서의 보수·비용을 변호인에게 지급하도록 하는 업무를 수행한다. 또한 법테라스는 민사, 형사의 양면을 다루므로 형사전문이라기 보다는 오히려 영국에서 도입된 계약변호사제도에 가까운 운영이라고 할 수 있다. 다만, 변호사가 국선변호인으로서 계약한 경우, 법테라스가 국선변호인 후보의 지명과 재판소에의 통지를 하고, 재판소가 국선변호인을 선임하여 개별 사건에 관한 권리의무관계가 발생한다는 관계이므로,[22] 국선변호제도의 형태는 유지되고 있다고 할 수 있다.

피의자 국선변호제도의 도입에 있어서는 도쿄나 오사카에서 대다수의 변호사가 활동하고 있기 때문에, 사법 과소지역에서의 피의자 국선변호대응이 문제되었다. 법테라스의 설치는 그 문제를 해소하는 하나의 수단이었다고도 할 수 있다. 또한 법테라스에서는 스탭변호사를 고용하여 상근으로 법테라스에 근무하는 제도를 도입하였다. 스탭변호사는 반드시 형사변호 전문변호사는 아니기 때문에, 공설변호인과는 다르다. 다만, 사무소의 형태는 유연한데, '사법 과소지역 사무소' 외에 '부조·국선 대응 지역사무소'도 설치하고, 도시형에서는 형사변호에 힘을 쏟는 스탭변호사도 존재한다.[23] 또한 일본변호사협회·해바라기 기금에 의한 공설사무소도 사법과소대책의 대응책으로서 중요한 역할을 해왔다.

2 국선변호제도의 현황

최근 20년간의 피고인 국선변호제도의 운영은 표 1 및 표 2와 같다. 표 1과 같이 지방재판소의 제1심 심리에서 변호인이 있었던 사건 중 85% 정도가 국선변호인이었으며, 간이재판소에서는 90% 이상에 이르고 있다. 1950년대 후반에는 65% 정도였는데, '국선변호가 점하는 지위라는 것은 … 모든 관점에서 매우 중요하네

---

22) 日本司法支援センター『国選弁護関連業務の解説』3－4頁(2022年4月)、(https://www.houterasu.or.jp/housenmonka/kokusen/index.files/202204_kokusenkaisetsunew.pdf)〔最終閲覧日2022年9月24日〕.

23) 日本司法支援セーターホームページ「スタッフ弁護士の役割」、(https://www.houterasu.or.jp/houterasu_gaiyou/saiyo/staff_bengoshi/staff_bengoshitoha/staff-gaiyo.html)〔最終閲覧日2022年9月24日〕 참조.

요'[24]라고 놀라움을 나타내던 시대와 비교하면 격세지감이라고 할 수 있으며, 국선변호제도의 중요도는 헤아릴 수 없게 되었다. 또한 피의자 단계에서부터 국선변호인을 붙이는 경우도 지방재판소 제1심에서 70%를 넘고 있으며, 간이재판소 제1심에 있어서도 60% 이상을 차지하고 있어, 피의자 국선변호제도의 중요도는 높아져 있다. 국선변호인 계약변호사 1명당 담당 피고인 수는 2021년에 전국 평균 1.4명으로, 변호사 층에 그다지 부담은 없다고 할 수 있다.[25] 다만, 지역에 따라서는 1년간 평균 3명을 초과하는 단위 변호사도 있어서,[26] 지역간 편차가 다소 존재한다.

또한 어느 정도의 변호사가 법테라스의 국선변호제도에 참가할지 당초 염려되었다. 지방에서는 상대적으로 변호사 수가 적기 때문에 국선변호제도에의 적극적인 참가가 요망되고 있다. 2021년의 계약 비율은 전체의 70.4%, 전국 30,335명의 변호사가 계약하였으며, 도쿄, 오사카의 경우 계약비율은 60% 정도로 낮지만, 대체로는 80% 이상, 지역에 따라서는 90%를 초과하는 변호사회도 있다. 평균 담당인 수를 고려하면 충분한 수의 변호사가 계약에 참가하고 있다고 평가할 수 있다.[27]

한편, 피의자 국선변호제도의 운용은 표 3과 같다. 구속영장 발부 건수와 비교하면, 대략 도입 당시에는 구속사건의 10%에도 이르지 못하였지만, 그 후 대략 60% 정도까지 담보하고 있는 것으로 생각된다. 전 구속사건으로 확대된 현 단계에서는 80% 정도의 구속 피의자에게 피의자 국선변호인이 선임되고 있을 것으로 추정된다.

2021년 3월에는 전국 지방사무소 40개소와 지부 7개소, 지역 사무소 37개소가

24) 座談会·前掲注3､21頁〔小野清一郎発言〕.

25) 日本弁護士連合会『弁護士白書·2021年版』91頁. 동 통계에 관해서는, 일본변호사연합회 홈페이지(https://www.nichibenren.or.jp/library/pdf/document/statistics/2021/5-9-3.pdf)〔最終閲覧日2022年9月24日〕에서 열람할 수 있다.

26) 同上､91頁. 동 통계에 따르면, 2021년 각 단위 변호사회 중 이하의 변호사회가 3인 이상을 기록하고 있다. 즉 구시로 3.3명, 후쿠시마현 3.3명, 야마가타현 3.0명, 이와테 3.2명, 아키타 4.1명, 사이타마 3.3명, 지바현, 3.1명, 이바라키 4.0명, 도치기 4.4명, 야마나시현 3.7명, 미에 4.3명, 기후현 4.0명, 나라 3.3명, 시가 4.9명, 야마구치현 3.5명, 가가와현 4.1명, 도쿠시마 3.0명, 고치 3.8명, 에히메 4.0명, 오키나와 3.8명이다. 同上､91頁.

27) 同上､91頁.

배치되어, 2020년에 194명의 스탭변호사가 있다고 보고되고 있다.[28] 해바라기 기금에 의한 공설사무소도 지금까지 122개소 설치되어 왔다.[29] 그러한 정책에 따라 변호사 편재 문제는 과거 20년 정도 전에 논의되던 것과 비교할 때 지금은 상당 정도 해소되었다고 할 수 있을 것이다.

Ⅳ 향후 과제

1 공적 변호제도의 국제기준

이렇게 볼 때, 일본의 공적 변호제도는 반세기를 거쳐 상당 정도 발전해 왔다고 할 수 있다. 국선변호보수도 약 30년 전에 거의 일률적으로 8-10만엔 정도였던 시대와 비교하면, 미합중국에 비하여 그 폭이 상대적으로 낮다는 문제는 있지만,[30] 유연하고 성과에 따른 보수체계가 구축되어 있다.[31]

공적 변호제도의 발전은 제1단계로서 공적 변호제도의 확대, 제2단계로서 공적 변호의 질의 충실화, 제3단계로서 변호의 질을 확보하기 위해 충실한 재정적 기반을 국비로써 실현하도록 하는 것이라는 단계로 나누어 분석할 수 있을 것이

28) 日本司法支援センター(法テラス)編『法テラス白書·令和2年度版』119－120頁. 동 백서에 관해서는 일본사법지원센터(법테라스) 홈페이지(https://www.houterasu.or.jp/houterasu_gaiyou/kouhou/kankoubutsu/hakusyo/hakyusyo-reiwa2.files/r2jyoukin.pdf)〔最終閲覧日2022年9月24日〕에서 열람 가능하다.

29) 日本弁護士連合会·前掲注25、207－209頁.

30) 岡田悦典「アメリカの刑事弁護」後藤昭ほか編『実務体系現代の刑事弁護3·刑事弁護の歴史と展望』(第一法規、2014)343－344頁 참조.

31) 보수산정 기준에 관해서는, 日本司法支援センター·前掲注22에서 상세히 해설하고 있다. 현재 피의자 국선변호의 경우, 구속 20일간의 사건에서 접견을 5회한 경우 약 106,400엔의 기본보수를 받을 수가 있으며, 기타 가산되는 경우가 있다. 또한 피고인 국선변호의 경우에는, 기초보수가 공판전 정리절차에 부쳐지지 않은 사건의 경우, 66,000-99,000엔, 공판전 정리절차에 부쳐진 사건의 경우 70,000-100,000엔이며, 실질 공판기일의 가산보수 등이 있다. 또한 재판원재판의 국선변호의 경우에는 기초보수가 복수 선임의 경우에는 170,000-400,000엔, 단독 선임의 경우에는 170,000-500,000엔이며, 가산보수 등이 그에 붙게 되어 있다.

다. 그리고 공적 변호제도의 모습에 대해서는 미국 등에서 기준이 있었는데,[32] 최근에는 2012년 12월에 채택된 UN형사사법에서의 법률부조에의 액세스에 관한 원칙·지침(United Nations Principles and Guidelines on Access to Legal Aid in Criminal Justice Systems)과 같은 국제기준도 등장하게 되었다.[33] 향후 공적 변호제도가 나아갈 방향에 관해서는 이들 기준을 바탕으로 검증해 나갈 필요가 있을 것이다. 다만, 일본 공적 변호제도에는 아직 제1단계의 문제가 몇 가지 존재한다.

2 체포단계 피의자 국선변호제도

중대한 문제는 체포단계의 국선변호제도가 결여되어 있다는 점이다. 표 3과 같이 체포영장 발부건수는 감소경향에 있지만, 최근에도 약 8만건이 발부되고 있다. 상당수가 구속으로 이행한다는 점을 가정하면, 체포단계에 당번 변호사제도가 현재도 기능하고 있지만, 많은 피의자가 체포단계의 3일간 변호인의 조언을 얻지 못할 가능성이 높다. 다만, 체포단계 피의자 국선변호제도를 실현하기 위해서는 몇 가지 과제가 있다는 점이 지적되고 있다. 예를 들어, 현행 피의자 국선변호제도는 구속단계에서 재판소에 의해 선임되고 자격요건도 확인된다고 하는 구조이므로, 체포단계에서의 구조를 상정하고 있지 않다는 점을 어떻게 해소할 것인지의 문제가 남아 있다. 또한 신속하게 변호인이 피의자와 접견하도록 하기 위한 제도적 장치도 검토될 필요가 있다.

이 점에서 빈곤 등의 자격기준을 수사단계에서 마련하는 것은 장해라는 점이

---

32) 岡田·前掲注20、278－291頁、岡田·前掲注30、340－341頁 참조.

33) 'UN 형사법률부조원칙·지침'에 관해서는, 久岡康成「法律扶助EU指令と2012年国連総会決議及び法律援助国連原則·指針—被疑者·被告人·被拘禁者の権利の検討の視点から—」香川法学37巻1·2号(2017)67頁以下 참조. 원문은, See United Nations Office on Drugs and Crime, United Nations Principles and Guidelines on Access to Legal Aid in Criminal justice Systems (United Nations, 2013). 동 문헌은 UN 마약범죄연구소(United Nations Office on Drugs and Crime) 홈페이지(https://www.unodc.org/unodc/en/justice-and-prison-reform/legal-aid.html)〔最終閲覧日2022年9月25日〕에서 열람 가능하다. 해설서 등도 공간되어 있는데, 이들의 동향에 대해서는, 岡田悦典「弁護権保障と国際人権－刑事手続における法律扶助理念の展開－」法学館憲法研究所Law Journal25号(2021)139頁 이하 참조.

인식되어, 국제기준은 '통상은' 피체포자에 대하여 빈곤자격기준을 두어서는 안 된다는 점을 시사하고 있으며, 그러한 기준을 설정하더라도 권리행사의 '지장을 초래하지 않도록' 운영하여야 한다고 되어 있다.[34] 따라서 빈곤 등의 자격요건을 명시하고(형소법 제37조의2 제1항), 자격 신고서의 제출(동 제37조의3 제1항)을 요구하는 일본의 규정이 장해가 된다는 점이 문제될 가능성이 있을 것이다. 또한 가령 그러한 자격기준이 국비를 사용하는 이상 필요하다는 논의가 있다고 하더라도, 체포단계에서 자격을 심사하지 않고 형사법률부조라고 하는 형태를 채용하여 사후적으로 각자가 청구하도록 하는 방법도 생각해 볼 수 있을 것이다. 나아가 체포단계의 공적 변호제도를 실현한다고 하면, 공설변호인제도나 경찰서 대기형 공적 변호제도를 고려할 필요성도 높다고 할 수 있을 것이다.

마찬가지로 일본에서는 피의자 신문에의 녹음녹화제도가 일부 도입되었지만, 피의자 신문에의 변호인 입회권 보장은 미루어졌던 경위가 있다. 그러나 변호인 입회권의 보장을 위한 논의는 최근 높아지고 있다.[35] 체포단계의 피의자 국선변호제도는 변호인 입회권의 보장과도 매우 밀접하게 관련된 중요한 제도적 설계이며, 일본의 공적 변호제도가 해소해야 할 가장 중요한 과제라고 할 수 있다.

3 신병 불구속 피의자에 대한 피의자 국선변호제도

더욱이 해소해야 할 문제는 신병 불구속 피의자에게 국선변호제도를 담보하는 문제이다. 최근 자동차 사고가 발단이 되어 과실운전치상으로 기소된 사안을 접한 적이 있다. 이 사안에서 피고인은 재택 기소되었는데, 수사단계에서 변호인 없이 사고 상황에 관하여 본의 아니게 자백하였다. 그러나 그 후 변호인이 선임되어 최종적으로 자백의 임의성이 각하되어 결과적으로는 무죄판결이 선고되었다. 이 사

34) United Nations Office on Drugs and Crime, Early Access to Legal Aid in Criminal Justice Processes: a Handbook for Policymakers and Practitioners 68 (United Nations, 2014). 동 문헌은 UN 마약범죄사무소 홈페이지(https://www.unodc.org/unodc/en/justice-and-prison-reform/legal-aid.html)〔最終閲覧日2022年9月25日〕에서 열람할 수 있다.

35) 川﨑英明·小坂井久編『弁護人立会権』(日本評論社、2022).

안은 현 제도 하에서는 피의자 국선변호제도의 대상범위가 아니다. 그러나 사고상황에 관하여 피고인의 설명과 수사기관의 인식 사이에 괴리가 있는 경우에는 변호인이 관여함으로써 사태가 개선될 가능성이 높을 것이다.[36]

일본에서는 실무상 '신병사건', '재택사건'이라고 하는 구분이 있다. 일반적으로 검찰청 처리사건에서 차지하는 '신병사건(경찰 등에서 피의자가 체포되어 신병과 함께 검찰관에게 송치된 사건 및 검찰청에서 피의자가 체포된 사건)'의 피의자 인원에 대한 비율, '신병률'은 표 5와 같이 35% 정도이다. 이 비율에는 과실운전치사상 등 및 도로교통법 위반이 각각 제외되어 있다.[37]

한편, 표 4와 같이 2021년 검찰청 신규 수리인원의 약 3분의 1이 과실운전치사상 등(37.5%), 4분의 1이 도로교통법 위반(27.3%)이다. 일반적으로 과실범, 특히 자동차 과실범 사안에서는 신병 구속되는 경우는 적다고 알려져 있는데,[38] 표 6, 표 7에서 확인할 수 있듯이 과실상해나 자동차에 의한 과실치사상 등의 사안에서는 상대적으로 기소되는 비율이 적다. 그러나 실제 건수를 살펴보면, 자동차에 의한 과실치사상 등에서는 4,000건을 넘는 사안이 공판 청구되고 있다. 물론 자신이 변호인을 선임할 수 있는 신병 불구속 피의자도 있을 것이지만, 이와 같은 현황을 감안하면 기소될지 여부와 상관없이 적어도 범죄의 혐의가 있다고 인정될 계기가 있는 시점부터 변호인에 의한 원조를 필요로 하는 신병 불구속 피의자는 적지 않을 것으로 생각된다. 물론 헌법 제34조는 특별히 신병 구속된 경우의 변호인 의뢰권을 보장하고 있지만, 본래 변호인 의뢰권의 보장이 신병구속의 유무에 따라 달라져야 한다는 것은 명확한 근거조차 박약하다고 할 수 있다.

---

36) 毎日新聞2020年5月8日(西部朝刊)25頁.

37) 法務総合研究所『令和3年版·犯罪白書－詐欺事犯者の実態と処遇』(2021)33頁. 동 백서는 법무성 홈페이지(https://www.moj.go.jp/content/001365724.pdf)〔最終閲覧日2022年9月25日〕에서 열람 가능하다.

38) 한편, 위험운전치상사건의 경우에는 체포·구속된 경우를 전제로 한 논의가 최근에 이루어지고 있다. 我妻路人ほか·座談会「危険運転致死傷事件をどう戦うか」季刊刑事弁護111号(2022)44－46頁.

이와 같이 체포 구속되지 않은 신병 불구속 피의자에 대한 공적 변호제도의 필요성은 실제상 매우 높다고 할 수 있을 것이다.

4 공적 변호제도의 그 밖의 과제

그 밖에 일본의 공적 변호제도에서는 공적 변호의 조직적 대응이 제도적으로 불충분하다. 인적 지원, 감정에 대한 지원, 과학기술의 이용을 위한 지원 등은 개별 변호인에게 맡겨져 있다. 형사변호 연수 등 질적 향상의 실천, 변호활동에 관한 평가 시스템도 제도적으로 확립되어 있지 않다.[39] 이러한 시도는 국제기준에 비추어 검증해 나갈 필요가 있다.

V 나오며

국선변호제도는 현행 형소법 제정 과정에서 새롭게 실현되어, 지금으로부터 약 50년 전에 상당 정도 정비되었다고 여겨졌다. 그러나 그 후 현재에 이르기까지 당시 상상조차 하지 못했을 정도로 공적 변호제도는 발전하여 현재에 이르고 있다.

마찬가지로 현재로부터 50년 후, 2070년경의 공적 변호제도의 미래상을 그리는 것은 역시 어려운 숙제이다. 본고에서는 여러 가지의 과제를 제시하였는데, 그 외의 과제가 다루어져 실현될 수도 있을 것이다. 일본의 형사절차가 어떻게 개선되어 어떠한 형태를 갖추어 나갈지에 따라 피의자·피고인의 권리보장의 의식이 시대와 함께 변화하여 그에 상응하는 공적 변호제도의 대상확대와 변호의 질적 보장의 충실이 요구될 것이기 때문이다.

피의자·피고인의 권리를 보장하는 것은 형사절차에서의 보편적인 가치이며, 공적 변호제도는 그에 필요한 존재이다. 이를 위해 공적 변호제도의 방향성에 관한 국제기준이 형성되려고 하고 있다. 피의자·피고인이 권리를 충분히 행사할 수

39) 岡田·前掲注33, 156頁.

있는 절차가 무엇인지를 우리는 항상 탐구할 필요가 있는데, 이를 위해 공적 변호제도는 시대와 함께 논의되어 검증될 것이 요구되는 대상이라고 이해할 필요가 있다. 우리에게는 앞으로도 공적 변호제도의 가능성을 계속적으로 논의해 가는 것이 요구되고 있다고 할 수 있을 것이다.

표 1 ▶ 피고인 국선변호제도의 운용상황(통상 제1심사건 - 지방재판소)

	総局総人員(a)	弁護人のついた被告人(b)	うち強制	うち被疑者段階から	私選弁護人のついた被告人	うち強制	うち被疑者段階から	国選弁護人のついた被告人(c)	うち強制	うち被疑者段階から(d)	国選弁護率(c/b×100)(%)	被疑者段階から国選弁護人の付いた割合(d/a×100)(%)
2002年	75570	73795	54666		18699	15206		56061	40304		76.0	
2003年	80223	78544	57187		19437	15465		60381	42833		76.9	
2004年	81251	79514	58278		19843	16057		60968	43337		76.7	
2005年	79203	77656	59012		19120	15655		59837	44511		77.1	
2006年	75370	73942	57694	2794	18848	15431	2155	56490	43489	491	76.4	3.7
2007年	70610	69515	56532	15928	17854	14518	9891	53271	43441	5227	76.6	22.6
2008年	67644	66736	54270	14920	16687	13716	10096	52301	42562	3964	78.4	22.1
2009年	65875	65216	53514	26832	14996	12264	9860	52758	43409	16108	80.9	40.7
2010年	62840	62401	51650	40329	11317	8803	7390	52779	44090	32465	84.6	64.2
2011年	57963	57628	47600	38557	9864	7563	6235	49329	41184	31675	85.6	66.5
2012年	56734	56393	46481	38601	10109	7473	6817	48275	40297	31784	85.6	68.0
2013年	52229	51944	42965	36419	10072	7326	7038	44032	36905	29381	84.8	69.7
2014年	52502	52265	42744	36343	10241	7288	7155	44302	36695	29188	84.8	69.2
2015年	54297	54039	43613	37178	10910	7564	7761	45593	37357	29417	84.4	68.5
2016年	53247	53010	43038	36082	10988	7876	7693	44529	36496	28389	84.0	67.8
2017年	50591	50357	41038	34175	10520	7616	7431	42384	34837	26744	84.2	67.6
2018年	49811	49623	39839	34057	9509	7096	6449	42080	33932	27608	84.8	68.4
2019年	48751	48538	38387	34767	8264	6574	5249	41456	32841	29518	85.4	71.3
2020年	47117	46901	37159	34123	7764	6324	4822	40276	31852	29300	85.9	72.4
2021年	46735	46527	36921	33469	8258	6705	5095	39503	31320	28374	84.9	71.6

[재판소 홈페이지(https://www.courts.go.jp/app/sihotokei_jp/search)〔最終閲覧日2022年9月23日〕의 사법통계정보를 토대로 작성]

표 2 ▶ 피고인 국선변호제도의 운용상황(통상 제1심사건 - 간이재판소)

	総局総人員(a)	弁護人のついた被告人(b)	うち強制	うち被疑者段階から	私選弁護人のついた被告人	うち強制	うち被疑者段階から	国選弁護人のついた被告人(c)	うち強制	うち被疑者段階から(d)	国選弁護率 (c/b×100)(%)	被疑者段階から国選弁護人の付いた割合(d/a×100)(%)
2002年	12682	12357	11008		1149	1029		11287	10048		91.3	
2003年	13732	13426	11876		1209	1071		12311	10890		91.7	
2004年	14448	14121	12274		1251	1098		12965	11262		91.8	
2005年	14549	14226	12352		1358	1208		12985	11253		91.3	
2006年	13646	13334	11429	232	1226	1027	128	12186	10471	84	91.4	1.7
2007年	11482	11266	9728	992	1016	863	465	10390	8996	419	92.2	8.6
2008年	10632	10455	9076	686	950	834	495	9703	8428	63	92.8	6.5
2009年	10715	10571	9332	3660	845	742	531	10020	8859	2974	94.8	34.2
2010年	9876	9759	8576	6345	521	407	278	9326	8233	6025	95.6	64.2
2011年	9142	9025	7909	5964	502	379	289	8599	7575	5615	95.3	65.2
2012年	8340	8227	7215	5516	523	363	323	7842	6917	5193	95.3	66.1
2013年	8109	8015	6646	5257	606	421	376	7554	6289	4881	94.2	64.8
2014年	7165	7088	6224	4872	546	351	337	6696	5932	4535	94.5	68.0
2015年	6590	6497	5652	4274	596	401	375	6060	5311	3899	93.3	64.9
2016年	5856	5777	5068	3788	469	310	276	5434	4806	3512	94.1	64.7
2017年	5524	5449	4785	3578	556	373	355	5066	4489	3223	93.0	64.8
2018年	5051	4987	4403	3404	435	334	259	4645	4125	3145	93.1	67.4
2019年	4511	4441	3862	3064	378	294	213	4102	3603	2851	92.4	67.9
2020年	3900	3839	3344	2528	301	236	147	3579	3144	2381	93.2	64.8
2021年	3291	3226	2813	2085	262	205	142	2988	2624	1943	92.6	63.4

[재판소 홈페이지(https://www.courts.go.jp/app/sihotokei_jp/search)〔最終閲覧日2022年9月23日〕의 사법통계정보를 토대로 작성]

표 3 ▶ 피의자 국선변호제도의 운용상황(피의자 단계의 국선변호인 청구사건 개요)

	逮捕状発付数 *	勾留状発付数 (a)	新受人員	（地裁）	（簡裁）	既済人員	（地裁）	（簡裁）	選任(b)	（地裁）	（簡裁）	カバー率 (b/a×100)(%)
2002年	146427	145103										
2003年	149955	155830										
2004年	146527	156985										
2005年	144070	156934										
2006年	139309	152277	1813	865	948	1800	860	940	1753	837	916	1.2
2007年	126734	140271	6802	3418	3384	6786	3407	3379	6576	3266	3310	4.7
2008年	120403	133412	7127	3508	3619	7131	3508	3623	6964	3409	3555	5.2
2009年	116218	131508	47673	17734	29939	47573	17665	29908	46765	17230	29535	35.6
2010年	109895	124945	71582	26279	45303	71561	26271	45290	70675	25815	44860	56.6
2011年	104185	119190	71879	25718	46179	71931	25737	46194	70960	25223	45737	59.5
2012年	105414	120474	73910	26290	47620	73779	25736	47135	72871	25736	47135	60.5
2013年	102076	116181	71724	25130	46594	71963	25352	46611	70956	24813	46143	61.1
2014年	99569	114873	70731	25077	45654	70890	25073	45817	69420	24242	45178	60.4
2015年	100880	115121	70827	25518	45309	70794	25529	45265	69355	24859	44496	60.2
2016年	96431	109463	67770	24837	42933	67712	24769	42943	66330	24036	42294	60.6
2017年	92522	104533	64786	23964	40822	64803	23958	40845	63319	23251	40068	60.6
2018年	90212	100916	76246	29566	46680	76181	29553	46628	74208	28565	45643	73.5
2019年	85658	96827	80822	31037	49785	80724	31025	49699	78300	29977	48323	80.9
2020年	81821	94048	78086	30642	47444	78146	30705	47441	76012	29764	46248	80.8
2021年	79534	90265	74768	28896	45972	74794	28889	45905	72577	27608	44969	80.4

(* 긴급체포 포함)

[재판소 홈페이지(https://www.courts.go.jp/app/sihotokei_jp/search)〔最終閲覧日2022年9月23日〕의 사법통계를 토대로 작성]

표 4 ▶ 최근 검찰청 신규 수리인원

	総数	窃盗	その他の刑法犯(1)	過失運転致死傷等(2)	道路交通法違反等(3)	その他の特別法犯(4)
2017年	1055327	95319(9.0)	121638(11.5)	460867(43.7)	288522(27.3)	88981(8.4)
2018年	984819	91506(9.3)	118496(12.0)	419394(42.6)	265522(27.0)	89901(9.1)
2019年	900752	87797(9.7)	114302(12.7)	370600(41.1)	240185(26.7)	87868(9.8)
2020年	803752	83239(10.4)	111853(13.9)	301092(37.5)	219231(27.3)	88337(11.0)
2021年	766449	76989(10.0)	110838(14.5)	287970(37.6)	206170(26.9)	84482(11.0)

[법무성 홈페이지(https://www.moj.go.jp/housei/toukei/toukei_ichiran_kensatsu.html)〔最終閲覧日2022年9月25日〕의【검찰통계】의 연보를 토대로 작성]

(1) 기타 형법범은 형법범 총수 중「과실운전치사상 등(2)」「절도」를 제외한 수이다.

(2) 과실운전치사상 등에는 업무상 과실치사상, 중과실치사상, 자동차운전과실치사상, 과실운전치사상 알코올 등 영향 발각면탈, 과실운전치사상, 무면허과실운전치사상 알코올 등 영향 발각면탈, 무면허과실운전치사상이 구체적인 범죄유형이다.

(3) 도로교통법위반 외에 자동차의 보관장소의 확보 등에 관한 법률 위반이 포함된다.

(4) 도로교통법위반 등을 제외한 기타 특별법범을 말한다.

* 괄호 안은 총수에서 차지하는 비율이다.

표 5 ▶ 검찰청 처리인원에서의 체포관계 신병률 (2021년)

	総数(A)	検察庁で逮捕(B)	警察から身柄送致(C)	警察で身柄釈放	逮捕されないもの	身柄率((B+C)/A×100)(%)
総数	271489	122	92511	6698	172158	34.1
刑法犯	187727	79	65571	5606	116471	35.0
住居侵入	5963	1	2812	319	2831	47.2
わいせつ・わいせつ文書頒布等	2436	0	608	157	1671	25.0
強制わいせつ	4010	0	2152	29	1829	53.7
強制性交等	1500	0	864	1	635	57.6
殺人	1080	0	416	2	662	38.5
傷害	33258	11	14312	2133	16802	43.1
危険運転致死傷	481	0	168	18	295	34.9
過失傷害	7380	0	20	9	7351	0.3
脅迫	2343	1	1343	40	959	57.4
窃盗	76587	21	23187	1730	51649	30.3
強盗	780	1	416	1	362	53.5
強盗致死傷	872	0	282	1	589	32.3
詐欺	17437	13	8275	91	9058	47.5
恐喝	1756	2	1304	17	433	74.4
特別法犯	83762	43	26940	1092	55687	32.2
銃刀法	5426	2	923	278	4223	17.0
大麻取締法	8201	0	4908	53	3240	59.8
覚醒剤取締法	12734	3	8909	42	3780	70.0
入管法	5080	2	3622	35	1421	71.3

(자동차에 의한 과실치사상 등 및 도로교통법 위반 피의사건을 제외한다)
[법무성 홈페이지(https://www.moj.go.jp/housei/toukei/toukei_ichiran_kensatsu.html)〔最終閲覧日2022年9月25日〕의【검찰통계】의 연보를 토대로 작성]

표 6 ▶ 검찰청 피의사건 기수 및 미수 인원 (2021년)

	総数	公判請求	略式命令請求	不起訴(1)	起訴猶予	嫌疑不十分	嫌疑なし	未済
総数	316897	65374	37395	149678	102625	30959	2224	15085
刑法犯	211034	44570	17826	107210	69343	23120	2089	4236
特別法犯	105863	20804	19569	42468	33282	7839	135	4236
住居侵入	6966	1234	840	2944	2182	632	3	257
わいせつ・わいせつ文書頒布等	3658	228	1063	935	788	118	1	113
強制わいせつ(2)	4114	1187	0	2,563	1136	1102	0	310
強制性交等(3)	1541	455	0	948	277	638	2	132
殺人(4)	1142	239	0	784	29	285	260	247
傷害(5)	38542	2758	6494	21385	17578	3426	47	2710
危険運転致死傷	515	339	0	97	14	74	0	123
過失傷害(6)	8076	53	520	5943	2081	715	40	430
脅迫(7)	2806	400	424	1375	913	333	60	134
窃盗(8)	86707	23764	5664	38115	29062	6724	48	2936
強盗(9)	800	244	0	481	62	285	34	28
強盗致死傷(10)	886	138	0	664	16	470	4	33
詐欺(11)	17972	8653	0	7764	4725	2736	60	1229
恐喝	1806	417	0	1016	490	511	2	76
銃刀法	6402	283	619	4369	3923	212	0	171
大麻取締法	8501	3688	0	3719	1798	1796	5	209
覚醒剤取締法	13618	9508	0	3101	962	1831	0	255
入管法	5808	2311	187	2697	2469	219	1	145

(자동차에 의한 과실치사상 등 및 도로교통법 위반 피의사건을 제외한다)

[법무성 홈페이지(https://www.moj.go.jp/housei/toukei/toukei_ichiran_kensatsu.html)〔最終閲覧日2022年9月25日〕의【검찰통계】의 연보를 토대로 작성]

(1) 불기소에는 기소유예, 혐의 불충분, 혐의 없음, 죄가 안됨, 형사미성년, 심신상실, 친고죄의 고소·고발·청구의 결여·무효·취소, 확정판결·사면·형의 폐지·시효 완성, 기타가 포함된다.

(2) 강제추행에는 강제추행, 강제추행치사상, 감호자추행이 포함된다.

(3) 강제성교등에는 강간, 강간치사상, 집단강간, 집단강간치사상, 강제성교등, 강제성교등치사상, 감호자성교등이 포함된다.

(4) 살인에는 살인, 살인예비가 포함된다.

(5) 상해에는 상해, 상해치사, 현장조세, 폭행, 흉기준비집합, 흉기준비결합이 포함된다.

(6) 과실상해에는 과실상해, 과실치사, 업무상과실상해, 업무상과실치사, 중과실상해, 중과실치사가 포함된다.

(7) 협박에는 협박, 강요가 포함된다.

(8) 절도에는 절도, 상습특수절도, 상습누범절도, 부동산침탈이 포함된다.

(9) 강도에는 강도, 상습특수강도, 강도예비, 사후강도, 혼수강도가 포함된다.

(10) 강도치사상에는 강도치상과 강도치사가 포함된다.

(11) 사기에는 사기, 준사기, 전자계산기사용사기가 포함된다.

표 7 ▶ 자동차에 의한 과실치사상 등 피의사건의 기수인원 (2017년 ~ 2021년)

	既済総数(A)	起訴(1)	公判請求(B)	略式命令請求	不起訴(2)	起訴猶予	嫌疑不十分	その他	公判請求率(B/A×100)(%)
2017年	487477	49595	5307	44288	397691	385418	11319	954	1.1
2018年	445981	47625	5267	42358	361364	349642	10837	885	1.2
2019年	392945	44805	4806	39999	316255	305808	9619	828	1.2
2020年	320886	39496	4349	35147	253839	244673	8409	757	1.4
2021年	308175	38494	4305	34189	243283	234691	7857	735	1.4

[법무성 홈페이지(https://www.moj.go.jp/housei/toukei/toukei_ichiran_kensatsu.html)最終閲覧日2022年9月25日〕의【검찰통계】의 연보를 토대로 작성]

(1) 기소에는 공판청구, 약식명령청구가 포함된다.

(2) 불기소에는 기소유예, 혐의불충분, 기타가 포함된다.

제4부

형사절차의 전자화

제15장

디지털 증거의 수색·압수

박용철 | 서강대학교 법학전문대학원 교수

I 들어가는 글

2011년 신설된 우리 형사소송법 제106조 제3항은 법원의 영장에 의한 이른바 디지털 증거 압수에 대하여 "압수의 목적물이… 정보저장매체인 경우 **기억된 정보**의 범위를 정하여 출력하거나 복제하여 제출받아야 하며", "다만, 범위를 정하여 출력 또는 복제하는 방법이 불가능하거나 압수의 목적을 달성하기에 현저히 곤란하다고 인정되는 때에는 정보저장매체등을 압수할 수 있다."고 규정하여 압수의 대상은 "정보저장매체등"인 유체물이라 하고 있으나, 실제 압수의 대상은 정보저장매체에 저장의 형태로 **기억된 정보**[1]임을 밝히고 있다.[2]

1) 정보저장매체에 '저장'된 정보는 비록 '~된'이라는 수동태의 형태를 띄고 있으나, 정보저장매체가 주도적으로 정보를 '기억'하는 것이 아니라 단순히 저장의 매개체로서 저장의 대상이 되는 관계로 여러 다른 문헌 및 번역례에 비추어 사견으로는 '기억된 정보'라는 표현보다 '저장된 정보' 혹은 '저장정보'라는 표현이 더욱 적절한 것으로 사료된다.

2) 디지털 증거 압수·수색의 대상을 정보가 아닌 정보저장매체로 규정한 것에 대한 논의는 박용철, "디지털 증거의 증거능력 요건 중 무결성 및 동일성에 대하여 –대법원 2018. 2. 8. 선고 2017도13263 판결– , 법조 제67권 제2호(2018), 이진국, "전자정보의 압수·수색에서 피압수·수색 당사자의 참여권에 관한 일고", 아주법학 제11권 제4호 통권 제333호, 아주대학교 법학연구소(2018), 324–325면 참조.

디지털증거 압수·수색의 법리는 우리나라의 경우 철저하게 판례를 통하여 발전해온 것으로 형사소송법상 디지털 증거 압수·수색을 반영한 조문은 위 제106조 제3항 및 이를 검사 또는 사법경찰관의 압수·수색에 준용하는 규정인 제219조에 불과하다. 이와 같이 중요한 증거법 규정을 판례에 의존하는 것은 성문법 국가를 자처하는 우리 법체계상 적절하지 않은 것일 뿐만 아니라, 법의 발전이 판례의 축적 이후 이루어진다는 입장을 따른다 하더라도 디지털 증거의 압수·수색에 대한 새로운 판례들이 나오기 시작한 것이 2011년 이전부터였다는 것을 고려하면 사실 상당히 아쉬운 일이기까지 하다. 결국 우리나라의 디지털 증거의 압수·수색을 논의한다는 것은 다년간의 대법원 전원합의체 판결의 변동 추이를 상세하게 살펴보는 것에 다름 아니다.

수사기관이 범죄 혐의를 입증하기 위한 증거 수집을 위하여 디지털 증거를 수색하는 과정은 마치 태평양에서 목적하는 돌덩이 하나를 찾듯 본질적으로 정보저장매체의 용량에 따라 다량 또는 사실상 무제한의 정보를 세밀하게 다루어야 하는 과정이 될 수밖에 없고, 디지털 증거의 형태는 전자저장정보(electronically stored information)이므로 적어도 압수·수색의 초기 단계 –수사기관이 압수·수색영장을 집행하거나 피압수대상자에게 압수대상물을 임의제출 받은 경우– 에서 많은 경우 "범위를 정하"는 것이 사실상 불가능하거나 곤란한 것이 오히려 일반적일 수 있고, 다량의 정보가 다루어진다는 점에서 수사기관이 압수하여 결국 법원에 제출한 디지털 증거가 애초에 수사기관이 압수한 것이 맞는지 여부 즉 위·변조되지 않은 원본이 맞는 것인지 여부는 판례상 중요한 쟁점이 되어 왔다. – **<u>이른바 무결성, 동일성 내지 원본성의 문제</u>**

또한 영장에 의한 디지털 증거 압수·수색시 영장 기재 범위에 제한된 범위로 수색이 이루어지고 있는지 여부, 그리고 영장에 의한 압수가 아닌 임의제출물의 압수의 경우 수사기관이 혐의를 둔 범죄에 국한하거나 관련성이 인정되는 범죄에 한정하여 수색이 이루어지고 있는 것인지 여부를 검토해 보아야 할 터인데, 결국 본건이 아닌 별건 수사를 통하여 종국적으로 기소할 우려는 없는 것인지 여부를 피의자 등이 압수·수색에 참여함으로써 어떠한 방식으로 감시할 수 있는지가 문

제가 되어 왔다. – **디지털 증거 압수·수색시 이른바 실질적 피압수자의 참여권 문제**

마지막으로 디지털 증거의 특 성상 정보저장매체라는 것이 서버나 usb 저장장치와 같은 유체물적 성격만을 지니고 있지 않은 클라우드와 같은 원격지의 저장매체에 저장되어 있는 경우 이에 대한 압수·수색을 허용할 수 있는 문제가 논의되어 왔다. – **원격지 압수·수색의 문제**

이에 이번 발표문에서는 위 세 가지 논점을 중심으로 2023년 현재까지의 위 대법원의 판례와 판례에 대한 평석 그리고 앞으로 실무계 및 학계에서의 논의가 어떠한 방향으로 전개되어야 하는지에 대한 사견을 덧붙이고자 한다.

Ⅱ 원본성·동일성·무결성의 문제

1 디지털 증거 압수·수색시 중요성이 대두된 새로운 개념

일반 유체물 압수·수색에 있어 사실 원본성(originality 또는 best evidence)은 종래 중요한 쟁점이 아니었고, 앞으로도 중요한 쟁점이 될 가능성은 없다고 사료된다. 유체물 압수·수색 과정이 어딘가에 '저장'되어 있는 것을 복사하거나 사본화하는 과정이 아닐 뿐만 아니라, 압수·수색 이후 보관만 잘 되어 있다면 법원에 제출될 때까지 위·변조될 위험이 있다고 보기도 어렵기 때문이다. 또한 법원에 제출된 증거의 원본성의 개념은 우리법상 명문에서 인정되거나 요구되는 것도 아니며,[3] 주로 영미법에서 대두된 개념(the best evidence rule)이라는 것도 새길 만하다.

디지털 증거의 경우 범죄혐의와 관련성이 있는 증거를 압수하기 위하여 수사기관이 수색해야 하는 정보의 양이 거의 무한대일 수 있고, 압수·수색 과정에서 복사 또는 사본화하는 과정이 필수적인 경우가 대부분이라는 점에서 증거 보관의 연속성(chain of custody)이 오염되지 말아야 하며, 압수·수색의 대상인 정보저장매체에서 복사 또는 사본화한 정보의 원본성이 담보되어야 하는 필요성이 대두되었

3) 이숙연, "디지털 증거의 증거능력 –동일성·무결성 등의 증거법상 지위 및 개정 형사소송법 제313조와의 관계", 저스티스(통권 제161호), 한국법학원(2017), 172면.

다. 이에 형사소송법 규정이 없음에도 불구하고 실무상 필요에 의하여 경찰청 훈령인 「디지털 증거의 처리 등에 관한 규칙」[4] 제5조는 "디지털 증거 수집시부터 수사 종결시까지 변경 또는 훼손되지 않아야 하며, 정보저장매체등에 저장된 전자정보와 동일성이 유지"되어야 할 것을 규정하고 있고, 대검 예규인 「디지털 증거의 수집분석 및 관리규정」[5] 제5조는 "원본과의 동일성"을 규정한 "디지털 증거의 원본성 유지"에 대하여, 동 규정 제6조는 디지털 증거의 경우 "압수·수색검증한 때로부터 법정에 제출되는 때까지 훼손 또는 변경되지 아니"하여야 한다는 "디지털 증거의 무결성 유지"에 대하여 규정하고 있다.

디지털 증거는 원본과 사본을 출력한 형태로서는 구분할 수 없으나, 파일의 형태로 저장되어 있는 경우 정보(data)의 형태로는 해쉬값 등으로 구분할 수 있다는 점에 의의가 있다.[6] 이번 장에서는 디지털 증거 압수·수색시 문제되는 원본성·동일성·무결성이 판례에서 어떻게 다루어지고 있는지 살펴보고자 한다.

2 주요 판례 및 동일성·무결성 확인 절차

(1) 주요 판례

대법원은 2007년 선고 판결[7]에서"압수물인 디지털 저장매체로부터 출력한 문건을 증거로 사용하기 위해서는 디지털 저장매체 원본에 저장된 내용과 출력한 문건의 **동일성**이 인정되어야 하고, 이를 위해서는 디지털 저장매체 원본이 압수시부터 문건 출력시까지 변경되지 않았음이 담보되어야 한다. 특히 디지털 저장매체 원본을 대신하여 저장매체에 저장된 자료를 '하드카피' 또는 '이미징'한 매체로부터 출력한 문건의 경우에는 디지털 저장매체 원본과 '하드카피' 또는 '이미징'한 매체 사이에 자료의 동일성도 인정되어야 할 뿐만 아니라, 이를 확인하는 과정에서 이용한 컴퓨터의 기계적 정확성, 프로그램의 신뢰성, 입력·처리·출력의 각 단

4) [시행 2023. 7. 4.] [경찰청훈령 제1086호, 2023. 7. 4., 일부개정]

5) [시행 2021. 1. 1.] [대검찰청예규 제1151호, 2021. 1. 1., 일부개정]

6) 박용철, 앞의 논문(주2), 689면.

7) 대법원 2007. 12. 13. 선고 2007도7257 판결; 대법원 2013. 6. 13. 선고 2012도16001 판결.

계에서 조작자의 전문적인 기술능력과 정확성이 담보되어야 한다."고 판시한 이후 이와 같은 내용을 다른 판결에서도 계속 유지하였고, 2015년 판결[8)]에서는 "디지털 저장매체에 저장된 로그파일의 원본이 아니라 그 복사본의 일부 내용을 요약·정리하는 방식으로 새로운 문서파일이 작성된 경우 그 문서파일 또는 거기에서 출력한 문서를 로그파일 원본의 내용을 증명하는 증거로 사용하기 위하여는 피고인이 이를 증거로 하는 데 동의하지 아니하는 이상 그 문서파일의 기초가 된 로그파일 복사본과 로그파일 원본의 **동일성**도 인정되어야 한다."고 판시한 바 있다.

한편 무결성 등과 관련하여 대법원은 2015년 판결[9)]에서 "'진정성', '무결성', '신뢰성' 등은 녹음파일의 증거능력 인정 요건인 '원본일 것' 또는 '사본일 경우에는 편집 등의 인위적 개작 없이 원본의 내용 그대로 복사된 것일 것'이라는 요건과 내용상 동일하거나 이를 담보하기 위한 보조적인 요소"라고 판시하였고, 2020년 판결[10)]에서 "압수된 정보저장매체 또는 그 출력물이 아닌 문서에 불과한 경우 **동일성·무결성**을 확인하여야 할 증거라고 보기 어렵다."고 판시한 원심을 인용함으로써 동일성·무결성의 개념은 압수된 정보저장매체 또는 그 출력물에만 제한되는 개념임을 확인한 바 있다.

(2) 동일성·무결성 확인 절차

동일성과 무결성은 마치 동전의 양면처럼 서로 같이 따라가는 측면이 있어 "무결성이 증명되면 동일성이 추정되고, 동일성이 입증되면 무결성이 추정"된다는 견해와 하급심이 있기는 하나, 무결성은 증거수집 이후 증거의 법정 현출까지의 보관의 연속성(chain of custody)에 대한 것이고 동일성은 원본과 사본과의 관계에 대한 것이라 그 의미는 조금 다르다고 본다.

실무에서는 경찰의 경우 「디지털 증거의 처리 등에 관한 규칙」[11)]에 따라 "디지털 데이터 또는 디지털 저장매체를 압수하는 경우에는" 해시값을 생성하여 피압

8) 대법원 2015. 8. 27. 선고 2015도3467 판결.

9) 대법원 2015. 1. 22. 선고 2014도10978 전원합의체 판결.

10) 대법원 2020. 10. 29. 선고 2020도3972 판결.

11) [시행 2023. 7. 4.] [경찰청훈령 제1086호, 2023. 7. 4., 일부개정]

수자 또는 참여인의 확인 후 서명날인하게 하여야 하고, 전 과정에서 "디지털 증거의 동일성, 무결성에 대한 합리적 의심이 들지 않는 적절한 방법 또는 조치를 취할 수 있고"(제12조), 수사관은 "디지털 증거분석을 의뢰하는 경우 분석의뢰물을 봉인하여야 하며, 이 경우 충격, 자기장, 습기 및 먼지 등에 의해 손상하지 않도록 안전하게 보관할 수 있는 용기에 담아 직접 운반하거나 등기우편 등 신뢰할 수 있는 방법으로 송부하여야 한다"(제14조)고 규정하고 있고, 검찰의 경우 「디지털 증거의 수집분석 및 관리규정」[12)]에 따라 디지털 증거를 압수·수색한 경우 이에 대하여 해시값을 생성한 후, "현장조사확인서"를 작성하여 서명을 받거나, 해시값, 해시함수를 비롯한 기타 원본성무결성신뢰성을 확인하는데 필요한 사항을 포함한 확인서를 작성하여 피압수자 등의 서명을 받도록 하고 있고(제27조 제1항), 정보저장매체 등을 운반할 경우에는 정전기 차단, 충격방지 등의 조치를 취하여 그 매체가 파손되거나 기억된 정보가 손상되지 않도록 주의하도록 하고 있다(제30조).

3 소결

디지털 증거 압수·수색시 보장되어야 하는 동일성·무결성·원본성 등의 문제는 디지털 증거 압수·수색의 중요성이 대두되기 시작한 초기부터 논의되던 것으로 비록 형사소송법상 규정은 없는 내용이지만 디지털 증거의 압수·수색의 경우 그 중요성이 더욱 인정되는 기본적 요건에 해당하는 내용이라 할 수 있다. 다만, 특히 디지털 증거의 경우 원본과 사본을 구분하는 것이 불가능하므로 비록 원본성에서 온 개념이라 하더라도 원본성 그 자체보다는 원본과 사본과의 동일성, 증거수집 단계에서 압수한 증거와 추후 법정에 제출하는 증거와의 무결성 등이 더욱 강조되어야 할 것으로 본다.

12) [시행 2021. 1. 1.] [대검찰청예규 제1151호, 2021. 1. 1., 일부개정]

Ⅲ 압수·수색시 참여권 인정의 여부

1 디지털 증거 압수·수색시 참여권 의미의 확대

디지털 증거 압수·수색시 최근 그 중요성이 더욱 강조되고 있는 참여권은 형사소송법 제정시부터 규정되어 있던 제121조의 형사소송의 당사자인 검사, 피고인 또는 변호인에 대한 재판단계에서의 압수·수색영장 집행에 대한 참여권을 제219조에서 수사단계의 경우에 준용하도록 하면서 수사단계에서 논의되던 것을 디지털 증거 압수·수색의 경우 확대, 세분화하여 적용하기 시작한 개념이라 할 수 있다. 2023년 10월까지 대법원을 통하여 확립되고 발전된 참여권의 법리는 디지털 증거의 경우 수사기관의 수색 범위가 사실상 무제한일 수 있는 현실을 반영하여 이를 감시하기 위하여, 적법한 디지털 증거의 압수·수색을 위한 요건 중 하나로 피압수자의 참여권을 인정하고 있으나, 피압수자의 참여권을 지나치게 확대하여 보장할 경우 수사과정에서 필히 보장되어야 하는 수사의 밀행성을 침해할 수 있고, 최근 대법원 전원합의체 판결에서 논의된 바와 같이 형사소송법 제121조 및 제219조에 의하여 형사소송법상 근거가 있는 참여권이 아닌 임의제출물의 압수시 인정되는 참여권의 경우 제출자가 실질적 피압수자인지 혹은 형식적 피압수자인지를 구분하는 법리 등도 형사소송법 규정만으로는 해석이 불가능한, 판례만을 통하여 지속적으로를 통하여 발전되온 측면이 강하다 할 것이다.

또한 애초에 참여권 규정은 일본 형사소송법 규정을 그대로 계수받은 것이라는 점에서 수사기관의 수사가 아닌 법원의 유체물 압수·수색시 인정되던 피압수자의 참여권이 디지털 증거의 경우 어떻게 확대되고 재해석되고 있는지 살펴보는 것도 큰 의미가 있다고 본다. 이번장에서는 디지털 증거의 압수·수색시 참여권에 대한 최근 대법원 전원합의체 판결과 참여권 해석의 미래에 대하여 언급하고자 한다.

2 주요 판례 및 참여권 해석의 미래

(1) 주요판례

주지하다시피 형사소송법상 압수·수색시 피압수자의 참여권 규정은 피압수자가 영장의 집행에 참여할 수 있다는 것이어서 동법 제108조에 규정되어 있는 임의제출물 등의 압수의 경우에도 피압수자에게 동일한 정도의 참여권이 인정되어야 하는지 여부에 대해 하급심에서 지속적으로 엇갈린 판결을 내놓은 바 있다. 그러던 중 대법원은 2021년 전원합의체 판결[13]에서 "임의제출물의 압수는 압수물에 대한 수사기관의 점유 취득이 제출자의 의사에 따라 이루어진다는 점에서 차이가 있을 뿐 범죄혐의를 전제로 한 수사 목적이나 압수의 효력은 영장에 의한 경우와 동일하기 때문"이라고 판시함으로써 임의제출물의 압수의 경우에도 영장 집행에 있어 보장되는 정도의 피압수자의 참여권이 보장되어야 함을 명확히 하였다. 동 판결에서 대법원은 피압수자가 소유자·소지자 또는 보관자라는 점은 피압수자가 임의제출물의 제출로 인하여 직접적인 범죄혐의를 받는 자가 아닐 수도 있다는 점에 착안하여, 그러한 피압수자를 형식적 피압수자로, 임의제출물의 압수로 범죄혐의를 받는 자를 실질적 피압수자로 분류하고, 피압수자가 형식적 피압수자인 경우 압수의 대상을 명확히 하지 않는 경우 등이 많을 수밖에 없기 때문에 "수사기관이 제출자의 의사를 쉽게 확인할 수 있음에도 이를 확인하지 않은 채 특정 범죄혐의 사실과 관련된 전자정보와 그렇지 않은 전자정보가 혼재된 정보저장매체를 임의제출받은 경우, 그 정보저장매체에 저장된 전자정보 전부가 임의제출되어 압수된 것으로 취급할 수는 없"고, "전자정보를 압수하고자 하는 수사기관이 정보저장매체와 거기에 저장된 전자정보를 임의제출의 방식으로 압수할 때, 제출자의 구체적인 제출 범위에 관한 의사를 제대로 확인하지 않는 등의 사유로 인해 임의제출자의 의사에 따른 전자정보 압수의 대상과 범위가 명확하지 않거나 이를 알 수 없는 경우에는 임의제출에 따른 압수의 동기가 된 범죄혐의사실과 관련되고 이를 증명할 수 있는 최소한의 가치가 있는 전자정보에 한하여 압수의 대상이 되"며, 무엇

13) 대법원 2021. 11. 18. 선고 2016도348 전원합의체 판결.

보다도 "피의자가 소유·관리하는 정보저장매체를 피의자 아닌 피해자 등 제3자가 임의제출하는 경우에는, 그 임의제출 및 그에 따른 수사기관의 압수가 적법하더라도 임의제출의 동기가 된 범죄혐의사실과 구체적·개별적 연관관계가 있는 전자정보에 한하여 압수의 대상이 되는 것으로 더욱 제한적으로 해석하여야 한다. 피의자 개인이 소유·관리하는 정보저장매체에는 그의 사생활의 비밀과 자유, 정보에 대한 자기결정권 등 인격적 법익에 관한 모든 것이 저장되어 있어 제한 없이 압수·수색이 허용될 경우 피의자의 인격적 법익이 현저히 침해될 우려가 있기 때문이다."고 판시하였다.

이러한 임의제출물의 압수시 피압수자의 참여권을 보장하되 수사기관이 범죄의 증거로 할 수 있는 범위를 제한할 수 있다는 대법원의 법리는 2022년 한 판결[14]에서 "'피의자의 소유·관리에 속하는 정보저장매체'라 함은, 피의자가 압수·수색 당시 또는 이와 시간적으로 근접한 시기까지 해당 정보저장매체를 현실적으로 지배·관리하면서 그 정보저장매체 내 전자정보 전반에 관한 전속적인 관리처분권을 보유·행사하고, 달리 이를 자신의 의사에 따라 제3자에게 양도하거나 포기하지 아니한 경우로서, **피의자를 그 정보저장매체에 저장된 전자정보 전반에 대한 실질적인 압수·수색 당사자로 평가할 수 있는 경우**를 말하는 것이다. 이에 해당하는지 여부는 민사법상 권리의 귀속에 따른 법률적·사후적 판단이 아니라 압수·수색 당시 외형적·객관적으로 인식 가능한 사실상의 상태를 기준으로 판단하여야 한다. 이러한 정보저장매체의 외형적·객관적 지배·관리 등 상태와 별도로 단지 피의자나 그 밖의 제3자가 과거 그 정보저장매체의 이용 내지 개별 전자정보의 생성·이용 등에 관여한 사실이 있다거나 그 과정에서 생성된 전자정보에 의해 식별되는 정보주체에 해당한다는 사정만으로 그들을 실질적으로 압수·수색을 받는 당사자로 취급하여야 하는 것은 아니다."라고 판시함으로써 참여권을 주장할 수 있는 피압수자를 제한하였고, 관련사건에 대한 2023년 전원합의체 판결에서 다수의견은 "강제처분의 직접 당사자이자 형식적 피압수자인 정보저장매체의 현실적 소지·보관자 외에 소유·관리자가 별도로 존재하고, 강제처분에 의하여 그의 전자정보에 대한 사생활

14) 대법원 2022. 1. 27. 선고 2021도11170 판결.

의 비밀과 자유, 정보에 대한 자기결정권, 재산권 등을 침해받을 우려가 있는 경우, 그 소유·관리자는 참여권의 보장 대상인 실질적 피압수자라고 보아야 한다. 이때 **실질적 피압수자가 압수·수색의 원인이 된 범죄혐의사실의 피의자일 것을 요하는 것은 아니다.**"고 판시함으로써 실질적 피압수자의 의미를 재정립하였다.

(2) 참여권 해석의 미래

이와 같이 판례를 통하여 생성 및 발전해 온 디지털 증거 압수·수색시 피압수자에게 보장해 주어야 하는 참여권의 의미는 참여권의 대상이 되는 증거뿐만 아니라 참여권의 주체에 대한 다양한 해석을 포함하는 것이다. 그렇다면 참여권의 보장으로 확인되는, 관련 범죄 사실 이외의 범죄사실에 대해서는 적법한 증거수집이 불가능한 것인가? 사실 참여권의 문제는 해당 압수수색의 적법성 요건으로 중요한 의미를 가진 것으로 해석되고 있기는 하지만 압수수색에 있어 본질적인 것이라기 보다 부수적인 것일 수밖에 없고, 참여권이 보장되지 않거나 참여권 행사 결과 관련성이 없다는 이유로 해당 범죄 혐의에 대한 적법한 증거로 수집은 불가능할 수는 있으나 여타의 범죄혐의를 입증할 수 있는 증거인 경우 그 자체로 의의가 있기 때문에 별도 영장 발부 등을 통해서 적법한 압수·수색의 대상이 될 수 있고, 이에 대한 참여권이 보장되는 동시에 강제되는 것으로 해석될 수 있을 것이다.

3 소결

이미 언급한 바와 같이 형사소송법 규정을 확대 및 세분화하여 디지털 증거의 압수·수색(임의제출물의 압수를 포함하여)시 피압수자의 참여권을 보장하게 된 이유는 디지털 증거의 경우 수사기관이 압수·수색할 수 있는 범위가 지나치게 넓어질 수 있기 때문에 피압수자의 참여로 수사기관의 압수·수색의 범위가 제한되거나 혹은 확인되도록 하기 위한 측면이 크다. 그러나 특히 임의제출물의 압수의 경우 형사소송법에도 규정되어 있지 않은데다가 위에서 살펴본 바와 같이 실질적·형식적 피압수자의 분류와 같이 보다 복잡한 부분이 많기 때문에 원래 영장 집행시 인정되던 참여권을 판례상 인정하기보다 이를 형사소송법 개정을 통하여 인정하는 것이 훨씬 더 바람직한 것으로 생각된다.

또한 부가적으로 디지털 증거 압수·수색시 참여권 해석의 확대는 수사기관에 대한 불신의 문제도 일부 있는 것으로 생각할 수 있을 것인데, 이에 대한 해소방안도 같이 연구되어야 할 것이다.

Ⅳ 원격지 압수·수색의 문제

1 디지털 증거 압수·수색 범위의 실질적 확대

서론에서 이미 언급한대로 디지털 증거의 경우 가장 중요한 것은 해당 디지털 증거가 저장되어 있는 용기와 같은 유체물이 아니라 저장된 정보 그 자체라 할 수 있다. 따라서 비록 해당 정보가 저장되어 있는 곳이 외국의 어느 서버라 하더라도 가장 중요한 것은 디지털 증거 압수·수색시 정보저장매체의 물리적 위치가 아닌 정보저장매체에 저장된 정보라 할 수밖에 없는데, 그렇다면 정보저장매체 그 자체를 확보할 수 있는 디지털 증거 압수·수색의 경우와 원격지에 서버가 있어 이를 확보할 수 없는 경우가 본질적으로 동일한 압수·수색인지 여부를 살펴보는 것이 중요하다 할 것이다.

그리고 디지털 증거에 대한 원격지 압수·수색은 수사기관의 입장에서는 많은 부분 제약이 있을 수밖에 없다. 만약 해당 원격지 서버를 관장하는 회사 등에서 압수·수색 사실을 알고 서버에 접근하는 것을 막아버리는 등의 적극적 행위를 하거나 아니면 해당 원격지 서버 접속을 위한 비밀번호 등을 알려주지 않는 소극적 행위를 통하여 영장 집행을 사실상 방해하거나 협조하지 않을 경우 이를 어떻게 처리할 수 있는지가 중요한 문제일 수 있다.

이와 같이 디지털 증거의 무체적 성격으로 인하여 이를 전산망을 통하여 저장할 수 있는 곳이 무제한이므로 이번 장에서는 원격지 압수·수색의 경우 대법원이 어떠한 입장을 갖고 있는지 살펴보고 원격지 압수·수색의 경우 영장 기재만으로 허용하는 것이 타당한 결론인지 여부도 검토해 보고자 한다.

2 주요 판례 및 원격지의 의의

(1) 주요 판례

대법원은 경우에 따라 정보저장매체 자체를 압수·수색할 수 있는 경우와 이른바 원격지 압수·수색의 경우는 다르다고 보고 있다. 2022년 판결[15]을 통하여 '압수할 물건'은 특정되어야 하므로 "압수할 전자정보가 저장된 저장매체로서 압수·수색영장에 기재된 수색장소에 있는 컴퓨터, 하드디스크, 휴대전화와 같은 컴퓨터 등 정보처리장치와 수색장소에 있지는 않으나 컴퓨터 등 정보처리장치와 정보통신망으로 연결된 원격지의 서버 등 저장매체(이하 '원격지 서버'라 한다)는 소재지, 관리자, 저장 공간의 용량 측면에서 서로 구별"되고, "원격지 서버에 저장된 전자정보를 압수·수색하기 위해서는 컴퓨터 등 정보처리장치를 이용하여 정보통신망을 통해 원격지 서버에 접속하고 그곳에 저장되어 있는 전자정보를 컴퓨터 등 정보처리장치로 내려 받거나 화면에 현출시키는 절차가 필요하므로, 컴퓨터 등 정보처리장치 자체에 저장된 전자정보와 비교하여 압수·수색의 방식에 차이"도 있으며, "원격지 서버에 저장되어 있는 전자정보와 컴퓨터 등 정보처리장치에 저장되어 있는 전자정보는 그 내용이나 질이 다르므로 압수·수색으로 얻을 수 있는 전자정보의 범위와 그로 인한 기본권 침해 정도도 다르다."고 판시하고 있다. 따라서 대법원은 원격지 서버에 저장된 전자정보를 압수·수색하기 위하여 "압수·수색영장에 적힌 '압수할 물건'에 별도로 원격지 서버 저장 전자정보가 특정되어 있어야 한다."는 결론을 도출하였다.

(2) 원격지의 의의

사실 정보저장매체가 usb나 외장하드 등의 형태로 수사기관이 접근 가능한 물리적 위치에 있다든지 아니면 반대로 외국과 같은 원격지에 있는지 여부는 디지털 증거 압수·수색의 실질적·형식적 대상이 정보저장매체가 아닌 정보일 경우에는 다르게 볼 필요가 없다고 생각한다. 우리 대법원이 일반 디지털 증거 압수·수색과 원격지 압수·수색을 다르게 보는 가장 큰 이유는 규정상 디지털 증거 압수·수색

---

15) 대법원 2022. 6. 30. 자 2020모735 결정.

의 대상이 디지털 증거 그 자체가 아닌 정보저장매체이기 때문이다. 그러므로 원격지에 있는 서버를 대상으로 한 압수·수색을 허용하는 것이 그리 자연스럽지 않기 때문에 적어도 이를 허용하기 위해서는 영장에 이를 정확히 기재할 것을 요구하는 것이라 사료된다.

또한 실무상 원격지 압수수색은 압수·수색한 컴퓨터 또는 휴대전화를 통해서 이루어지는 것이 아니라 이러한 정보를 그대로 저장한 뒤 이를 저장 또는 복사하는 과정을 통하여 수사기관의 컴퓨터를 통하여 이루어지기 때문에 이러한 상세한 압수·수색 방법도 영장에 기재되어야 하는지 여부 등도 문제가 될 수 있다고 본다.

3 소결

대법원 판례에서와 같이 정보저장매체 그 자체를 압수할 수 있는 통상의 디지털 증거 압수·수색의 경우와 원격지 압수·수색의 경우를 달리 보는 가장 큰 이유는 형사소송법 규정상 디지털 증거 압수·수색의 대상이 정보 그 자체가 아닌 정보저장매체이기 때문이며 그러한 이유로 원격지 압수·수색의 경우 이를 영장에 기재할 것을 요구하고 있다고 생각한다.

그러나 그 자체를 압수·수색할 수 있는 정보저장매체이든 정보저장매체 그 자체에 대한 접근이 어려운 원격지 압수·수색이든지 압수·수색의 대상은 저장매체가 아닌 정보라는 점을 고려하면 앞으로 법 개정 및 적극적인 해석을 통한 판례 변경이 가능하다고 본다. 그리고 통상의 디지털 증거 압수수색과 원격지 압수·수색을 상이하게 보면서도 이를 영장에 기재하기만 하면 허가할 수 있다고 보는 입장에 대한 심층적인 연구도 필요한 시점이라고 본다.

V 나가며

한국의 디지털 증거 압수·수색의 법리는 어느 나라와 비교하더라도 상당히 독특한 구조와 논리를 갖고 있음을 알 수 있다. 디지털 증거 압수·수색의 경우 사실상 거의 무제한의 정보에 대한 수사기관의 접근을 허가하는 것이므로 수사기관의 수사 재량을 무조건 보장하여 아무런 제한을 두지 않는 것보다, 원본성·동일성·무결성을 요구하여 압수·수색의 대상이 될 수 있는 선결 조건을 제시하고 마치 피의자 신문시 변호인의 참여를 인정하는 것과 유사한 형태인 피압수자의 참여권을 보장하며, 원격지 압수수·색의 경우에도 적어도 영장에 이를 기재하도록 요구함으로써 수사기관의 무제한적인 정보 접근을 최대한 규제하려는 성격이 강하다고 본다.

마지막으로 지금까지 판례를 통하여 발전되어 온 디지털 증거 압수·수색의 법리가 보다 정치한 법 규정을 통하여 실현됨으로써 법원의 해석 여지를 최소화하고 동시에 현실을 잘 반영한 새로운 압수·수색의 법리가 지속적으로 판례를 통하여 설시됨으로써 디지털 증거 압수·수색에 있어 보다 바람직한 법리의 구현이 이루어지기를 기대한다.

제16장

새로운 디지털 증거의 취득 방법의 제안을 둘러싸고

이부스키 마코토(指宿 信) | 세이죠대학(成城大学) 법학부 교수
번역: 김혁 | 국립부경대학교 법학과 부교수

I 소결

본 보고서에서는 현재의 일본 형사소송법 체계에서 디지털 증거(전자기록) 수집, 즉 수사 기관에 의한 전자기록 획득에 대한 개요를 제시하고, 현재 법제 심의회 형사법(정보통신기술 관련) 부회[1)]에서 제안 중인 새로운 강제처분인 '전자기록 제공명령'에 대한 내용을 소개하며, 비교법적 시각에서 검토하고자 한다.

II 2011년 형사소송법 개정

2011년, 일본 정부는 사이버범죄협약에 서명하고 국내 법률 개정을 통해 이 협약의 비준을 추진하기로 결정하였다. 그 전까지의 일본의 디지털 증거 수집은 주로 물리적 세계를 모방하여 이루어졌으며, 데이터 자체가 필요한 증거인 경우에도 해당 데이터를 획득하는 절차가 없었기 때문에 목표로 하는 데이터가 저장된 컴퓨터나 기록 매체와 같은 물건을 압수함으로써 증거를 확보하게 되었다. 그래서, 데이

1)_https://www.moj.go.jp/shingi1/housei02_003011_00002

터 획득을 목적으로 하는 수사를 가능하게 하기 위해 2011년의 형사소송법 개정에서 다음 네 가지 처분이 신설되었고, 이 협약은 2012년에 효력을 발휘하기로 되어 있었다.

1 리모트 수색 및 압수(원격 액세스)

영장에 따른 압수 대상물이 컴퓨터나 유사한 기기에서 데이터인 경우, 해당 기기가 네트워크에 연결되어 저장 매체에 해당 데이터가 저장되어 있는 경우, 이러한 상황을 고려하여 새로운 조항이 추가되었다(형사소송법 제218조 제2항, 관련 조항은 자료 1을 참조).

이 경우, 연결된 저장매체나 서버가 국외에 위치할 때 '국경을 넘는 수색'이 논란이 된다. 피조사자의 동의가 있는 경우 데이터를 획득할 수 있다는 입장이 강력하며, 최고재판소는 최근 이와 같은 판단을 내놓았다(最決令和3年2月1日刑集第75巻2号123頁). 그렇지 않은 경우 기본적으로 국제수사공조를 이용하여야 한다.

그러나 이 결정은 국제법적으로 볼 때, 일본의 독립적인 판단이 다른 국가나 국제협력을 기반으로 하는 수사 시스템과 조화를 이룰 수 있는지 의문이 제기되며, 또한 개인정보이전과 관련하여 GDPR 등과 같은 유럽의 규제 방향과 충돌할 수 있다는 지적도 있다. 이에 대한 논의는 제가 편집한 최근 저서인, 『越境するデータと法　サイバー捜査と個人情報保護を考える』(法律文化社, 2023)를 참고하기 바란다.

2 기록명령부압수

전자기록(데이터)을 보관하는 자나 전자기록을 이용하는 권한을 가진 자에게, 수사기관이 지정한 기록매체에 필요한 데이터를 기록하거나 출력한 후 데이터를 압수하는 처분도 신설되었다(형사소송법 제218조 제1항, 제219조 제1항, 제99조의2). 협력을 얻을 수 없는 경우 데이터 압수를 실시한다.

3 전자적 기록의 압수

압수해야 할 대상물이 전자적 기록매체인 경우, 해당 기록매체를 압수하는 대신 데이터를 다른 기록매체로 복사, 출력 또는 이전함으로써(압수 대상자가 이를 실행함으로써) 압수로 간주할 수 있게 되었다(형사소송법 제222조 제1항, 제110조의2). 기업이나 사업자의 경우 기록매체가 압수되면 업무에 지장이 생길 수 있기 때문에 이 방법은 환영받았다.

4 통신이력 보전요청

전기통신사업자에 대해 수사기관은 필요한 경우 특정 개인의 통신 기록을 30일을 초과하지 않는 기간 동안 삭제하지 않도록 요청할 수 있게 되었다(형사소송법 제197조 제3항, 제4항). 이것은 소위 데이터 보전조치이다. 데이터를 획득할 때 별도의 압수영장이 필요하다.

Ⅲ '전자적 기록 제공명령'의 신설 제안

2022년 7월에 시작된 전술한 형사법(정보통신기술 관련) 부회(이하 '법제심부회'라 함)에서 신설된 '전자적 기록 제공명령'이라는 새로운 강제 처분이 제안되었다(자료 2 참조). 이러한 강제처분이 입법된 사실은, 법제심의회에 앞서 법무성 내에 설치된 검토회[2]에서의 회의를 참고하면, 형사소송법 제197조에 규정된 '수사 관련 사항조회' 제도가 사업자 등으로부터 데이터를 획득하는 수단으로서 예전만큼 효과적이지 않게 된 사정을 엿볼 수 있다.

하지만, 일본에서 법 집행기관이 얼마나 이러한 사항조회제도를 사용하는지는 전혀 투명하지 않으며, 경찰과 검찰은 통계조차 공개하지 않는다. 선택 처분으로 시행되고 있기 때문에 법원은 물론 어떤 기관도 사전 규제나 사후 규제를 실시하지 않는다. 사항조회로부터 획득되는 정보는 다양하다. 예를 들어, 공동통신사의 인터뷰에 따르면, 기업이 제공한 예에 따르면, 카드 이용 기록, 이름, 생년월일, 주소,

---

2) 2021年3月から2022年3月にかけて開催された「刑事手続における情報通信技術の活用に関する検討会」https://www.moj.go.jp/keiji1/keiji07_00011.html

전화 번호, 은행 계좌 번호, 이메일 주소, 가족 정보, 매장 내 방범 카메라 이미지, 영수증 정보 등이 획득되고 있다고 한다.[3] 전 검사 또는 전 경찰 고위 관리들의 진술에 따르면, 사항조회는 일상적으로 빈번하게, 그리고 규제 없이 진행되고 있는 것으로 보인다. 사항조회로부터 얻어지는 광범위한 개인 정보의 성격을 고려할 때, 일본의 사항조회제도는 데이터 보호 관점에서 볼 때 어둡다고 밖에 할 수 없다.

이러한 관점에서 사항조회 대신 강제처분으로 개인정보를 획득하려는 것이라면, 이번 제안은 환영해야 할 것으로 보이지만, 이번 제안은 간단한 평가를 내릴 만한 것이 아니라는 것이 발표자의 의견이다.

먼저, 이 원안에 관한 중요한 10가지 포인트를 의문을 제기하며 나열해 보고자 한다.

❶ 종래의 전자적 기록의 압수처분은 어디까지나 수사기관이 지참하는 기록매체에 특정 데이터의 기록을 명하는 처분으로, 압수하고 싶은 데이터에 대해 직접 사업자 등으로부터 메일 등을 이용해 송신시키는 기법은 이용할 수 없었다. 그래서 이번에 제공명령을 도입함으로써 간단하게 데이터를 취득할 수 있는 처분을 신설하고 싶다는 취지가 당초부터 분명히 제시되었다. 이것에 의해서 원격지의 피처분자로부터, 취득하고 싶은 데이터를 메일이나 온라인 스토리지의 공유 기능을 사용해 취득하는 것이 가능하게 되어, 신속한 전자증거의 입수가 가능하게 된다고 여겨지고 있다. 그렇다면 피처분자를 개인정보를 보유한 사업자나 통신사업자로 한정하는 규정으로 하여야 했을 것이다.

❷ 전자적 기록 제공명령의 대상이 암호화폐와 같은 재산적 특성을 갖는 경우, 그것은 몰수의 성격을 가진다. 그러나 이 제공명령의 대상에서 '몰수해야 할 전자 기록'은 제외된다고 설명되었다. 이에 대한 이유로, 법제심의회 간사들은 형법 제19조 제1항이 몰수가능 대상을 '물'로 규정하고 있어 이와 조화를 이루어야 한다는 점, 형법 이외의 특별법에서 별도의 몰수 및 보전 절차가 마련되어 있으며, 실무에서 몰수해야 할 전자 기록이 있다면 기록 매체가 증거물로 압수되는 것이 일반적이고 몰수 대상을 전자 기록 그 자체로 하는 경우를 생각할 수 없다는 등의 이유가 제시되고 있다.

❸ 데이터 제공 방법에 대한 제안 취지는 물이라는 기록 매체를 통한 개입 없이

---

3) 「丸裸にされる私生活　企業の個人情報と検察·警察」世界2019年6月号.

"온라인 제공"에 의한 데이터의 직접적인 압수를 가능케 하는 것이었지만, 이번 제안 내용에는 "기록하게 함"과 같은 기록 매체로의 복사를 포함한 표현이 포함되어 있다. 간사는 이 "기록하게 함"이 형사소송법 제99조의2의 기록 명령 부착 압수에서의 "기록"과 동의어라고 설명하였다. 이 점에 대해 도쿄대학 로스쿨 교수인 나루세(成瀨) 간사는 기록명령부압수가 "특정해야 할 기록매체"를 압수하는 대신 그 기록매체에 저장된 데이터를 수사 기관이 지정한 기록 매체에 복사하는 처분이며, 제안된 제공명령은 "특정해야 할 기록 매체"를 전제로 하지 않고 데이터 자체를 제공하도록 하는 처분인 점에서 해석이 다르다는 것을 보여주고 있다. 부회에서 별도로 도입이 검토되고 있는 전자영장이 실현되면 영장 발부부터 영장(제공명령)의 제시, 그리고 영장(제공명령)의 실행이 데이터의 피처분자로부터의 이메일 등을 통한 제출으로 실현될 것이며, 수사절차가 완전히 현실 공간에서 온라인으로 이동하게 될 것이다.

❹ 제공명령의 대상 데이터에 대해 간사는 "(사업자에게)통신기록 등을 제공받아야 할 필요가 있다"는 경우를 예로 들었으며, 기록명령부 압수의 경우와 "기본적으로 중첩된다"고 인정하고 있다. 회의 이후, 사업자가 보유한 피의사고자나 피고인과 관련된 통신 데이터 등을 획득하기 위한 목적임이 밝혀져 있다. 이는 후에 볼 ❽에 따른 잠금 해제 및 암호 제시 의무와 무관하며, 엄밀히 어떤 원래의 입법사실인지를 확인해야 한다.

❺ 제안서(1(1), 2(1) 참조)에서 피처분자에 대해 "보유자"와 "사용 권한을 가지는 자"라고 구분하고 있으며, 기록명령부 압수의 경우와 동일하다. 그러나 이전보다 이전에 이전하지 않도록 하는 경우에 보관자만이 대상이라고 명시되어 있다. 이는 사용자보다 보관자가 관리 권한을 가지기 때문에 이후 사용하지 못하는 상태로 제한이 가해져 있다고 판단된다.

❻ 제공명령의 대상 데이터의 "특정성"에 대해 문제가 있다. 즉, 이전의 최고재판소 판례에서도 문제가 된 것처럼 방대한 데이터를 포괄적으로 압수하는 것이다. 이에 대해 간사는 영장 청구의 기재 예로서 통신 및 통화 기록의 경우 날짜 범위를 설정하고, 전자머니 및 포인트 카드의 이용 기록으로 특정 장소의 유무 및 위치를 확인하는 경우에는 시간대를 특정하거나 대상 개인의 고유 번호를 특정할 수 있다고 설명하였다. 그러면 대상의 예시를 조문에 포함시키는 것이 바람직하지 않을까 생각한다.

❼ 제안서(2(3) 참조)에서 비밀유지 요청을 규정하고 있다. 구체적인 상황으로는 전기통신사업자가 고객에게 제3자 제공 시 통지의무가 있는 경우가 있을 수 있으며, 이 경우 수사 대상자가 증거인멸행위에 나서게 할 위험이 있다는 이유로 이를 규정해야 한다고 설명되었다.[4] 회의에서는 해외 법제의 사례로서 미국 연방법의 Stored Communications Act(통신기록보존법)에 정해진 "gag order(비공개 명령)"이 언급되었다.[5] 현재로서, 비밀유지요청의 유효기간 설정 및 요청 해제에 대한 규정이 필요하다는 점을 지적하고 싶다.

❽ 제안서(1(1) 참조)에서 데이터를 "기록하게" 할 때, 제공하려는 데이터가 암호화되어 있는 경우 이를 해독한 후 제공하라고 명할 수 있다는 견해가 나루세 간사로부터 제시되었다. 이 점은 조문에 나와 있지 않은 해석론이지만, 나루세 간사는 피의자 또는 피고인에게 제공을 요청하더라도 임의의 제공 또는 제출이 거부되거나 스마트폰의 패스 코드를 해제할 수 없는 경우나 서버의 물리적 위치가 불분명하여 압수 등을 통해 획득할 수 없는 상황이 예시되었다. 나루세 간사 또한, 패스 코드를 수사기관이 획득하지 않고, 피처분자에게 이를 해제시키고, 수집하려는 데이터를 직접 획득할 수 있는 것이 이 명령처분의 의도임을 설명하였다. 이 점은 초기의 입법취지에서 벗어나는 것으로 생각되며, 데이터 제공명령에 암호 해독이나 비밀번호 제출을 의무화하는 것은 비교법적으로도 큰 문제가 있다(후술 자료 3 참조).[6]

❾ 제안서에는 벌칙조항이 있어 "제공명령"은 간접강제로 되어 있다. 법인도

---

4) 예를 들어 Google은 이러한 정책을 공개하고 있다. "정보요청에 관한 사용자에의 통지" 항에는 다음과 같이 기재되어 있다. "정부 기관으로부터 요청을 받은 경우, Google은 정보를 공개하기 전에 사용자 계정으로 이메일을 보낸다. 조직에서 관리하는 계정의 경우 계정 관리자에게 통보된다. 요청 조항에 따라서 법적으로 금지된 경우 통지하지 않는다. 법률이나 법원 명령에 따른 금지 기간이 종료된 후에 통지를 진행한다. 계정이 비활성화되거나 불법 사용 중인 경우 통지하지 않을 수 있다. 긴급한 상황에서도 통지하지 않을 수 있다(예: 아동의 안전 또는 누군가의 생명이 위협될 때 등). 그런 경우, 긴급 상황이 종료된 것이 확인된 시점에서 통지한다." https://policies.google.com/terms/information-requests

5) 마이크로소프트의 투명성 보고서에 따르면, 2022년 상반기에 미국 연방 및 주정부로부터 발효된 영장 중 27%에는 비밀유지(비공개) 요청이 첨부되었다고 보고되었다. https://www.microsoft.com/en-us/corporate-responsibility/law-enforcement-requests-report

6) 이 점에 대해서는 발표자의 다른 글「スマホへのアクセスーロック解除問題」刑事弁護OASIS(2023)를 참조하기 바란다. https://www.keiben-oasis.com/21529

포함되므로 전기통신사업자가 해당 명령의 내용에 이의를 제기하는 경우, 먼저 준항고를 통해 다툴 것으로 예상된다. 거부에 대해서는 "정당한 이유의 유무"가 논점이 될 것으로 생각된다. 이것이 기각되면 명령에 형성력이 생기므로, 그래도 거부하면 벌칙 조항이 적용될 것이다. 일본의 재판 실무에서는 명령 영장 청구에 대한 발부 또는 기각에 대한 재판관들이 그 내용을 공개할 수도 없는 준항고 결정도 공개되지 않는다. 미국에서는 영장 발부에 대해서도 상세한 이유를 나타내고 결정을 공개하고 있으며, 이것이 논의의 대상이 되고 있다. 이러한 일본의 재판실무를 전제로 하면 제공명령에 관해서 피처분자가 다툰다고 하더라도 법조계·법학계에서 그 경위를 평가할 수 있는 단서는 없을 것이다. 이러한 점에서, 현재 재판 공개 방식을 근본적으로 수정하여야 한다.

⑩ 제안(1(3) 참조)에서는 피고인, 피의자 또는 변호인에게도 자신의 소송활동을 위해 재판소에 제공명령을 청구할 수 있다고 되어 있다. 이는 형소법 제179조에 규정된 증거보전 청구의 전자판이라 할 수 있다. 동조의 처분에 대해서는 보전된 증거에 대하여 변호인에게만 등사가 인정되고 피의자·피고인은 열람에 한정되어 있다(동법 제180조). 이 차이에 대해 이번 제안은 아무것도 언급하지 않아서, 향후 검토할 필요가 있다고 생각된다.

Ⅳ 제공명령 유사제도 비교법적 자료: 미국법

제안된 제공명령의 검토를 위해 동종의 처분을 가진 미국법을 참조한다.

미국법에서 데이터 제공명령에 해당하는 것은 범용적인 subpoena와 통신기록을 대상으로 하는 Section 2703 Order 두 가지가 있다.

subpoena는 일본어로는 '소환장' 등으로 번역되지만 제공명령도 포함하고 있다. 소환장이란 특정 주제에 대해 개인에게 증언을 강제하는 명령으로 대부분 법원에서 발부되지만 행정소환장(administrative subpoena)[7]이나 대배심소환장(Grand

7) 사법에 의하지 않은 소환장이 합중국 헌법 수정 제4조 위반이라는 비판이 만만치 않지만 연방과 주 모두의 관할에서도 법령에 의해 규정되고 있다. 연방법역에서도 다수의 법령

Jury subpoena)도 있다. 소환장은 정식으로 subpoena ad testificandum, 즉 증언하기 위한 소환장이라고 불린다. 이러한 출두명령을 따르지 않을 경우 모욕죄로 처벌될 수도 있다고 한다.[8)]

이와 같이 subpoena는 증언을 강제하는 성질을 가지기 때문에 정의적으로는 "증언을 강제하기 위한 강제처분" 등으로 설명되지만, 실제 조문을 보면 제출명령을 포함하고 있음을 알 수 있을 것이다. 연방형사절차에서의 소환장에 관한 규정은 연방형사소송규칙 17조 C항에 제출명령(production order)이 규정되어 있다.[9)]

연방형사소송규칙 제17조 (C)

(c) 문서 및 물건의 제출

(1) 일반적으로 소환장은 증인에게 소환장이 지정하는 서적, 논문, 문서, 데이터 또는 기타 물품을 제출하도록 명령할 수 있다. 법원은 증인에 대하여 공판 전 또는 증거제출 전에 지정된 물건을 법정에서 제시하도록 지시할 수 있다. 물건이 도착하면 법원은 당사자와 그 변호사가 그 전부 또는 일부를 검사하는 것을 허가하는 경우가 있다.

(2) 소환장의 파기 또는 변경. 신청이 이뤄지더라도 준수가 불합리하거나 억압적인 경우 법원은 소환장을 파기하거나 변경할 수 있다.

(3) 피해자에 관한 개인정보 또는 기밀정보의 소환장. 민원, 기소 또는 정보가 제출된 후 피해자에 관한 개인정보 또는 기밀정보의 제시를 요구하는 소환장은 법원 명령에 의해서만 제3자에게 송달될 수 있다. 예외적인 상황이 없는 한 명령을 개시하기 전에 법원은 피해자가 소환장을 파기 또는 수정하거나 그 밖의 방법으로 이의를 제기할 수 있도록 피해자에게 통지하도록 의무화하여야 한다.

이 규정을 두고 있다. 예를 들어 아동보호법(The Child Protection Act of 2012, P.L. 112-206(H.R. 6063))은 연방보안관에게 미등록 성범죄 전력자를 추적하는 행정소환장을 발부할 권한을 부여하고 있으며, 건강보험사기나 아동학대에 관한 행정소환장 발부도 인정되고 있다(18 U.S.C. 3486). 연방사법부가 2001년 발부한 행정소환장은 4,000여 통에 달한다. U.S. Department of Justice, "Report to Congress on the Use of Administrative Subpoena Authorities by Executive Branch Agencies and Entities". https://www.justice.gov/archive/olp/rpt_to_congress.pdf

8) https://www.law.cornell.edu/wex/subpoena

9) https://www.law.cornell.edu/rules/frcrmp/rule_17

수색압수영장이 피의자에 대해 발부되는 데 반해 subpoena는 제3자에 대해 집행되는 점이 큰 차이다. 피처분자가 수사대상자(개인)인 경우는 수정 5조의 자기부죄거부특권에 의해 거부가 가능하기 때문에 현실에서는 피처분자가 제3자인 경우에 이용되고 있다.[10)]

제출 방법에 대한 제약은 없으며, 이메일이든, 기억 매체에 의한 송부든 상관없다고 한다. 단, subpoena가 대상으로 하는 취득물(데이터)에 프라이버시의 합리적 기대가 없을 것이 조건이다. subpoena를 받은 인물, 기업 또는 단체가 해당 데이터에 프라이버시에 대한 합리적 기대가 있다고 생각할 경우 이를 거부할 수 있다. 법관의 면전에서 그 근거를 말하면 충분하다고 되어 있다. 법관은 이를 청취한 후 subpoena를 강제집행할지 여부를 판단한다.

두 번째 취득 방법이 2703 order로, 이는 연방법의 통신기록보존법(Stored Communications Act: 통칭 SCA)의 제2703조 d항에 정해져 있기 때문에 그렇게 불리고 있다.

(d) 법원 명령의 요건

제(b)항 (통신본문: 필자주) 또는 제(c)항 (통신기록: 필자주)에 따른 공개를 위한 법원의 명령은 관할권을 가진 법원이라면 어느 법원에서도 발행할 수 있으며, 정부기관이 다음을 제시한 경우에만 발행된다. 즉, 무선 혹은 전기통신의 내용 혹은 기록 혹은 기타 정보가 현재 진행되고 있는 범죄 수사와 관련하여 필수적인 것을 나타내는 구체적이고 명료한 사실을 제시했을 경우이다. 주정부 당국이 청구할 때 해당 주의 법률로 금지되어 있는 경우에는 법원 명령은 발행되지 않는다. 본 조에 근거한 명령을 내리는 법원은 서비스 프로바이더로부터 요구되고 있는 정보나 기록이 비정상적으로 대량이라고 제기된 경우 또는 해당 명령을 준수하는 것이 해당 서비스 제공자에게 과도한 부담을 준다고 신속하게 제기된 경우 해당 명령을 취소하거나 변경할 수 있다.

2703 Order는 수사기관이 특정 계정에 관한 정보를 전기통신사업자나 스토리지 서비스 사업자로부터 수집하고자 하는 경우에 이용된다. 이러한 데이터는 상기 subpoena에서도 취득하는 것은 이론상 가능하지만, 계정 보유자의 정보에는 각

---

10) Christopher Slobogin, Subpoena and Privacy, DePaul Law Review vol.54 n.3 (2005) 805, 808.

종 데이터가 포함되어 있어 프라이버시를 포함할 가능성이 높기 때문에 본 명령이 이용된다.

subpoena를 청구할 때 사실적 근거 등을 수사기관이 법원에 제시할 필요는 없다. 반면 2703 Order의 경우 법집행기관은 구체적이고 명료한 사실(specific and articulable facts)을 법원에 제시할 것이 요구된다. 그것은 상기 보유자와 관련된 다양한 개인정보가 포함되어 "보다 사적인 정보"가 취득될 가능성이 높기 때문이라고 설명되고 있다.

이러한 subpoena나 2703 Order에 대해서는 피처분자인 사업자 등에 대해서 일정기간의 보안 요청을 걸 수 있다. 이른바 gag order이다. 사업자 등이 이용자 본인에게 통고하는 것을 지연시키는 조치를 말한다. 그 기간은 최대 90일이다(18 U.S. 2705(a)-Delayed notice).

subpoena에서도 2703 Order에서도 법집행기관은 상대방에게 비공개 요청(데이터 주체에게 해당 처분에 대해 통고하지 않는 요청)을 부가할 수 있다. 감청 등에서는 제정법과 관련된 조치에 대한 명문이 있지만, subpoena나 2703 Order에는 그러한 규정이 없다. 따라서 비공개 요청을 함에 있어서는 법 집행관이 반드시 법관에게 비공개 요청이 필요한 이유를 설명하는 것이 요구된다. 연방법역의 경우 이 요청을 설명할 때 은닉해야 하는 '부득이한 필요(compelling necessity)'를 나타내는 사실이나 사정을 밝혀야 한다.[11)]

2703 Order에 대해서는 비공개 요청을 법원이 허용할 수 있는 경우로서 제3자의 생명·신체의 위험, 도망의 우려, 증거파기의 우려, 증인에 대한 위증교사의 가능성, 그리고 수사에 지장 또는 수사를 지연시킬 중대한 우려 등 5가지 사정을 들고 있다(18 U.S. 2705 (KST)b) b)-Delayed notice).

이상 소개한 미국법이나 후술하는 자료에 있는 비교법적 상황을 감안하면, 이번에 제안된 전자적 기록 제공 명령의 도입과 관련하여 중요한 점은 다음과 같다.

첫째는 실체면이다. 명령처분 대상자(피처분자)에 관하여 피의자·피고인이 제외되어 있다는 점, 그리고 명령처분 대상물(데이터)의 종류에 관한 특정이 되어 있

11) In re Grand Jury Subpoena Duces Tecum, 797 F.2d 676 (8th Cir.), cert. dismissed, 479 U.S. 1013 (1986).

다는 점이다.

둘째는 절차면이다. 그 중에서도 (1) 피처분자가 데이터 주체에게 통고하는 것을 늦추거나 통고하지 않도록 하는(비공개 요청) 경우에 대한 요건이나 절차, (2) 피처분자가 사업자일 때, 해당 명령 내용에 대해 부담이 과도한 경우의 불복신청제도, (3) 수사기관이 production order를 법원에 청구했을 경우 집행에 앞서 피처분자에게 알리는 사전통지제도 등이 갖추어져 있어야 한다.

다음 표는 라이브 통신이 아닌 통신 관련 데이터의 일본과 미국의 취득 방법을 정리한 것이다.[12)]

표 ▶ 비라이브 통신 데이터 취득 방법의 분류

대상 데이터	데이터의 구체적 내용	미국법의 처분	일본법의 처분
이용자 및 통신정보 (비컨텐츠)	이용자 성명, 주소, 통신 정보(시각, 시간), 접속 기록, 이용 서비스 시간, 이용 서비스 내용, 이용자 번호 등 지불 수단·방법(신용카드, 은행 계좌 번호 등)	2703 Order	-
		수색영장 subpoena	수사관계 사항조회 수색영장 기록명령부압수
기미성이 있는 정보 (비컨텐츠)	대상자의 계정 정보, 이메일 헤더(제목 제외), 연락처 목록, 친구 목록	2703 Order	-
		수색영장 subpoena	수색영장 기록명령부압수
위치정보	접속한 기지국 정보, 911 데이터, GPS 트래킹 데이터, 기타 위치 정보 기록	수색영장	검증허가장
컨텐츠(통신내용)	전자메일의 통신내용(텍스트, 이미지, 첨부파일), 전자메일 제목, SNS 메시지류, 문자메시지, 음성메일 등	수색영장	수색영장

12) 다음의 문헌 Table 7.1 을 바탕으로 필자가 작성하였다. John Bandler & Antonia Merzon, Ch. 7 "The Law Enforcement Legal Toolkit for Investigating Cybercrime - Laws for Gathering Criminal Cyber Evidence", Cybercrime Investigations: A Comprehensive Resource for Everyone, CRC Press (2020), p. 126.

이 표에서 알 수 있듯이, 일본법에서도 수사에 관해서 필요한 소장되어 있는 데이터의 수집에 관련된 처분은 대체로 정비되어 있지만, 미국 연방법에서 정해져 있는 전기통신 사업자를 대상으로 한 2703 Order에 해당하는 것이 존재하지 않는다. 그렇다면, 이 사업자(피의자 피고인이 아닌 제3자)를 대상으로 한 데이터 취득을 목적으로 하는 특별한 강제처분의 도입에 대해 검토할 필요성은 높다고 생각할 수 있을 것이다.

한편, 미국법을 포함하여 각국의 동종처분의 예를 보면, 데이터 취득의 필요성은 인정하면서 적정성이나 피처분자의 이익, 권리를 보장하기 위해 다양한 조치를 강구하고 있음을 알 수 있다.

그래서, 이번 법제심의회안에 다음과 같은 조건이나 절차를 추가해야 할 것이라고 생각한다.

첫째, 제공명령의 피처분자를 사업자나 피해자 등의 제3자로 한정하는 것이다.

둘째, 보안(불개시) 요청에 대해서는 요청을 부과할 수 있는 사정을 제한 열거하는 동시에, 사업자에 있어서의 보안 해제 기간을 설정하는 것이 필요하다.

셋째, 재판소에 대해 명령 발부를 청구하는 경우, 동시에 데이터의 관리자에게 사전 통고를 의무화하는 제도로 하는 것이다.

넷째, 만일 피의자·피고인이 관리·이용하는 데이터에 액세스 제어가 설치되어 있는 경우에 이것을 해제하는 처분을 제공명령에 포함시키는 것은 단념하고, 관련 제어 해제조치나 패스워드 개시명령의 도입에 대해서는 해외의 대응상황이 국가에 따라 제각각이므로(후술하는 자료 참조) 별도의 처분을 규정하는 것의 가부를 논의해야 한다.

다섯째, 피해자나 참고인의 스마트폰 데이터 취득에 대해서는 별도 조항을 마련하는 것도 생각해야 한다.

마지막으로 제공명령장 청구와 관련된 통계를 공표하도록 의무화하는 것이다.

V 결론

이미 수사 현장에서는 인지된 범죄의 90% 이상에서 데이터(전자적 기록)가 증거가 되고 있음이 영국 경찰 관계기관으로부터 보고[13]되고 있듯이, 수사현장에서의 데이터 취득제도와 이를 적절히 취급하는 디지털 포렌식의 역할과 중요성이 강조되고 있다. 확실히, 종래의 테크놀로지를 전제로 한 수집 방법으로는 신속하고 적시의 집행이 곤란한 사태에 이르고 있는 것은 입법 사실로서 간과할 수 없다.

단, 상술한 보고서는 최종장에서 '트러스트(신뢰성)의 구축'을 내걸고 공중으로부터의 신뢰 확보나 정부(수사기관)의 윤리성을 설명하고 있다.[14] 특히 유럽에서는 GDPR이 개인 데이터의 수집·이전에 엄격한 규제를 가하고 있는 것이나 AI 기술에 의한 안면인식 기술에 대한 각국의 엄격한 규제가 진행되고 있는 것에 비추어 프라이버시에 대한 관심의 고조나 보안면에서의 우려에 대해 트러스트(신뢰성)를 확실하게 할 필요성이 지적되고 있을 것이다. 그러한 배려를 수반한 제도 구축이 결국 데이터 취득을 목적으로 한 수사 과정에 대해 투명성 있고 지속 가능한 평가를 주게 되기 때문이다. 이것은 일본이든 어느 나라든 마찬가지라고 생각한다.[15]

전자 데이터는 눈에 보이지 않는 불가시적 존재이다. 따라서 그 취득이나 이동에 대해서는, 물건과 달리 피처분자라도 제3자라도 알아차리는 것이 어렵다. 그런 만큼 수사기관이 전자데이터를 압수·취득하는 절차를 구축할 때에는 투명성이나 트러스트 확보가 강하게 요구된다고 하여야 할 것이다.

13) National Police Chief Council, Digital Forensic Science Strategy (2020). https://www.npcc.police.uk/SysSiteAssets/media/downloads/publications/publications-log/2020/national-digital-forensic-science-strategy.pdf

14) Chapter 5, "Building Trust."

15) 다만, 부회 회의록에 의하면, 「트러스트」나 「신뢰성」이라고 하는 말은 어디에서도 찾아볼 수 없다. 수사당국 관계자로부터의 제안임에도 불구하고 이러한 요소를 중시하는 영국의 자세와 그러한 검토의 흔적이 보이지 않는 일본 법제심에서의 논의와의 괴리에는 놀랄 수 밖에 없다.

【자료】

[자료 1] 현행 형사소송법 조문

제99조의2 법원은 필요한 때에는 기록명령부 압수(전자적 기록을 보관하는 자 및 그 밖에 전자적 기록을 이용할 권한이 있는 자에게 명하여 필요한 전자적 기록을 기록매체에 기록하게 하거나 인쇄하게 한 후 해당 기록매체를 압수하는 것을 말한다. 이하 같다.)를 할 수 있다.

제110조의2 압수할 물건이 전자적 기록과 관련된 기록매체인 때에는 압수영장을 집행하는 자는 그 압수를 대신하여 다음에 열거하는 처분을 할 수 있다. 공판정에서 압수를 하는 경우에도 또한 같다.
(i) 압수할 기록매체에 기록된 전자적 기록을 다른 기록매체에 복사, 인쇄 또는 이전한 후 해당 다른 기록매체를 압수할 것.
(ii) 압수를 받는 자에게 압수할 기록매체에 기록된 전자적 기록을 다른 기록매체에 복사하게 하거나 인쇄하게 하거나 이전하게 한 후 해당 다른 기록매체를 압수한다.

제197조 수사에 대해서는 그 목적을 달성하기 위하여 필요한 조사를 할 수 있다. 다만, 강제처분은 이 법률에 특별히 정함이 있는 경우가 아니면 이를 할 수 없다.
② 수사에 대해서는 공무소 또는 공사단체에 조회하여 필요한 사항의 보고를 요구할 수 있다.
③ 검찰관, 검찰사무관 또는 사법경찰원은 압수 또는 기록명령부 압수를 하기 위하여 필요한 때에는 전기통신을 실시하기 위한 설비를 타인의 통신용으로 제공하는 사업을 영위하는 자 또는 자기의 업무를 위하여 불특정 또는 다수의 자의 통신을 매개할 수 있는 전기통신을 실시하기 위한 설비를 설치하고 있는 자에 대하여 그 업무상 기록하고 있는 전기통신의 송신원, 송신지, 통신일시 및 그 밖의 통신이력의 전자적 기록 중 필요한 것을 특정하여 30일을 초과하지 않도록 서면으로 요구할 수 있다. 이 경우, 해당 전자적 기록에 대하여 압수 또는 기록명령부 압수를 할 필요가 없다고 인정하게 된 때에는 해당 요구를 취소하여야 한다.
④ 전항의 규정에 따라 삭제하지 않도록 요구하는 기간에 대해서는 특히 필요한 때에는 30일을 초과하지 아니하는 범위 내에서 연장할 수 있다. 단, 삭제하지 않도록 요구하는 기간은 통하여 60일을 초과할 수 없다.
⑤ 제2항 또는 제3항의 규정에 따른 요구를 하는 경우, 필요한 때에는 함부로 이에 관한 사항을 누설하지 아니하도록 요구할 수 있다.

제218조 검찰관, 검찰사무관 또는 사법경찰직원은 범죄수사를 함에 있어 필요한 때에는 재판관이 발부하는 영장에 의하여 압수, 기록명령부 압수, 수색 또는 검증을 할 수 있다. 이 경우, 신체검사는 신체검사영장에 의하여야 한다.
② 압수할 물건이 컴퓨터인 때에는 해당 컴퓨터에 전기통신회선으로 접속하고 있는 기록매체로서, 해당 컴퓨터에서 작성 또는 변경을 한 전자적 기록 또는 해당 컴퓨터에서 변경 또는 삭제를 할 수 있도록 되어 있는 전자적 기록을 보관하기 위하여 사용되고 있다고 인정하기에 충분한 상황에 있는 것으로부터, 그 전자적 기록을 해당 컴퓨터 또는 다른 기록매체에 복사한 후 해당 컴퓨터 또는 해당 다른 기록매체를 압수할 수 있다.

제219조 전조의 영장에는 피의자나 피고인의 성명, 죄명, 압수할 물건, 기록하게 하거나 인쇄하게 할 전자적 기록 및 이를 기록하게 하거나 인쇄하게 할 자, 수색할 장소, 신체나 물건, 검증할 장소나 물건 또는 검사할 신체 및 신체의 검사에 관한 조건, 유효기간 및 그 기간 경과 후에는 압수, 기록명령부 압수 및 수색 또는 검증에 착수할 수 없고, 영장은 이를 반환하여야 하는 취지 및 발부연월일 및 그 밖에 재판소 규칙으로 정하는 사항을 기재하고 재판관이 이에 기명날인하여야 한다.

제222조 제99조제1항, 제101조부터 제105조까지, 제110조부터 제112조까지, 제114조, 제115조 및 제118조부터 제124조까지의 규정은 검찰관, 검찰사무관 또는 사법경찰직원이 제2118조, 제220조 및 전조의 규정에 따라 하는 압수 또는 수색에 대하여, 제110조, 제111조의2, 제112조, 제114조, 제118조, 제129조, 제131조 및 제137조부터 제140조까지의 규정은 검찰관, 검찰사무관 또는 사법경찰직원이 제211조 또는 제220조의 규정에 따라 실시하는 검증에 대하여 이를 준용한다. 다만, 사법순사는 제122조부터 제124조까지에서 규정하는 처분을 할 수 없다.

[자료 2] 법제심의회에서의 전자적 기록 제공명령의 제안 내용

https://www.moj.go.jp/content/001396376.pdf

1. 재판소의 전자적 기록 제공명령

(1) 재판소는 필요한 때에는 증거가 되는 전자적 기록으로 사료하는 것(이하 "증거 전자적 기록"이라 한다)을 보관하는 자 및 그 밖에 증거 전자적 기록을 이용할 권한이 있는 자에게 명하여 전기통신회선을 통하여 재판소가 지정하는 기록매체에 기록하게 하거나 이전하게 하거나 기록매체에 기록하게 하거나 이전시켜 해당 기록매체를 제출하게 하는 방법으로 증거 전자적 기록을 제공하게 할 수 있고, 다만 문서로 이전시키는 방법에 의한 제공은 증거 전자적 기록을 보관하는 자에 대해서만 명할 수 있다.

(2) (1)의 명령은 제공하게 해야 할 증거 전자적 기록, 제공하게 해야 할 자 및 제공 방법을 명확히 하기로 한다.

(3) 피고인, 피의자 또는 변호인은 사전에 증거를 보전하여 두지 않으면 그 증거를 사용하기 어려운 사정이 있는 때에는 제1회의 공판기일 전에 한하여 재판관에게 (1)의 명령을 청구할 수 있고, 그 청구를 받은 재판관은 그 처분에 관하여 재판소 또는 재판장과 동일한 권한을 가진다.

2. 수사기관에 의한 전자적 기록 제공 명령

(1) 검찰관, 검찰사무관 또는 사법경찰직원은 범죄수사를 함에 있어 필요한 때에는 재판관이 발부하는 영장에 따라 증거 전자적 기록을 보관하는 자 및 그 밖에 증거 전자적 기록을 이용할 권한을 가진 자에게 명하여 전기통신회선을 통하여 검찰관, 검찰사무관 및 사법경찰직원이 지정하는 기록매체에 기록하게 하거나 이전하게 하거나 기록매체에 기록하게 하거나 이전하게 하여 해당 기록매체를 제출하게 하는 방법으로 증거 전자적 기록을 제공하게 할 수 있고, 다만, 녹음매체로 이전시키는 방법에 의한 제공은 증거 전자적 기록을 보관하는 자에 대해서만 명할 수 있도록 한다.

(2) (1)영장에는 피의자 또는 피고인의 성명, 죄명, 제공하게 할 증거 전자적 기록, 제공하게 할 자, 제공 방법, 유효기간 및 그 기간 경과 후에는 제공을 명할 수 없고 영장은 이를 반환하여야 하는 취지와 발부 연월일 및 그 밖에 재판소 규칙으로 정하는 사항을 기재하고 재판관이 이에 기명날인하여야 한다(주).

(주) '제1-2'의 규율에 따라 전자적 방법에 의한 발부·집행에 관한 규율을 정비한다.

(3) 검찰관, 검찰사무관 또는 사법경찰직원은 (1)의 명령을 하는 경우, 필요한 때에는 재판관의 허가를 받아 (1)의 자에게 함부로 (1)의 명령을 받은 사실 및 제공 명령을 받은 증거 전자적 기록을 제공했음을 누설하지 않도록 명할 수 있다.

(4) (3)의 허가 청구는 (1)의 영장 청구를 할 때 하여야 한다.
(5) 재판관은 (3)의 허가를 할 때에는 (1)의 영장에 그 취지를 기재한다.

3. 명령 거절 사유

1(1) 또는 2(1)에 따라 공무원 또는 공무원이었던 자가 보관하는 증거 전자적 기록 또는 의사, 치과의사, 조산사, 간호사, 변호사(외국법사무변호사를 포함한다.), 변리사, 공증인, 종교의 직에 있는 자 또는 이러한 직에 있던 자가 업무상 위탁을 받아 보관하는 증거 전자적 기록의 제공을 명할 때에 대하여 형사소송법 제103조부터 제105조까지와 같은 규율을 마련하기로 한다.

4. 이전을 하도록 한 전자적 기록의 원상회복

(1) 1(1)의 명령에 따라 이전시킨 증거 전자적 기록에 대하여 해당 명령을 받은 자에게 해당 증거 전자적 기록을 이용하지 못하게 할 이유가 없어진 때에는 피고사건의 종결을 기다리지 아니하고 결정으로 해당 인에게 해당 증거 전자적 기록의 복사를 허용하거나 해당 증거 전자적 기록이 기록된 기록매체를 교부하여야 한다.
(2) (1)은 검찰관, 검찰사무관 또는 사법경찰직원이 하는 2(1)의 명령에 대하여 준용하는 것으로 한다.

5. 불복 신청

(1) 재판소가 한 1(1)의 명령 또는 4(1)의 복사 허가 또는 기록매체 교부에 관한 결정에 대해서는 항고를 할 수 있다.
(2) 1(3)에 따라 재판소와 동일한 권한을 가진 재판관이 한 1(1)의 명령 또는 4(1)의 재판에 대해서는 준항고를 할 수 있어야 한다.
(3) 검찰관, 검찰사무관 또는 사법경찰직원이 한 2(1) 또는 (3)의 명령 또는 4(2)에서 준용하는 4(1)의 처분에 대해서는 준항고를 할 수 있어야 한다.

6. 벌칙

(1) 정당한 이유 없이 1(1) 또는 2(1)의 명령을 위반한 때에는 그 위반행위를 한 자는 1년 이하의 구금형 또는 30만 엔 이하의 벌금에 처한다.
(2) 법인의 대표자 또는 법인이나 개인의 대리인, 사용인 및 그 밖의 종업원이 그 법인 또는 개인의 업무에 관하여 (1) 위반행위를 한 때에는 행위자를 벌하는 것 외에 그 법인 또는 개인에 대해서도 (1)의 벌금형을 부과하는 것으로 한다.

자료 3: 암호키 등 개시법제의 국가별 비교

국가	유무·개요
호주	Cybercrime Act 2001 No.161 Items 12&28이 특정인에게 중요한 증거가 되는 컴퓨터 데이터에 대한 접근을 허용하기 위해 법 집행관에게 어떠한 정보제공이나 조력할 것을 명령하는 치안판사의 명령을 정한다. 이 명령이 암호 해제 명령을 포함하는 것으로 해석되고 있다.
벨기에	2000년 11월 28일 컴퓨터범죄법 제9조가 법관에게 컴퓨터 시스템이나 전기통신 프로바이더에게 법집행기관을 돕도록 명하는 권한을 부여하고 있어 암호해제를 강제할 수 있다고 한다. 다만, 이 명령은 피의자 및 그 가족은 제외되어 있다. 명령 위반에는 130~10,000유로의 벌금 또는/또는 6개월 이상 1년 미만의 구금형이 부과된다.
캐나다	캐나다 권리장전 제11조 (c)가 보장하는 자기부죄거부특권에 근거하여 캐나다 시민이나 비시민 모두 이러한 명령에 응할 의무는 없다. 다만 지금까지 하급심 재판부가 특정 데이터의 암호 해제를 명령한 사례는 확인되었다.
핀란드	Coercive Measures Act 2011/806, 23조가 시스템의 소유자 및 운영자 및 이용자 등에 대해 수사기관이 특정 데이터에 접근하기 위하여 필요한 패스워드나 기타 정보를 제시하도록 명하는 것을 인정하고 있다. 피의자나 기타 특정 직업에 있는 사람은 이 요청에서 제외된다.
프랑스	2001년 11월 15일 법에 따라 이, 검찰관 혹은 법관이 수사와 관련된 정보를 이용할 수 있도록 열쇠를 제공하거나 복호화하는 것을 사람에게 강제할 권한을 인정하고 있다. 이 명령을 어길 경우 3년 이하의 금고형과 4만 5천유로의 벌금이 부과되며, 명령을 어길 경우 범죄를 예방할 수 있는 경우에는 5년 이하의 구금형과 7만 5천유로의 벌금이 부과된다.
독일	자기 부죄가 되는 정보제공의무를 부정한다. 단, 사업자에 대해서는 특정 데이터를 정부가 가독 상태로 하도록 요구하는 법률이 있다. 이것은 암호키의 제출이나 복호화를 포함한다.
아이슬란드	키의 개시나 키워드의 개시를 강제하는 법률은 없다.
인도	Information Technology Act 2008이 중앙, 지방정부 모두에 어떠한 개인도 컴퓨터 리소스의 암호를 해제하도록 요청하는 것을 인정하고 있다. 이 요청에 불복하면 7년 이하의 구금 또는 벌금이 부과된다.
아일랜드	Criminal Justice Act 2017의 7조 4항이 법관의 영장에 의해 패스워드의 공개나 복호화를 명하는 것을 인정하고 있다.

뉴질랜드	New Zeal and Customs Act 2016이 키의 개시를 강제할 권한을 인정한다. 일반적인 키의 개시에 관한 법령은 없지만 여행자가 관헌에 의해 요구될 경우 이동 단말기의 잠금장치를 열지 않으면 벌금이 부과된다.
남아프리카 공화국	RICA Act of 2002에 의해 재판관이 명령한 암호키 개시 불복종은 200만 ZAR의 벌금 혹은 10년 이하의 구금형이 부과된다.
스페인	Criminal Procedure Law는 피의자에게 자기부죄거부특권을 인정하고 있으며 비밀번호 강제 공개는 허용되지 않는다. 한편, 법관은 제3자에 대해서 수사에 대한 협력을 요청하고 키의 개시를 요구하는 것이 가능하다.
스웨덴	현재 키의 개시를 강제하는 법률은 존재하지 않는다. 그러나 현재 사법부에 이러한 정보를 명할 권한을 부여하는 법률이 검토되고 있다.
스위스	현재 키의 개시나 패스워드 제출을 강제하는 법률은 존재하지 않는다.
영국	2007년에 정해진 RIPA(Regulation of Investigatory Powers Act) 2000의 Part III가 특정인에게 복합화를 위한 정보나 복호화에 대한 정부의 협력을 요구하고 있다. 협조하지 않을 경우 2년 이하의 구금형이 부과되며 국가안전과 관련된 경우에는 5년까지 가중된다.
미국	수정 제5조가 자기부죄거부특권을 보장하고 있으므로 키의 개시의 강제는 이루어지지 않는다. 그러나 판례법에서는 일부 강제성을 인정한 사례가 나타나고 있다. 2019년 펜실베이니아주 대법원은 아동 포르노 사안의 피의자가 비밀번호를 밝히도록 강제되지 않는다는 판단을 내린 바 있다.

출처 : Wikipedia https://en.wikipedia.org/wiki/Key_disclosure_law#cite_ref-54

추록

1 법제심의회 자문

2023년 12월, 법제심의회 형사법(정보통신기술) 부회에서 찬성 9명, 반대 1명으로 요강(골자)안이 가결되어 심의회에 보고되었다. 2024년 2월, 심의회 총회에서 채택이 결정되어 법무대신에게 답신되었다.[16] 한편, 부회에서 원안에 반대표를 던진 久保有希子(구보 유키코 위원, 변호사)은, 부회 심의 자체에 의문을 제기하며, 전문가로 구성된 심의회가 법무성의 원안을 그대로 수용하는 태도였음을 비판하였다(2023년 12월 18일).[17]

마지막으로, 저는 이 부회에서의 논의 경과에 대해서도 강한 의문을 가지고 있습니다. …… 사무 당국이 제시한 안에 대해 위원·간사로부터 다양한 관점에서의 질문이 제기되었다기보다는, 오히려 사무 당국안을 뒷받침하는 듯한 설명이 위원으로부터 나오는 경우가 많았습니다. 반대 의견을 제시해도, 특별한 이유 설명 없이 안에 반영되지 않는 경우도 많았습니다. 앞으로, 이 부회의 회의록을 바탕으로, 논의 경과가 공정했는지에 대해 일반 시민이 검증해 주기를 기대합니다. (필자 강조)

필자 역시 해당 위원과 문제의식을 공유하며, 이번 심의 방식에 대해 자신의 논문에서 강한 의문을 표시하고 그 정당성을 비판하였다.[18]

---

16) https://www.moj.go.jp/shingi1/shingi03500044_00003.html

17) https://www.moj.go.jp/content/001411507.pdf

18) 指宿信「刑事司法におけるIT利用の光と陰 第18回連載終了にあたって——馬の旅から月旅行へ」(2023年12月9日) https://www.keiben-oasis.com/23291

2 법안 심의

2025년 2월, 전자적 기록 제공 명령의 신설을 포함한 법안(정보통신기술의 발전 등에 대응하기 위한 형사소송법 등의 일부 개정법률안)이 내각 제출 법안으로 국회에 상정되었다.[19] 중의원 심의를 위해, 법무위원회에 필자를 포함한 5명의 전문가(연구자 4명, 변호사 1명)가 참고인으로 초청되었는데, 연구자 중 필자를 제외한 3명은 찬성 입장이었다. 필자의 반대 의견은 본문에서 지적한 6가지였고, 특히 두 번째로 강조한 점은 비밀유지 요청의 해제 기간이 법안에 명시되어 있지 않다는 것이었다. 필자는 2021년 독일에서 법 개정을 통해 비밀유지를 최대 6개월 이내에 해제하도록 정한 사례를 들어,[20] 사업자에게 영구적으로 비밀유지를 의무화하는 것은 부당하다고 지적하였다. 이 부분은 야당의 공동 수정안에 반영되어 최대 1년 이내에 해제한다는 수정안이 위원회의 다수 의견이 되었다.[21]

같은 해 5월, 참의원 심의로 넘어갔다. 참의원 법무위원회에서는 3명의 전문가(연구자 2명, 변호사 1명)가 참고인으로 초청되었는데, 연구자 중에서는 부회 위원이었던 成7剛(나루세 고 교수, 도쿄대)가 찬성, 渕野貴生(후지노 다카오 교수, 리츠메이칸대)가 반대 입장에서 의견을 밝혔다.

중의원에서는 위 법무위원회 등의 의견·질의·토론을 거쳐, 다음과 같은 유의사항이 첨부되었다. “전자적 기록을 제공하게 하거나, 전자적 기록이 담긴 기록매체를 압수할 때에는, 디지털 사회에서 개인정보 보호의 중요성이 더욱 커지고 있음을 감안하여, 가급적 해당 사건과 관련성이 없는 개인정보를 취득하지 않도록 특별히 유의해야 한다.”

2025년 5월 16일, 법안은 상원을 통과해 성립되었으며, 2027년 3월까지 전면 시행될 예정이다.

---

19) https://www.shugiin.go.jp/internet/itdb_gian.nsf/html/gian/honbun/houan/g21709030.htm

20) 독일 형사소송법 제95a조는 피의자에 대한 통지 연기는 최대 6개월로 하고, 연기는 어디까지나 예외로 규정하고 있다.

21) https://www.shugiin.go.jp/internet/itdb_gian.nsf/html/gian/honbun/syuuseian/3_5822.htm

3 맺음말

이번에 새로 도입된 강제처분인 전자적 기록 제공 명령과 관련해, 다음 세 가지 문제를 지적하고자 한다. 첫째, 입법 사실의 불명확성이다. 기존에 삭제되는 '기록명령부착 압수처분'의 실적이나 구체적인 집행상 문제점 등이 심의회·부회에서 전혀 공개되지 않았다. 입법 사실이 불분명한 상태에서 새로운 강제처분을 도입하는 입법 경위는 이례적이다. 둘째, 비교법적 검토의 부족이다. 상원 법무위원회에서 나루세 교수는 "비교법적으로도 문제 없다"고 답했지만, 부회에서는 미국의 제출명령에 비밀유지 요청(일명 gag order)이 있다는 언급만 있었고, 다른 나라의 유사 처분을 비교하는 자료는 제출되지 않았다. 셋째, 사후적 개인정보 보호 장치의 부재이다. 사전에 법원이 영장을 발부하는 규제만 있을 뿐, 얼마나 많은 데이터가 제공되었는지 알 수 없고, 사후적 점검 기회가 없다. 유형물이라면 피처분자가 인지할 수 있지만, 제3자가 보유한 자기 정보가 취득되어도 당사자는 이를 인식하기 어렵다. 비밀유지 해제 기간이 수정안에 포함된 것은 인지 기회를 보장하는 긍정적 변화이지만, 이는 사업자의 태도에 따라 달라지고, 정보주체에 대한 직접 통지가 규정되지 않은 점은 입법상의 결함이다.

앞으로 형사재판에서 제공 명령에 따른 정보가 증거로 제출될 경우, 절차상의 위법성을 다투는 판례가 나올지 주목된다.

자료편

「한일형사법연구회」 학술세미나 개최 현황

제1회 학술세미나는 2018년 서울 한양대학교에서 개최되었으며, "영상녹화물의 본증 이용" 및 "성범죄 규정의 개정"을 주제로, 양국의 입법 동향과 실무 운용에 대한 발표와 활발한 토론이 이루어졌습니다. 특히 비동의 간음죄 도입론 등 민감한 주제에 대한 열띤 논의는 양국 학계의 문제의식을 공유하는 계기가 되었고, 이후의 학술세미나로 이어지는 출발점이 되었습니다.

제2회 학술세미나는 이듬해 일본 리츠메이칸대학에서 개최되었으며, "사형 대체형" 및 "국민의 사법참가제도"를 주제로 발표와 토론이 이루어졌습니다. 외부 환경이 쉽지 않은 시기였음에도 학술행사가 성공적으로 개최된 것은, 한일 형사법연구회의 학술적 연대가 그만큼 끈끈하다는 점을 분명히 보여주었습니다. 특히 재판원 제도와 국민참여재판에 대한 비교 논의는 실질적인 제도 운용에 관한 이해를 증진시키는 계기가 되었습니다.

2022년 전북대학교에서 개최된 제3회 학술세미나는 코로나 팬데믹 이후 처음으로 대면 형식으로 재개된 행사였습니다. "사이버모욕죄 및 명예훼손죄"와 "형사변호의 개혁동향"이라는 시의성 높은 주제를 중심으로 한 발표와 토론은 형사법이 직면한 새로운 도전에 대한 공동의 문제 인식을 형성하는 데 큰 기여를 하였습니다. 특히 공공형사변호 시스템의 과제에 대한 양국의 경험 공유는 현실적인 정책 논의로까지 이어질 수 있는 단초를 제공하였습니다.

제4회 학술세미나는 2023년 일본 도쿄에서 개최되어, "형벌론의 새로운 전개"와 "디지털 증거의 압수 · 수색"이라는 주제를 중심으로 열띤 논의가 이어졌습니다. 자유형 일원화 논의, 종신형 제도의 적정성, 원격지 및 역외 수사에 대한 절차적 보장 등 첨단기술과 형사법의 접점을 중심으로 다양한 시각이 제시되었습니다. 아울러 각국 연구자들이 서로의 발표에 대해 심도 있는 질의응답을 이어가며, 실질적 학문 교류와 상호 신뢰 구축이라는 측면에서도 한 걸음 더 나아간 자리가 되었습니다.

제5회 학술세미나는 2024년 11월 인천 인하대학교에서 개최되었으며, "형사절차의 IT화"와 "최신 범죄 동향"을 중심으로 한 발표가 이루어졌습니다. 본 논문집에는 제5회 학술세미나 발표문은 수록되어 있지 않으며, 해당 논의는 추후 별도의 자료집으로 정리 · 발간될 예정입니다.

위와 같이 2018년도의 제1회 학술세미나를 시작으로 2024년도까지 총 5회에 걸쳐 학술세미나가 개최되었습니다. 각 학술세미나의 일시, 장소와 발표주제, 그리고 발표자, 토론자, 사회자 등의 세무적인 사항은 아래와 같습니다.

1. 제1회 학술세미나

- 일시: 2018. 11. 3.(토) 10:00~17:30
- 장소: 한양대학교 법학전문대학원(왕십리로 222)

□ 1부 형사절차법(영상녹화물의 본증 이용을 둘러싼 양국의 논의)

○ 한국 측 세션

– 사회 : 이동희(경찰대)

– 발표 : 류부곤(경찰대)

– 토론 : 최준혁(인하대)

○ 일본 측 세션

– 사회 : 山田直子(関西学院大)

– 발표 : 指宿 信(成城大)

– 토론 : 渡辺修(甲南大)

□ 2부 형사실체법(성범죄규정의 개정에 관하여)

○ 한국 측 세션

– 사회 : 오병두(홍익대)

– 발표 : 김태명(전북대)

– 토론 : 이정민(단국대)

○ 일본 측 세션

– 사회 : 中村悠人(東京経済大)

– 발표 : 後藤弘子(千葉大)

– 토론 : 安田恵美(國學院大)

2. 제2회 학술세미나

- 일시: 2019. 11. 1.(금) 10:00~17:20
- 장소: 리츠메이칸대학(立命館大学 朱雀캠퍼스 205호 교실)

□ 1부 형사실체법(사형대체형)

○ 한국 측 세션

- 사회 : 김태명(전북대)
- 발표 : 조기영(전북대)
- 토론 : 최준혁(인하대)

○ 일본 측 세션

- 사회 : 後藤弘子(千葉大)
- 발표 : 中村悠人(関西学院大)
- 토론 : 安部翔太(青山学院大)

□ 2부 형사실체법(국민의 사법참가[국민참여재판 & 재판원재판])

○ 한국 측 세션

- 사회 : 황태정(경기대)
- 발표 : 이동희(경찰대)
- 토론 : 이정민(단국대)

○ 일본 측 세션

- 사회 : 内藤大海(熊本大)
- 발표 : 岡田悦典(南山大)
- 토론 : 亀井源太郎(慶応義塾大)

3. 제3회 학술세미나

- 일시: 2022. 11. 4.(금) 10:00~18:00
- 장소: 전북대학교 법학전문대학원 한옥동(전라북도 전주시 덕진구 백제대로 567)

□ 1부 형사실체법(사이버모욕죄·사이버명예훼손죄의 처벌규범 및 입법 논의)

○ 한국 측 세션

– 사회 : 김태명(전북대)

– 발표 : 황태정(경기대)

– 토론 : 최준혁(인하대)

○ 일본 측 세션

– 사회 : 指宿 信(成城大)

– 발표 : 金澤真理(大阪市立大)

– 토론 : 内藤大海(熊本大)

□ 2부 형사절차법(형사변호의 개혁동향 및 내실화 방안)

○ 한국 측 세션

– 사회 : 박용철(서강대)

– 발표 : 김봉수(전남대)

– 토론 : 이동희(경찰대)

○ 일본 측 세션

– 사회 : 後藤弘子(千葉大)

– 발표 : 岡田悦典(南山大)

– 토론 : 指宿 信(成城大)

4. 제4회 학술세미나

• 일시: 2023. 11. 3.(금) 09:00~18:00

• 장소: TKP東京駅大手町カンファレンスセンター

□ 1부 형사실체법(형벌론의 새로운 전개: 최근의 입법 동향에 기초하여)

○ 일본 측 세션

– 사회 : 後藤弘子(千葉大)

– 발표 : 中村悠人(関西学院大)

– 토론 : 金澤真理(大阪公立大)

○ 한국 측 세션

– 사회 : 원혜욱(인하대)

– 발표 : 최준혁(인하대)

– 토론 : 황태정(경기대)

□ 2부 형사절차법(디지털 증거의 압수·수색)

○ 한국 측 세션

– 사회 : 이동희(경찰대)

– 발표 : 박용철(서강대)

– 토론 : 배상균(형정원)

○ 일본 측 세션

– 사회 : 岡田悦典(南山大)

– 발표 : 指宿 信(成城大)

– 토론 : 内藤大海(熊本大)

5. 제5회 학술세미나

- 일시: 2024. 11. 1.(금) 09:30~18:00
- 장소: 인하대학교 법학전문대학원 국제회의실(인천광역시 미추홀구 인하로 100)

□ 1부 형사절차법(형사절차의 IT화)

○ 한국 측 세션

– 사회 : 오병두(홍익대)

– 발표 : 배상균(형정원)

– 토론 : 김혜경(계명대)

○ 일본 측 세션

– 사회 : 飯野海彦(北海学園大)

– 발표 : 尾崎愛美(筑波大)

– 토론 : 指宿 信(成城大)

□ 2부 형사절차법(한일 양국의 최신 범죄 동향)

○ 한국 측 세션

– 사회 : 조기영(전북대)

– 발표 : 이정민(단국대)

– 토론 : 김봉수(전남대)

○ 일본 측 세션

– 사회 : 部祥太(関西学院大)

– 발표 : 後藤弘子(千葉大)

– 토론 : 金澤真理(大阪公立大)

집필자 소개(집필순)

이동희 국립경찰대학 교수(한일형사법연구회 한국측 대표)

김혁 국립부경대학교 교수(한일형사법연구회 한국측 간사)

신동운 서울대학교 명예교수

미츠이 마코토(三井 誠) 고베대학 명예교수

김태명 전북대학교 교수

고토 히로코(後藤弘子) 지바대학 교수

조기영 전북대학교 교수

나카무라 유토(中村悠人) 간세이가쿠인대학 교수

황태정 경기대학교 교수

가나자와 마리(金澤真理) 오사카공립대학 교수

최준혁 인하대학교 교수

류부곤 국립경찰대학 교수

이부스키 마코토(指宿 信) 세이조대학 교수(일한형사법연구회 일본측 대표)

오카다 요시노리(岡田悦典) 난잔대학 교수

김봉수 전남대학교 교수

박용철 서강대학교 교수

한일형사법연구 I

초판발행 2025년 10월 30일

지은이 한일형사법연구회
엮은이 이동희 · 김혁
펴낸이 안종만 · 안상준

편 집 우석진
기획/마케팅 정연환
표지디자인 BEN STORY
제 작 고철민 · 김원표

펴낸곳 (주) 박영사
서울특별시 금천구 가산디지털2로 53, 210호(가산동, 한라시그마밸리)
등록 1959. 3. 11. 제300-1959-1호(倫)
전 화 02)733-6771
f a x 02)736-4818
e-mail pys@pybook.co.kr
homepage www.pybook.co.kr
ISBN 979-11-303-2497-5 93360

정 가 24,000원